博士论文出版项目

现代汉语二重有标三分句嵌套研究

A Research on the Marked Two-level Compound Sentence Which Consists of Three Clauses in Modern Chinese

储小静　著

中国社会科学出版社

图书在版编目（CIP）数据

现代汉语二重有标三分句嵌套研究 / 储小静著. —— 北京：中国社会科学出版社，2024.11. —— ISBN 978-7-5227-4345-5

Ⅰ. H146.3

中国国家版本馆 CIP 数据核字第 2024N9U549 号

出 版 人	赵剑英
责任编辑	张　玥
责任校对	王　龙
责任印制	戴　宽

出　　版	中国社会科学出版社
社　　址	北京鼓楼西大街甲 158 号
邮　　编	100720
网　　址	http://www.csspw.cn
发 行 部	010-84083685
门 市 部	010-84029450
经　　销	新华书店及其他书店
印　　刷	北京君升印刷有限公司
装　　订	廊坊市广阳区广增装订厂
版　　次	2024 年 11 月第 1 版
印　　次	2024 年 11 月第 1 次印刷
开　　本	710×1000　1/16
印　　张	26
字　　数	363 千字
定　　价	149.00 元

凡购买中国社会科学出版社图书，如有质量问题请与本社营销中心联系调换
电话：010-84083683
版权所有　侵权必究

出 版 说 明

为进一步加大对哲学社会科学领域青年人才扶持力度，促进优秀青年学者更快更好成长，国家社科基金2019年起设立博士论文出版项目，重点资助学术基础扎实、具有创新意识和发展潜力的青年学者。每年评选一次。2022年经组织申报、专家评审、社会公示，评选出第四批博士论文项目。按照"统一标识、统一封面、统一版式、统一标准"的总体要求，现予出版，以飨读者。

全国哲学社会科学工作办公室

2023年

序　一

储小静的新作《现代汉语二重有标三分句嵌套研究》即将出版。该书的研究是她博士学位论文的修改与延续，并且获得了2022年度国家社会科学基金优秀博士论文出版项目的资助。我很高兴能够成为该书的读者。

汉语复句研究，由来已久。《马氏文通》里的"与读相联者"和"舍读独立者"，虽未直言复句，却在事实上讨论了汉语复句分类问题。《马氏文通》之后，汉语复句研究热潮开始兴起。复句的理论体系、分类标准、语义关系、层次结构、形式标记、单复句划界、分句认定、类型学研究等相关探索逐步深入，研究视角、研究方法也逐渐全面化、多元化。

自20世纪40年代计算机诞生后，用自然语言和计算机开展有效沟通与自由交互，借助计算机深入了解人类的语言能力与智能奥秘成为大家的共同目标。随着信息时代的到来，语言愈发成为重要的信息资源和载体，拥有庞大的信息收集、处理、分析、生成、传输等技术。"没有信息化就没有现代化"。信息化是现代化的重要基石，保护开发语言资源，增强汉语言文字的信息化能力，推动智能语言服务，是我国语言文字事业实现现代化的重要之路。自然语言处理学科由此逐步形成，并生发出下级分支——中文信息处理。中文信息处理历经汉字处理、词语处理、句处理等系列过程，步步向前，其中的复句信息处理议题自然备受关注。著名语言学家邢福义先生率先开启了文理交叉的大型跨学科汉语复句研究专题研究——

复句信息工程，囊括复句关联词语识别及标注、关联模式分析、复杂特征集描写、语料库建设、层次语义关系自动识解、研究工具开发等具体任务，经过20年的发展，取得了可喜的成果。以邢福义先生为代表的华中师范大学复句研究团队，不仅成就斐然，而且还培养了一批又一批的人才，储小静就是其中的一位青年才俊。

储小静在学习和研究中发现复句嵌套研究还存在一些亟待解决的问题，如语篇衔接与连贯对复句嵌套的制约机制，无标分句句法语义消歧方法，不同样本集中算法稳定性问题，以及具体复句格式个案的细化研究等。复句是语音、语形、语义、语用、语篇、认知等多层面互动的整合体，复句嵌套涉及到功能因素、语义关系、结构形式、认知特点等诸多知识，是一个复杂而有价值的问题，该问题不仅在复句本体研究中意义重大，对于复句的计算机信息处理而言其应用价值亦不言而喻。

这本专著正是对复句信息工程理念的又一次探索性尝试。储小静以具体的多重复句格式——二重有标三分句为研究对象，充分吸收复句研究的已有成果，采集大量二重有标三分句语料（包括口头语体和书面语体），自建语料库，对二重有标三分句嵌套事实进行细致的描写与归纳总结。在此基础上，作者进一步拓展传统方法的理论空间，运用AI技术优化传统嵌套复句的识别方法，开展基于多种机器学习算法的二重有标三分句嵌套影响因素排序，尝试建构基于算法集成理念的二重有标三分句句法关联模式分类识别模型，一定程度上有助于提高嵌套复句的计算机识别准确率。可以说，这本专著在理论背景和研究方法上具有文理交叉的特点，不仅具有学术前沿性，还有一定的挑战性。

总体看来，全书试图在"小三角"研究思路中寻求新突破，重构二重有标三分句嵌套研究框架与研究范式，力求全方位、多层次、多角度展现现代汉语二重有标三分句的完整嵌套面貌。

书中不乏新颖见解。如把句法关联模式分成三大类四十三种具体表现形式；揭示了影响嵌套的二十三种因素；首次界定了"关联标记嵌套力"概念的内涵与外延；发现嵌套影响因素综合重要性排名前两位的是"同现关系之心智模型"和"相邻分句句法成分具有横聚合关系"。该书建构了基于 Stacking 集成算法的二重有标三分句嵌套智能识解模型，建立了描述 120 条跨类关联标记的词性分布、语义类别、句法语义标记功能、充足条件等特征的跨类关联标记知识库等。

储小静 2013 年考入华中师范大学文学院语言学及应用语言学专业，此后一直专注于汉语复句研究。在我的记忆中，她刻苦钻研，不畏困难，做事细心，有毅力有悟性。她的硕士、博士学位论文均获评校级优秀学位论文。2017 年，我调到中国社会科学院语言研究所工作，虽然见面机会少了，但和储小静的交流并未停止。每次得知她取得的进步，我都深感欣慰。

在该书付梓之际，既向储小静表示祝贺，也一并写下我的希望。正如我在博士生的《语言研究方法论》课堂上所强调的，学术研究必须重视语言现象的记录，遇到问题善于思考、勤于查阅，在现象的梳理中发掘底层规律，以务实、认真的态度推敲行文细节，聚焦主题的同时巧做安排。希望储小静能以此书为契机，继续探究汉语复句句法—语义—语用界面的实现机制，深化复句研究的"语篇转向"，尝试增加实验研究，为中文大语言模型复句生成的应用和建设，贡献自己的力量。

序于北京

2024 年 10 月 10 日

序　二

作为一种语法实体，复句在汉语系统中有着特殊地位，既存在独立性，同时也受语篇制约。具体语言运用中，语篇的结构、类型、环境等对复句使用产生影响，句法因素和语篇因素的综合作用下，必然有多样化的复句句式。另外，复句还有自己的特别之处，比如复句关联标记的搭配与离析独具特点。作为下衔单句、上接篇章的桥梁，复句也是中文信息处理无法绕开的问题。复句分析必须兼顾句法、语篇以及复句本身的特点，这使得复句自动分析成为中文信息处理中较棘手的问题。

著名语言学家邢福义教授很早便投身于汉语复句研究，并以之为根据地，取得了丰硕成果。"汉语复句信息工程"亦随之应运而生。面对复句信息处理的诸多议题，邢先生带领众多专家学者开展了长期且艰苦的钻研，成功解决一个又一个难题，不断攀登学术高峰，如复句知识建模、分句判定、关联标记识别、复句资源建设等等。而今，来到了又一座山峰，便是复句嵌套类型和嵌套关系识解，储小旵的《现代汉语二重有标三分句嵌套研究》就是为迈向这座"山峰"所做的重要尝试。

该书研究对象是现代汉语二重有标三分句，是一个看起来偏本体研究的选题。然而，其行文始终围绕中文信息处理这一方向，研究目的不仅是推动语言信息处理技术，研究过程中更是利用了机器学习等信息处理技术与方法。可见其目标非常明确，即用语言学知识解决实际应用问题，用中文信息处理工具创建新的中文信息处理工具。实际效果如何，还需进一步在中文信息处理实践中加以检验。但是该书的亮点，一定是引人入胜的。书中所提到的观点，亦值得相关领域的学者深入研读。

首先，该书对现代汉语二重有标三分句的研究十分扎实，研究过程层层递进，逐级深入。书里先是做了非常扎实的基础工作，详细梳理二重有标三分句的关联标记和嵌套情况。然后据此讨论了嵌套影响因素，对语音层面、词汇层面、句子层面、语篇层面等种种因素进行了细致分析，清晰明了。接着，该书进一步借助机器学习对嵌套因素进行重要性排序，又基于集成算法实现了二重有标三分句的自动识别，使研究结果能够直接用于计算机自动处理。最后，为了实现二重有标三分句关联标记自动识别中跨类关联标记的正确界定与标识，该书还进行了跨类关联标记知识库的建设。全书结构安排可谓环环相扣，内容上紧凑而有序。

其次，该书兼采众家之长，吸收了众多理论，在兼收并蓄的基础上做到了融会贯通。该书在语言单位关联理论、小句中枢理论、复句三分理论以及认知语言学框架下的象似理论、隐喻理论、格式塔心理学等理论指导下，结合语言学知识、信息学知识、心理学知识、数学知识、哲学知识和计算机知识，挖掘影响二重有标三分句嵌套结果的各类因素。而且，书里首次提出"嵌套力"概念，以概括与关联标记有关的一切嵌套要素，并总结出"前者后优先原则""后者后优先原则"和"同义优先组原则"等嵌套规律。行文对众多理论做到了融会贯通、应用自如，不同问题能用最合适的理论加以解释，而非生搬硬造，给人堆砌理论之感。能够做到这一点，没有坚实的理论功底无疑难以实现。

再次，也是前面所提到的，这本书很好地运用了工具。"工欲善其事，必先利其器"。当前，人工智能技术无疑是语言学研究的利器。该书选择将机器学习算法与现代汉语嵌套复句相结合，运用信息量模型、K-means 聚类算法、分类回归树（CART）算法等手段综合比较嵌套影响因素的重要性。并基于此，结合 Bagging、Boosting

和 Stacking 集成算法框架构建模型，直接用于二重有标三分句句法关联模式的自动识别。这可以说是很巧妙地"取之于中文信息处理，又用之于中文信息处理"的过程，足以让该书在同类著作中脱颖而出。

除了以上亮点，这本书提到的一些内容，还促使我对当前环境的语言学新发展有了新思考。趁此机会，想略谈一二，抛砖引玉。

人工智能技术突飞猛进的时代，传统研究方法、教学方式均发生深刻变革，但目前为止，这种变革似乎还远远跟不上技术进步的脚步。特别是 2022 年以 ChatGPT 为代表的生成式 AI 横空出世，更是给各行各业带来不小的冲击。生成式 AI 技术的快速迭代，势必对未来社会行业格局造成更具颠覆性的影响，不同学科、不同领域的专家学者都在反思究竟该如何适应当下的技术爆炸。于我们语言学界而言，便是——人工智能时代，我们究竟需要什么样的语言学知识？

我想，我们尤其需要关于语言本质规律的知识、增强机器语言智能的知识，以及提升语言信息治理能力的知识。

第一，关于语言本质规律的知识。生成式 AI 技术取得突破以后，各类大语言模型层出不穷，不难发现其生成的答案质量参差不齐，经常答非所问，甚至胡言乱语。但是，单从语法来看，其语言表达几乎挑不出任何毛病，AI 的语言表达能力看似与人类别无二致。诚然，从技术上讲，大语言模型本就是基于海量真实语料预训练而来，首先学到的便是语言能力，其符合人类语法规范完全可以理解。但这依然值得我们思考，语言的本质规律究竟是什么？既然底层为二进制的、强于数理运算的计算机，通过海量语料学习后语言能力完全能够达到人类水平，那么，计算机在学习过程中究竟掌握了什么样的规律（特别是数学规律），才使语言知识自然而然地涌现出来？对这些问题展开探索，不仅会加深我们对语言本质规律的认识，还会反过来进一步促进人工智能的发展。要回答这些问题，势必有赖于计算机科学、脑神经科学、信息科学、数学等众多领域专家学者的通力合作。

第二，增强机器语言能力的知识。自然语言处理的最终目的是让机器更好地服务人类。工业化以来，人类生产力的发展历程始终伴随对高度智能化、自动化的未来社会的美好畅想。20世纪50年代，英国著名数学家图灵曾在《计算机器与智能》（Computing Machinery and Intelligence）一文中提出用问答对话的方式来判断机器是否拥有智能。可以说，机器是否具备高水平的语言智能，是能否实现机器智能的关键一环。短短不到80年的时间，计算机的语言智能已经从当初的"遥不可及"发展到如今的"指日可待"。这无疑鼓励了广大语言学研究者，应以自身的专业敏感与知识储备，积极探索增强机器语言能力的知识，拓宽语言学的应用空间，为生产变革添砖加瓦。虽说未来的发展过程未必乐观，但以增强机器语言能力为目的的研究，应为十分重要的研究方向，能为语言学研究塑造新的研究范式。利用好这些知识，辅之以蓬勃发展的多模态技术，势必变革人类使用计算机及智能设备的方式，进而推动社会生产力进一步发展壮大。

第三，提升语言信息治理能力的知识。语言智能技术迅猛发展，更多的现实问题随之而来，语言伦理问题愈发严重，各类信息真假愈加难辨，这些对语言生态造成深远影响，更为社会稳定埋下隐患。如何确保语言数据安全、做好语言信息治理，是国家语言规划、教育规划者需要迫切关注的问题；当下乃至未来的语言研究者，也必将直面这些问题。比如，语言研究中该如何应对虚假信息污染？如何确保自己的实验语料不是AI生成语料？基于这些虚假语料得出的结论还可靠吗？可见，即便是语言研究者，也有必要展开语言信息治理研究，从语言本体出发，从语言内部规律出发，从语言的表达与运用出发，积极探索、研发开展语言信息治理的工具，促进国家语言信息治理能力的提升。

那么，作为新时代的语言研究者，我们应该如何做呢？回答好

这一问题并非易事。我想,以下三个方面是不可或缺的:

第一,提升跨学科素养。对于不同学科领域的知识,要兼收并蓄,消化吸收,为我所用。不少语言现象本就是多种因素综合作用的结果,这些因素不全是语言学研究能及时关注到的。拥有了跨学科视野,看待问题的角度发生变化,很多问题便迎刃而解。这也是我在培养学生过程中反复给他们强调的。

第二,保持前瞻能力。一是要积极关注学科前沿,了解学科大势。二是不囿于自己的学术一亩三分地,密切关注时代发展动向,把握科技发展脉搏。三是要对自己所处领域的发展脉络了如执掌,正所谓"知古可以鉴今,察往可以知来",对中文信息处理研究来说,这尤其重要。唯如此,方能不断推陈出新,勇立潮头。

第三,培养国际视野。语言现象、语言规律有着共通性,不存在建立于一种语言材料上的理论完全不能解释另一类语言现象。语言学的性质决定了语言研究不能自立高墙,汉语研究者扎根于汉语土壤的同时,必须努力培养国际多维视野:研究材料上,将汉语语料与其他语言多作比较;研究理论上,多了解国际上的新理论、新模型,看其能否用于解释汉语现象;研究方法上,需关注类型学研究成果,挖掘不同语言之间共通的底层规律。

当然,介绍了这么多优点和带给我的启发,并不是说该书已尽善尽美、无可挑剔。但是该书做到了有创造性、有亮点,对汉语复句研究有重要的参考价值,对中文信息处理技术的发展也有一定的指导意义,很值得从事汉语研究的学者、从事汉语教学的教师阅读,很值得从事中文信息处理系统开发的研究者吸收,也很值得语言学及相关专业的学生深入学习。

这本书,是储小静在她的博士学位论文的基础上拓展、深化而来,作为导师,我有幸见证了该书的萌芽、诞生、成长与壮大,也深知小静这些年为此付出了太多心血。在此,写下对小静的祝福与期盼,祝小静学术之路越走越宽广、越走越通达,望小静面对工作不畏愁云,面对生活豁达通透,面对学术心无旁骛,继续脚踏实地、勤勉钻研、奋勇向前，闯出属于自己的一片天地！
　　是为序。

刘　云

2024 年春

摘　　要

现代汉语二重有标三分句指有两个结构层次、三个分句、内含关联标记的复句,是多重复句最基本的形式。本书以二重有标三分句为研究对象,依循语言数据与语言规则"双轮驱动"原则,遵照"形式和意义、描写和解释、动态和静态"三结合理念,运用语言单位关联理论、小句中枢理论、复句三分理论以及认知语言学等相关理论,对其从嵌套情况描写、嵌套因素分析、嵌套因素排序、嵌套智能识别和跨类关联标记知识库构建五个维度进行全方位、多角度、系统性的探索。

第一章聚焦于现代汉语二重有标三分句的界定与内涵阐释,围绕着研究现状、研究视角、研究方法和研究素材等展开,指出二重有标三分句囊括句法规则、语义结构、语用分析、知识文化背景、语音韵律等基础性知识,牵涉分句识别、关联标记识别与标注、知识库构建、复句本体建模、陈述性规则语言制定等一系列问题,同时也是分析更为复杂的嵌套复句格式的前提与基础,故而具有特殊研究价值。

第二章深入解析了二重有标三分句关联标记和嵌套情况,以关联标记作为形式线索,观察其关联类型、主要成员及面貌特征,十二种语义类别的关联标记共计收录 478 个;从关联标记的关系类别、管辖方向、排列位序和配位方式等角度描写二重有标三分句嵌套方式,共发现三大类四十三种句法关联模式;并探讨了关联标记因素、分句因素和复句因素对于二重有标三分句判别的干扰。

第三、四、五章细致考察了二重有标三分句嵌套影响因素,从关联标记嵌套力、分句句法成分、分句语气功能、分句结构模式和话题链五大层面进行阐释,旨在完整揭示作用于二重有标三分句句法层次与语义关系的词汇、句子和语篇要素。其中,"关联标记嵌套力"着重讨论关联标记的音节、位置、词性特征、语义特征、数量和传承性,"分句句法成分"主要探讨六大分句构件、相互间的语里关系及其变换方式,"分句语气功能"侧重分析三个分句语气类型异同与句法关联模式之间的选择制约关系,"分句结构模式"重点关注相邻分句句法结构平行、相似或具有共现关系时的关联倾向,"话题链"则着眼于语篇层面、句子层面的话题链模式,并基于话题链内部组构特点,搭建了操作性较强的二重有标三分句话题链结构树模型。

第六章系统探析了二重有标三分句嵌套影响因素排序,在完成嵌套因素分析语料库标注的基础上,引入信息量模型、K-means 聚类算法和 CART 算法等技术方法用于嵌套因素重要性分析,而后综合三种方法的分析结果,运用赋值打分的方式,得到嵌套因素综合重要性排名。基于此,进一步提出嵌套因素重要性变化系数,以评价不同方法下各嵌套因素重要性排名的稳定性。

第七章初步实现了基于集成机器学习算法的二重有标三分句识别,先后对比了单一算法模型与集成算法模型的句法关联模式分类识别表现,总结得出后者更优。尤其是高适应性的 Stacking 集成模型,历经数据集划分、输入因子筛选、算法超参数寻优等流程分别训练基模型与二层模型,在分类识别精度上显著优于 Bagging 集成模型和 Boosting 集成模型。

第八章尝试建设了二重有标三分句跨类关联标记知识库,针对二重有标三分句跨类关联标记的正确界定与标识问题,观测跨类关联标记的三大特征——稳定性、非常规性和复杂性,引入互信息值用以筛选;拟定知识库编写的技术规范,利用自建的信息录入系统,对 120 条跨类关联标记进行关联标记词性分布、语义类别所属、句法语义标记功能差异、充足条件挖掘、其他成果介绍等相关知识展示。

最后,梳理相关结论,总结创新之处,进一步提出不足和未来研究展望。

本书旨在对最常见最"简单"的二重有标三分句进行基础性、智能化的整合研究,尽可能展现二重有标三分句的完整嵌套面貌,解释其嵌套识解制约机制,同时开展基于机器学习的嵌套因素重要性分析和句法关联模式智能识别,综合了多种算法优势,提高分类模型的适应性和泛化能力,回应国家提倡机器学习及大数据挖掘与应用的时代要求。

关键词:二重有标三分句;句法关联模式;嵌套因素;机器学习;跨类关联标记

Abstract

The marked two-level compound sentence which consists of three clauses (M2CS-3C) in modern Chinese refers to the compound sentence with two levels of structure, three clauses and correlative markers, which is the most basic form of multiple compound sentences. This study takes the M2CS-3C as the research object, follows the principles of "dual wheel drive" between language data and language rules, adheres to the concept of combining "form and meaning, description and interpretation, dynamic and static", and uses the Relevance Theory of the Language Units, Theory of Clausal Pivot, the Trisection-Classification-Theory of the compound sentence and the relative theories in the Cognitive Linguistics to make a comprehensive, multi-angle and systematic exploration from five dimensions of nesting situation description, nesting factors analysis, nesting factors ranking, nesting intelligent recognition and cross-category correlative markers knowledge base construction.

Chapter 1 focuses on the definition and connotation of the M2CS-3C, emphasizes the research status, research perspectives, research methods, and data sources. The M2CS-3C includes linguistic knowledge such as the syntax rules, the semantic structure, the pragmatic analysis, the background knowledge, the cultural knowledge, and the phonetic prosody, etc. It also involves a series of issues such as the clause recognition, the association mark recognition and labeling, the knowledge base construction, the complex sentence ontology modeling, and the declarative rule language formulation. Meanwhile, the M2CS-3C has a special research value as the premise and foundation when more nesting formats are analyzed.

Chapter 2 analyses the correlative markers and nesting types of the M2CS-3C, uses the correlative markers as formal clues to observe their types, main members and features. 478 correlative markers in 12 semantic categories were collected in this respect. It also describes the nesting methods from the perspectives of the correlative markers relation category, the jurisdiction direction, the permutation order, and the coordination mode. 43 kinds of syntactic correlative patterns in 3 categories were summarized in this respect. The interference of the correlative marker factor, the clause factor, and the compound sentence factor in the discrimination of the M2CS-3C are also discussed.

Chapter 3, 4 and 5 investigate the nesting factors of the M2CS-3C, and explain them from five aspects: the nesting force of the correlative markers, the syntactic components of the clauses, the mood function types of the clauses, the structure pattern types of the clauses and the topic chains. The aim is to fully reveal the lexical, sentence and discourse elements that affect the syntactic level and semantic type of the M2CS-3C. "The nesting force of the correlative markers" analyses the syllables, positions, part-of-speech characteristics, semantic features, number and inheritance of the correlative markers. The section of the syntactic components explores the six clause components, the meaning relationship among them and the syntactic component transformation types. The section of the mood function types discusses the choice relationship between similarities or differences of the mood types and the syntactic correlative patterns. The section of the structure pattern types reveals the correlative tendency when the syntactic structures of adjacent clauses are parallel, similar, or co-occurrence. The section of the topic chains focuses on the types of the topic chains at the discourse level and the sentence level. Based on the internal structural characteristics of the topic chains, a highly operational topic chain structure tree model was constructed to help realize the judgment of the syntactic correlative pattern.

Chapter 6 explores the ranking of the nesting factors of the M2CS-3C. On the basis of completing the tagging of the nesting factors analysis corpus, it introduces technology methods such as the information value model, the K-means clustering algorithm and the CART algorithm to analyze the importance of the nesting factors. The comprehensive importance ranking of the nesting factors was obtained by using the method of assigning and scoring based on the results of the three methods. Then, this research further proposed the change coefficient to evaluate the stability of the importance of the nesting factors.

Chapter 7 implements the recognition of the M2CS-3C based on ensemble machine learning algorithms. It compares the syntactic correlative patterns recognition performance of the single algorithm models and the ensemble algorithm models, and finds that the latter is better. The highly adaptive Stacking ensemble model is significantly superior to the Bagging ensemble model and the Boosting ensemble model in recognition accuracy after training the base models and the second-layer model respectively through datasets division, the input factors selection, the algorithm hyperparameters optimization and other processes.

Chapter 8 constructsthe knowledge base of cross-category correlative markers in the M2CS-3C. To address the correct definition and identification of cross-category correlative markers in the automatic recognition of the M2CS-3C, the three characteristics of the cross-category correlative markers—stability, unconventionality and complexity were observed, and mutual information values was introduced for screening. It also proposed the technical specifications for compiling the knowledge base, and utilized the self-built information entry system to display 120 cross-category correlative markers from the following aspects: the part-of-speech distribution, the semantic category, the differences of syntactic and semantic tagging functions, the sufficient condition mining and the introduction of other achievements.

Finally, Chapter 9 sorts out the conclusions of this study, summarizes the innovations, and puts forward the deficiencies and further research plans.

This book aims to conduct a fundamental and intelligent integrated study on the most common and "simplest" nesting compound sentence, shows the complete nesting appearance of the M2CS-3C, explores the mechanism of nesting recognition, and carries out the importance analysis of nesting factors and the intelligent recognition of syntactic correlative pattern based on machine learning. It combines the advantages of various algorithms in classification to improve the adaptability and generalized ability of classification models to respond to the requirements of the era.

Key words: marked two-level compound sentence which consists of three clauses (M2CS-3C); syntactic correlative pattern; nesting factor; machine learning; cross-category correlative marker

目　　录

第一章　绪论··（1）
　　第一节　背景介绍··（1）
　　第二节　研究现状··（4）
　　第三节　研究视角··（27）
　　第四节　研究方法和素材··（32）

第二章　二重有标三分句关联标记和嵌套情况································（35）
　　第一节　二重有标三分句关联标记类型和成员·······················（35）
　　第二节　二重有标三分句嵌套方式和关联模式·······················（58）
　　第三节　二重有标三分句判别干扰因素································（99）
　　第四节　本章小结··（127）

第三章　二重有标三分句嵌套影响因素之一：关联标记
　　　　　嵌套力···（130）
　　第一节　关联标记的音节···（131）
　　第二节　关联标记的位置···（134）
　　第三节　关联标记的词性特征··（146）
　　第四节　关联标记的语义特征··（149）
　　第五节　关联标记的数量···（159）
　　第六节　传承关联标记··（165）

第七节　本章小结 …………………………………………（173）

第四章　二重有标三分句嵌套影响因素之二：分句关联………（176）
　第一节　句法成分 …………………………………………（178）
　第二节　分句类型 …………………………………………（226）
　第三节　本章小结 …………………………………………（236）

第五章　二重有标三分句嵌套影响因素之三：话题链…………（240）
　第一节　相关术语 …………………………………………（240）
　第二节　话题链模式 ………………………………………（247）
　第三节　话题链结构树模型 ………………………………（252）
　第四节　本章小结 …………………………………………（258）

第六章　基于机器学习的嵌套因素重要性分析 ………………（261）
　第一节　嵌套因素分析语料库的建立 ……………………（261）
　第二节　研究方法与技术路线 ……………………………（270）
　第三节　处理过程及结果分析 ……………………………（275）
　第四节　本章小结 …………………………………………（295）

第七章　基于集成机器学习算法的二重有标三分句
　　　　识别研究 ……………………………………………（299）
　第一节　研究背景和思路介绍 ……………………………（299）
　第二节　研究方法与技术路线 ……………………………（300）
　第三节　数据处理及结果分析 ……………………………（311）
　第四节　本章小结 …………………………………………（319）

第八章　二重有标三分句跨类关联标记知识库的建设 ………（321）
　第一节　面向信息处理的跨类关联标记 …………………（322）
　第二节　知识库建设整体思路 ……………………………（325）

第三节　知识库建设基本成果 …………………………（330）
第四节　本章小结 ………………………………………（336）

第九章　结语 ……………………………………………（342）
第一节　结论 ……………………………………………（343）
第二节　余论 ……………………………………………（348）

参考文献 …………………………………………………（352）

索　引 ……………………………………………………（377）

后　记 ……………………………………………………（380）

Contents

Chapter 1　Introduction ·················· (1)
  Section 1　Background Introduction ················ (1)
  Section 2　Current Research Reviews ················ (4)
  Section 3　Research Perspectives ················ (27)
  Section 4　Research Methods and Data Sources ············ (32)

Chapter 2　The Correlative Markers and Nesting Types of the Marked Two-Level Compound Sentence which Consists of Three Clauses (M2CS-3C) ············ (35)
  Section 1　The Types and Members of the Correlative Markers of the M2CS-3C ················ (35)
  Section 2　The Nesting Types and the Syntactic Correlative Patterns of the M2CS-3C ················ (58)
  Section 3　The Interfering Factors in the Discrimination of the M2CS-3C ················ (99)
  Section 4　Summary ················ (127)

Chapter 3　The First Nesting Factor of the M2CS-3C: The Nesting Force of Correlative Markers ············ (130)
  Section 1　The Syllables of the Correlative Markers ············ (131)

Section 2	The Positions of the Correlative Markers	(134)
Section 3	The Part-of-Speech Characteristics of the Correlative Markers	(146)
Section 4	The Semantic Features of the Correlative Markers	(149)
Section 5	The Number of the Correlative Markers	(159)
Section 6	The Inheritance of the Correlative Markers	(165)
Section 7	Summary	(173)

Chapter 4 The Second Nesting Factor of the M2CS-3C: The Clauses (176)

Section 1	The Syntactic Components	(178)
Section 2	The Clause Types	(226)
Section 3	Summary	(236)

Chapter 5 The Third Nesting Factor of the M2CS-3C: The Topic Chains (240)

Section 1	Related Terms	(240)
Section 2	The Types of the Topic Chains	(247)
Section 3	The Topic Chain Structure Tree Models	(252)
Section 4	Summary	(258)

Chapter 6 The Ranking of The Nesting Factors Based on Machine Learning Algorithms (261)

Section 1	The Construction of theNesting Factors Analysis Corpus	(261)
Section 2	Research Methods and Technical Routes	(270)
Section 3	Data Processing and Result Analysis	(275)
Section 4	Summary	(295)

Chapter 7　The Recognition of the M2CS-3C Based on Ensemble Machine Learning Algorithms ……………………… (299)
  Section 1　Research Background and Ideas ……………… (299)
  Section 2　Research Methods and Technical Routes ………… (300)
  Section 3　Data Processing and Result Analysis ……………… (311)
  Section 4　Summary ………………………………………… (319)

Chapter 8　The Construction of the Knowledge Base of Cross-Category Correlative Markers in the M2CS-3C ……………………………………… (321)
  Section 1　The Cross-Category Correlative Markers for Information Processing ……………………………… (322)
  Section 2　Overall ideas of the Construction of the Knowledge Base ……………………………………… (325)
  Section 3　The Basic Achievements of the Construction of the Knowledge Base ………………………………… (330)
  Section 4　Summary ………………………………………… (336)

Chapter 9　Conclusions ………………………………………… (342)
  Section 1　Main Views of this Book ……………………… (343)
  Section 2　Remaining Discussions ………………………… (348)

References ……………………………………………………… (352)

Index …………………………………………………………… (377)

Postscript ……………………………………………………… (380)

第一章

绪　论

第一节　背景介绍

一　题解

现代汉语多重复句由两个以上分句构成，结构繁复且扩展力强，复句嵌套则是指两个或两个以上层次的句法现象。二重有标三分句作为表达中最常见、形式上最"简单"的多重复句，无论在口头语体还是书面语体、无论是文艺作品或是非文艺作品中，无时不在，无处不在，句式多端且表义丰富，具有特定研究价值，备受语言学专家和计算机学者的关注。本书对现代汉语二重有标三分句展开嵌套研究，涉及关联标记类型及成员、复句嵌套方式、句法关联模式、嵌套影响因素、因素重要性排序、嵌套智能识别、跨类关联标记使用等相关内容，是汉语复句研究从基础层面向应用层面融合、转变的一次尝试。

本书旨在以二重有标三分句为对象来重新审视现代汉语中的嵌套问题，无意于再次陷入单复句划分标准或复句分类标准的争论之中，因此采用得到大多数学者认可的观点来界定二重有标三分句。

首先，作为二重有标三分句，句中必须含有关联标记，并且能够标明分句间逻辑语义关系。常见的复句关联标记包括"因为""所以""但是""既然""如果""否则""一边""也"，等等。汉语中有一些含关联意义的词、短语或构式，如表时间顺序的名词"起先、现下、后来"，表意义上依次而进、顺次提升逻辑关系的构式"仅仅……还不够、再一个就是"等，它们虽然具有关联前后分句的作用，但只能视作一种关联手段，不属于关联标记的范畴。

其次，这种复句必须是二重复句。汉语复句根据结构层次的多少，可以分为单重复句、二重复句、三重复句、四重复句；等等。顾名思义，单重复句只有一个结构层次，二重复句有两个结构层次，三重复句有三个结构层次，以此类推。需注意的是，复句层次与复句中分句数量并非严格的一一对应关系，如下例虽然包含三个分句，但各分句是并列的，由三个并列关联标记"一边"联结而成。因此例句（1）只有一个结构层次，是单重并列复句（见图1.1）。此类情况不属于本书研究对象。

（1）宾主一边嚼，一边聊，一边饮。（《人民日报》2000年）

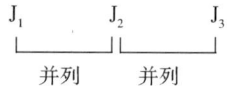

图1.1　例（1）层次分析图

再次，从分句数目多少来看，句中必须有且仅有三个分句。有时，二重复句可能含有四个分句甚至更多，它们分层联结，共同构成复句。如例（2）第一、二分句优先规约为递进小类句法语义关联结构体（下文简称"小句关联体"，见罗进军，2007），第三、四分句优先规约为因果小类小句关联体，而后共同联结成转折复句（见图1.2）。此类复句亦不属于本书讨论对象。

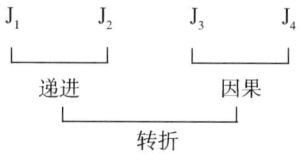

图1.2　例（2）层次分析图

(2) 在那里，当然，人们可能走错路，而且是在错误的路上，但是那里的错误是可敬佩的，因为它含有牺牲精神。(雨果《悲惨世界》)

最后，本书以邢福义构建的现代汉语复句三分系统为基石，将二重有标三分句按关系类别划为三大块：因果类复句，并列类复句和转折类复句。因果类复句具体包括因果句、推断句、假设句、条件句、目的句，并列类复句具体包括并列句、连贯句、递进句、选择句，转折类复句具体包括转折句、让步句、假转句。复句嵌套分析就是判别二重有标三分句属于哪一层、什么关系类型的复句。

二 意义

(一) 理论价值

邢福义 (2001a) 曾言实际语言使用中，二重复句的运用频率最高，三重复句较常见，四重复句不多，五重复句更少，六重、七重复句很罕见。可见，二重复句作为最常见的类型，其层次结构的深入分析对理解现代汉语复句嵌套机制至关重要。

从学界已有的研究成果看，一些基础性问题如复句的定义与分类、关联标记的范围界定、层次语义的判定分析得到较多侧重。近年来也出现一定数量的从汉语方言、少数民族语言、口语体、书面语体、语篇层面及中文信息处理应用等角度对现代汉语复句进行探讨的文章。比如，关于有标复句层次语义关系自动识别研究（杨进才等，2021b）、亲属语言关联标记联结机制对比分析（戴庆厦、范丽君，2010）等。只是，这类研究未全面梳理影响复句嵌套结果背后的语言学要素，缺少各影响因素重要性的排列分析，进行理论解释的更少。可见，二重有标三分句嵌套分析仍有较大研究空间。

"嵌套分析"蕴含丰富的理论意义，提供了特定视角观察现代汉语特点甚至语言共性。宏观来看，"嵌套分析"与现代汉语语法体系中的七大语法实体——语素、词、短语、小句、复句、句群、句子语气密切相关；微观来看，"嵌套分析"涉及虚词、实词、书读短语、音节、韵律、话语标记、语体、语篇等语言层面。二重有标三分句嵌套研究，无疑是对汉语复句"嵌套分析"的一大补充。

（二）应用价值

有助于促进对外汉语复句教学。从知识颗粒度、精细度来看，母语学习者分析汉语嵌套复句多为粗线条式，凭语感和前期语言知识积累可以做出准确度较高的判定。但是，对外汉语教学时，粗线条式理解使留学生难归纳、难记忆、难输出。复句和复句层次语义划分问题一直是对外汉语教学的重点与难点，尤其一些省略关联标记的多重复句大大加深了留学生学习、理解的难度。以多维度、细颗粒化方式对常见嵌套复句进行定性分析和定量排序，可帮助留学生整合加工并系统习得复句知识，从宏观、微观两个角度更好地把握现代汉语，进而服务我国的对外交流，推动汉语国际推广。

有助于推进汉语复句信息工程。信息时代，语言是十分重要的资源，于国家的重要作用日益彰显。对语言资源进行合理保护、开发与利用，增强汉语言文字的网络信息化能力，是助推社会经济发展与文化科技创新、保障国家安全的关键。值此时代背景下，邢福义及时开启了汉语复句信息工程。复句信息工程是个浩大的系统工程，既包含复句关联标记标注、分句认定、复句关联模式分析，还包括复句标记语料库建立以及层次语义关系自动识别等方面。二重有标三分句嵌套研究作为复句信息工程内容之一，无疑助于把复句信息工程推向纵深发展。并且，近年来复句信息处理的进一步发展对"语篇转向"提出了要求，句子成分间的指代问题和句子间的衔接问题是两项待解决的重要任务。客观上，复句嵌套问题的探讨能够助力更高层面的语篇信息处理，推动更自然、更流畅的语篇生成。

第二节　研究现状

一　"复句"及相关概念

20 世纪 80 年代以来，现代汉语复句受到众多语言研究者的青睐，复句研究成果日益丰硕。既有对复句定义、复句构成的研究，又有对复句特点、复句分类的探讨，还有对复句与各级各类语法实体的对比。本节将从以下角度梳理与论题密切相关的复句研究成果。

（一）复句与分句

汉语单复句学说借源于印欧语尤其是英语语法体系，在西体中用的改造过程中逐渐形成以马建忠、黎锦熙、吕叔湘、王力、邢福义、朱德熙、孙良明为代表的"改良派"或"改革派"。不论是继承为主、修补为辅的思路还是质疑为首、探索为要的主张，多种角度的深入探索均丰富着汉语单复句理论体系。

关于复句的定义，各大高质量教材性著作中的阐述详如表1.1所示。

表1.1　　　　高校教材关于"复句"概念的界定例举

作者	著作	"复句"定义
黎锦熙 刘世儒	《汉语语法教材（第三编）——复式句和篇章结构》，商务印书馆1962年版，第1页。	凡句子和句子，以一定的逻辑关系，用（或者可能用）和逻辑关系相适应的连词（或关联词语，就是其他词类或语句临时起连词作用的）联接起来，因而具有巨大的（或可能是巨大的）意义容量的语言单位，叫复式句，简称"复句"。
丁声树等	《现代汉语语法讲话》，商务印书馆1961年版，第131页。	复合句是由几个意思上有关系的句子组成的。
王力	《中国现代语法》，商务印书馆1985年版，第67页。	凡句子，由可以用语音停顿隔断的两个句子形式构成者，叫作复合句。
高名凯	《汉语语法论》，商务印书馆1986年版，第422页。	有时两个或两个以上的句子可以连成一气，结在一起，彼此呼应。这种情形和包孕句不同，因为各句子彼此分立而有关联，并不是哪个句子被包含在另外一个句子里。这种句子就叫作复合句。
邢福义	《汉语复句研究》，商务印书馆2001年版，第1页。	复句是包含两个或两个以上分句的句子。
齐沪扬	《现代汉语》，商务印书馆2007年版，第437页。	复句指一个句子有多套互不包含的结构，每个结构在复句中都可称为分句。
黄伯荣 廖序东	《现代汉语（下册）》（增订六版），高等教育出版社2017年版，第128页。	复句是由两个或两个以上意义上相关、结构上互不作句法成分的分句加上贯通全句的句调构成的。

这些定义从逻辑、意义、语音、词语、结构各角度进行界定，既存在差别，又有相似之处。当然都离不开复句的重要构件——"分句"这个概念。

《语法与修辞》一书主张分句是构成复句的各个单句形式，并且在意义上有各种不同的关系，在结构上不互为句子成分，在书写形式上常用逗号、分号或冒号以表语音停顿。邢福义于1995年在《小句中枢说》上首提"小句"。小句首指单句，其次是结构上大体相当于单句的分句。随后在著作《汉语语法学》中进一步阐述分句化的小句是相互独立且相互依存的：相互独立体现在甲分句与乙分句互不包含，均有"句"的性质和地位；相互依存则指甲分句和乙分句互有关系，往往由特定的关联标记联结起来，且分句间可以互相依赖而有所简省。邵敬敏（2001）认为分句是单句形式，其构造与一般单句别无二致，仅区别于分句没有完全独立的语调，也不表达完整的意思。廖序东、黄伯荣（2002）强调分句是一种语法单位，在结构上类似单句，但分句没有完整句调。

目前学界公认的判定分句的方法有四种，分别是直断法、减除法、添加法和替代法。这些判定方法各有侧重，都离不开分句的如下特点：1. 语音上有停顿；2. 结构上有核心词；3. 语义上有关联。

（二）复句的分类

复句内部分类问题是汉语复句研究重要内容之一，至今学界尚未统一意见。具有代表性的观点有以下四类：

1. 直分法

直分法指不专注搭建复句框架系统，直接分析长句子组织的方法，以吕叔湘和朱德熙为代表，他们在《语法修辞讲话》中肯定了包含几个分句的复合句的存在，按关系把复合句并列地分为并行、进一步、交替、比例、比较得失、因果、条件、无条件、让步和假设十种；此外还强调面对长句子时，应用竖线（竖线越多分隔层级越高）来隔断分句与分句、联合成分与联合成分，关联词语则加着重号标示。如例（3）共有四个分句，每个分句内部结构较为简单，从①到②是一个总分句，③到④是另一个总分句，这两部分是让步关系，用"虽然"和"但是"联系。

（3）①二人虽然实施了相同的盗窃行为，｜②且都是在丙家作案，｜｜③但由于缺乏"共同"故意，｜④所以不成立共同犯罪。（CCL 语料）

2. 二分法

复句"二分法"最早源自金兆梓和杨伯峻。金兆梓受"文法革新"潮流的影响，在《国文法之研究》一书中首提"复句"的概念，将复句二分为"主从复句"和"衡分复句"①，并开拓性阐明单句与子句的差别。杨伯峻（1955）称与简单句相对的为"复合句"，具体分为"联合句、偏正句"②两大系，各自包含连贯式、并列式和因果式、转折式、条件式等。随后，不同学者提出了不同分类观点。

王力在《中国现代语法》中将复句二分为等立句和主从句。丁声树等在《现代汉语语法讲话》中将复合句二分为并列句和偏正句。朱晓农（1989）围绕逻辑意义的形式化将复句二分为有推导关系的与没有推导关系的。黄成稳（1990）主张复句的因果与非因果对立，详细来说，非因果关系类包括并列复句、承接复句、递进复句、选择复句、转折复句、解说复句和比况复句；而因果关系类包括因果复句、假设复句、条件复句、目的复句和连锁复句。王维贤等（1994）倡导以关联词语反映的逻辑语义关系为依据构建复句系统，其中第一层是单纯复句与非单纯复句的对立，第二层是条件句与非条件句及否则句的对立，第三层是一般条件与非一般条件、选择与非选择的对立，以此层层二分下去。陈中干（1995）尝试一种新的分类法，将复句分为因果型和非因果型两大类，前者包括现实因果关系、推断因果关系、假设因果关系、条件因果关系和目的因果关系，后者包括并列关系、连贯关系、选择关系、递进关系和转折关系。

---

① 金兆梓：《国文法之研究》，中华书局 1922 年版，第 108—109 页。
② 杨伯峻：《文言语法》，大众出版社 1955 年版，第 282—283 页。

当然，长期以来受印欧语复句并列、主从二分思想的影响，以"联合"和"偏正"为基本框架的复句二分系统事实上占据主导地位，尤以几大经典现代汉语教材为代表。黄伯荣、廖旭东主编的《现代汉语》依据分句间的意义关系将复句划分为联合复句和偏正复句两大类，联合复句包括并列、顺承、解说、选择和递进五小类，各分句之间意义平等，无主次之分；偏正复句则包括转折、条件、假设、因果和目的五小类，各分句之间地位不平等，有主次之分。胡裕树主编的《现代汉语》按照分句之间的关系同样把复句分为联合复句和偏正复句两大类型，不同的是，联合复句下分为并列、连贯、递进和选择四小类，偏正复句下分为因果、假设、转折和条件四小类。

3. 三分法

三分法首先把复句分成三大类，二级分类时再划出若干小类。

黎锦熙在《新著国语文法》中详细探讨了三种复句：包孕复句、等立复句和主从复句。包孕复句又名子母句，在两个以上的单句中，母句包孕着其余的子句，子句仅被视为母句里的一个词——具体有名词、形容词和副词。包孕复句实质上是一种特殊的单句。等立复句则指彼此接近、联络，互相平等、并立的复句，从关系角度可细分为平列句、选择句、承接句和转折句四类。与之相反，主从复句中分句之间并不平等、并立，一句为主，其余为从，就从句职能的角度可细分为时间句、原因句、假设句、范围句、让步句和比较句六种。郭昭穆（1980）结合意义与语法特征两方面因素，将复句三分为等立复句、承接复句和主从复句。刘振铎（1986）根据分句数量的多少和句子的结构形式，主张将复句三分为一般复句、多重复句和紧缩句。

其中最具影响力的当属邢福义。其著作《汉语复句研究》指出复句"二分法"存在弊端，应以复句关系类别为基点勾描汉语复句三分系统——因果、并列、转折。并解释因果类和并列类反映了事物间最基本、最原始的联系，而转折类是在此基础上产生的异变性联系（邢福义，1986）。自此，现代汉语复句"三分法"研究局面被完全打开，产生了深远影响。丁力（2006）更是从思维表述是否一致、主观信赖程度是否制约两方面详细论证了复句三分系统理论的心理依据。

4. 四分法

近年来，邵敬敏（2012）以逻辑语义特征为标志，从主观世界和客观世界两个层面重新探讨了复句，提出复句四分格局新观点。他把复句分为四大类十小类，分别是平等关系（包括并列复句和选择复句）、轻重关系（包括递进复句和补充复句）、顺理关系（包括连贯复句、因果复句、条件复句和目的复句）以及违理关系（转折复句和让步复句）。沈阳、郭锐（2014）指出分句间相近程度也可作为复句四分的依据。其中第一种类型是合取与析取，代表前后分句相互独立不依赖；第二种类型是转折与让步，意味前后分句相互关联又存在逻辑矛盾；第三种类型是条件与假设，涉及前后分句所表达事件之间的蕴含关系；第四种类型则是因果与目的，指向前后分句表达在时间上的先后顺序和"原因——结果"的依赖关系。

总的来说，对于复句类型的分类，有的学者根据句法原则，有的强调语义准则，有的依据关联标记映射的事理关系，有的着重于心理条件，还有学者结合分句数量、结构形式及更多因素进行综合判定。当然，目前比较有影响的现代汉语教材和相关著作中，更多关注分句间逻辑语义关系。

(三) 复句关联标记

关联标记关联前后分句，显示逻辑语义关系，在复句中占据重要位置。学界对其称呼不一，大多采用五种叫法：关联词、关系词、关联成分、关系标记和关联标记。20世纪80年代以来，学者们对复句关联标记进行了细致深入描写，或聚合研究或个案分析，角度多样且新颖，成果颇为丰富，为复句后续研究奠定了良好基础。

关于复句关联标记的词类范畴，戴木金、黄江海（1988）认为关联词语包括词和短语两大类。邢福义（1985）强调关系词语大体包括句间连词、助词"的话"、关联副词和超词形式四种，持相同观点的还有姚双云（2006）、刘云（2008）、黄忠廉（2021）等。王维贤等（1994）指出关联成分有连词、副词、短语及特殊关联成分四种。陈中干（1995）主张除连词和副词外，助词"的话"和语气词"呢、吧、嚜"也有连接作用。徐阳春（2002）认为现代汉语中的关联词语既非固定的词类也非特定的语法单位，可以是连词、副词，也可以是代词、动词，还可以是短语。

  关于复句关联标记的句法位置，李晓琪（1991）根据分句定位原则把关联词分为只能出现在第一分句、只能出现在第二分句、在几个分句中重复出现和只能在分句之间出现的四大类，根据主语定位原则把关联词分为前置定位关联词、后置定位关联词和非定位关联词三大类，并在此基础上列出每一个关联词专属的固定位置。莫超（1997）以关联词语为"纲"，重新审视了"主语定位"观点，说明这一观点仅适用于联合类复句，而非偏正类复句。罗进军（2007）参照关系标记所引领分句的顺序位次，将有标复句中的关系标记分为前呼型关系标记和后应型关系标记两种；依照关系标记与小句谓语核心的相对位置，将关系标记分为前置式关系标记和后置式关系标记两种。姚双云（2008）着眼于假设类标记这一重要虚拟范畴，总结出三个敏感位置：假设标记出现在句首、谓头和句尾，并得出假设句构成会受到语义约束的结论。储泽祥、陶伏平（2008）论及了主语是否一致对关联标记位置的影响，指出前后小句主语相同时，因句标常放在主语之后；反之，则位于主语之前。谢晓明（2010）依据假设类复句中连用关系词语的句法位置，将其分为框式连用和前项连用两种形式。刘利、郭燕妮（2017）依托历时视角揭示转折复句中关联标记的控制、优化与句法位置间的互动调节关系。

  关于复句关联标记的搭配组合，徐阳春（2002）发现关联词语既可以单独使用，也可以配合使用（表同一语义关系），还可以组合使用（表同时存在两种语义关系）。姚双云（2006）在"小句中枢理论"与复句信息工程研究背景下，以词语搭配为基础理论，详细考察了关系标记的分布情况、使用频率、搭配强度、搭配距离、语义衍生、句法特征、语义韵、连用及异类搭配类型等。张文贤、邱立坤（2007）基于标注语料库，对现代汉语关联性副词和连词在句中的相对位置、辖域类型及固定搭配等进行了细致考察，得出"'固定'仅是针对某些用于前一分句的连词而言，一般来说前词的出现制约后词的出现，而不是相反"[①]结论。

关于复句关联标记的自动识别与标注，高维君等（2000）介绍了机器学习应用于汉语关联词歧义辨别的原因、方法及效果，经 C4.5 测试显示，正确率在 80% 以上。胡金柱等（2010a）构建一个专门的复句关系词库，形式化表征复句关系词的句法语义信息，以期实现有标复句层次语义关系的自动识别。舒江波（2011）认识到复句关系词的自动提取是复句信息化研究得以开展的基石，在全面分析标记连用情况及标识准确度影响因素后，制定了关系词自动标识的表里关联策略，提出三条关系标记约束性质，分别是上下文约束、关系标记分隔约束和搭配约束。宋林森（2014）在大规模语料库的前提下，针对具有搭配关系的关系词提出基于搭配强度的自动标识法。首先，是否达到一定阈值是判定关系词间存在搭配关系的重要参考（具体包括关系词的出现频率、共现频率和搭配距离）；其次，须利用词频信息分别计算两个准关系词和搭配词的搭配强度；最后，两者相权取其大。胡金柱等（2015）从句法、语义、句式、逻辑、字形、位置等角度出发，总结了标记对规则的 12 类约束条件，帮助计算机自动识别并分析复句关系词。李佐文、梁国杰（2018）结合心智计算论与符号控制论，从宏观层面论述语篇连贯性计算的研究路径，对汉语复句嵌套研究亦有启发意义。他们认为，关联标记（包括话题标记、整体框架标记、参照标记、时间空间标记等）是识别并处理局部或整体连贯关系的重要形式抓手。

[①] 张文贤、邱立坤：《基于语料库的关联词搭配研究》，《世界汉语教学》2007 年第 4 期。

关于复句关联标记的语法化，马清华（2003a）说明了并列连词的语法化轨迹具有普遍性，结构由不发生特殊语义关系演化为发生特殊语义关系，即"并列＞承接：转折"①。作为语法化重要表现的关联词功能扩张，有负荷膨胀、文义赋予、同义渗透、相似扩张、格式赋予等多种方式（2003b）。邢福义、姚双云（2007）以同时具有连词和介词短语两种用法的"为此"为研究对象，纵观"为此"的连词化过程，发现其经历了上古时期、唐宋时期和元明清时期，其中语义特征和句法环境是促使语法化的两大重要因素。李晋霞、刘云（2007）从共时角度出发，通过同一关系词语表示不同类型关系的语言现象，揭示汉语复句演变趋势为并列类＞因果类＞转折类。祁艳红（2013）将时间分为上古、中古、近代、过渡期和现代五个时期，历时考察汉语有标条件复句的发展轨迹，得出关联标记产生方式主要是虚词转化、实词虚化和短语词化三种。王天佑等（2019）从发展史角度，对复句中取舍关联标记"与其、宁可"、选择关联标记"或者、要么、是……还是"、并列关联标记"一边……一边、一面……一面、一来……二来"等进行历时研究，梳理了这些关联标记的词汇化过程、演变历程及背后动因。徐式婧（2021）纵观上古汉语时期、中古汉语时期、近代汉语唐五代时期、宋元时期、明清时期以及现代汉语时期，推演出汉语条件句关联标记与句法结构发展间的互动关系，绘成互动关系网络。

关于复句关联标记的类型学研究，周刚（2002）发现汉语、英语、日语三种语言中连词语序共性为都存在前置后续连词，都不存在后置后续连词；个性是先行连词位序位置不同，且后续连词的语序位置移动有差异。宋京生（2003）对比了汉英并列连词及从属连词的不同句位，总结出汉英并列连词句法特征为同多异少而从属连词反之的结论。储泽祥、陶伏平（2008）考察十几种语序类型不同的语言后，将因果复句关联标记模式归纳为三种——句中粘接式、

---

① 马清华：《并列连词的语法化轨迹及其普遍性》，《民族语文》2003a 年第 1 期。

居端依赖式和前后配套式,指出关联标记模式分布倾向与语序类型相关、其位置与动宾语序类型具有和谐性等。邓云华、郭春芳(2016)统计了英语中常见的 13 个因果关联词和 6 个汉语中常见的因果关联词,挖掘出汉英因果复句的逻辑语义优先序列,寻找它们的共性、个性,并作出象似性和原型阐释,这对语言习得、语言教学及语言对比研究具有指导性意义。范丽君(2020)比较汉语和 37 种藏缅语族的语言或方言发现,汉语转折复句中的关联标记更为丰富,位置模式虽单一又灵活,且具有多功能性;与之相反,藏缅语转折复句中的关联标记既不同源又功能受限。

关于复句关联标记的"表—里—值"小三角和"普—方—古"大三角研究,郭志良(1999)从语义功能、语法功能和语用功能三个方面来辨析转折连词与转折副词。罗进军(2007)围绕有标假设复句,从普通话、汉语方言和少数民族语言三大视角,全方位、多维度验察假设关系标记。其中,语表形式主要从结构和语气两方面探讨,语里关系表现为双合型语里关系和三合型语里关系并存,语用价值更具有三大特征,而这些都离不开关联标记的显现。尹蔚(2008)针对现代汉语共同语视域下有标选择复句,展开句式构成、语义关系、语用价值等方面的研究。研究发现,选择关联标记的使用频率各不相同,关联指向有左右之分,关联标记引领的前呼句和后应句间既有同一性更有斗争性,能够满足广义语用价值和狭义语用价值。此外,方言角度(官话区、非官话区)和少数民族语言角度(汉语亲属语言、汉语非亲属语言)下的有标选择复句内部同样存在诸多相似之处,也表现出差异的地方,选择关系标记间的关系概括为同中有异又异中有同。刘畅(2011)采用比较法,从语法意义、句法结构和语用意义三方面,深入辨析三组同义因果关联词"因为"与"由于","因为"与"既然","所以""因此""因而"与"于是"。彭小球(2012)对湖南益阳方言有标复句进行全面、细致梳理,具体包含关联标记类别及作用、关联标记模式、关联标记位置和居中程度差异、关联标记个性特点、跨类关联标记使用情况等，在此基础上比较其与普通话有标复句关联标记的异同，总结出诸多使用规律。郭中（2013）分类考察汉语普通话和汉语方言中类别不同的并列复句、连贯复句、递进复句、选择复句、转折复句、条件复句和因果复句的关联标记使用情况，详细论述复句关联标记模式类别及其特点，通过关联标记模式与语序间关系概括出两个蕴含共性，并借助时间顺序原则、联系项居中原则、历时语法化动因、共时和谐理据、象似性原理和经济性原则等理论对此作出解释。张静（2015）选取跨小类标志复现、跨大类标志复现、多重复句组配、异类语气组配等视角，挖掘普通话视野下关联标记不同的各类"既然"式推断复句套合组配特点；并结合方言视域（官话区方言、非官话区方言）和古汉语视域（文言文、近古白话）下该类句式特点，进行整体性验察。

二 "嵌套"的概念

嵌套，又称套层、连用、套用或包孕。以往研究大多视关联标记为复句附庸，集中于描写关联标记的逻辑语义关系、句法位置倾向、搭配选择、句法功能以及语法化进程等，而较少直接论述关联标记嵌套问题。《关联词语》对这种现象有过简单介绍，书中将多重复句里分属不同层次的关联词语分析为若干组成对使用的关联词语的组合，界定为关联词语的连用。遗憾的是并未进行深入探讨。

为此，周刚（2002）从关联连词套用类型、套用能力、制约因素和伴随的省略机制四个角度详细论述了这一问题。他提出，多重复句中两个及以上关联词各自管辖不同层次的分句而形成的包孕与被包孕关系，即为关联词的套用。关联词（主要指关联连词和关联副词）作为复句重要的句法、语义标记，它的套用显现着复句的包孕关系和包孕能力，从关联连词本身入手是进一步认识复句结构的新视角。罗进军（2007）则以有标假设复句为例，总结了关联标记包孕的含义：如果关联标记 A 引领的辖域大于关联标记 B 引领的辖域，且前者的辖域范围包含后者的，那么 A 包孕 B，或者说 B 被 A 包孕。

厘清不同复句相互间的嵌套关系，弄清不同复句真实的嵌套能力，本质上就是划分多重复句的层次结构和语义关系。既然形成多重复句的充分且必要条件是存在两个及两个以上的层次，那么层次关系就反映嵌套关系。大多数学者对嵌套的研究从分析复句类型及其层次语义关系这些课题中反映出来。

较早研究复句嵌套问题的是王力。《中国现代语法》中由三个以上分句联合而成的句子被称为多合句，粗略分为多个等立、等立之中有等立、等立之中有主从、主从之中有等立、主从之中有主从五种，后四种说的便是等立复句和主从复句既自嵌又互嵌。黎锦熙、刘世儒（1962）具体论述了各类等立复句与主从复句的扩大与混合（即自嵌与互嵌），有详有略：等立复句有并列复句、进层复句、选择复句、转折复句及承接复句五小类；主从复句则列举了六小类，但对可以作主从复句主句的复句谈之甚少。

随后，语言学家陆丙甫、金立鑫（1988）对多重复句嵌套问题进行了比较深刻的论述："多重复句的层次关系可以看作是一种'包孕'关系"[1]，大复句（高一等级复句）总是包孕小复句（低一等级复句），形成不可逆的上下等级层次。王维贤等（1994）借"叠用"[2] 来界定同一小句里先后出现两种及两种以上属于不同层次关联词语的用法，用"嵌套"[3] 来指称各种类型的单层复句相互包孕而形成多重句法结构的现象。根据类型的同异，嵌套又分为同类嵌套和异类嵌套两种，前者数量远远少于后者。刘云（2009）将"两

---

[1] 陆丙甫、金立鑫：《关于多重复句的层次问题》，《汉语学习》1988 年第 5 期。

[2] 王维贤、张学成、卢曼云、程怀友：《现代汉语复句新解》，华东师范大学出版社 1994 年版，第 324 页。

[3] 王维贤、张学成、卢曼云、程怀友：《现代汉语复句新解》，华东师范大学出版社 1994 年版，第 310 页。

个以上分句之间相互选择，匹配构成不同层级复句模块"① 的过程界定为多重复句的层次划分。低层次的复句模块首先得到匹配，被某个复句关系词语引领的分句所包孕，其次再与其配对关系词语引领的分句匹配而成一个更高层次的复句模块。朱斌（2013）借用"套层复句"② 来指称有两个或两个以上层次的多重复句。多重复句中分句按照一定层次和关系联结起来，句序情况较为复杂，可能前分句套低层结构，也可能后分句套低层结构；可能是二重套层，也可能是三重套层，甚至更多。此外，还有邢福义（1979）、沈开木（1982）、李联森（1983）、郑学文、邹世霞（1986）、姚亚平（1990）、汪国胜、刘秀明（2004）、尹蔚（2008）、汪梦翔（2009）、谢晓明（2010）、张静（2015）等都涉及多重复句层次分析与嵌套研究。

三 "嵌套"的判定

（一）语言本体方面的研究

嵌套复句的判定为汉语语法学界关注点之一，语言本体层面的研究细致扎实，业已取得丰硕成果。学者们从概念界定、层次类型划分、包孕能力、制约因素等视角对复句嵌套现象展开分析，明确了"三位一体、多方验证"的基本思路。

较早有影响力的是陆丙甫、金立鑫（1988）以具有严格等级关系的偏正复句为主要描写对象，将偏正复句由上及下分为三个等级九种类型共五十八式，提出同级别不相互包孕、高级复句才能包孕低级复句的主张。其中，第一级是"因为~所以"句和"虽然~但是"句，第二级是"如果~就"句和"既然~就"句，余下"即使~也"句、"只要~就"句、"只有~才"句和"无论~都"句都是第三级别。他们对此作出了理论解释：形成等级关系的直接

---

① 刘云：《汉语虚词知识库的建设》，华中师范大学出版社2009年版，第253页。
② 朱斌：《汉语复句句序和焦点研究》，世界图书出版广东有限公司2013年版，第138页。

原因是偏正复句的论域大小——论域是关联词之后可能出现的话语范围，不同类型的关联词涉及的范围自然不同。

事实上，考察现实语料可知，各种类型的复句并不总是遵循"大包小而小不能包大"原则。例如，第二等级的假设句经常包孕第一等级的因果句［见例（4）］。换言之，复句的语义嵌套是有规律可循的，不仅要根据语表形式总结语义嵌套倾向，还应分析背后折射的人类认知特征。语言策略本质上是认知的，表达一个多重复句之前，说话者必然经历认知过程，进而影响到复句语义甚至复句层次结构。

（4）如果因为警察打了人，我们就说警察应该取消，那实在是可笑的。（博客语料）

基于此，王维贤等（1994）对九种条件复句间的包孕关系进行了全面考察。他用"X（A…B）…Y（A…B）"① 表示偏句或正句能包孕的以及偏句或正句都能包孕的复句结构，并以计分法测算69种包孕格式的包孕能力，最后得出四个等级：因果复句、转折复句＞（高于）推断因果复句、假设复句＞假设转折复句、目的复句、充分条件复句＞必要条件复句、无条件复句。

自然，"嵌套"的判定离不开对语法标志——关联标记的探讨。对于汉语复句层次分析，肖国政（1983）强调要尽可能抓住关联词语这一形式方面的根据，在明确分句数量的基础上观察句中关联词语，补出隐含的关联词语。姚亚平（1990）针对传统的"先理解意义，再分析复句"分类法弊端，提出"多重复句的关联词语模式分析法"②，可以在不懂复句意义的前提下分析复句结构及语法关系。其文阐述了多重复句关联词语模式分析法的两个步骤和影响句中关联词语运用情况的三个变量，并详细描述了多重复句的模型种类与

---

① 王维贤、张学成、卢曼云、程怀友：《现代汉语复句新解》，华东师范大学出版社1994年版，第315页。

② 姚亚平：《多重复句的分析模型——兼淡语法分析的作用与目的》，《汉语学习》1990年第3期。

分析方法。周刚（2002）沿用王维贤等的思路，将表联合关系或偏正关系的关联连词按照套用能力的高低分别排序为：并列关系 > 连贯关系 > 递进关系 > 选择关系，说明因果关系 > 转折关系 > 假设关系 > 推论因果关系 > 让步关系 > 充分条件关系 > 必要条件关系 > 无条件关系 > 取舍关系，并据此包孕机制得出制约关联词套用能力强弱的两大因素——关联词的句法特征和语义特征。

但是，仅仅依靠关联标记划分多重复句层次关系既是不完备的，也是不科学的。如李联森（1983）所言，多重复句比一般复句意义容量更大、结构层次更复杂，应根据内容与形式相结合的原则来确定内部结构层次关系。如果仅依据分句间意念上的联系，难免见仁见智不好统一；如果单纯依靠关联词语，对于无标意合复句不免无从下手。更多学者主张综观全局，抓住要领，全面验证。代表人物有沈开木（1982），石安石（1983），王缃（1985），黄伯荣、廖旭东（2017），邢福义、汪国胜（2003），汪国胜、刘秀明（2004），杨贵雪、翟富生（2009），刘蔼萍（2016）等。

石安石在《怎样确定多重复句的层次》论文中谈及多重复句层次划分首先应看关联词语的配搭情况与排列顺序，其次看划开后分句内部是否相对完整，最后看换位结果通顺与否（除连贯、递进、说明等复句外）。

廖旭东、黄伯荣的《现代汉语》将多重复句分析步骤归纳为三：第一是总观全局，确定分界，于分句开头处标明数码；第二是找出关联词以判定句间关系；第三是一分为二，借用数量不同的"｜"隔开同一层次的分句，并写明关系。

邢福义、汪国胜（2003）总观全局，同样概括了确定多重复句层次关系的三大要领：首先是善于逐层剖析，其次是善于抓住标志，最后是善于化繁为简。

此外，对复句嵌套现象作专题研究的还有：刘福铸（1999）对容忍性让步句和说明性因果句的互套例句进行辨析。汪梦翔（2009）选取有典型因果关系关联词的复句为研究对象，分析这些关联词的套用现象，从中找出套用能力与被套用能力的具体差异，并从逻辑关系、句法特征、语义因素、认知心理和音节等方面梳理形成差异的原因。周云（2010）对容认性让步复句的套层规律做了系统的调查分析，总结出套层模式及其规律，归纳了影响套层能力的因素——句序、关联词语、语义影响、认知心理和语气类型等。查洁（2010）借助描述性研究法和比较研究法系统分析了说明性因果复句与转折复句的互套情况，并从句式结构、语义、认知、分句语气类型等方面探讨制约因素。刘畅（2011）从表因果关系的关联词语套用同类关联词语、其他关联词语套用表因果关系的关联词语和表因果关系的关联词语套用其他关联词语这三个维度，考察表因果关系的关联词语套用类型和套用能力，将制约因素归结为句子逻辑和关联词语语义特征。张丽（2016）揭示了关联词语"就算"与"如果"相互套用形成的两种复句结构，进一步从句法、语义角度说明了汉语复句的双视点现象。耿淑婷（2016）从不同角度对假设复句的包孕关系进行分类，对包孕能力进行分析，最终得出假设复句包孕并列类复句能力最强的结论。吴春枝（2018）采用分类、对比的方法，全面分析"即使p，也q"与其他关系复句的互套类型和互套能力，认为这一句式的套用现象具有衬托、强调、强化、补充、增强主观性等语用价值。

总的来说，共有四种研究路径：基于"内容＋形式"综观嵌套全局；基于关联标记审视嵌套特征；基于层次语义关系反映嵌套情况；基于专题研究总结嵌套规律。

（二）应用层面的研究

如何让计算机高水平地理解自然语言，高效率地生成符合人类交际习惯及语言规则的句子，是自然语言处理要解决的核心问题之一。复句作为连接小句与篇章的中间桥梁，在真实文本、会话中大量存在，自然是重难点所在。复句信息处理囊括句法规则、语义结构、语用分析、知识文化背景、语音韵律等基础性知识，牵涉分句识别、关联标记识别与标注、知识库构建、复句本体建模、陈述性规则语言制定等一系列问题，厘清其分句联结机制及影响因素的运作方式，对妥善解决复句信息处理相关问题尤其重要。

复句层次关系的自动识别成为当前复句信息工程研究的核心议题。学者们运用语言学知识和数据挖掘技术，从不同角度丰富了复句嵌套问题在应用层面的研究，为复句信息处理打开一片新天地。总体来看，共有五种研究路径：基于关联标记搭配类型及隐现模式的；基于规则的；基于传统机器学习方法的；基于深度学习方法的和基于融合优化方法的。这些研究路径均大大提升了智能识解的准确率，深化了复句嵌套机制理解，推进了复句信息工程纵深化发展。

复句关联标记是复句智能识解的重要抓手。早在 2001 年，鲁松等提出了关系层次树概念，主张采用上下文无关文法表述多重复句，并在此基础上构建句法分析器，针对关联词进行具有预测机制的、自底向上的、部分数据驱动的确定性移进——归约操作，最终实现多重复句关系层次自动分析的目标，正确率高达 93.56%。

当然，关联标记既有辅助作用，也有一定的局限性。刘云（2008）借用"离析度"概念展开对复句关系词语的新探讨。从省略、扩展、嵌套、停顿、管控、对应、换位和位置八个方面考察关系词语的离析能力，得出因果类关系词语离析能力强于并列类关系词语强于转折类关系词语的结论；并从音节数量、句法位置、语义特点和个体差异等解释关系词语离析能力不同的原因。这对复句层次关系的自动划分无疑具有较大帮助。随后，刘云（2009）深入分析二重复句自动划分问题。对于无关系词语省略的二重复句，仅需三步即可实现复句结构层次的自动分析；反之，关系词语省略的二重复句中，其包孕机制、音节形式、位置前后及数量多少均是重要影响因子，不容忽视。

同年，罗进军（2009）指出自动识别有标复句层次关系前必须直面三大问题：一是语表序列如何提取；二是表里关联模态如何构建；三是语表序列怎样聚类。研究成果来看，这项工作还未跳出句法识别的范畴，建立在语义信息提供、提取、利用三大前期工程基础上的语义识别是必然的发展趋势，加入语义信息有助于复句层次关系的自动化分析。

胡金柱等（2010b）依托分句语义关联理论，分析了较为复杂的无标复句及特殊的有标复句。从句法、语义角度考察发现标示分句语义关联的特征共三大类十四小类，这些关联特征之间相互约束，存在优先级别。基于此，采用特征加权法计算分句间关联度（SR）可以确定分句的层次归属。吴云芳等（2013）集成了句子相似度、最大公共子串、最大谓词周边匹配长度、加重特定词语复现等方法，进行无指导的并列复句自动识别。尹蔚、罗进军（2016）则从理论层面探讨两句式、三句式、四句式有标选择复句的层次关系自动识别方法，强调句法关联体现为关联标记的语表序列，语义关联表现为层次关系，表里关联模态表的建立离不开知识库的构建。李源等（2017）提倡一种基于语义分析与关系搭配相结合的层次分析融合模型，尤其对非充盈态有标复句，小句关联体识别算法与语义规则相结合一定程度上提升了识别准确率。

相较于单一方法，融合优化法大幅提升了复句信息处理性能。此外，复句关系识别特征的挖掘及规则的形式化整理，对准确率的提高也有较大帮助，该方法离不开复句关联标记这一触发机制。

聚焦于现代汉语有标三分复句，吴锋文（2010）以句法模式匹配思想为指导，分析了复句关系标记隐现情况，及其句法特征与分句先后组合顺序间的对应关系。考察发现，三句式有标复句共两种句法关联模式——1-2型和2-1型，前者有18种隐现形式，后者有15种；根据关系标记对复句层次关系的识别效度，三句式有标复句又分为两种关联模式——充盈态和非充盈态，前者有18种，后者有15种。对于充盈态复句，采用规则的方法即可解决；对于非充盈态复句，需用特征权值法，引入语义关联度来解决。此后，他（2012、2017、2019、2020）分别对一标三句式、二标三句式、二标四句式和三标四句式做了专题研究，以关系标记的显现类型为视角考察连用、单用或复现用法对分句先后组合顺序的制约，挖掘出11条制约规则和6条优先序规则，从形式和语义上给出具有实用价值的判定参照。

同样，李源等（2018）依据三分句二重有标复句标记隐现模式特点，构建起关系标记隐现规则库；杨进才等（2021b）由字面、句法特征总结出现代汉语有标复句关系类别的判定规则，均在一定程度上提升了复句层次关系自动识别的准确率。

人类对语言知识的掌握随着语言单位的增大变得越来越少，相应的，语言知识形式化的难度逐步增大。复句嵌套处理过程中，基于语言学规则的方法取得一定成效的同时，难以完全避免耗时、耗力且泛化性能较差等劣势。于是，统计数学方法越来越受到重视，机器学习的方法被用来发现复句嵌套知识。

周文翠、袁春风（2008）使用支持向量机对4万多个句子进行训练，以获取并列复句的判定模型。肖宇坤（2018）统计分句间关联特征（归纳为结构相似、词形相同和概念范畴相同三个方面）的基础上，利用决策树算法构建相应的决策树模型对分句进行分类，进而提高非充盈态有标复句层次结构自动划分的准确率。

不同于传统的机器学习算法，基于神经网络的深度学习将算法领域扩展到探索大脑的认知机制上，机器能自动地从数据中学习，面对复杂问题表现非常优异。李妙（2019）综合句法、语义、交叉特征等角度，基于改进的带注意力机制的双通道卷积神经网络方法，采用多维度特征相融合的策略对汉语复句层次结构进行自动分析。杨进才等（2019）通过依存句法树和 word2vec 词向量模型提取出分句的句法、语义特征后，借助神经网络训练获取三句式关系词非充盈态二重复句的层次划分模型；随后又利用 DPCNN 模型融合语句特征进行汉语因果类复句的关系类别识别（杨进才等，2022）。郑浩等（2022）主张注意力机制与图卷积神经网络相结合的方式，对于缺少显式连接词的复句语义关系自动识别效果显著。

统计方法的优点不言而喻。复句信息处理走上数据驱动之路，语言学规则的效力似乎被数据效力所遮蔽，这其中不乏隐忧。局部的正确率不能代表整个语言系统，缺少语言知识支持的技术迭代或算法实现，可能面临语言自身特质为海量数据所淹没，进而影响嵌套复句识解的精准性，削弱语言智能的可信度。为长远计，复句信息处理需要语言学规则知识和人工智能技术的深度融合，二者缺一不可。

（三）个案研究

"（虽然）……但是……所以"类嵌套复句较为特殊，学界对这一句式的层次划分多有分歧，学者们从句法、语义、语用、修辞等方面进行了多维探索。

吕敬参（1988）肯定"虽然……但是……因此"式复句是多重复句分析的难点之一。他从句子的形成和句子的压缩两方面解释了此类句式的层次应划分为"第一层是转折，第二层是因果"①，并指出关联标记"由于"被置于第一分句头上才导致错误的划分结果。

吴伟妙（1997）认为语言运用复杂多样，"虽然……，但是……，所以……"类复句的高层切分"应区别对待，切不可一概而论"②。

孟庆甫（1998）主张根据"哪一组关联词所表示的关系能'囊括'全句语义，能把各个分句都统领起来"③ 来划分这类复句的高层，不可一刀切。

吴锋文等（2009）基于 CCCS 语料库，从语料统计和语义表达两个角度探讨"虽然 p，但是 q，所以 r"句式层次划分问题。统计表明"转折标+原因标"的出现频率远大于"原因标+预转标"的。从分句间逻辑语义关系、语义适应性及哲学思辨视角分析，同样得出"这类句式应为转折——因果型"④ 结论。文章末尾延伸至

---

① 吕敬参：《也谈"虽然……但是……因此……"式复句的分析》，《河南大学学报》（哲学社会科学版）1988 年第 5 期。

② 吴伟妙：《怎样分析"虽然……，但是……，所以……"这类复句》，《中学语文教学》1997 年第 12 期。

③ 孟庆甫：《再谈"虽然……，但是……，所以……"这类复句的层次划分》，《中学语文教学》1998 年第 6 期。

④ 吴锋文、胡金柱、姚双云、肖升、舒江波：《基于语料库的"虽然 p，但是 q，所以 r"句式层次分析》，《宁夏大学学报》（人文社会科学版）2009 年第 5 期。

多重复句实例，证实了转折复句后分句更多包孕因果复句；相比因果复句前分句，因果复句后分句更易包孕转折复句。

舒江波（2011）强调此类复句的层次划分视情况而定，但应以事理关系为基石。他引入"语义规约"这一操作方法，得出两个结论：当首分句和中位分句存在事理上的直接关联，或首分句和末尾分句不存在直接的事理关联，整个句子为因果复句；当首分句和中位分句不存在直接的事理关联，或首分句和末尾分句存在直接的事理关联，整个句子存在两解的可能。

朱斌（2013）以说明性因果关系与转折关系的二重套层为例进行专题研究，总结了制约复句套层能力的条件和因素（句式结构，认知心理、语义关系和小句语气类型）；得出了"转折关系的套用能力强于说明性因果关系"[①]，尤以转折后套"因——果"式出现频次最高的结论。

此类特殊句式划分引发的争议，正说明现代汉语部分二重有标三分句嵌套格式存在多解的可能性。

四 资源库建设

复句信息的智能化，有赖于多方面的系统的语言知识（包含文字、语音、词汇、语义、语法、语用、语篇等）支持，经过精确的、形式化的、可计算的方式表述后为机器所使用。这既离不开以原始形态呈现语言知识的语料库，更需要于大量实例中提炼、概括出的，在计算机系统中组织、储存、使用的互相关联的语言知识库，包括静态的机器词典、语法信息库、语义规则库和动态的上下文相关信息等。

随着复句信息工程的深入开展，学者们利用复杂特征集方式构建起一批高质量资源库。有为汉语复句自动化服务的"现代汉语虚

---

① 朱斌：《汉语复句句序和焦点研究》，世界图书出版广东有限公司2013年版，第174页。

词综合知识库"（刘云等，2005）、复句研究大平台"汉语复句语料库"（华中师范大学语言与语言教育研究中心，2005）、辅助识别有标复句层次的"汉语复句关系词库"（胡金柱等，2010）、区分跨类关联词句法语义特征的"复句跨类关联词知识库"（储小静、肖辛格，2019）等。它们通过规则和与之配合使用的词典信息，将复句结构规律以可计算的方式呈现出来，是计算机进行复句信息处理的重要资源。

语义知识库和常识知识库表达世界知识、反映事理关系，其规模与质量对自然语言信息处理系统的成败亦有关键性影响。长期以来，国内外众多学者为这项最基本、最重要的应用基础研究付出了巨大努力，也收获了丰硕成果，在此对几项代表性研究成果（国内）作简要介绍。

在计算机语言处理领域，"Hownet（知网）""知识图谱"等技术相继出现是语义知识库建设的重大突破。Hownet（知网）是一个揭示概念间、概念所具有的属性间复杂关系的双语常识知识库，由中国科学院董振东等开发，于1999年正式发布。知网共描述了十六种关系，分别是上下义关系、同义关系、反义关系、对义关系、部件—整体关系、属性—宿主关系、材料—成品关系、施事/经验者/关系主体—事件关系、受事/内容/领属物—事件关系、工具—事件关系、场所—事件关系、时间—事件关系、值—属性关系、实体—值关系、事件—角色关系以及相关关系。丰富的内容与严密的逻辑使知网可以广泛运用于词汇语义相似度计算、词汇语义消歧、名词实体识别、文本分类诸多方面，是中文信息处理技术研究和系统开发的重要基础资源。知识工程技术"知识图谱"由谷歌于2012年正式提出，它是一种结构化的语义知识库，以符号的形式描述物理世界中的概念及相互间关系。其本质是大规模的语义网络，基本组成单位为"实体—关系—实体"三元组合。其中，物理世界的概念视为实体，实体具有属性值，实体间各种关系则组成网状知识库的边。近些年，知识图谱以可视化知识图形、序列化知识谱系的优势，作为科学计量学新的研究方法，在情报学、教育学、社会学等领域大放异彩，显示出知识单元间网络、结构、互动、交叉、演化、衍生等等隐含的复杂关系。

在跨语言语法形式—语法意义比较领域，语义地图模型（张敏，2010）及概念空间（郭锐，2012）研究应运而生。概念空间底图的构建是基础性工作，须寻找节点将之排列、连接起来；特定语言在概念空间上的分布则是具体的语义地图模型。他们均侧重于关联性知识的构建，为计算机化提供可能。

除知识管理模型建设外，学者们也致力于语义分析理论建设，其中最具代表性的是黄曾阳创立的以概念化、层次化、网络化语义表达为基础，面向自然语言理解与处理的 HNC 理论（Hierarchical Network of Concept，又称"概念层次网络理论"）。HNC 理论是一个关于语言概念空间的理论，分为具体概念和抽象概念两种。具体概念采取挂靠展开近似表达法；抽象概念采用五元组和语义网络表达法，由基本概念语义网络、基元概念语义网络和逻辑概念语义网络构成。可以说 HNC 理论创建了基于语义的自然语言表述、处理模式。此外，他还认为自然语言知识应划分为概念、语言、常识三个独立层面，强调了建构各自专属知识库的重要性。

还有不少学者为汉语语言知识的描述、概念及语义的计算铺垫了优秀的理论基石，创立了丰富的数据资源，如北京大学计算语言研究所构建的汉语语义词典《中文概念词典》，哈尔滨工业大学信息检索研究室在梅家驹编纂的《同义词词林》基础上研制的《同义词词林扩展版》，北京大学、中国科学院计算技术研究所合作开发的汉语语义知识库《现代汉语语义词典》，清华大学、北京大学和鲁东大学协作开发的描述相关事件知识的汉语事件知识库，等等。这些成果为自动化处理奠定了坚实基础，对二重有标三分句层次语义自动分析亦有重要价值。

第三节 研究视角

科学的理论思想是研究进展顺利的保障。本书主要以语言单位关联理论、小句中枢理论、复句三分理论以及认知语言学框架下的象似理论、隐喻理论、格式塔理论等为理论基石。

既然多重复句结构层次的划分体现了内部不同层级的意义相对完整性,那么对内部不同层级意义相对完整体的研究,于整个二重复句的理解无疑意义重大。二重有标三分句嵌套分析究其实质是将语义上关系更紧密、主题上关联度更高的两个分句优先划归为小句关联体,再与另一分句构成高层结构。归纳前人研究可知,分句语义上相互关联、相互依附的程度即为语义关联度研究,分成语表关联度、语里关联度和语值关联度三大方向。其中,语表关联度偏向衡量分句间句式、词语、句法等层面的关联程度,语里关联度主要分析分句间语义特征、语义关系的关联程度,语值关联度侧重分句间情感色彩、语义倾向等方面的关联程度。三个方向一体三面难以分割,语义关联度计算是一个复杂过程,对关联手段的探讨尤为重要。

汉语语言单位的关联一靠形合,二靠意合。形合采用的是句法手段或词汇连接手段,意合则借助语义手段。关于汉语语言单位的关联手段已有不少论著进行过研究。张志公在《现代汉语》一书中提到,采取一定的方式或语法手段,可以将两个及以上较小的语言单位组织成一个较大的语言单位。他认为汉语的组合方式分直接组合和关联组合两种,前一种以语序为主要手段,后一种以起关联作用的虚词为主要手段。沈开木(1987)深入钻研"超句子统一体"(又称"语段""句段"),总结出四类联系手段——次序、兼用缒传词语(包括同形重复、代词、同义现象、省略、有先后关系的时间词语、内容有关系的处所词语、关联词语、独立成分、共用部分、近似的字形、谐音等)、兼用平行句式、兼用说话跟类语言联系。庄文中(1990)以句群为研究对象,全面揭示了语法、语汇和修辞三种组合手段。其中,语法组合手段有语序、关联词语、句式和能起关联作用的实词;词汇组合手段包括相同词语、同义近义词语或对应的词语;修辞组合手段有比喻、双关、仿词、设问、重复等。高更生、王红旗(1996)主张复句的关联手段主要有语序、关联词语、其他词语(包括重复词语、相关词语、共同词语)和句式(譬如排比句式、重复句式、顶针句式、对照句式、回环句式)四种,并得出句组和复句关联手段基本一致的观点。邢福义、吴振国(2002)强调语段内部不仅有内在语义联系,还有外在形式联系,即所谓的语段关联手段。具体包含关联词语、同指、省略、同现、句式、语序等。朱斌(2013)认为复句的关联手段主要有语序、词语和句式三种。其中,语序在复句中体现为句序;词语包括一般词语和复用词语、指代词语、义场词语;句式指某些修辞格形成的特殊句式。

  基于语言单位关联理论,对二重有标三分句进行考察发现,关联标记、分句句法成分、分句类型、话题链是影响嵌套结果的四大重要因素。文章将从这四方面展开具体分析,并作相关解释。

  1995年邢福义在《小句中枢说》一文中首次提出"小句中枢说",并在后续研究中不断深化其内涵。小句中枢理论的基本内容包括七方面:第一,界定了小句的性质和范围。"小句是最小的具有表述性和独立性的语法单位"[①],既为语法实体,又是语法单位。"小句"不仅包含单句,也指复句中的分句。第二,认定了小句的中枢地位。理由有三:一是在各类语法实体中,小句具备最为齐全的语法因素;二是小句跟其他语法实体皆有直接联系,属于联络中心;三是小句对其他语法实体(如复句、短语)具有"控他性"。第三,提出了小句三律。具体包括小句成活律、小句包容律和小句联结律,用以解释小句的形成与生效、小句与短语和词的关系以及小句同复

---

① 邢福义:《小句中枢说》,《中国语文》1995年第6期。

句和句群的关系。第四，分析了小句对汉语语法规则的方方面面显现的"管束控制作用"①。观察视角有五：一是词的语法性质的落实；二是词语的表意传情的显现；三是语句的联结相依的确定；四是一般规律与特殊现象的区分；五是方言同普通话的甄别。第五，明确了小句的基础脉络。"动词核心，名词赋格"② 是各种复杂格式得以衍生、变化的基础。现代汉语语法系统中，构件单位均围绕动词核心组织构成，表述同一个意旨；与此同时，名词赋予了句子特定的格局。第六，确定了汉语句法结构的兼容性和趋简性。语义蕴含方面来说，同一结构可能包容多种意义；语表形式总体走向而言，人们倾向于选择简化的句法结构。第七，倡导了汉语语法研究应有的"两个三角"研究思路。其中，"小三角"研究注重语表形式、语里意义和语用价值；"大三角"则以普通话为基脚撑开现代汉语方言和古代、近代汉语的研究。

本书对小句中枢理论的运用体现在：以小句中枢理论为指导认定参与构造二重有标三分句的分句，筛除非分句语言片段；并以小句为中枢对分句的句法成分进行划分，计算分句间的语义关联。

2001年邢福义在《汉语复句研究》一书中正式提出复句三分系统理论，将汉语复句分为并列类、因果类和转折类三大类型。这种分类方法具有便于验证、便于形成系统、便于解释事实三大优势。在"从关系出发，用标志控制"③ 原则指导下，邢福义将复句进一步细分为十二个小类，它们是并列句、连贯句、递进句、选择句、因果句、假设句、条件句、推断句、目的句、转折句、让步句和假转句。本书以复句三分系统为指导思想构建专属关联标记库，并以此划分二重有标三分句的层次语义关系。当然，复句系统面貌是多样的，复句句式与复句类别之间并非绝对的一对一关系，存在多个

---

① 邢福义：《说"句管控"》，《方言》2001年第2期。
② 邢福义：《汉语小句中枢语法系统论略》，《华中师范大学学报》（人文社会科学版）1998年第1期。
③ 邢福义：《现代汉语复句问题之研究》，《黄冈师专学报》1994年第2期。

句式对一种关系或一个句式对多种关系的情况。对跨类句式的辨析同样应以复句三分系统为基石，否则会造成标准混乱。

"象似性"是认知语言学的核心观点之一。这一术语源自美国符号学家查尔斯·桑德斯·皮尔士（C. S. Peirce, 1839—1914）提出的 Icon（象似符），分为影像符、拟象符和隐喻符三类，构成了象似性研究的符号学基石。1965 年，雅各布森（Jackobson）在此基础上提出了语言符号的象似性（Iconicity），意指语言符号的能指和所指之间的理据关系，对语言的任意性发出挑战。自此，越来越多的学者开始关注这一议题，研究对象与研究范围涉及语音、词汇、句法、语篇、类型学、文学、非文学等层面，并逐渐成为一种新的研究范式，代表人物有格林伯格（Greenberg, 1966）、切夫（Chafe, 1970）、鲍林格（Bolinger, 1977）、海曼（Haiman, 1980）、斯洛宾（Slobin, 1985）等。在国内，最早将 Iconicity 译为"象似性"的学者是许国璋（1988）。沈家煊（1993）对该词作了详细说明，他认为象似性主要是指语言结构的象似性，语言结构直接映照而非仅仅体现人的概念结构。提出汉语的象似性并作深入分析的语法学家还有戴浩一（1985）、严辰松（1997）、陆丙甫（1998）、张敏（1998）、刘丹青（2001）等。目前，学界总结的"象似性原则"有距离象似原则、顺序象似原则、数量象似原则、标记象似原则、话题象似原则和句式象似原则六种，前三条关于句法的象似性认可度最高。其中"距离象似原则"指语言形式间的距离对应它们所表示的概念间的距离，即语言单位间线性距离的远近象征概念距离的远近；"顺序象似原则"指两个句法成分排列的次序取决于其表达的状态或事件发生的先后顺序；"数量象似原则"指量大、重要或难以预测的信息对应的句法成分也较大且形式复杂。

本书对象似理论的运用主要表现在：以句法关系象似性为指导分析二重有标三分句中分句的出现次序，解释嵌套倾向的认知动因。

隐喻，是一个古老的课题，分为修辞学、哲学和语言学三大传统。乔治·莱考夫（George Lakoff）和马克·约翰逊（Mark Johnsen）于 1980 年发表的 *Metaphors We Live By* 一书，在世界范围内掀起了从认知角度研究隐喻的热潮：其中既有对隐喻实质的探讨，如替代论、互动论、对比论、映射论以及合成空间论；又有对显性隐喻与隐性隐喻、根隐喻与派生隐喻、以相似性为基础的隐喻和创造相似性的隐喻等隐喻基本类型的研究；还有对隐喻理论下类的论述，如认知心理学领域的对比理论、互动理论、凸显不平衡理论和语言学领域的无意义理论、关联理论、语义场理论，等等。此外，隐喻理论在文学批评、语言教学、词典编纂等应用领域也展现出重要应用价值。认知语言学"现实—认知—语言"观点强调现实世界通过认知实现系统化，形成一定的概念结构，作为类比推理方式的隐喻属于中间认知层。隐喻很大程度上建构起人们日常赖以思考和行动的概念系统。本书第四章句法成分间语里关系的探析上运用到隐喻理论。

格式塔心理学（Gestalt Psychology）又称完形心理学，是西方现代心理学主要流派之一，1912 年诞生于德国，代表学者有库尔特·考夫卡（Kurt Koffka）、沃尔夫冈·苛勒（Wolfgang Köhler）和迈克斯·韦特海默（Max Werthenimer）。不同于构造主义心理学的元素学说和行为主义心理学的"刺激——反应"公式，通过似动现象实证研究，他们发现思维是整体且有意义的知觉，受某种固定倾向驱使，人类对事物的感知具有整体性而非局部认识，即整体大于部分之和。由此提出著名的完形法则，解释人类对于不符合自身视觉习惯的事物或图形，会根据经验或喜好进行加工，以推演良好的"完形"。具体包括相邻性（Proximity）指距离紧密的部分知觉上倾向组成整体，相似性（Similarity）指某方面相似的部分知觉上倾向组成整体，封闭性（Closure）指彼此相属的部分倾向闭合成整体，简洁性（Simplicity）指复杂对象倾向感知为规则的简单图形等。格式塔心理学根本观点主张人的意识的整体性，强调开展综合分析，为社会心理学、美学、教育学、传播学、翻译学、语言学、图形设计等研究提供新视角。以此为基础的认知语言学研究内容有认知语法［代表学者兰盖克（Langacker）和泰勒（Taylor）]、构式语法［代表学者菲尔莫尔（Fillmore）、凯伊（Kay）、克罗夫特（Croft）和戈德博格（Goldberg）]、语法与认知间关系［代表学者泰尔米（Talmy）]等。

认知通达依赖于心理扫描。本书第五章运用格式塔心理学，研究话题链内各分句话题共享易于感知为"好"的完形，从而实现彼此间认知通达。

第四节　研究方法和素材

一　研究方法

文章运用多种研究方法，总体遵循"形式和意义、描写和解释、动态和静态"三结合原则。首先，全面综观现代汉语二重有标三分句，须获取充足、真实、科学且相对平衡的语料，为下文深入分析提供可靠数据。故语料选材要精心。第一项工作就是生语料的收录，查阅文献资料法和人工转写网络视频法相结合，考虑时间、文化、领域等多方面因素的基础上，选择合适的二重有标三分句。第二项工作就是语料库的构建，Python智能预处理法与人工二次校对核验法相配合，突出人在语料库建设中重要性的同时，每个部分都为计算机服务。

分析的过程则采用理论与事实相结合、定量与定性相结合、多学科相结合的方法，适应不同研究阶段需求。

（一）理论与事实结合

本书整合现有研究成果，运用语言单位关联理论、小句中枢理论、复句三分理论及认知语言学等相关理论，描写二重有标三分句各种嵌套现象，归纳嵌套类型、关联标记类型及其主要成员。这一阶段还可称为假设检验法。遵循排列组合规则，运用演绎法列出句法关联模式所有可能性，并借助实例化语料进行检验、分类与特征分析。如果是充盈态句法关联模式，则判定属于1-2型还是2-1

型；若是非充盈态句法关联模式，则提取规约分句归属的规则。

（二）定量与定性结合

本书以本体研究为主，辅之以统计分析、机器学习等定量手段。对大量二重有标三分句语料进行聚合归类与整理，统计嵌套现象相关数据；并从关联标记、句法成分、分句类型、话题链等角度入手，描写嵌套倾向，进行理论解释；同时量化嵌套因素间关系，搭建自动识别处理流程，验证、完善二重有标三分句嵌套识别方法的有效性。

（三）多学科相结合

课题试图结合语言学、信息学、心理学、数学、统计学、哲学等知识解释嵌套影响因素；运用信息量模型、K-means 聚类算法、分类回归树（CART）算法，以及 Bagging、Boosting 和 Stacking 集成算法框架等计算机技术，考察嵌套因素排名并建构智能识别模型。此外，跨类关联标记知识库的构建，除自建信息录入系统外，还制定了相应的符号、函数以存储充足条件，这需要逻辑学知识和数学知识。

二 语料说明

为获取充足、真实且平衡的语料，相对客观地研究二重有标三分句嵌套，本课题的素材来源包括口头语体语料和书面语体语料两大类。

口头语体语料是根据网上的视频进行人工转写、加工而成。主要来自中央电视台经济频道的谈话类节目《对话》、电视剧《潜伏》、电视剧《编辑部的故事》、微博语料、淘宝语料、知乎语料以及中央电视台出品的美食类纪录片《舌尖上的中国》解说词。既有口头表达形式，也有书面表达形式。

书面语体语料细分为政论、科技、文艺、事务四种语体。其一，政论语体语料有 2017 年 11 月由外文出版社出版发行的《习近平谈治国理政》（第二卷），以及《人民日报》《长江日报》收录的部分语料。其二，科技语体语料既有专业的科技期刊论文，包括指导类期刊、学术类期刊、技术类期刊和检索类期刊四种；也有科学著作如《人类简史：从动物到上帝》（赫拉利）和《中国哲学简史》（冯友兰）等。其三，文艺语体语料分为现当代文学作品《了不起的盖茨比》（菲茨杰拉德）、《少有人走的路》（派克）、《边城》（沈从文）、《天龙八部》（金庸）、《背影》（三毛）等，和 2016 年至 2019 年的高考满分作文，包括全国Ⅰ卷、全国Ⅱ卷、全国Ⅲ卷、浙江卷、上海卷、江苏卷、天津卷、海南卷、北京卷九套试卷。其四，事务语体语料有《中华人民共和国宪法》《中华人民共和国消防法》《中华人民共和国疫苗管理法》等法律文书，也有《干部选拔任用工作监督检查和责任追究办法》《关于加快推进公共法律服务体系建设的意见》等行政公文。

第 二 章

二重有标三分句关联标记和嵌套情况

第一节 二重有标三分句关联标记类型和成员

关联标记既是标明复句句法关联和逻辑语义关联的重要标志，也是实现复句关联的重要手段，还是分析复句层次的重要抓手。对于二重有标三分句嵌套情况的研究，自然绕不开"关联标记"这个重要的形式标记。

一 关联标记类型

二重有标三分句中关联标记从不同角度分为如下类型：

（一）句法配位

根据关联标记在层次结构中的句法配位，分为"前配位关联标记""后配位关联标记"和"兼可关联标记"三种。

"前配位关联标记"指复句中依照逻辑顺序句法位置位于前分句的关联标记。例如：之所以、要、因、既、虽、除、非但、首先、先是、一则、一……

"后配位关联标记"指复句中依照逻辑顺序句法位置位于后分句的关联标记。例如：不过、因此、因而、以致、于是、而且、不如、否则、然而、还、而是、却、并、可、以免、以便、接着、故、其次、那么……

还有一类特殊的关联标记——"兼可关联标记",如:不是、或者、别说、连、就是、虽然、固然、既然、必须、只要、因为、由于、为了、一旦、如果、无论、倘若、不管等,和不同标记搭配时所处分句的位次有别,既可为前分句也能为后分句,但都符合语言逻辑,表达了不同的语义内容。

本书认为面对难以归类划分的特殊情况,应以具体句法环境为判定依据,关联标记在复句中的位次若为前序性的,则视为前配位关联标记;若为后序性的,则视为后配位关联标记。

(二) 主语相对位置

根据关联标记在分句中与主语的相对位置,分为"前置定位关联标记""后置定位关联标记"和"非定位关联标记"三种①。

"前置定位关联标记"指关联标记常规出现在主语前面,如:但是、管、鉴于、任凭、纵然、并且、不过、但、以及、以免、只是……

"后置定位关联标记"指关联标记常规出现在主语后面,如:就、既、尚且、虽、倘、要、才、都、还、却、倒、也……

"非定位关联标记"指关联标记在不影响句子表达的前提下可出现在主语前面,也可出现在主语后面,如:如果、因为、或者、尽管、虽然、不单、不但、除非、因此、要是、只要、只有、倒是、固然……

复句中大部分关联标记是"非定位关联标记","前置定位关联标记"的句法位置也较常见,极少数为"后置定位关联标记",且多为单音节形式。

(三) 句法语义环境

根据关联标记与句法语义环境的关系,分为"显赫关联标记"和"非显赫关联标记"两种。

---

① 此处借鉴李晓琪(1991)《现代汉语复句中关联词的位置》一文根据"主语定位"原则对关联词进行分类的方法标准。

罗进军（2007）依据是否受句法环境制约，将关联标记分为"强式关联标记"和"弱式关联标记"两种："某个语表形式作为一个整体几乎在任何句法语义环境下都能充当关系标记，而且能明确标示复句关系类型"①，那么，这个语表形式是强式关联标记；反之，则为弱式关联标记。

本书借鉴这一分类方法，参照显赫范畴的概念，将二重有标三分句中既凸显又强势、对复句层次语义划分识别有"指示灯"作用的关联标记称为"显赫关联标记"，如"如果""不仅""既然""只要"等。并将只在特定句式中才做关联标记的，或标示的语义类型多并且嵌套能力很弱的关联标记，称为"非显赫关联标记"。如"是"，须和"不是""还是"等有限的关联标记搭配时，才充当关联标记。

来看这样的例子：

(1) 计划生育和性文化一样，它不仅是一个科学问题，还是一个文化问题。(史仲文《欲望启示录》)

(2) 老喇嘛在喇嘛寺里过惯了，虽然是戒律睡在地上，还是喜欢比较像样的地方。(吉卜林《基姆》)

(3) 党报是党的喉舌，党报党刊许多文章在不同程度上体现了党的指示精神，但决不是指示本身。(《长江日报》1986年)

例 (1) — (2) 第二分句"是"前面有不同语义类型的关联标记"不仅""虽然"与之连用，后面分句也都出现了关联标记"还是"。但这里与"还是"构成搭配关系的是本身能够区别复句特征的显赫关联标记"不仅""虽然"，分别形成递进关系和让转关系，相比之下，"是"为非显赫关联标记，无法优先与"还是"组配为选择关系。例 (3) "是"与"不是"常规搭配使用，本隐含并列关系，然而显赫转折标记"但"的出现，使句式向转折关系发生转化。

---

① 罗进军：《有标假设复句研究》，博士学位论文，华中师范大学，2009年。

当二重有标三分句中出现至少两个非显赫关联标记且在不同分句中，如下例（4），相对于"无论"而言，"还是"和"都"是非显赫关联标记，且都能与"无论"搭配；又如例（5）中"不管"是显赫关联标记，"还是""总"为非显赫式，也都能与"不管"搭配。这种情况下，根据"亲密度制约律"，两个及以上的关联标记都能和某个关联标记搭配时，条件等同的情况下，最终与这个关联标记呼应的是亲密度最高的那个。也就是说，例（4）二重复句低层结构是由"是……还是"标示的选择关系，高层结构为"无论……都"标明的让转关系。例（5）二重复句第一层结构为"是……还是"联结的选择关系，第二层结构为"不管……总"显示的让转关系。

（4）无论是国家统配煤矿，还是地方矿和小煤窑，都有大量国家计划外的煤炭需要通过适当渠道流向市场。（《人民日报》1985年）

（5）因此不管是天光大开，还是烛光掩映，清醒的灵魂总守候着。（CCL语料）

同样，跨类关联标记构成的复句句式中，复句语义关系由显赫关联标记的关系类别决定。如"由于……反而……"中"由于"是显赫关联标记，"反而"为非显赫关联标记，整个复句格式的语义关系由"由于"决定。下例（6）首句与"反而"管控的第二、三分句小句关联体组合，构成因果复句。

（6）党的领导由于从具体的领导转变到政治的领导，反而能更好地实现党的领导作用，提高党的领导水平。（《长江日报》1987年）

综上所述，关联标记的显赫概念既可以帮助判断复句中"关联标记"是否起关联作用，也可以帮助突显整个复句格式的逻辑语义关系。具体分布列举如表2.1。部分关联标记可能在某些句式中为显赫关联标记，在别的格式中为非显赫关联标记，这是由于各个关联标记显赫度不同的缘故。当然，此类关联标记数量较少，本书不赘述。

表 2.1　"显赫关联标记"和"非显赫关联标记"列举

显赫关联标记	非显赫关联标记
因为、因而、但是、无论、不论、不管、不仅、如果、如若、假如、设若、倘若、倘然、倘或、倘使、若非、若是、若不是、若、要是、要不是、假若、假使、既然、只要、要么、否则、即使、甚至、所以、虽然	就、是、都、总要、果真、果然、那、那么、则、便、还是、或、或者、也、既、而不是、不是、就是

（四）搭配照应

根据关联标记的搭配照应情况，分为"单用型关联标记""搭配型关联标记"和"配对、单用共存型关联标记"三种。

一般认为关联标记的关联指向有"右向关联"和"左向关联"两种，尹蔚（2008）立足于此，将关联标记联结（搭配）的基本方式分为单联和相向关联两类。其中，"单联"指关联标记的单独使用，"相向关联"则是关联标记的配套搭配。

本书认为关联标记的搭配情况可以分三种：配对和单用共存，必同现不可单用以及常规单用。其中，配对和单用共存的复句格式具有普遍性，很多关联标记并非必须成对出现构成搭配模式，单独使用依旧可以标明分句间层次语义关系。

（7）而萨马兰奇本人也不想辞职，因为即使他辞职，问题也并不能根本解决。（CCL语料）

（8）如果你们不再有任何心理上的冲突，自我感也放下了，另外一样东西就会开始运作。（《对话》）

（9）既然你已猜到了，而且卡里也都知道了，我也没有什么顾虑了。（比格斯《没有钥匙的房间》）

例（7）是一个由果溯因的因果关系嵌套让步关系的二重复句，首句中标示结果的结果标"之所以"省略，原因标单用显示语义关系。例（8）首句省略了与中位分句相呼应的并列标，单用一个并列标"也"显示并列关系。例（9）首句只出现标示推断关系的推断标"既然"，省略了标示递进关系的预递标"不但"，仅留中位分句的承递标"而且"。二重有标三分句中关联标记单用格式的出现频率也很高，由表 2.2 关联标记搭配情况可见一斑。

表 2.2 关联标记搭配情况一览表

搭配情况	语义类型	复句格式例举	说明
配对和单用共存	并列关系之平列式	既……又	多省略前关联标记，也可都不出现
	连贯关系	先是……接着	多省略前关联标记，也可都不出现
	递进关系之顺递式	不但……而且	多省略前关联标记
	选择关系	是……还是	后关联标记必现
	并列关系之对照式然否对照	不是……而是	可单现
	因果关系	因为……所以	多单现
	假设关系	如果……那么	假设标多必现
	条件关系	只要……就	条件标多必现
	推断关系	既然……那么	推断标多必现
	让转关系之容让式	虽然……但是	让步标必现
	让转关系之虚让式	即使……也	让步标必现
	让转关系之总让式	无论……都	让步标必现
	让转关系之忍让式	宁可……也	让步标必现
必同现不可单用	递进关系之反递式	不但不……反而	
常规单用	并列关系之解注式	这就是说	也可不出现
	并列关系之对照式反义对照	与之相反	也可不出现
	目的关系	为着、为了	目的标必现
	转折关系	然而、但是	转折标必现
	假转关系	否则、要不然	假转标必现

据此，可将关联标记分为"单用型关联标记""搭配型关联标记"和"配对、单用共存型关联标记"三种。"单用型关联标记"包括解注关联标记（如"换句话说"）、反义对照关联标记（如"与此相比"）、目的关联标记（如"为了"）、转折关联标记（如"但是"）和假转关联标记（如"否则"），它们的句法位置多位于后分句。"搭配型关联标记"指反递关联标记，如"不但不""甭说"

"非但"。"配对、单用共存型关联标记"包括平列关联标记（如"既"）、连贯关联标记（如"接着"）、顺递关联标记（如"不仅"）、选择关联标记（如"或者"）、然否对照关联标记（如"不是"）、因果关联标记（如"因为"）、假设关联标记（如"倘若"）、条件关联标记（如"但凡"）、推断关联标记（如"既然"）和让步关联标记（如"即使"）。

（五）词性特征

根据关联标记的词性特征，分为"连词""副词""助词""介词""动词"和"超词形式"六种。

目前学界普遍认可的复句关联标记主要有四种，即"连词""副词""助词"和"超词形式"。其中，连词是最基本的关联成分；副词分为与连词相呼应的（如"就"）和成对使用的（如"越……越"）两类；助词数量有限；超词形式（又称"短语词"）表义明确，为非成分词性质。

观察实际语料及已有研究成果可知，部分"动词"领起或"介词"介引的成分究竟是否为单句，仍然存在争议。比如"介词"，一般认为介词同受介词语相结合，起介合作用，不能单独充当句子成分，须和受介词语共同充当一个句子成分。所以介词不可能引领一个分句，或连接两个及两个以上的分句，组成一个完整复句。但分析大量语料发现，介词作为显著的形式标志，帮助标示连接成分间的句法语义关系，介词的功能"不仅仅只是某一个层面的，而是句法、语义和语用三个层面的综合"[①]。再如，观察语料发现，"看来、想来"可以标明连接成分间的句法语义关系——推断关系，虽然《现代汉语词典（第7版）》将它们划为动词词类，但李宗江（2007）认为"看来、想来"本是视听动词或认知动词，分别经历了语义虚化、功能语法化的过程，向着情态副词虚化演变。为提高

[①] 郭中：《现代汉语复句关联标记模式的类别研究》，博士学位论文，华中师范大学，2015年，第26页。

覆盖面、避免收录缺漏，本书将其纳入考察范围，并按照《现代汉语词典（第7版）》的分类标准，词类暂定为"动词"。

至此，关联标记的范围扩充为六种，收录的478个关联标记词类统计结果列表如表2.3和表2.4所示。

表2.3　　　　　　　　关联标记词类示例

词类（6）	示例
连词	如果、万一、那末、如、那、结果、以致
副词	一、一旦、终于、幸亏、都、却
助词	的话、也罢、也好、起见
超词形式	更不用说、甚而至于、其所以、最先、最早
介词	除了、除、为了、为
动词	看来、想来、多亏、亏得、不如

表2.4　　　　　　　　收录关联标记词类统计

关联标记词类	数量（个）	占总数比例（%）	关联标记词类	数量（个）	占总数比例（%）
连词	188	39.33	动词	15	3.14
副词	112	23.43	介词	6	1.26
助词	4	0.84	多种词类	8	1.67
超词形式	145	30.33			
总计			478个		

其中，"多种词类"是由于个别关联标记在不同复句中标明的分句间逻辑语义关系相异、语法功能不统一而形成的，具体有"就、要、惟有、唯有、由于、因、因为、即"。

关联标记"就"有"连词"和"副词"两种用法，分别指向"让步"关系与"因果、条件、假设、推断、目的、连贯"六种语义关系。关联标记"要"有"连词"和"助动词"两种用法，指向"推断、假设、条件、选择"四种语义关系。关联标记"惟有""唯有"既可以标示"条件"关系，亦标示"转折"关系，前者是连词用法，后者为副词用法。关联标记"由于""因""因为"标明因果关系时可能是连词，也可能是介词，介词用法的限制条件为配对分句内有关联标记与之照应搭配。关联标记"即"同样有"连词"和"副词"两种用法，用作连词时表"并列、选择、让步"三种语义关系，用作副词时表"假设、连贯、条件"三种语义关系。

二　关联标记主要成员

二重有标三分句中关联标记类型复杂、成员繁多，构建专属的、描写关联标记句法语义信息及用法全貌的关联标记库十分必要。本书在胡金柱、吴锋文、李琼等（2010a）复句关系词库建设体系的基础上，参照了《关联词语词典》（戴木金、黄江海）、《汉语复句研究》（邢福义）、《连词与相关问题》（周刚）、《现代汉语虚词词典》（王自强）、《现代汉语虚词例释》（北京大学中文系1955、1957级语言学班）、《汉语新虚词》（李宗江）等六本著作，将常用关联标记扩充至478个。六本著作中出现的能够标明复句句法关联、语义关联的关联标记，基本都收录在内。

为避免每种类型的关联标记数量差距过大，或相对应的二重有标三分句语料数据稀疏，本书适当调整了考察对象数量。按照关联标记的语义类别，收录的关联标记分类如下：

（一）并列类关联标记

1. 表并列关系的关联标记

一是平列标。关联标记联结的前后分句间是平列关系。此类关联标记既可以配对出现，也可以省略其中一个，甚至完全不用关联标记。

既、也、又、还、一壁、一边、边、并、并且、一方面、一忽儿、一忽而、一会、一会儿、一来、一面、一时、一是、一头、一则、一者、亦、有时、又是、又一方面、二来、二是、二则、二者、忽而、另、另外、另一方面、另则、三则、三者、四则、再、再则、再者、时而、此外、与此同时、与此相应、同时、同样、无独有偶、以及、还是、也好、也罢、仍。

既：常规搭配对象是"也、又、还"。

（10）如果我能像上帝那样既不为人所见，又无所不能，我就会跟他一样乐善好施、仁慈善良。（卢梭《漫步遐想录》）

再：表并列关系时用在数量词前，用法同"另外、另、又"接近。

再则、再者：表兼顾另一方面情况，常规搭配使用，构成"一则/一者/一来……再则/再者"格式。

与此同时、与此相应、无独有偶：用法与"同时"接近，表动作行为在同一时间发生，以单用为主。

还是：连词，多和其他并列关联标记复用标示并列关系。

（11）大小姐，第一次我也落眼泪呢，第二第三次我也忍不住还是落眼泪，然而，心里是甜的！（茅盾《锻炼》）

二是对照标。关联标记联结的前后分句间是对照关系，分为"然否对照"和"反义对照"。然否对照式关联标记既可以配对出现，也可以单现。反义对照式关联标记大多只出现一个，或者干脆不出现。

然否对照标：而、而不是、而是、并非、不、不是、是。

反义对照标：反倒、反而、反过来说、反之、对比之下、与此相比、与此相反、与之相反、正好相反、恰恰相反、相比之下、相反、相反地、相形之下、则。

而：前后分句在语义上有鲜明的对照，多和"是""不"搭配使用。

（12）小花唱完了，他永远不批评，而一个劲儿夸奖。（微博语料）

则：表并列中存在对比。

（13）大家对我褒贬不一，有的说我老实听话，有的则认为我没出息。（1994 年报刊精选）

三是解注标。关联标记联结的前后分句间是解注关系，又分为"对等式解注"和"总分/分总解注"。此类关联标记自由隐现，可不出现。

对等式解注标：换句话说、换言之、即、即是说、那就是、就是、就是说、也就是说、这就是说。

总分/分总解注标：当然、简而言之、一言以蔽之、概括起来说、简言之、总的看、总的看来、总的来说、总的说来、总而言之、总括起来说、总起来讲、总起来说、总之、综上所述、具体地说、具体而言、具体来说、例如、比方、比方说、比如、比如说、譬如、诸如、如。

2. 表连贯关系的关联标记

连贯关系复句有时是无标组合，有时关联标记搭配使用——或是"起始关联标记+接续关联标记"格式，或是"起始关联标记+结尾关联标记"格式，或是"起始关联标记+接续关联标记+结尾关联标记"格式。

起始关联标记：刚、才、一、首先、先、先是、最先、最早。

接续关联标记：便、从此、当然、后是、而、既而、即、接着便、接着还、接着就、接着又、跟着、才、这时才、于是、就、又、这才、而后、尔后、未几、随后、随后便、随后就、然后、接着、紧接着、继而、随即、再、于是乎、其次、稍后、乃、则、从而。

结尾关联标记：终、终于。

先是：连词，用在前分句，表某种动作或情况发生在前。

又：副词，表连贯性动作，常规与"首先"类起始关联标记搭配使用。

（14）我们先去看电影，又一起吃饭喝酒，我们俩都有点醉了。（王小波《东宫·西宫》）

随后：副词，表紧接某种情况或行动之后，多与"就、便"复用。

（15）他应声倒下了，先是膝盖跪下，随后平扑在地。（《读者》）

再：副词，表示一件事在另一件事之后发生，相当于"然后"。前分句多出现"一、先、开始"类词语。

（16）他先把人顺好，再一使劲儿，人出来了。（麦尔维尔《白鲸》）

（17）他灵巧地一蹲，再一个闪身，就钻进了多年前发现的那个

山洞。(J. K. 罗琳《偶发空缺》)

3. 表递进关系的关联标记

预递词和承递词必现其一，也可以搭配出现，但不能都不出现。

预递标：不单、不但、不独、不光、不仅、不仅仅、不特、不惟、非但、非特、非徒、不只、不只是、固、固然、不止、除、除了、不但不、别说、不必说、不要说、不用说、甭说、还要、还有、漫说、慢说、莫说、莫说是、尚、尚且、犹、岂但、岂只、岂止、连、就连、就是、都、也、既。

承递标：加之、加以、加上、兼之、进而、更、更不必说、更不用说、更为重要的是、更有甚者、更重要的是、更是、特别是、并、并且、便、又、亦、还、还是、连、就连、就是、都、也、更何况、何况、又何况、而况、况、况且、尤、尤其、尤其是、而、而且、而是、甚而、甚而至于、乃至、乃至于、以至、以至于、甚或、甚且、甚至、甚至于、再说、再者、再则、反、反倒、倒、反而、相反、反过来、简直、进一步、竟、竟然、居然、且、则、另外。

"不但"与"何况"的区别在于前者由浅入深，后者由深入浅。具体说来，句式"不但……而且"递进方向与句式"尚且……何况"完全相反，前者表示由低向高顺推递进，后者表示由高到低反逼而进。

不止：副词，表超出某个数目或范围，常规搭配句式为"不止……还/更"。

(18) 弄不巧的话，不止不给你种地，还要连有翼勾引跑了哩！(赵树理《三里湾》)

漫说、慢说：连词，用法类似"别说"。

岂但：连词，用反问语气表示"不但"。

(19) 况且叔健这种行为，岂但伤损了她的气节，还蹂躏了她的爱情，这爱情是她所视为生命一般重要的。(苏雪林《棘心》)

既：连词，表递进关系时多用于前分句，后分句必须出现承递词"更、而且、还"等，组成"既……更/而且/还"格式。

加之、加以：连词，承接上文，有进一步的意思，下文表结果。

尤：副词，表特别需要指出的情况。

而是：标示递进关系时用于后分句，预递词必现，搭配对象有"不只是、岂止、不单是、不但"等。

（20）这不只是一首歌曲，而是确有其事，那时的我还是舵手呢！（米斯特拉尔《米洛依》）

而况：连词，"何况"的意思。不同之处是"何况"前可加"更、又"，"而况"前不能加。

（21）他在两军相对时由于骄盈还打大败仗，而况这时已把李秀成捉到，根本不再把李秀成放在眼里。（《人民日报》1964年）

再说、再则、再者：强调主观上有反递意味，多用于后分句，前分句无标。

反、反倒、倒、反而、相反、反过来：用于反递句的后分句，保证反转关系成立。前分句必出现预递词"不仅、非但"或否定词"不、没"。

（22）可我双目失明，不仅挑不起，反而增添很多麻烦。（《人民日报》1996年）

比较特殊的情况是：

连、就连、就是：常规和"也、都"连用，强调程度深，"也"后多跟否定形式。它们既可以用在前分句组成"连/就连/就是 X 也/都……何况"格式，也可以用在后分句组成"不仅/别说……连/就连/就是 X 也/都"格式，因而既是预递标也是承递标。

4. 表选择关系的关联标记

直陈标：除了、不是、就是、要、要就、要就是、要么、要末、要不、或、或是、或则、或者、或者说、或者是说、要不就是、再不、再不然、便是、即、不、非、则。

疑问标：是、还是、抑、抑或、抑或者说。

除了：介词，表两者必居其一，非此即彼。常规搭配为"除了 X（之外）……就是/便是"。

(23) 新景公司之所以出名，除了以质量取胜的法宝之外，就是它的信息服务。(《人民日报》1996 年)

要么、要末：连词，两者是异体字。选择复句中多双用，强调"非此即彼"的选择；多用时则倾向列举可供选择的范围项。

或、或则、或者、或者说、或者是说、或是：复句中既可以只用一个关联标记，也可以配对使用，甚至混用搭配，表示"或此或彼"，带有任凭选择的意味。需注意短语词"或者说"的"说"可能有实在意义，指说话、用话语来表达，如下例，尾句的选择关联标记是"或者"非"或者说"。

(24) 由于工作繁忙，从未去她家里坐坐，或者说些愿她早日康复的话。(微博语料)

即：与"不、非"搭配，构成"不……即、非……即"句式，表两者必居其一。

是、还是：常规组配为"是……还是"；也可省略前分句关联标记"是"，只用一个"还是"。此外还有"还是……还是、……还是……、是……是"三种格式。需注意，被让步复句嵌套时，此类格式不表疑问，如例（25）。

(25) 无论是 1957 年被错划为右派，还是"文化大革命"中受到冲击迫害，都没有动摇他对中国共产党和人民事业的忠贞信念。(BCC 语料)

抑、抑或：用法跟"还是"相似，提出两种或几种可能，常见复句格式为"是……抑/抑或"。

（二）因果类关联标记

1. 表因果关系的关联标记

因果关系复句可以有三种格式：原因标和结果标同时出现，强调前后所说的事互为因果；只出现原因标不出现结果标，强调事情的原因；只出现结果标不出现原因标，强调事情的结果。有时，原因标和结果标都不出现，因果关系是隐含的。

原因标：因、因为、由于、正是因为、正是由于、完全是因为、正因为、正由于、是因为、是由于、幸而、幸好、幸亏、多亏、亏得、就因为、一、原因是、归因于、好在、鉴于、惟其、是、这么一、毕竟。

结果标：当然、随着、则、因此、因而、之所以、结果、结果是、结局是、故、故而、怪不得、难怪、无怪、无怪乎、无怪于、便、才、从而、而、以至、以至于、以致、还、就、理由是、其结果、其所以、足见、可见、所以、于是、于是乎、终于、致使、也、又、还是、然后、反而。

就因为：超词形式，副词"就"和原因标"因为"组合而成，用以强调，有词汇化趋势。既可单独用于原因分句，也可组成"就因为……所以/以致"句式。

好在：副词，表示具有某种有利的条件或情况。

（26）好在宋霭龄是个性坚强的姑娘，一旦想明白了，她有足够的毅力控制自己本能的冲动。（陈廷一《宋氏家族全传》）

是：多和结果标"之所以"搭配成"之所以……是"句式。

（27）其实，早在她接近自己的时候，他便已经察觉了，之所以不动声色，是不想太在乎她的存在。（于澄心《掳掠男色》）

这么一：超词形式，表原因，常规搭配句式为"这么一……就/便/才"。

毕竟：语气副词，用于原因分句中，句式多为前果后因式。

（28）数正为自己不能抽身而感到悲哀，毕竟"我是德川氏的人"这句话，已深深扎根于他内心深处，他无法摆脱。（山冈庄八《德川家康6·双雄罢兵》）

结果：《现代汉语词典（第7版）》对"结果"（jié guǒ）的释义为：作连词，用在下半句，表示在某种条件或情况下产生某种结局。

（29）1985年和1987年的两次紧缩，由于没有达到一定力度就浅尝辄止、放松控制，结果由于紧缩力反弹的影响，反而造成更大的膨胀。（《长江日报》1989年）

难怪、怪不得：副词，表事后发现了原因使结果得到验证。表原因的分句常出现"原来"等词与之搭配，也可单用。

（30）对对，该罚，怪不得他在情场失意，原来他是提倡男尊女卑。（陆文夫《人之窝》）

无怪、无怪乎、无怪于：表示明白了原因，对下文所说情况就不觉得奇怪了。

而：连词，引领结果分句。既可单用，也可和"因为"等原因标配搭。

以至、以至于、以致：都带有一定消极色彩，"以致"的消极色彩最明显。常规复句格式是"因为/由于……以至/以至于/以致"。

（31）因为外面实在太热了，以至于它们宁愿在这里与可能来袭的捕蝇蜂殊死一搏，也不愿意在外面被活活晒死。（法布尔《昆虫记（典藏）》）

致使：连词，用法和"以致"接近，倾向表示消极意义。

还是：连词，其元语用法是引出说话人或当事人经过比较、考虑的某种说法、想法、建议或主张，兼有因果关联功能，并且，"还是"引领的正句多在前，偏句在后。与"当然"不同之处在于："当然"具有［＋断然］特点，是强因果关联标记，一般不再与结果标"所以、因此"复用；"还是"具有［－断然］特点，是弱因果关联标记，可以和结果标"所以"等复用。

2. 表假设关系的关联标记

假设关系复句以某种虚拟性原因作为推断前提，其形式特征主要由假设标体现，结果标只是辅助关联标记。作为使用范围最广的复句，结果分句的句类有陈述句、疑问句、祈使句和感叹句四种。

假设标：倘、倘或、倘若、倘若说、倘使、倘然、倘如、若是、设或、设若、设使、万一、如、如果、如果说、如其、如若、若、若不是、若非、一旦、一、假如、假若、假设、假使、要、要不是、要是、的话、再、诚、不、而、果、果然、果真、早。

结果标：那、那就、那么、那么就、那末、那末就、就、则、便、还、才、也、亦、总、即、将、只好、当然、一定。

设或、设若、设使：连词，有"如果、假如"的意思，一般同"就、便、则"配合使用。

（32）设若他是位认为施恩是种负担的人，则他可能打破约定或失信，反倒入侵帕尔斯。（田中芳树《亚尔斯兰战记》）

万一：连词，表示的假设可能性较小，是言者不愿见到、不愿发生的事情，为消极假设。

（33）可是万一"战火"再起，本县的春茧大量外流，我们完不成收购计划怎么办？（《人民日报》1988年）

如：连词，"假如、如果"的意思。

如果：典型的假设标，既可单用，也可配搭成"如果……那么/那/则/便/肯定/一定/似乎/或许"句式。

（34）如果只是口头上讲联系，行动上又不实行联系，那末，讲一百年也还是无益的。（《人民日报》1963年）

若非：连词，用于假设分句，用法同"要不是"。

要：连词，用法相当于"要是"，但只能放在主谓之间。"要X的话"是口语里常用的格式，加强假设语气。

要不是：连词，表"如果不是"的意思，对事物假设性否定，后分句常有"就、才、还"与之呼应。

（35）她仿佛看见波琳姨妈和尤拉莉姨妈坐在那间破屋子里评判她不守妇道，她们要不是思嘉每月寄钱去，就要揭不开锅了。（米切尔《飘》）

要是：连词，一般用在前分句，用法同"如果"相近。后分句既可以是肯定句式，也可以是疑问句式、反问句式。

（36）我有朝一日要是爱上一个女人，她要是戏耍我，我立刻就用小刀抹脖子！（老舍《二马》）

的话：助词，表示假设语气，常常和"如果、要是、万一"之类配合使用，也可单独使用，句法位置为假设分句句末。

（37）如果您不反对的话，我们留四五个人在这屋里照顾您，也给您壮壮胆。（张爱玲《沉香屑第二炉香》）

再：关联假设分句，含有将来义，常规搭配句式是"再……便/就/总/也"。

早：副词，可以直接用在动词前（如心理动词"知道"），或者和假设标"如果"类复用，含有"现在太晚了"意思。

（38）我一直看着梅子站在橘红色的晨光里，如果早上三两年，我会不顾一切地去亲吻她的。（张炜《你在高原》）

那就：超词形式，"那"与"就"的合用，有词汇化趋势。

即：关联假设复句结果分句时为副词性的，一般和"假如、万一"类假设标搭配。

3. 表条件关系的关联标记

条件关系复句以条件为根据推断某种结果，其特征的显示主要由条件标完成，结果标是辅助关联标记。

条件标：只消、只要、只有、除非、必须、非、一、一旦、一经、愈、越、要、唯有、惟有、凡、凡是、大凡、但凡。

结果标：则、才、便、那么、要、都、就、更、总、即、然后、一定。

除非：连词，表消极的条件。相异于"只有"既能从正面肯定上文提到的事件并引出必然得到的结果，又能从相对立面提出条件，"除非"常用于排除一般条件后提出特定条件。

（39）因为一个人不能侮辱全镇的人，除非他不知道是谁背叛了自己，才把对方的人都一起算上。（塞万提斯《堂吉诃德》）

非：副词，同"才、不"搭配使用，表示必须具备某个条件。有时同"得、要"连用，或者所在分句末尾连用"不可、不行、不成"，表意愿或决心。

（40）人们意识不到这一点，但非得目空一切到了怪诞的地步，才会把自己的梦想放到高于一切的位置。（波伏娃《名士风流》）

越：副词，表示事物、动作的程度因某种原因而加深，搭配对象有"越、更、愈"等。

（41）骑着摩托车到处讨欠账，可越是买得起奢侈舶来品的人，越不肯爽爽气气付清欠款哩！（大江健三郎《日常生活的冒险》）

要：助动词，主要搭配句式有"要……除非/只有""要……才"，前者"要"引领结果分句，后者"要"引领条件分句。

（42）我生来命苦，看来，要我改变这种生活，除非月亮变绿了！（CCL语料）

（43）你的身体太僵了，要轻轻活动，才不会引发疼痛。（微博语料）

凡是、大凡：副词，表示在某个范围内无一例外，有"只要是"的意思。"就、便、都、一律、没有不"等与其呼应搭配。

则：表条件关系时有"那、那么"的意思，主要搭配句式为"只要/但凡……则"。

（44）事实上只要人类不灭亡，则对人类的爱也不会消灭，那么我的文学生命也是不会断绝的吧。（巴金《爱情的三部曲（雾雨电）》）

4. 表推断关系的关联标记

与因果复句相比，推断复句更加注重理据性，主观性强，强调判定或行为有所依据。"既然"类理据标记必然出现，非用不可；"就"类结果标记比较灵活，作为辅助标记可用可不用。推断复句细分为"据因断果式"和"据果断因式"，前者是以已然原因为依据推断结果，后者是以已然结果为依据推断原因。

其一是表客观实际的关联标记：既、既然、与其、与其说、要、有鉴于此。

其二是表说话人主观推断或自身反映的关联标记：一定、一定是、那、那就、那么、那么就、那末、那末就、只好、只有、宁、宁可、宁肯、宁愿、倒不如、倒不如说、还、还不如、还不如说、必须、便、不如、何如、不如说、当然、看来、想来、看样子、可见、无宁、毋宁、毋宁说、勿宁、或许、就、也许、也、所以、兴许、因此、由此看来、由此可见、由此可知、则、于是、又、说不定是、这么看来、这么说、还是。

既、既然：连词，它们引领的分句可以是推断原因分句［如例（45）］，也可以是推断结果分句［如例（46）］。

（45）既然要做这项服务，那我就尽量为大家表演吧，表演到有一天大家不想看的时候就准备离开。（《鲁豫有约》）

（46）中国人说"情人眼里出西施"，你既然认为她最美，那么你一定喜欢她。（CCL语料）

一定：副词，表示对某种情况确切的估计或推断，常规搭配句式为"既然……一定"。

必须：副词，表事理或情理上必要。肖升（2010）视其作模态算子，肯定了它对因果类语义关系判别的辅助作用。

何如：连词，用反问的语气表示不如，用法接近"不如"。

（47）谁人不疼爱自己的骨肉，但与其留给他们丰厚家产和优渥享受，何如留给他们清廉的品格和严谨的操守？（《人民日报》2016年）

看来、想来：表揣测性推断。

（48）赵州和尚从来不会怀疑自己的感觉，既然杀机已现，看来一场劫难已在所难免。（CCL语料）

无宁、毋宁、毋宁说、勿宁：用法同"不如"相近，主要搭配句式为"与其（说）……无宁/毋宁/毋宁说/勿宁"。

（49）今天送过早餐与午餐，但送饭的与其说他是活人，毋宁说他是一个影子。（茅盾《锻炼》）

5. 表目的关系的关联标记

目的关系复句述说某种行为及目的，前后分句可以互为因果。分为"求得目的式"和"求免目的式"两种。

求得目的标记：好、好让、好使、以便、以便于、为、为了、为的是、为着、以、借以、是为了、然后、起见。

求免目的标记：以免、免得、省得。

起见：有"的缘故"意思，可以同"为、为了"复用，带强调语气。

（50）为了安全起见，一旦上了火车，他就不能下来。（昆德拉《本性（身份）》）

（三）转折类关联标记

1. 表转折关系的关联标记

转折复句表示突然转折，句式的基本信息在后分句，前分句是整句话传达的信息中非基本信息的一个局部。转折关系表达一种心理关系，这些额外的意义对话题命题义的贡献，不在于确立真值条件，而在于语用方面：帮助确立语用推理程序以便导出其他显义或寓义。

不过、不料、不想、不意、但、但是、当然、倒、倒是、而、反、反倒、反而、反之、还、还是、就是、可、可是、可惜、只可惜、偏、偏偏、其实、却、然、然而、实际上、谁知道、唯独、惟独、居然、竟然、无奈、然后、无如、也、又、则、怎奈、只不过、只是、自然、唯、惟、毕竟、惟有、唯有。

而：连词，前后分句为对立、对比关系。

（51）但是这种优势该是隐蔽和暗藏的，不能明明白白地加以显示，而"鹳鸟"则是在大庭广众之下威风凛凛地压制着他。（巴尔扎克《交际花盛衰记》）

偏、偏偏：副词，用法接近"反而"，有意同现实情况相反，同主观愿望相违。

（52）我的心狂跳，明明知道不该讲这种话，偏偏不由自主。（格鲁恩《大象的眼泪》）

实际上：副词，用法同"其实"相似，含转折义，可以和转折关联标记"但、却、可"等复用。

（53）她头枕枕头，取仰视天花板的姿势，可实际上什么也没看。（村上春树《天黑以后》）

无如：连词，"哪里想到"的意思，语气比"无奈"更委婉些，略有意外。

怎奈：连词，表"无奈"，常见于早期白话，如《儒林外史》第三回："他才学是有的，怎奈时运不济！"

自然：连词，表转折，后边一般有语音停顿。

（54）人们赞赏他、询问他，自然，一句两句说不清，他也不会把诀窍轻易传人。（《人民日报》1986年）

唯、惟：副词，有"只是、但是"的意思。引领的分句指出不足之处或不够理想的现实。

毕竟：语气副词，引领的转折分句位于后分句，指向说话人为突出对立面经追根究底才得到的证据。多和转折关联标记"可是、却、但"复用。

（55）我们似乎在为别人扮演着同一个角色，但这毕竟不是你的错，也不是我的错。（莱辛《金色笔记》）

2. 表让步关系的关联标记

让步复句先让步后转折。一般情况下，前分句用让步关联标记，引导被否决的条件，有"让步"意味在里面；后分句用转折关联标记，是言者着重予以肯定的部分。前分句让步标必不能省略，后分句不出现转折标也不影响让步句式的成立。具体有四种语义关系：容认性让步、虚拟性让步、无条件让步和忍让性让步。

让步标（实让标、虚让标、总让标、忍让标）：无、则、是、甭管、虽、虽然、虽然是、虽然说、虽说、虽说是、虽则、别管、别看、别说、管、倒是、倒、再、纵、纵是、纵令、纵然、纵使、不管、不论、便、便是、不、既、固、固然、诚然、即、即便、即或、即令、即若、即使、尽管、就、就令、就使、就是、就算、就算是、哪怕、宁、宁可、宁肯、宁愿、任、任凭、随、随便、无论。

转折标：倒是、倒、就是、永远、但、但是、不过、都、还、还是、可、可是、毕竟、其实、其实却、全都、却、然而、仍、仍旧、仍然、也、依旧、依然、亦、照样、总、总归、总是、总之、可惜、只可惜、均。

则：表让步关系时，用在两个相同的单音节动词或单音节形容词之间，有"虽然"的意思。

（56）长则长矣，然此常人可能的生涯也，非原意。（俞平伯《古槐梦遇》）

是：有"虽然"的意思，用在两个相同的词或词组之间。常规搭配句式为"是……但/可/却/倒/可是/就是"。

（57）沈大娘道："好是好，但是我姑娘在那里面，你有什么法子救她出来呢？"（张恨水《啼笑因缘》）

虽说：连词，多用于口语。

虽则：连词，用法同"虽然"。

别看、别管、别说：连词，引领让步分句，用法同"无论"相近，标示的是无条件让步关系。

管：连词，方言词汇，用法同"不管、无论"。

倒、倒是：副词，既是转折标，用法同"反而、反倒、却"相似，表示同一般情理相反［如例（58）］。又是让步标，有"虽然"的意思，常同"可、但是、就是、不过"搭配使用［如例（59）］。

（58）本身所在既不是天堂，也不象地狱，倒是一个类乎抽象的境界。（沈从文《凤子》）

（59）有事没事倒不当紧，就是冷得要命，我觉得你受不了。（爱伦·坡《一桶白葡萄酒》）

再：副词，有"不管怎样"的意思，表示任何条件下情况都不会改变。常规搭配句式为"再……也"。

（60）据我看倘使基地不适合本人，再"待"多少年，也写不出什么来。（巴金《随想录》）

即：连词，"即使、就算是"的意思，常规搭配句式为"即……也/亦"。

任、任凭：有"无论、不论、不管"的意思，表示任何情况下结果都不会发生改变。常规搭配句式为"任/任凭……也/都/还是"。

（61）他们过于活跃，任凭别人怎样低声地嘘，也还是不能使他

们哪怕安静一秒钟。(契诃夫《不必要的胜利》)

随：方言词汇，用法同"随便"。

永远：副词，表时间长久，没有终止。

3. 表假转关系的关联标记

假转复句前后分句间具有假言否定性转折关系。

具体有：不、除非、不然、否则、要不、要不然。

不：副词，多和"除非"类异类搭配，构成"除非……不"格式；也会和"否则"类假转关联标记复用。

（62）很多消费者都会遇到这样的不快，但除非忍无可忍，大多数人是不去投诉的。(《人民日报》1996 年)

不然：连词，表示不是上文所说情况的话，就（可能）发生下文所说的情况。

否则：连词，"如果不是这样"的意思，位于后分句句首。还可以和异类关联标记组配为"除非……否则""因为/幸亏/多亏/亏得……否则""要么……否则"等句式。

（63）有重大创新，一篇文章就可以提教授；否则 100 篇也不行。(《人民日报》1998 年)

要不然：连词，用法同"要不"。

（64）俄国需要人才，需要一个政党，要不然一切都成泡影。(托尔斯泰《安娜·卡列尼娜》)

第二节　二重有标三分句嵌套方式和关联模式

一　嵌套方式

二重有标三分句嵌套方式有多种类型，可以从不同角度加以考察。

（一）按关联标记关系类别区分

1. 同类嵌套

同类嵌套指属于相同语义关系类别的关联标记之间的嵌套。如：

（65）他甚至为失败而高兴，因为由于有了这个工厂，自己的地位提高了不少。（微博语料）

（66）我也有同样的愿望，而且我不仅愿意失去视力，还愿意忍受上帝给予我的一切痛苦。（夏多布里昂《墓畔回忆录》）

（67）虽然当时我宁愿整个藏在外祖母的椅子下面，也不愿从椅子后边走出来，但是怎么能拒绝呢？（托尔斯泰《幼年》）

例（65）是同样表因果关系的"因为"和"由于"的嵌套；例（66）是同样表递进关系的"而且"和"不仅"的嵌套；例（67）是同样表让步关系的"虽然"和"宁愿"的嵌套。

2. 异类嵌套

异类嵌套是属于不同语义关系类别的关联标记之间的嵌套。如：

（68）一切严肃的作品说到底必然都是自传性质的，而且一个人如果想要创造出任何一件具有真实价值的东西，他便必须使用他自己生活中的素材和经历。（莫言《会唱歌的墙》）

（69）但是他还不知道错在什么地方，而且这时候即使知道，也太迟了。（巴金《家》）

（70）当然，现在离亚洲纪录还有不小的差距，但是只要不懈地努力，就能看到希望。（《人民日报》1995年）

（71）四种读音彼此不太一样，一方面是因为不同时代和地区的汉语读音不同，另一方面也是因为外国人把汉语本来的读音按自己的发音习惯作了一些改动。（《中国儿童百科全书》）

例（68）是表递进关系的"而且"和表假设关系的"如果"的嵌套；例（69）是表递进关系的"而且"和表让步关系的"即使"的嵌套；例（70）是表转折关系的"但是"和表条件关系的"只要"的嵌套；例（71）是表并列关系的"一方面"和表因果关系的"是因为"的嵌套。

(二) 按关联标记管辖方向区分

1. 前辖嵌套

二重有标三分句中，句法位置靠后的关联标记在语义上管辖着句法位置靠前的关联标记，这种嵌套方式为前辖嵌套。

（72）它受到美国读者的欢迎，不仅因为它故事性很强，而且还因为读者通过此书可以了解不少今天苏联的生活情况。（CCL语料）

（73）我们时常疲倦，不是由于肌肉力量的消失，而是由于不肯特立独行。（《读者》）

例（72）预递标"不仅"和承递标"而且、还"均位于原因标"因为"的前面，但整个复句是因果二重复句，递进关系为低层语义关系。即原因分句前辖嵌套递进型小句关联体。例（73）并列标"不是、而是"均位于原因标"由于"的前面，此二重复句中并列关系是第一层语义关系，因果关系为高层语义关系。即，原因分句前辖嵌套并列型小句关联体。

2. 后辖嵌套

二重有标三分句中，句法位置靠前的关联标记在语义上管辖着句法位置靠后的关联标记，这种嵌套方式为后辖嵌套。

（74）在当时，英国仍然可以轻松用低利率取得贷款，但法国不仅贷款困难，还得付出高额的利息。（赫拉利《人类简史：从动物到上帝》）

（75）如果组成国家和市场的是一个又一个孤单的个人，而不是关系紧密的家庭或社群，要干预个人生活也就容易得多。（赫拉利《人类简史：从动物到上帝》）

例（74）转折标"但"位于预递标"不仅"的前面，这是一个转折二重复句，转折分句后辖嵌套递进型小句关联体。例（75）假设标"如果"位于并列标"是"的前面，高层结构为假设句式，假设分句后辖嵌套并列型小句关联体。

（三）按关联标记排列位序区分

汉语是形态变化不发达的语言，汉语复句主要靠句序和关联标记来表达不同意义。关联标记引领的分句次序与分句的表、里、值特点相互制约且协调统一，是观察二重有标三分句嵌套方式的好抓手。

1. 顺置式嵌套

"顺置式"复句是具有压倒性优势的特定句序,表现在因果复句上应为标明原因的内容在前,标明结果的内容在后;表现在递进复句上应为预递内容在前,承递内容在后;表现在让步复句上应为让步内容在前,转折内容在后。这种优势句序的形成动因可从以下方面进行解释:

从"顺序象似原则"来看,连贯复句中发生时间在前的起始分句先于发生时间在后的接续分句出现,正符合"两个句法单位的相对次序决定于它们所表示的概念领域里的状态的时间顺序"[①]。下例(76)初始分句"去找市政当局"时间上先发生,中位分句"要求留下来"时间上后出现,体现在句序上,先发生的在前(左),后发生的在后(右)。

(76)他就去找市政当局,要求留下来,可是却遭到了断然拒绝。(《读者》)

将"顺序象似原则"推广到空间上,汉语也遵循由大到小的"距离象似原则"来排列。并列复句前后分句虽存在独立性,却对语篇有一定依赖,某些情况下前后分句位置不可互换,即前分句承接上文照应前提句,后分句引出下文衔接后续句。下例(77)中位分句承接前文,"低下身去"和"央求"这两种动作较邻近;末尾分句"希望看到姐丈的脸"与下文"他看见了……"衔接。

(77)野求低下身去,一面央求,一面希望看到姐丈的脸。他看见了:姐丈的脸很黑很瘦,胡子乱七八糟的遮住嘴,鼻子的两旁也有两行泪道子。(老舍《四世同堂》)

从逻辑角度来看,条件复句前分句表待实现的原因,后分句表原因实现后的结果,逻辑顺序应先有原因才能有结果,条件分句在前结果分句在后也符合客观事物发展的顺序。下例(78)初始、中位分句表明的条件与末尾分句表明的结果先后相继、彼此制约。

---

① 戴浩一、黄河:《时间顺序和汉语的语序》,《国外语言学》1988年第1期。

(78) 你只要从司令部出来一会儿，走到高地看一眼，就明白拿破仑最后的时辰到了。（夏多布里昂《墓畔回忆录》）

从信息结构角度看，因果复句中原因分句承载已知信息，结果分句表达未知信息，进行信息编码时须遵循先已知信息后未知信息的排序原则，原因分句多出现于结果分句之前。例（79）"天很黑"和"小路又穿过荒野"都是已知原因，继而引出"女仆带着一盏提灯"的结果。

(79) 因为天很黑，这条小路又穿过荒野，所以这个女仆带着一盏提灯。（柯南道尔《福尔摩斯探案集》）

从认知规律来说，让步复句中让步分句位于转折分句之前，为其提供论述的背景，符合"图形—背景"和"凸显原则"理论。人类心理世界作为中介，在客观世界和语言世界之间架起一座桥梁，客观世界的多维性经由认知心理反映到语言上，凸显的程度自然不同。完型心理学认为在一定配置的场内，突现出来的对象为图形，退居为衬托地位的是背景。图形信息常与高凸显度、易引起认知主体注意的断言及新信息相关，因而比背景信息在感知上更为突出。下例（80）"虽然"引领的让步分句在前，"但"引领的转折分句在后，这种句序正是言者对"图形—背景"的刻意选择。

(80) 这颗蛋虽然形状正常，但颜色很深，上面全是斑点。（淘宝语料）

上述特征都是原型范畴。当然，实际语料中，复句句序排列往往带有主观印记，可能会打破原型规则，颠倒先后顺序，改变叙述视角。

2. 逆置式嵌套

关联标记的逆置（也称为"分句句序逆置"）指复句中关联标记句法配位的前后变动偏离了常规的配置位置，从而引起逻辑上的逆置。具体来说，在一定语境中，由于语用需求，二重有标三分句中某些前配位关联标记连同所引领的分句由原先前分句的位置移到后分句，与其搭配的后配位关联标记连同所引领的分句则变成先行句。由此形成的嵌套是逆置式嵌套。

语言学界对现代汉语复句句序变异研究常见于教材及著作中。黎锦熙（1924）谈及国语中主从复句表达顺序时指出，习惯上主句在从句的后面，但受欧化趋势影响，从句多有调到主句后的情况发生。林裕文（1984）全面深入地研究了偏正复句，得出"从词序看，偏正复句最常见的结构形式是偏句在前，正句在后"[①] 结论，仅当突显特殊意味或补充说明情况时，偏句才放在正句之后。景士俊（1992）视因果复句中表"因"在后语序颠倒的现象为"语用现象"[②]，把转折复句中正句与偏句的语序颠倒归因于"句群的句子和句子之间的语义关系决定"[③]。黄伯荣、廖旭东（2017）强调偏正复句中正句即为主句，为句子正意所在；偏句则为从句。[④] 一般来说，前分句是偏句，后分句为正句，偏句多在正句之前。若要突出正句时，偏句也可居后以便补充说明。

概括来说，学界对复句句序变化大致有四种解释：欧化，追补，突显和篇章衔接。无论何种研究路数，由于并列类复句的分句在句法地位和意义上相对平等，不影响句意表达与理解的前提下前后语序互换并无太大差别，因而现代汉语复句句序研究多指向转折类复句和因果类复句。

所谓逆置，是相对某种优势语序而言的。关于优势语序的判定，学界存在争议，部分学者以出现频率高低为首要依据。以因果复句为例，宋作艳（2008）通过口语和书面语语料库的分析对比，提出"在汉语和英语中，原因从句后置都是优势语序"[⑤] 的观点，并运用

[①] 林裕文：《偏正复句》，上海教育出版社1984年版，第8页。
[②] 景士俊：《"因果"与表达》，《语文学刊》1992b年第3期。
[③] 景士俊：《转折句问题三则》，《语文学刊》1992a年第1期。
[④] 黄伯荣、廖序东：《现代汉语》（增订六版），高等教育出版社2017年版，第129页。
[⑤] 宋作艳：《汉英因果复句顺序的话语分析与比较》，《汉语学报》2008年第4期。

会话分析学派的"偏爱组织模式"概念解释了原因从句后置现象。毕永峨（Biq，1995）、蔡维天（Tsai，1996）和王蕙芳（Wang，2006）也都认为原因从句后置更受欢迎，在语言使用中占绝对优势。当然，朱斌（2013）给出了完全相反的结论——"在汉语中'因—果'式出现的频次大大高于'果—因'式"①。李晋霞、刘云（2019）分析汉语因果复句实际语料，得出优势语序为前偏后正，偏正复句内部偏句语序倾向由前置到后置是"假设—条件/转折—因果—目的"②。

其实，不论"因—果"式还是"果—因"式使用频次多少，即使实际语料中原因分句后置现象更多，但优势语序并不由使用频率所决定，频率不能代表一切。费尔哈亨（Verhagen，2005）以"回退效应"解释大量让步分句优先于主句出现的原因，他认为让步分句作为一个命题先出现，在不接受其结果的情况下承认另一推论（主句）的有效性，从而部分削弱初始命题的语力。事实上，逆置用法的出现多是出于语用目的——补充说明、引人注目、用"陌生化"手段拉长审美时长、延长审美过程等。逻辑上的顺或逆，以及信息结构的信息性质才是优势语序或规范语序的决定性因素。

逆置式嵌套常见于因果复句、条件复句、假设复句、转折复句、目的复句、推断复句和递进复句中，原先的后配位关联标记大多省略。可逆置的关联标记有条件标［如例（81）］、预递标［如例（82）］、推断标［如例（83）］、让步标［如例（84）（85）］、转折标［如例（84）］、目的标［如例（85）］、假设标［如例（86）］和原因标［如例（90）］。如：即便、即使、就算、虽然、为了、为着、除非、只要、只有、但凡、既然、一旦、假如、如果、要是、倘若、别说、不只、多亏、由于、因为等。分句逆置后，原先的背景信息变为凸显的焦点信息。如毕永峨（Biq，1995）文中所说，逆

---

① 朱斌等：《汉语复句句序和焦点研究》，世界图书出版公司2013年版，第168页。
② 李晋霞、刘云：《汉语偏正复句的优势语序与其语义制约》，《汉字汉语研究》2019年第3期。

置式复句必然出现逆置关联标记：

（81）百听不厌是新闻，没有新闻听什么都行，只要有声音。（CCL 语料）

（82）我国是个旅游大国，但各地在旅游业的开发上不尽如人意之处还颇多，不只表现在"吃"。（《人民日报》2000 年）

（83）我这样说是混蛋的，我本来就不该说的，既然我知道你不会理解。（米切尔《飘》）

（84）然而他玩的门槛非常精，眼光又非常的高，虽然他的婚姻一直是父兄最心焦的问题。（凤子《无声的歌女》）

根据关联标记的关系种类，二重有标三分句逆置式嵌套分为 A、B 两种：

A. 两种语义类别的关联标记逆置

（85）他跑，为了准时到达，虽然连什么时间也没有被通知。（昆德拉《被背叛的遗嘱》）

上例关联标记序列为 J_1（N）—J_2（为了）—J_3（虽然），关联标记组配模式是 J_1（N）—J_2（IF）—J_3（JF）。

B. 一种语义类别的关联标记逆置

（86）别来什么深刻体会，说自己想法，如果你还有思维能力的话。（兰晓龙《士兵突击》）

上例关联标记序列为 J_1（N）—J_2（N）—J_3（如果+的话），关联标记组配模式是 J_1（N）—J_2（N）—J_3（IF）。

需注意的是，上述除了转折标之外的七种关联标记，并非只要出现在二重有标三分句的后分句即为逆置用法，它们的句法配位值也并非都是前配位关联标记。如前文分析，有些关联标记是典型的前配位关联标记（如"之所以"）；有些关联标记是典型的后配位关联标记（如"以便"）；另一些关联标记的配置位序很灵活，可前可后，入句后需要根据前后景信息具体判定。

以因果标为例，原因标"因为"一般是前配位关联标记，结果标"所以"一般是后配位关联标记，常规配置句序是原因分句在前、结果分句在后，原因标前可以加"就、正、是"之类词语用以强调。当然，原因标和结果标搭配使用时，原因标的句法配位实有两种：一种是前序性的，组成"（正/就/是）因为……所以"句式［如例（87）］；一种是后序性的，组成"（之）所以①……（正/就/是）因为"句式［如例（88）］。倘若原因标单用［如例（89）］，即使出于语用目的或上下文衔接原因，原因标所在分句位于结果分句之后［如例（90）］，关联标记的配位值仍不变，视作前配位关联标记。

（87）他是搞摇滚的，因为在家排行老五，所以大家都叫他小五。（卞庆奎《中国北漂艺人生存实录》）

（88）这种鱼所以能相撞爆火，是因为它的体表的鱼斑上有一种能在水里摩擦而发光的荧磷物质，这种物质可使相互碰撞的鱼体迸溅出光亮的火花。（《中国儿童百科全书》）

（89）就因为这句话，这个警卫战士立即被调走了，复员回乡了。（1994年报刊精选）

（90）他们创造这么好的成绩，就因为他们重视人才资源，激活了用人机制。（《人民日报》2000年）

如图 2.1 所示，句式"（正/就/是）因为……所以"是以 A 为基点引出结果 B，句式"（之）所以……（正/就/是）因为"是以 B 为基点追溯到原因 A。它们的前后位置可以颠倒，关联标记的配置位序随之变换。

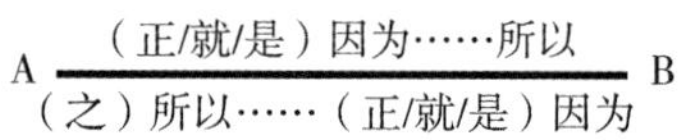

$$A \frac{（正/就/是）因为……所以}{（之）所以……（正/就/是）因为} B$$

图 2.1　因果逻辑语义关系示意图

综上所述，如果关联标记配对使用，不论前配位关联标记是第一种符合逻辑顺序的前序性用法，还是第二种后序性逆置用法，关

---

① "之所以"在《现代汉语词典》（第 7 版）中释为连词，用法同"所以"。

联标记的配位值由所在分句的位次决定；如果关联标记单独使用出现临时的、相对立的配位情况——前配位关联标记用于后分句，语用目的影响下的相对位置调换并不改变关联标记本身固定的配位值。

（四）按关联标记配位方式区分

关联标记的配位方式有扩展、连用、省略三种，此外还有一种伴随状态——关联标记的复用。这些配位方式可能共同出现在二重有标三分句中。本节将对它们做重点介绍。

1. 扩展式嵌套

关联标记扩展是指二重有标三分句中紧邻分句标记重复，并与另外分句构成搭配的配位方式。由此形成的嵌套是扩展式嵌套，加强了语势，使语义更为清晰。根据紧邻分句关联标记重复出现的句序，将其分为三种扩展方式。

一是前关联标记重复出现在第一、二分句。

（91）即使天气很好，即使工作做完了，我也不想出门。（微博语料）

（92）既然懂得很多知识，既然年纪还小，那么，为什么不出门闯闯？（微博语料）

（93）由于口吃，由于羞涩，年青时的他在姑娘面前似乎并不走运。（CCL语料）

（94）只要不生病，只要天气许可，他照例出门卖开水。（《人民日报》2000年）

（95）因为他的从容不迫，因为他的豁达乐观，缓解了我们对他的敌意。（CCL语料）

例（91）（92）第一、二分句都出现相同的关联标记，分别是"即使、既然"。第三分句的关联标记分别为"也、那么"，可以和前分句组配成让转关系"即使……也"和推断关系"既然……那么"。例（93）（94）（95）第一、二分句的关联标记也都相同，第三分句没有出现与第一、二分句相搭配的关联标记。但可以看到，例（93）第一、二分句主语蒙后省略，例（94）第一、二分句与第三分句存在隐形的条件逻辑关系，例（95）第三分句的主语承前省略。故第一、二分句与第三分句的语义是相连贯、相适应、关系密切的。

对于前关联标记重复出现在第一、二分句，存在以下三种句法格式：

A. J_1、J_2、J_3 各自有一个关联标记，J_1、J_2 的关联标记是相同的，J_3 可与它们构成搭配关系，如例（91）（92）。

B. J_1、J_2 各自有一个相同的关联标记，J_3 没有关联标记，但它们之间概念距离较近、关系紧密，如例（93）（94）（95）。

除此，还有一种变体 C：J_1 和 J_2 有相同关联标记，J_3 的关联标记可与它们形成搭配关系，但 J_2 中关联标记前/后同时还存在递进小类或并列小类关联标记，如例（96）—（98）。

（96）只要她把这句话说出来，甚至只要让自己在这些富于同情心的妇女面前想到这事，她就会哭得死去活来的。（米切尔《飘》）

（97）无论老板把条件提得多优惠，也无论老板来多少次，中队领导都坚决拒绝。（《人民日报》1998 年）

（98）如果没有恰当的会计准则，如果仍强迫银行签订贷款合同，实施商业银行的原则就会非常困难。（《人民日报》1998 年）

例（96）（97）（98）第一、二分句的不同之处在于第二分句关联标记前/后分别出现了递进关联标记"甚至"或并列关联标记"也、仍"，将第一、二分句间的语义关系标示出来。当然，第三分句中关联标记"就、都、就"与前面分句形成搭配。

二是前关联标记重复出现在第二、三分句。

（99）那是戴安娜的结婚蛋糕，虽然戴安娜早已香消玉殒，虽然她曾经的丈夫又将结婚。（CCL 语料）

（100）如前所述，蒋介石深信自己是正确的，即使遭到整个民族的谴责，即使成为孤家寡人。（林语堂《吾国吾民》）

（101）世界是美好的，因为皇帝的宠马有了金掌，因为屎壳郎要成为它的骑士。（安徒生《安徒生童话故事集》）

例（99）（100）（101）中位、末尾分句的关联标记相同，分别是

"虽然、即使、因为"。初始分句无标,未出现与第二、三分句相搭配的关联标记。可以看到,例(99)末尾分句的主语修饰语是第三人称代词"她",回指"戴安娜",与中位分句的主语相同;例(100)三个分句主语指称对象都是"蒋介石",中位、末尾分句的主语承前省略;例(101)中位、末尾分句与起始分句存在隐形的逻辑语义关系,分句间的语义是相连贯、相适应、关系密切的。

同样,位置靠后的扩展分句中关联标记前可能存在递进小类、并列小类或选择小类关联标记,如"也、或者"等。

(102)我总是羞愧地躲开那些遭了不幸的人,因为我知道他们的悲伤不该受到搅扰,也因为一旦相见我不知道自己该说些什么。(周国平《妞妞》)

(103)世界上没有一个夜总会可以让你长久坐下去,除非你至少可以买点儿酒痛饮一醉,或者除非你是跟一个让你神魂颠倒的姑娘在一起。(塞林格《麦田里的守望者》)

与前关联标记重复出现于第一、二分句不同,这种扩展方式的复句首句不会出现关联标记;相同之处是,整个复句的语义关系类型同样由重复关联标记的类别所决定。

三是后关联标记重复出现在第二、三分句。

(104)凡是这次写进决定的改革举措,都是我们看准了的事情,都是必须改的。[《习近平谈治国理政》(第二卷)]

(105)如果这座楼不能按期竣工,我就失去了它,就一切都完了。(谢尔顿《命运之星》)

(106)我们什么时候把"主人"打倒,他才会省悟,才会失去自信而另打好主意。(老舍《四世同堂》)

(107)一年、两年没工作,国家总会好起来,总不会叫你们一辈子没有工作的吧?(高行健《绝对信号》)

(108)你曾怀疑过罗伯,所以才去查他的不在场证明,所以一开始一定没有把他排除在嫌疑人的名单外。(渥特丝《女雕刻家》)

(109)可是她不能够自然地接受这些分内的权利,因而踌躇,

因而更为迟钝了。(张爱玲《红玫瑰与白玫瑰》)

(110) 我立时醒来，但是在我灵魂的一角我不能忘记，但是我也不去回忆那个从地狱里出来的奴役和苦恼的鬼魂。(冰心《冰心全集第六卷》)

例（104）（105）第二、三分句都出现相同关联标记，且有且只有一个关联标记，分别是"都、就"。第一分句的关联标记分别为"凡是、如果"，可以和后分句组配成条件关系"凡是……都"和假设关系"如果……就"。例（106）（107）第二、三分句的关联标记也都相同，并且只有一个，第一分句没有出现与二、三分句相搭配的关联标记。例（108）（109）（110）第二或第三分句关联标记后分别出现了因果关联标记"才"、递进关联标记"更"和并列关联标记"也"，首句没有相搭配的关联标记。

从而，后关联标记重复出现在第二、三分句的情况也有三种：

第一种是首句出现关联标记，第二、三分句关联标记相同，组配位置都是后配位的，并且能够和首句构成搭配，如例（104）（105）。

第二种是首句未出现关联标记，第二、三分句只重复出现一个相同的后配位关联标记，如例（106）（107）。尽管首句没有出现与第二、三分句相呼应的关联标记，但前后分句之间语表形式相似或概念范畴相关，可用于判断层次语义关系。可知，例（106）是一个条件关系二重复句，例（107）为转折关系二重复句。

第三种情况是变体，即首句未出现关联标记，第二分句或第三分句关联标记之后连用递进小类、并列小类关联标记，或单视点复用。例（108）中位分句属于单视点复用，"所以"和"才"都标示因果关系；例（109）末尾分句关联标记"因而"后紧跟递进小类关联标记"更"，将中位分句和末尾分句间本来的并列关系转化为递进关系；例（110）末尾分句关联标记"但是"之后连用并列关联标记"也"，中位分句和末尾分句间本来的并列关系随之显示出来。

当然，除了同形同义型，重复出现的关联标记还可以是异形同义型，不过这样的实例较少：

（111）因为天气还冷，由于下了一点雪，路就像溜冰场一样滑。（卡夫卡《一场斗争的描述》）

（112）简单商品生产者生产产品，不是为了他们自己的消费，而是为着交换。（曾吉安《谈谈等价交换》）

（113）大家都以为阿德尔莫是被谋杀的，所以维南蒂乌斯相信那个图书室的秘密比他原先所想的还要重要，因此他继续独自搜寻。（艾柯《玫瑰之名》）

（114）尽管所有这些身世上的细节都是确凿可信的，却与雷伯·克立姆罗德本人没有什么相干，但能说明他之所以通晓法语以及粗通阿拉伯语的原因。（苏里策尔《绿色国王》）

例（111）是前关联标记重复出现在第一、二分句的实例，起始分句的关联标记是"因为"，中位分句的关联标记是"由于"，它们用法虽不同，但标示的语义关系是相同的。例（112）是前关联标记重复出现在第二、三分句的实例，第二、三分句依次出现目的关联标记"为了、为着"，它们虽同义但不同形。例（113）（114）是后关联标记重复出现在第二、三分句的实例，"所以"和"因此"，"却"和"但"都是异形同义对关联标记。关联标记的扩展方式可以归纳为表2.5。

2. 连用式嵌套

二重有标三分句中往往不止一个关联标记，某个分句内可能存有两个既不同义（非单视点复用）、且搭配对象不同（非双视点复用）的关联标记，这种语言现象就是关联标记的连用。罗进军（2007）从广义和狭义两个角度对连用进行了考察：广义是指某分句内有两个（含两个）以上不存在前呼后应关系的关系标记；狭义则指关系标记之间的辖域相同。本书采用广义的看法对关联标记的连用情况进行考察。

表 2.5　　　　　　　　　关联标记的扩展方式一览表

语义关系类别（8种）	复句格式	扩展方式1	扩展方式2	扩展方式3
让转	无论……都/总	√	√	√
	即使……还是/也/便	√	√	√
	不论……都	√	√	√
	就是……也	√	√	√
	哪怕……也	√	√	√
	别说……也	√	√	√
	虽说……还是	√	√	√
	不管……都	√	√	√
	虽然……但（是）	√	√	√
条件	只要……就	√	√	√
	除非……才/才能	√	√	√
	凡是……都（是）	√	√	√
	只有……才	√	√	√
假设	假如……那么/就	√	√	√
	倘若……就	√	√	√
	如果……那么/就	√	√	√
因果	由于……因此/因而	√	√	√
	之所以……是因为	√	×	√
	因为……所以/因而	√	√	√
推断	既然……就/那么	√	√	√
假转	……否则/要不然	×	×	√
目的	之所以……是为了	√	×	√
	为（了）……	√	√	×
	为着……	√	√	×
转折	……但是	×	×	√
	……总	×	×	√

按照连用关联标记的句法配位前后，可将连用分为"前配位关联标记＋后配位关联标记"连用、"前配位关联标记＋前配位关联标记"连用、"后配位关联标记＋前配位关联标记"连用和"后配位关联标记＋后配位关联标记"连用四种。

一是前配位关联标记+后配位关联标记。

（115）如果提供训练设施，如果还谨慎地从外国聘请有经验的监工，那么建筑业在 10 年内就可以翻一番。（刘易斯《经济增长理论》）

上例中位分句"如果"是假设标，句法位置为前配位；"还"是并列标，句法位置为后配位。

二是前配位关联标记+前配位关联标记。

（116）这一消极意象原型是象征性的，因为即使它是包含创伤性事件的具体情景，这一情景也有了象征意义。（CCL 语料）

上例中位分句"因为"是原因标，句法配位是前序性的；"即使"是让步标，句法配位也是前序性的。

三是后配位关联标记+前配位关联标记。

（117）不能要求作家有经济学家那样的高论，但既然要写国企改革，有关理论还要学一点的。（CCL 语料）

上例中位分句"但"是转折标，句法配位为后序性的；"既然"是推断标，为前序性关联标记。

四是后配位关联标记+后配位关联标记。

（118）家兄之所以对她另眼相待，不仅因为她武艺甚佳，更因为她有一副义侠肝胆。（姚雪垠《李自成 2》）

上例末尾分句"更"是后配位关联标记，显示递进关系；"因为"同样为后配位关联标记，显示因果关系。

按照连用关联标记的语义关系类别，可将连用分为同类连用和异类连用。鉴于复句语义关系共三大类十二小类，为节约篇幅，列表如表 2.6 所示。

表 2.6　　　　　连用形式的关联标记关系类别一览表

连用类型	关联标记的关系类别	示例	连用类型	关联标记的关系类别	示例
同类连用	并列标+并列标	而是+既	异类连用	选择标+原因标	或+由于
	原因标+原因标	因为+由于		假设标+并列标	如果+还
	假设标+假设标	如果+要是		假设标+原因标	若+因为
	让步标+让步标	虽然+宁愿		假设标+条件标	如果说+只有

续表

连用类型	关联标记的关系类别	示例	连用类型	关联标记的关系类别	示例
异类连用	原因标+让步标	因为+即使	异类连用	假设标+预递标	如果+不但
	原因标+预递标	因为+不仅		假设标+让步标	如果+尽管
	原因标+条件标	因为+只要		假设标+目的标	如果+为了
	原因标+并列标	因为+既		条件标+原因标	只要+因为
	原因标+假设标	因为+若		条件标+让步标	只要+无论
	原因标+推断标	因为+既然		条件标+并列标	只有+一边
	原因标+连贯标	因为+首先		条件标+连贯标	只有+首先
	推断标+条件标	既然+只有		条件标+目的标	只要+为了
	推断标+原因标	既然+因为		转折标+推断标	但+既然
	推断标+让步标	既然+虽然		转折标+假设标	但+若
	推断标+假设标	既然+如果		转折标+让步标	却+宁肯
	推断标+目的标	与其+为了		转折标+原因标	然而+由于
	结果标+让步标	那么+即使		转折标+并列标	但是+也
	结果标+条件标	那么+只要		转折标+条件标	但是+只要
	结果标+并列标	因此+也		转折标+连贯标	却+首先
	结果标+承递标	因而+更		转折标+预递标	却+不但
	结果标+预递标	那么+不仅		转折标+目的标	但+为着
	结果标+假设标	所以+如果		假转标+让步标	否则+纵然
	结果标+推断标	所以+既然		让步标+原因标	虽然+因为
	结果标+原因标	所以+因为		让步标+假设标	虽然+如果
	结果标+连贯标	不如说+首先		让步标+推断标	虽然+既然
	并列标+原因标	一方面+是因为		让步标+条件标	虽然+只要
	并列标+目的标	不是+为了		让步标+选择标	无论+是
	并列标+让步标	也+无论		让步标+并列标	虽+也
	并列标+预递标	而是+不仅		让步标+连贯标	固然+首先
	并列标+假设标	即+如果		预递标+原因标	不仅+是因为
	并列标+连贯标	即+首先		预递标+目的标	不仅+为了
	并列标+条件标	而是+只要		承递标+假设标	而且+如果
	并列标+选择标	即+或者		承递标+连贯标	而且+首先
	并列标+结果标	也+因此		承递标+目的标	更+为

续表

连用类型	关联标记的关系类别	示例	连用类型	关联标记的关系类别	示例
异类连用	选择标+并列标	或者说+不是	异类连用	承递标+条件标	甚至+只要
	选择标+假设标	或者+如果		承递标+并列标	并且+一边
	选择标+目的标	或+为了		承递标+让步标	而且+不论
	选择标+让步标	或+即使		承递标+预递标	而且+不仅

按照连用关联标记之间是否有间隔，可将连用分为有间隔连用和无间隔连用。

有间隔连用存在四种情况：1. 间隔主语［例（119）—（121）］，2. 间隔标点符号［例（122）］，3. 间隔短语［例（123）—（125）］，4. 间隔句法成分［例（126）］。

（119）两个人最终也没有结合，虽然卡夫卡因为米琳娜解除了婚约，但是米琳娜却深知结合只能意味着失去。（CCL语料）

（120）这种分级链的原则是一种重要的原则，因为它不仅确定了上级和下属之间的职权与职责的关系，而且也制定了正式沟通和制定决策的界线。（CCL语料）

（121）江泽民说，我们重视发展中葡友好合作关系，因为这不仅符合双方的利益，也有利于世界和平。（《人民日报》1993年）

间隔的主语既可以是名词"卡夫卡"，也可以是人称代词"它"，甚至是指示代词"这"。

（122）此外，怎样的和音不见得必须持一定长度，但是，只要持一定长度，和音之中必有时间关联着。（CCL语料）

间隔的标点符号一般是逗号。

（123）乔治安娜可并没有接嘴，因为她哥哥既然那么推崇伊丽莎白，她当然便也对她有了好感。（奥斯汀《傲慢与偏见》）

（124）家居用品即使出了故障也无法修理，因为表面上虽然是"美国制造"，但配件全都是中国产品。（CCL语料）

（125）因为字数繁多既不是作者方面清楚观念的一个论据，也不是向读者传达清楚概念的一种恰当手段，我将尽我所能力求简短

地来对这第五封信作一明确的答复。(BCC 语料)

例(123)—(125)间隔的短语有偏正短语"她哥哥",方位短语"表面上"和主谓短语"字数繁多"等。

(126)这倒颇出乎他们的意料,因为她平日里只要受一点点小刺激,就会昏厥。(米切尔《飘》)

例(126)间隔的句法成分为主语成分"她"和状语成分"平日里"。

无间隔连用指的是连用关联标记之间没有距离,这种情况占大多数,如下例(127):

(127)但是我既然由于少了一样现在不可能得到的什么,因而人生对我没有意义了,那我就只好请你恕我不能鼓励你了。(哈代《还乡》)

判定关联标记是否连用时,应警惕篇章关联标记的干扰。如例(128)中,"因为"是篇章关联标记,和前文或后文发生因果关系,但在此复句中不承担显示语义关系的功能。

(128)这不光是因为他剑术高明,还因为他做任何事都很认真,像个当领导的模样。(王小波《青铜时代》)

3. 省略式嵌套

复句前后分句间的衔接分为显性和隐性两种,前者见于复句表层结构,后者须借助语境和语用知识推导。沈家煊(1999)提出标记理论以解释全量肯定否定的规律,他认为"无标记的表达方式符合人的正常期待,有标记的表达方式不符合人的正常期待"[①]。张凤(1999)解释为有标记的形式倾向于复杂结构,无标记的形式结构更为简单,分布频率自然更高。与之不同,姚双云(2006)强调无标复句能够表达更复杂的意思,因而使用率比有标复句高。本书暂不讨论这两种观点,毋庸置疑的是人们的"期待心理"也作用于现代汉语复句嵌套句式中。二重有标三分句的嵌套大多伴随着省略。

---

① 沈家煊:《不对称和标记论》,江西教育出版社 1991 年版,第 110 页。

完整嵌套的复句格式（关联标记未省略）有表达明确、显豁的优点，来看下面的例子：

（129）虽然意大利在战争中曾经遭到了严重的破坏，加斯贝利政府却宁肯用六千亿里拉的巨大数目去扩充军备，而不愿意多花钱投资于有利人民的建设和工业生产的恢复和发展。（冀代《意大利人民为争取和平与民族独立而斗争》）

例（129）关联标记序列为 J_1（虽然）—J_2（却+宁肯）—J_3（而），这是一个二重复句。配对关联标记"虽然……却"标示了前后分句间的容认性让步关系，"宁肯……而"标示了第二、三分句间的忍让关系。

但在实例化复句中，关联标记省略现象随处可见：

（130）哪怕是一位新来的干事，也可以推开张柏林办公室的大门，进去和他聊聊工作和思想。（《新华网》2003年）

（131）哪怕公民个人的财产仅仅是一座破茅屋，那也必须受到官员的尊重，"风能进，雨能进，国王不能进"的权利观念逐渐成为中国人认识政治生活的轴心理念。（博客语料）

例（130）（131）中 J_1、J_2 的关联标记都是"哪怕、也"，但仔细分析它们的层次结构，并不相同，见图2.2和图2.3：

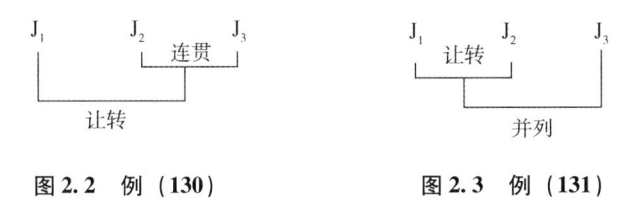

图2.2　例（130）　　　　图2.3　例（131）

标记省略无疑给无标分句的层次归属及语义判定造成困扰，若要实现整个复句的层次关系识别，则应回到分句语义层面来，从谓语陈述一致性、主语陈述一致性、主语是否出现等方面综合考察，这个问题将在后面章节进行详细讨论。

从省略的关联标记位置来看，省略式嵌套有十四种类型：关联标记 A 的省略 [例 (139)]，关联标记 B 的省略 [例 (141)]，关联标记 C 的省略 [例 (140)]，关联标记 D 的省略 [例 (132)]，关联标记 A 和 B 的省略 [例 (138)]，关联标记 B 和 C 的省略 [例 (143)]，关联标记 A 和 C 的省略 [例 (133)]，关联标记 A 和 D 的省略 [例 (134)]，关联标记 B 和 D 的省略 [例 (135)]，关联标记 C 和 D 的省略 [例 (144)]，关联标记 A、B、C 的省略 [例 (147)]，关联标记 A、B、D 的省略 [例 (208)]，关联标记 B、C、D 的省略 [例 (145)] 和关联标记 A、C、D 的省略 [例 (146)]。

(132) 因为哆啦 A 梦不但有神奇的东西，还是个正义的人，我很喜欢它。(微博语料)

(133) 鼻子看起来不那么笨拙了，因为鼻子隆高了，更为重要的是缩小了鼻翼。(微博语料)

(134) 真心喜欢张雨绮，因为她不仅长得漂亮，她的性格是公认的可爱！(微博语料)

按照句中关联标记的关系类别，省略格式分为两种：

一种是句中出现的关联标记显示两种语义关系。

当句中出现两个、所属关系类别相异的关联标记时，存在都是前配位关联标记、都是后配位关联标记、一前配位一后配位三种情况。

(135) 因为昨晚海面上是五级风浪，如果时间长了，橡皮艇和木桨必定会被冲散。(张十里《小星山歼敌记》)

(136) 犹太教认为雅赫维是独立的实在，但是特殊的东西并不是雅赫维神的一部分，所以是不实在的没有独立的存在。(尹大贻《基督教哲学》)

(137) 因为你的光度弱，个子又小，在白天能有什么作用呢？(周冰冰《月亮的悔恨》)

(138) 她会回答一点也不麻烦，并且很乐意地替你去更换，因为你先尊重了她。(CCL 语料)

例 (135) 只出现两个关联标记，分别是原因标"因为"和假设标"如果",它们表示的关系类别不同,但句法位置都是前序性的。例(136)出现的两个关联标记转折标"但是"与结果标"所以",句法位置皆为后序性的。例(137)(138)是一前配位一后配位的用法。例(137)首先出现表因果关系的前配位原因标"因为",其次是表并列关系的后配位并列标"又";例(138)表递进关系的后配位标记"并且"在前,表因果关系的前配位标记"因为"在后。

若句中关联标记数量为三,其中两个关联标记为呼应搭配关系,剩下的关联标记显示另一层语义关系。来看下面的例子:

(139)即使您想再去搞技术,也是办不到的,因为技术的前进太迅速了。(《读者》)

(140)如果商家都来公平竞争,那么价格欺诈就少得多,暴利行为也容易识破。(1994年报刊精选)

(141)因为他内部有这些人,外部各方面又做工作,所以他就容易听我们的意见。(李新《中国新民主主义革命史五讲》)

例(139)初始分句和中位分句构成搭配,显示让步关系;末尾分句内有前配位原因标,显示因果关系。例(140)初始分句和中位分句构成搭配,显示假设关系;末尾分句内有后配位并列标,显示并列关系。例(141)初始分句和末尾分句组成因果关系,中位分句的后配位关联标记"又"标示并列关系。

另一种是句中出现的关联标记只能显示一种语义关系。

或者句中出现两个关联标记,它们有呼应搭配关系。细分为以下三种:

a. 首句空标,第二分句和第三分句依次出现前关联标记、后关联标记。代表句式有:N……因为……所以,N……既然……就,N……只要……就,N……如果……那么,N……一旦……就,N……要是……就,N……倘若……就,N……尚且……何况,N……不但……而且,N……不仅……甚至还,N……非但……还,N……是……还是,N……不是……而是,N……既……又,N……一就，N……虽然……但是，N……不管……都，N……无论……都，N……宁可……也，N……纵然……也，N……就算……也。

b. 第二分句空标，首句和尾句依次出现前关联标记、后关联标记。代表句式有：因为……N……所以，如果……N……那么，若……N……就，只要……N……就，只要……N……便，虽然……N……但是，虽然……N……可是，不管……N……都，尽管……N……但是，尽管……N……可是，无论……N……都，无论……N……还是，就算……N……也，除非……N……才，不仅……N……而且，不但……N……甚至，与其……N……不如，先……N……然后。

c. 尾句空标，首句和第二分句依次出现前关联标记、后关联标记。代表句式有：因为……就……N，因为……所以……N，虽然……但是……N，由于……因此……N，无论……总……N，宁肯……也……N，不但……而且……N，要是……就……N，纵使……也……N，既然……那么……N，一……就……N，因为……于是……N，只要……就……N，只有……才……N，如果……就……N，假如……那么……N。

以因果复句"因为……所以"为例，例（142）—（144）分属a、b、c三种情况：

（142）当然，采取数故意说并不意味着成立数个故意杀人罪，因为只有一个行为，所以应按想象竞合犯以一罪论处。(CCL 语料)

（143）因为表象能够表征不断变化的信息，能够保存空间相关信息，所以能够承受各种以它为载体的心理操作。(CCL 语料)

（144）因为它受感染的机会特别多，所以淋巴组织丰富，形成一个淋巴环。(《中国儿童百科全书》)

或者句中只出现一个关联标记，可以是前配位关联标记，也可以是后配位关联标记。若为前配位，关联标记既能在首分句出现［如例（145）］，也可以只在中位分句出现［如例（146）］，要么在末尾分句出现［如例（147）］：

(145) 如果我单说"很慢",这话句并不很明朗,一定要说出慢到什么程度。(费孝通《乡土中国》)

(146) 易传的确是宇宙论、形上学的意味重,因为它牵涉到存在,是从天道讲。(CCL语料)

(147) 她们就这么走了,我不能原谅她们,虽然我心里其实对她们很欣赏。(CCL语料)

若为后配位,关联标记要么出现在中位分句[如例(148)],要么出现在末尾分句[如例(149)]:

(148) 廖世德也去踏格子,可是怎么也找不准垅台,只能听着犁杖划土的声音摸着走。(贺中光《双目失明以后》)

(149) 李让夷为人俭朴,不结党,因此受到嘉许。(CCL语料)

甄别关联标记是否省略的方法是:对于"配对、单用共存型关联标记",关联标记一旦单用,应看作省略格式,缺失的关联标记大都可以补上。

(150) 如果一个人吃下太多水果的话,那么他的身体构造就会发生一些变化,狗也是如此。(杰罗甘《马利与我》)

(151) 如果一个人有避免受恶的意愿,那么他能避免受恶吗,或者说只有在他获得力量的时候才能避免?(柏拉图《柏拉图全集》)

例(150)中末尾分句关联标记"也"是典型的表并列关系的关联标记,既能和"既、也"形成复句格式"既……也、也……也",单独出现亦可。例(151)中末尾分句关联标记"或者说"是典型的表选择关系的关联标记,既可以和"或者说"构成复句格式"或者说……或者说",也可以单独表达。这两例分别省略了关联标记 C"也"、关联标记 C"或者说"。

对于"单用型关联标记",句中虽只出现两个或三个关联标记,依旧是完整的复句格式,不存在省略现象,关联标记句法配位前/后序原样呈现在复句组配模式中,如例(152):

(152) 为了完成这个任务,零售企业不仅要在经营范围内保持商品品种齐全、适销对路,而且应当保证商品供应不致中断。(刘福

园《中国社会主义商业经济》)

4. 复用式嵌套

关联标记有"显示、选示、转化、强化"[①]四种作用,其中"强化"指在一种标志的基础上又加另一种标志,它们的搭配对象为同一个关联标记,"标记复用"现象由此产生,也有学者称之为关联标记的"富余使用"(罗晓英,2014)。由于,复句格式既反映客观现实,也反映表达者的主观视点,是对语义关系的反制约。由此,具有特殊语用价值的"标记复用"分为"单视点标记复用"和"双视点标记复用"两种。

单视点复用(又称连用,见谢晓明,2010),指二重有标三分句中同一层次结构虽出现了两种及以上的关联标记,但只标明单一的语义关系,说话人的倾向为单线条的。单视点复用是在词义磨损和语言内部补偿机制的共同作用下产生的。

表 2.7　　　　　　　　关联标记单视点复用示意表

单视点复用关联标记的语义类型	主要形式
并列 + 并列	二来 + 也、既 + 一方面、另外 + 也、另一方面 + 又、又 + 是、同时 + 也、也 + 不是、并 + 与此同时
递进 + 递进	就连 + 也、而且 + 反倒、而且 + 还、而且 + 还是、反而 + 还、甚至 + 还、甚至 + 进而、甚至 + 反而
连贯 + 连贯	于是 + 接着、接着 + 便、于是 + 便、于是 + 就、随即 + 便、随即 + 就
因果 + 因果	因为 + 由于、所以 + 因此、所以 + 因而、所以 + 故而、因此 + 从而
假设 + 假设	如果 + 万一、假如 + 万一、倘若 + 万一、假设 + 如果
条件 + 条件	只要 + 一、只要 + 一旦、但凡 + 只要、凡是 + 只要、除非 + 只有
推断 + 推断	那么 + 就、那么 + 倒不如、那么 + 还不如、那么 + 可见
转折 + 转折(+ 转折)	然而 + 却、不料 + 却、但 + 还是、但 + 却、但是 + 却、可是 + 却、可是 + 还、然而 + 却、总 + 但是、但 + 却 + 也
让步 + 让步	即使 + 再、哪怕 + 就是、哪怕 + 再、虽然 + 尽管

---

① 邢福义:《汉语复句研究》,商务印书馆 2001 年版,第 32 页。

（153）到那时如果再无人参加竞选，则海部作为唯一候选人便自然成为自民党总裁，只需在8日的该党众参两院议员大会上走过场追认一下即可。（《长江日报》1989年）

（154）传说过去峡里没有栈道，别说进川的木船在峡内无法拉纤，就连飞禽走兽在这里也难于找到安息之所。（《长江日报》1982年）

（155）此地客货列车密度已接近饱和，成了武汉铁路枢纽的一个"卡脖子"地段，然而铁路运量却在不断增加。（《长江日报》1986年）

上例（153）第一分句的"如果、再"都标明假设关系，属于假设标；第二分句"则、便"也都标明假设关系，属于结果标。它们是同类关联标记复用，即单视点复用。例（154）第二分句的"别说"是预递标，第三分句的"就连、也"是承递标，单视点复用强调第二、三分句间的递进关系。同理，例（155）第三分句"然而、却"均为转折关联标记，亦为单视点复用。

双视点复用，指随着语义信息量的增大，说话人表述时特别看重两种情况间的某种语义关系，同时又想强调另一种语义关系，主观视点受认知、心态所影响，造成表两重关系的关联标记复用。即表达了同一层次结构中两种逻辑关系兼备的复杂关系。还有学者称之为"混合使用"（王维贤等，1994），"复现强调"（邢福义，2001）或"连用"（姚双云，2008）。

如"50年代的选择既有些无奈，却也是毫无怨言。（1994年报刊精选）"中，"既P，也Q"标明了P、Q之间的并列关系，"却"的出现意味着P、Q之间也隐含转折关系。因而，第二分句属于双视点复用，既并列又转折。

现代汉语双视点复用格式有"既……却也、既……但又、一边……但一边、一方面……但另一方面、不仅……而且也、不但……而且又、不但不……反而却、如果说……那么却、越……却越、只有首先……然后才、即使万一……也"等，多是表转折关系、假转关系或递进关系的标记与其他语义标记复用，如例（156）。

（156）人们一边有高声的牢骚，低声的叹气，却也一边埋头向

前。(苏叔阳《故土》)

广义上的双视点复用还包括"要么……否则、因为……否则、幸亏……否则、想来……否则、除非……否则、既……而且、既……更、既然……却、假如……却、如果说……可、越……偏偏"等关联标记有所省略的复句格式。说话人的双视点导致两种语义关系被同时标示出来，慢慢发展成一个整体性视点，形成了关联标记的跨类搭配。对于跨类搭配的复句句式，首先应排除可以构成搭配关系的典型关联标记对，再根据建立的复句跨类关联标记专属知识库，匹配跨类搭配格式限定的语义关系。后面第八章会做专题研究。

针对关联标记的双视点复用，须建立专门知识库以判定复句语义关系。由表 2.8 可知，转折类关联标记（但、却、反而）、条件类关联标记（只有、必须）和递进类关联标记（不仅、不但）具有定位意义，能够标明双视点复用句式的实际语义关系，是定位关联标记[①]。关于"定位关联标记"，这里要引进一个概念——"定位理论"。20 世纪 70 年代，美国著名的营销家艾·里斯（Al Ries）和杰克·特劳特（Jack Trout）提出了被美国营销学会评为有史以来对美国营销观念影响最大的"定位理论"。"定位（Positioning）"作为定位理论中最核心、最基础的概念，是指为产品在未来潜在客户脑海中确立一个合理位置，对原本纷繁复杂的产品特征加以分析后择其最有力的诉求点，并固定在客户头脑里。本书借用这个概念以描述关联标记双视点复用时能够框定语义关系、给接收者判定依据的关联标记，称之为"定位关联标记"。

表 2.8 关联标记双视点复用总结表

双视点复用关联标记的语义类型	具体句式	句式的语义关系
并列＋转折	既……却＋也、既……但＋也、既……却＋又、既……但＋又、一边……却＋一边、一边……但＋一边、一方面……但＋另一方面、一方面……另一方面＋却、一方面＋固然……但	转折

[①] "定位关联标记"可以视为广义上的"显赫关联标记"，此处为研究方便，采用专门的称说方式。

续表

双视点复用关联标记的语义类型	具体句式	句式的语义关系
递进+并列	不仅……而且+也、不但……而且+同时、不仅……而且+又、不但……而且+又、不仅……而且+同时、不但……而且+也	递进
递进+转折	不但不……反而+却	递进
原因+转折	因为……反而	原因
假设+转折	如果说……那么+却、如果……那么+可是、假如……那么+可是	转折
假设+让步	即使万一……也	让步
条件+转折	越……却+越、越……反而+越	转折
条件+连贯	只有+首先……然后+才、只有+先……然后+才、首先+要……然后+才、首先+必须……然后+才	条件
连贯+转折	首先……随即+却、首先……然后+却、先是……随后+却	转折

（157）这是温特斯利普家族人的性格，既想当个清教徒，却又总巴望着能偷点儿懒。（比格斯《没有钥匙的房间》）

上例第二、三分句构成句式"既P，却又Q"，本身P、Q间隐含转折关系，"想当个清教徒"和"巴望着能偷点儿懒"矛盾冲突，关联标记"既……又"的显示将转折关系转化为并列关系从而形成并列结构。即逻辑基础是转折，主观视点将其转化为并列。然而，"但"类词的进入，使P、Q间对立性和并列性共存且彼此渗透，格式体现的语义关系也随之被框定下来——"既P，却又Q"句式表达的是转折关系。"却"的强调性与焦点性使其成为"定位关联标记"，一定程度上可以作为结构语义关系的直接判定依据。

二 句法关联模式

无论是关联标记内部成员还是其显现方式，都是灵活多样的，可是整个复句的关联标记序列模式却很有限。根据"小句中枢说"在复句领域的理论分支"小句关联理论"[①]，二重有标三分句中分句

---

① 罗进军：《有标假设复句研究》，博士学位论文，华中师范大学，2009年，第91—131页。

与分句之间既存在句法形式上的关联，也存在意义上的联系。并且，关联标记形成的语表序列与句法、语义关联紧密，语表序列相同的二重有标三分句式通常意味着相同的句法关联和相同的语义关联。因而，语表序列跟复句的层次语义存在映射关系。

为了全面、深入研究二重有标三分句的语表序列与嵌套情况，本书构建了一个以形式化方式表达嵌套复句的通用知识体系——现代汉语二重有标三分句平衡语料库，目前已收录 12168 个句子，共 58 万余字，分为口头语体和书面语体两大板块。语料库所有例句皆为精心择选，部分时间较早的语料来自辞书、北京大学中国语言学研究中心语料库和华中师范大学的汉语复句语料库，更多语料由人工查找、收集。

为了方便语料库的构建，也为面向复句信息处理的研究转向提供可能性，本书借鉴了胡金柱、吴锋文、李琼等（2010a）建设汉语复句关系词库的方法经验，首先将表述规则如下约定：

（1）复句中分句集表示为 $\{J_i \mid i$ 代表分句位序, $1 \leq i \leq 3\}$。

（2）关联标记集 CW（Correlative Words）= {只有、不想、实际上、可惜、只可惜、当然、就因为、难怪、从而、这一、便、是由于、惟其、幸而、因此、鉴于……}

（3）关联标记标示集 M = {IF、IB、JF、JB、N}，其中 F、B 表示关联标记的句法配位，F 代表前配位关联标记（前呼型），B 代表后配位关联标记（后应型）；I、J 代表不同的语义层次。

（4）分句间逻辑语义关系集 SR（Semantic Relations）= {YG、JS、TJ、MD、TD、ZZ、RB、JZ、BL、LG、DJ、XZ}。

（5）关联标记序列表示为 J_1（cw）—J_2（cw）—J_3（cw），其中，cw 为任一关联标记，cw ∈ CW。若存在无标分句，则用 N 表示，N ∈ J_i。

（6）关联标记组配模式表示为 J_1（m）—J_2（m）—J_3（m），其中，m 为任一种关联标记标示形式，m ∈ M。若存在无标分句，则用 N 表示，N ∈ J_i。

(7)"—"代表分句以直接或间接的方式关联在一起。

对研究对象进行预处理的过程如下：首先将这些未经筛选的二重有标三分句语料建库储存，在专属关联标记库和中科院计算所的汉语词性标记集（ICTCLAS）基础上，利用 python 数据清洗、分词后，快速提取所有含有关联标记库中关联标记的例句。其次根据上文对 478 个关联标记的词类统计结果，删除"关联标记"词类不符合要求的例句，把句内出现的逗号数量控制在 [2，5] 区间。最后借鉴李琼在《汉语复句书读前后语言片段的非分句识别》中总结的基于词性信息、句法信息、语义和搭配知识对汉语复句书读片段进行自动识别的规则，排除非二重有标三分句的干扰句子。在人工校对阶段校验内容主要有两方面：一是收入的句子是否为二重有标三分句，二是"关联标记"是否在句中充当复句关联标记。符合研究对象的例句入库，否则淘汰。全过程对应的流程见图 2.4。当然，由于校对工作量非常大，难以避免会存在一些问题。

目前语料存放于 EXCEL 数据库，字段 1 为每个例句对应的 ID；字段 2 为二重有标三分句嵌套例句；字段 3 为复句所包含的关联标记，若有省略则依据逻辑语义关系补全 [用"（）"表示]，若本身为单用型关联标记则用"N"表示与之搭配的另一分句；字段 4 为关联标记序列；字段 5 为关联标记组配模式；字段 6 为复句层次语义关系，低层（第一层）用阿拉伯数字"1"表示，高层（第二层）用阿拉伯数字"2"表示；字段 7 为句法关联模式，分为"充盈态 1－2 型""充盈态 2－1 型"和"非充盈型"三类[①]；字段 8 为语料来源。语料库设计如表 2.9 所示，关联标记隐现形式如表 2.10 所示。

---

① 本书借鉴吴锋文在《基于关系标记的汉语复句分类研究》中提出的"充盈态有标复句"和"非充盈态有标复句"这组概念。所谓非充盈态是指一定分句数目的复句里，各分句中关系标记的隐现形式不能显式地标示复句层次结构及其语义关系。充盈态则反之。"2－1 型"指第一、二分句优先组成小句关联体，再与第三分句构成高层结构。"1－2 型"指第二、三分句优先组成小句关联体，再与第一分句构成高层结构。

88 现代汉语二重有标三分句嵌套研究

```
                    开始
                      │
                      ▼
              未经筛选复句入库
                      │
                      ▼
              专属关联标记建库
                      │
                      ▼
                下载ICTCLAS
                      │
  ┌───────────────────┼───────────────────┐
  │                   ▼                   │
  │          ◇ 含有关联标记 ◇              │
  │         N │        │ Y                │
  │     淘汰◄─┘        ▼                  │
  │                                       │
  │          ◇ ","数量∈[2,5] ◇           │ ◄── 基于Python
  │         N │        │ Y                │     智能初筛例句
  │     淘汰◄─┘        ▼                  │
  │                                       │
  │          ◇ "关联标记"词类              │
  │            符合《关联标记词             │
  │            类统计表》要求 ◇            │
  │         N │        │ Y                │
  │     淘汰◄─┘        ▼                  │
  └───────────────────┼───────────────────┘
  ┌───────────────────┼───────────────────┐
  │          ◇ 判断"分句"                 │    基于李琼《汉语复句
  │            是否为书读短语 ◇    ◄──    书读前后语言片段的
  │         Y │        │ N                │    非分句识别》及
  │     淘汰◄─┘        ▼                  │    Python智能筛选例句
  └───────────────────┼───────────────────┘
  ┌───────────────────┼───────────────────┐
  │          ◇ 是否为二重有标              │
  │            复句三分句式 ◇              │
  │         N │        │ Y                │
  │     淘汰◄─┘        ▼                  │
  │                                       │ ◄── 人工校对例句
  │          ◇ "关联标记"是否在句          │
  │            中充当复句关联标记 ◇        │
  │         N │        │ Y                │
  │     淘汰◄─┘        ▼                  │
  └───────────────────┼───────────────────┘
                      ▼
                  储存入库
                      │
                      ▼
                    结束
```

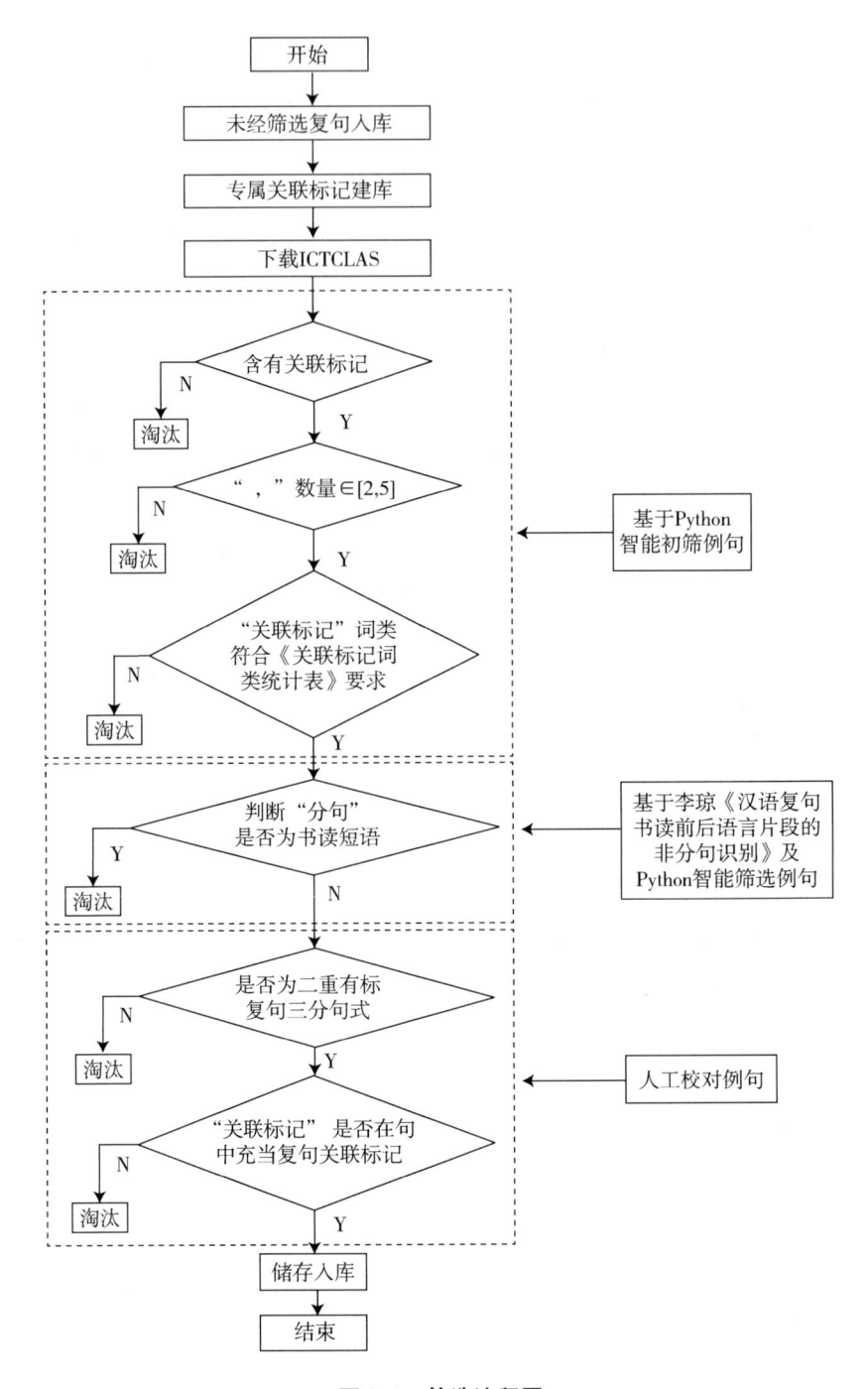

图 2.4 筛选流程图

表 2.9 语料库示例

ID	SEN	关联标记	关联标记序列	关联标记组配模式	逻辑语义关系	句法关联模式	语料来源
1	住宅是我国新一轮的消费热点，但既然可以无偿或低价从政府或单位取得住房，人们当然不愿自己花钱去买商品房。	A: N; B: 但; C: 既然; D: 当然	J₁ (N) —J₂ (但+既然) —J₃ (当然)	J₁ (N) —J₂ (IB+JF) —J₃ (JB)	2ZZ+1TD	充盈态 1-2型	《人民日报》1999年
2	如果应对不好，或发生系统性风险，犯颠覆性错误，就会造成国中断全面建成小康社会进程。	A: 如果; (B: 或者; C: 或者; D: 就	J₁ (如果) —J₂ (或者) —J₃ (就)	J₁ (IF) —J₂ (JB) —J₃ (IB)	2JS+1XZ	充盈态 2-1型	《习近平谈治国理政·第二卷》
3	因为我家对面，所以我时常经过那个铺子，而且常到那里买东西。	A: 因为; B: 所以; (C: 不仅) D: 而且	J₁ (因为) —J₂ (所以) —J₃ (而且)	J₁ (IF) —J₂ (IB+JF) —J₃ (JB)	2YG+1DJ	非充盈型	微信公众号语料
4	由于哲学的主题是"内圣外王"之道，所以学哲学不单是要获得这种知识，而且是要养成这种人格。	A: 由于; B: 所以; C: 不单; D: 而且	J₁ (由于) —J₂ (所以) —J₃ (而且)	J₁ (IF) —J₂ (IB) —J₃ (JB)	2YG+1DJ	充盈态 1-2型	《中国哲学简史》
5	垃圾虽一样的垃圾，可是因为面对它的人在经验和艺术的修养上不同，它也会有不同的反应和回报。	A: 虽; B: 可是; C: 因为; D: 也	J₁ (虽) —J₂ (可是+因为) —J₃ (也)	J₁ (IF) —J₂ (IB+JF) —J₃ (JB)	2RB+1YG	充盈态 2-1型	《背影》
6	如果我能像上帝那样无所不能，我就会跟他一样，乐善好施，仁慈善良。	A: 如果; B: 既; C: 又; D: 就	J₁ (如果+既) —J₂ (又) —J₃ (就)	J₁ (IF+JF) —J₂ (JB) —J₃ (IB)	2JS+1BL	充盈态 2-1型	《漫步遐想录》
7	虽然他们会用奇异的眼光看着这栋建筑物，私底下用自己的语言交谈，但这却不是真正的原因。	A: 虽然; (B: 既) C: 又; D: 但/却	J₁ (虽然) —J₂ (又) —J₃ (但/却)	J₁ (IF) —J₂ (N) —J₃ (IB)	2RB+1DJ	充盈态 2-1型	BCC语料

续表

ID	SEN	关联标记	关联标记序列	关联标记组配模式	逻辑语义关系	句法关联模式	语料来源
8	这里不是对特定人员的限制，而是对数量上的限制，即只能是"个别"。	A: N; B: 不是; C: 而是; D: 即	J_1 (不是) —J_2 (而是) —J_3 (即)	J_1 (IF) —J_2 (IB) —J_3 (JB)	2BL+1BL	非充盈型	《中华人民共和国各级人民代表大会常务委员会监督法（第七章）》
9	李利：我觉得我不是一个典型的申请者，是因为我发现在年龄是三十四岁了，而且我也不是说有一个非常多的国际的跨国公司的经验。	(A: 之所以); B: 是因为; (C: 不仅); D: 而且	J_1 (N) —J_2 (是因为) —J_3 (而且)	J_1 (N) —J_2 (IF) —J_3 (JB)	2YG+1DJ	非充盈型	该谈话类节目《对话》
10	不要难过，不要灰心，因为生命是美好的。	(A: 所以); (B: 既); (C: 又); D: 因为	J_1 (N) —J_2 (N) —J_3 (因为)	J_1 (N) —J_2 (N) —J_3 (IF)	2YG+1BL	非充盈型	微博语料
11	有人说万科不赚钱，但是我觉得万科总是赢利的，毕竟它的售价是相当高昂的。	A: N; B: 但是; (C: 之所以); D: 毕竟	J_1 (N) —J_2 (但是) —J_3 (毕竟)	J_1 (N) —J_2 (IB) —J_3 (JF)	2ZZ+1YG	非充盈型	微信公众号语料

综上所述，二重有标三分句的句法关联模式共三大模式四十三种具体表现，下面将具体分析。

(一) 充盈态 1-2 型

1. J_1（IF）—J_2（JF）—J_3（JB）

(158) 既然咱给大伙儿当家，就算赔上我，也不能亏了大伙儿。(《人民日报》1996 年)

2. J_1（IF）—J_2（IB+JF）—J_3（JB）

(159) 另一方面，既然很多动物都吃老鼠，那么即使作为食物，老鼠也有生存的价值。(《读者》)

3. J_1（IF）—J_2（IB+JF）—J_3（N）

(160) 虽说马自达家用小汽车不显眼，但若看见次数太多，警察出于职责难免要询问。(村上春树《海边的卡夫卡》)

4. J_1（N）—J_2（IB+JF）—J_3（JB）

(161) 这种歌曲我不想写，或者说不是不想写，而是怀疑自己有没有能力去写。(CCL 语料)

5. J_1（N）—J_2（IB+JF）—J_3（N）

(162) 一是确保姚明当上状元秀，或者如果他没当上，不能归咎于中国篮协的责任。(姚明《我的世界我的梦》)

6. J_1（N）—J_2（JF）—J_3（JB）

(163) 海地地震已经过去整整 7 天了，尽管找到幸存者的希望日益渺茫，但包括中国国际救援队在内的各国救援队搜救幸存者的行动仍在继续。(《新闻联播》)

吴锋文（2010）认为该关联标记组配模式表无标因果复句。本研究认为既可以表因果关系：邓小平同志给反革命暴乱定的性完全正确，既有事实根据，又符合法律。(《长江日报》1989 年)；也可以是解说关系：道理很简单，既然安排我做这个工作，就应尽心尽力去做。(《长江日报》1988 年)；还可以是转折关系：该车司机徐安义劝其让开，他不但不听，而且破口大骂。(《长江日报》1988

年);或者表让步关系,如上例。

7. J_1(N)—J_2(IF+JF)—J_3(JB)

(164)他不由地怜爱了这群人,因为他们既可以去与要人取得联络,而且还把他自己视为要人之一!(CCL语料)

8. J_1(IF)—J_2(JF)—J_3(N)

(165)因为花溪景点太多,若想看个遍,没有四五天的时间是走不过来的。(《人民日报》1995年)

9. J_1(IF)—J_2(IB)—J_3(IB)

(166)所以,就算她讨厌,也不能一天到晚留在外面,也不能天天呆在娘家。(岑凯伦《合家欢》)

10. J_1(N)—J_2(IF+JF)—J_3(N)

(167)他们很想知道中国人造金刚石的奥秘,因为一旦掌握了这个奥秘,他们可以发大财呀!(叶永烈《碧岛谍影》)

11. J_1(N)—J_2(IF+JF)—J_3(IB+JF)

(168)他们心慌意乱,不仅仅是因为身处险境,而且还因为得到了意想不到的搭救。(拉格洛夫《尼尔斯骑鹅旅行记》)

12. J_1(N)—J_2(IF)—J_3(IF)

(169)史麦戈愿意帮忙,只要他们开口要求,只要他们好声好气的请史麦戈去做。(托尔金《魔戒》)

13. J_1(IF)—J_2(IB+JF)—J_3(JB)

(170)既然种子落进肥沃的土地,那么只要好好照料,它总会发芽结实的。(张小娴《月亮下的爱情药》)

14. J_1(IF)—J_2(JF+IB)—J_3(JB+IB)

(171)马克思列宁主义之所以被称为真理,不仅是因为马克思列宁主义的创始者在创造这个理论时作了科学的研究工作,而且是因为这个理论已经为全世界各国革命运动的实践所证实。(王若水《哲学常识》)

15. J_1(N)—J_2(IF)—J_3(JB+IF)

(172)但我依然干劲十足,因为那份热情,更因为那份挚爱的

梦想。(CCL 语料)

16. J_1(N)—J_2(IB)—J_3(IB)

(173) 有多么大的职务，就有多么大的权力，就承担多么大的责任。(佚名《哈佛经理领导权力》)

17. J_1(N)—J_2(IB)—J_3(IB+JB)

(174) 防御工事没有圆穹那么高，因此被围困者能够倚在工事上射击，因此进攻者也能够攀越工事。(雨果《九三年》)

18. J_1(IF)—J_2(IB)—J_3(JB+IB)

(175) 当然，如果缺乏合作编写机制，部门预案之间就很难形成有效联动，同类预案之间也就很难有效衔接。(CCL 语料)

(二) 充盈态 2-1 型

1. J_1(IF)—J_2(IF)—J_3(N)

(176) 中国人只要努力，只要团结，大概没办不到的事。(1994 年报刊精选)

2. J_1(IF)—J_2(JB)—J_3(IB)

(177) 如果我得换上新装，才能打动芳心，那么，昨天怎会有人接受我的邀请呢？(朱邦复《巴西狂欢节》)

3. J_1(IF+JF)—J_2(N)—J_3(IB)

(178) 若因为我之故，我国人民再次遭受不必要的忧愁与痛苦，那末，我就祈求万能的上帝惩罚我。(托兰《从乞丐到元首》)

4. J_1(IF+JF)—J_2(JB)—J_3(IB)

(179) 假如各位因为听了我的讲演，而对我在科学上的研究有更深入的了解，那么我深感喜悦与羡慕。(伯烈特史宾斯《诺贝尔之路》)

5. J_1(IF+JF)—J_2(JB)—J_3(N)

(180) 因为这里既盛产淡水鱼虾，海洋生物也很丰富，为鸟类提供了丰沛的饵料。(1994 年报刊精选)

6. J_1(IF+JF)—J_2(N)—J_3(N)

(181) 如果因为问题比较多，人不够，可以再加一些人。(《邓

小平文选》)

7. J_1 (IF) —J_2 (JB) —J_3 (N)

(182) 既然非公有制经济长期存在,而且在不断发展,确实需要非公有制的金融机构为之服务。(1994年报刊精选)

8. J_1 (IF) —J_2 (N) —J_3 (IB)

(183) 退一万步说,就算各厂情况不同,停工长短不一样,也可以折骨评定。(周而复《上海的早晨》)

9. J_1 (IF) —J_2 (IF) —J_3 (IB)

(184) 凡是读者关心的体育热点问题,凡是重要的国内国际体育赛事,我们都将努力及时报道好。(《人民日报》1994年)

10. J_1 (IF) —J_2 (IF + JB) —J_3 (IB)

(185) 如果你有远大的理想,如果你又放不下荣华富贵,那么受折磨的只有你自己。(知乎语料)

11. J_1 (IF + JF) —J_2 (IB + JF) —J_3 (JB)

(186) 这不仅是因为农、轻、重的划分不能确切地吻合生产资料生产和消费资料生产两大部类的划分,而且更重要的是因为农、轻、重这个粗略的划分掩盖了三大部门内部的复杂性和不平衡性,从而不易及时而具体地显示社会再生产过程中关键性的薄弱环节。(刘波《社会主义宏观经济效益概论》)

12. J_1 (IF) —J_2 (JB + IF) —J_3 (IB)

(187) 如果这些妻不和贵族有关系,或者如果这些官吏不是主教,这些妻的位次就和丈夫的位次是一样的。(罗素《我的哲学的发展》)

(三) 非充盈型

1. J_1 (N) —J_2 (IB) —J_3 (JF)

(188) 从春秋时代开始是可以的,但是不能断自老子,因为老子这个思想是后起的。(CCL语料) 1-2型

(189) 邦斯老人一直受到卡缪佐家的热情接待,所以自以为也是丝绸商店后妻生的孩子的舅舅,尽管他们之间根本谈不上有什么

亲戚关系。(巴尔扎克《邦斯舅舅》) 2-1 型

2. J_1 (N) —J_2 (IF) —J_3 (JF)

(190) 唔,这一惊吓让我们又多待了一天,虽然丈夫说在发生抢劫的事后旅行总是最安全的,因为窃贼们让大家受到惊吓后必定已逃得远远的了。(笛福《摩尔·弗兰德斯》) 1-2 型

(191) 我要和他分开了,就算我很舍不得,因为我们的三观注定不同。(微博语料) 2-1 型

3. J_1 (N) —J_2 (N) —J_3 (IF)

(192) 邻居的小男孩来补英文,我跟他说以后不再上课了,因为ECHO要回中国去。(三毛《背影》) 1-2 型

(193) 白住房子可并不这样简单,不能就这么轻轻的放过去,虽然一声不出是极好的办法。(老舍《蛤藻集》) 2-1 型

4. J1 (IF) —J2 (IB) —J3 (JF)

(194) 若一个物理学家要预言台球球员在何处用球杆击球可把特定的台球打入桌边的一个袋中的话,这个预言台球球员行为的物理学家便假定该球员懂得物理学原理,即使这可能是一个不现实的假定。(CCL语料) 1-2 型

(195) 尽管我不爱吃苹果,但在他家里我吃了很多,因为朋友盛情难却。(微博语料) 2-1 型

5. J_1 (IF) —J_2 (IB) —J_3 (JB)

(196) 逆向考核之所以不可少,就因为有些同志口称"民主集中制"、"从群众中来到群众中去",但做起来却忽视了"民主"和"群众"这个基础。(《人民日报》1996年) 1-2 型

(197) 两个行为虽然在客观上有牵连关系,但主观上不存在牵连关系,故应否认牵连犯的成立。(CCL语料) 2-1 型

6. J_1 (IF) —J_2 (IB) —J_3 (N)

(198) 不仅加油,还开一个小卖部,卖一些零食和润滑油等。(CCL语料) 1-2 型

(199) 职场妈妈既要拼事业,还要兼顾家庭,太辛苦了!(微

博语料）2-1型

7. J_1（N）—J_2（IB）—J_3（JB）

（200）电吹风机能给我们的生活带来很大便利，但是它也能带来电磁辐射，而且对我们头发的伤害更大。(CCL语料) 1-2型

（201）现代科学在发展，中医药也要发展，否则就会落伍。(《人民日报》1996年) 2-1型

8. J_1（IF）—J_2（N）—J_3（JB）

（202）台湾、香港的一些同行为了降低成本，尽量选用低档元器件，加工工艺也尽量从简。(1994年报刊精选) 1-2型

（203）若我想成为职业篮球手，他们不会反对，但他们希望我另有所长。(姚明《我的世界我的梦》) 2-1型

9. J_1（IF）—J_2（N）—J_3（N）

（204）如果这一结论正确，双语课程可以早开设，使学生早受益。(CCL语料) 1-2型

（205）如果实力派全被淘汰，偶像明星轻松晋级，这节目不看也罢！(微博语料) 2-1型

10. J_1（N）—J_2（IB）—J_3（N）

（206）距奥运会开幕的日子已所剩无几，但"山雨欲来，满楼寂静"，不见一丝风来。(《中国青年报》1992年) 1-2型

（207）第三乐章又回到了冷色调的宗教情绪之中，而且变得深沉了，明显地在刻画人们的反思心理。(CNCORPUS语料) 2-1型

11. J_1（N）—J_2（IF）—J_3（N）

（208）张元秀夫妇不就住在这附近么，倘若他们来和我纠缠，岂不麻烦！(周信芳《周信芳舞台艺术》) 1-2型

（209）我知道这些事，是因为坎普给过我一张纸条，我想那是他的反击。(斯蒂芬·金《厄兆》) 2-1型

12. J_1（N）—J_2（IF）—J_3（JB）

（210）我不要你的一分钱，只要你和我道歉，并保证永不再犯！(微博语料) 1-2型

（211）给门诊病人看病是略为简单，因为一个人总可以集中精力几分钟的，但他如何在漫长而艰难的手术过程中约束自己？（萨克斯《火星上的人类学家》）2-1型

13. J_1（N）—J_2（N）—J_3（IB）

（212）一寸光阴一寸金，个人如此，民族更如此。（CCL语料）1-2型

（213）海峡两岸工农业发达，水道密布，因此，海峡中国际船只往来不绝。（《中国儿童百科全书》）2-1型

表2.10　　　　　二重有标三分句关联标记隐现形式示意图

句法关联模式	关联标记组配模式	复句格式例举
充盈态1-2型（18种）	IF—JF—JB	只要……不仅……而且、既然……就算……也
	IF—IB+JF—JB	即使……但是+如果……那末、既然……那么+即使……也
	IF—IB+JF—N	虽然……但是+若……N、尽管……然而+由于……N
	N—IB+JF—JB	N……但是+因为……所以、N……否则+纵然……也、N……或者说+不是……而是
	N—IB+JF—N	N……但+如果……N、N……或者+如果……N
	N—JF—JB	N……宁愿……也、N……不仅……而且、N……尽管……但是
	IF—JF—N	因为……若……N、纵使……若……N
	IF—IB—IB	既然……那么……那么、只要……就……就、就算……也……也
	N—IF+JF—N	N……因为+一旦……N、N……既然+不仅……N
	N—IF—IF	N……只要……只要、N……只有……只有
	N—IB—IB	N……才……才、N……总……总
	N—IB—IB+JB	N……因而……因而+更、N……但是……但是+也、N……因此……因此+还
	IF—IB—JB+IB	如果……就……也就、既然……就……也就
	N—IF+JF—JB	N……由于+无论……都、N……因为+既……且、N……因为+既……还
	N—IF+JF—IB+JF	N……一方面是由于……另一方面是由于、N……一方面是因为……也是因为
	N—IF—JB+IF	N……因为……也+因为、N……为……更+为

续表

句法关联模式	关联标记组配模式	复句格式例举
充盈态 1–2 型 （18 种）	IF—JF + IB—JB + IB	之所以……不仅+因为……而且+因为、之所以……一方面+是由于……一方面+是由于
	IF—IB + JF—JB	既然……那么+即使……也、既然……那么+只要……总、因为……所以+若……则
充盈态 2–1 型 （12 种）	IF—JB—IB	如果……才……那么、尽管……也……但是、假如……甚至……就
	IF + JF—N—IB	若+因为……N……那末、虽然+因为……N……但
	IF + JF—JB—IB	倘若说+因为……所以……那、因为+若……就……所以、如果说+只有……才……那么
	IF + JF—JB—N	因为+既……也……N、虽然+因为……所以……N
	IF + JF—N—N	如果+因为……N……、虽然+因为……N……N
	IF—JB—N	如果……所以……N、只要……而且……N、既然……而且……N
	IF—N—IB	虽然……N……但是、只要……N……就、就算……N……也
	IF—IF—IB	只要……只要……那么、凡是……凡是……都
	IF—IF—N	只要……只要……N、由于……由于……N
	IF—JB + IF—IB	只要……甚至+只要……就、无论……也+无论……都、如果……或者+如果……就
	IF—IF + JB—IB	如果……如果+仍……就、因为……因为+更……故
	IF + JF—IB + JF—JB	不仅+因为……而且+因为……从而
非充盈型 （13 种）	IF—IB—JB	虽然……但是……而且、因为……所以……更、如果……就……从而、只要……就……但是
	N—IB—JF	N……但是……因为、N……甚至……既然、N……又……只要
	N—IF—JF	N……因为……尽管、N……因为……即使
	IF—IB—N	既然……就……N、虽然……但是……N、不仅……还……N、由于……因此……N
	N—N—IF	N……N……即使、N……N……不管
	IF—IB—JF	虽然……但是……因为、既然……那……即使
	N—IB—JB	N……可是……所以、N……然而……甚至、N……也……否则、N……但是……而且
	IF—N—JB	若……N……但、为了……N……也、如果……N……而且、如果……N……更、因为……N……也

续表

句法关联模式	关联标记组配模式	复句格式例举
非充盈型 （13 种）	IF—N—N	如果……N……N、既然……N……N、为了……N……N、因为……N……N
	N—IB—N	N……但……N、N……而且……N、N……所以……N、N……可是……N
	N—IF—JB	N……因为……也、N……因为……却、N……因为……可是
	N—N—IB	N……N……所以、N……N……更、N……N……反而、N……N……就
	N—IF—N	N……只要……N、N……如果……N、N……多亏……N、N……倘若……N

第三节　二重有标三分句判别干扰因素

筛选二重有标三分句建立专属语料库时，难以避免面对诸多干扰因素：诸如句中的关联标记是否为复句用法、副词等非连词实词是否标示分句间关系、逗号隔开的部分是分句还是非分句语言片段、三分句式是否一定为二重复句等。这些干扰因素的出现大大降低了研究对象筛选的准确率。

对此，舒江波（2011）从五个方面——关联副词、介词、关系标记的不同用法、搭配形式和隐现形式，对影响复句关系词识别的因素进行了详细讨论。李琼（2008）总结非分句情况的出现原因有：汉语断句的随意性、分句成分的复杂性、特殊成分的独立性和关联标记的单独化。吴锋文（2010）认为关系标记、非分句、句法结构和语用因素对复句层次关系的识别都有重要影响。上述研究成果是本书进一步探讨二重有标三分句的基础与立足点。在已有研究成果的基础上，将这些干扰因素归纳总结为三个方面：关联标记因素、分句因素和复句因素。

一 关联标记的干扰

复句中关联标记的作用是联结分句,标明分句与分句间抽象的"逻辑——语法"关系,对复句的理解、分析起着重要作用。对于相同的两个复句,使用不同的关联标记,可能产生不同的意义。如"(即使)你在地球的另一端,(也)能通过电视观看直播"和"你在地球的另一端,(可是)能通过电视观看直播"。加了不同的关联标记后,分别表让步关系与转折关系。可见,关联标记识别、判定的正确与否,一定程度上影响着现代汉语有标复句层次关系划分的准确率。

(一) 副词与介词

并非所有能够充当关联标记的副词在复句中都起关联作用。先看下面几个副词例子:

(214) 当时双方都知道最后的诀别不久就会残酷无情地出现在我们的面前,然而我们把没有说的话终于埋藏在各自的心底里,永远地埋藏在心底了。(《长江日报》1982年)

(215) 白天,只要姐姐一上学,兰瑛就把我领到后院去,叫马蹄子跟我玩。(三毛《背影》)

(216) 这些诚实勇敢的人,也爱利,也仗义,同一般当地人相似。(沈从文《边城》)

(217) 独居的老人也要犒劳一下自己,越是弥足珍贵的美味,外表看上去,往往就越是平常无奇。(《舌尖上的中国(第二部)》)

例(214)的关联标记序列看上去是 J_1(就)— J_2(然而)— J_3(N),但仔细观察发现,第一分句中"就"前面并没有分句,没有相照应的关联标记与之形成因果、推断、条件或目的等语义关系;后面也没有关联标记"也"与之搭配构成让步关系。例中"就"位于句子中间,作为副词修饰后面的谓语成分,并非关联标记用法。与之相反的是例(215),关联标记序列为 J_1(只要)— J_2(就)— J_3(N),第一分句中"只要"是条件标,与第二个分句的结果标

"就"构成搭配，表充足条件关系，"姐姐上学"情况的出现会产生"兰瑛把我领到后院"以及"马蹄子跟我玩"的结果。这里的"就"是结果关联标记。

再看例（216），关联标记序列是 J_1（也）—J_2（也）—J_3（N），第一分句中"也"修饰的成分是"爱利"，第二个"也"修饰的成分是"仗义"，它们都是副词用法，前后分句间为明显的并列关系。因此两个"也"搭配使用，是并列关联标记。

例（217）关联标记序列似乎是 J_1（也）—J_2（越）—J_3（越）。理论上说，当"也"表并列关系位于前分句时，后面同样有"也"引领的后分句与之配对呼应，形成"也 P……也 Q"的句法格式。而此例中"也"修饰并强调的是"独居的老人犒劳自己"这一事实，后面没有与之相对应的成分。因而例（217）正确的关联标记序列是 J_1（N）—J_2（越）—J_3（越）。

对关联标记用法全面整理发现，常见的、有迷惑性的、可能是非关联标记用法的副词有：也、就、只是、另外、尽管、既、或者、果然等。

当然，并非所有介词都不能充当复句关联标记、都不能在复句中起关联作用。再来看介词的例子：

（218）对于观众的水平是应该适应的，但适应是为了提高他们的艺术欣赏能力，而不是要迎合某些不健康的趣味。(《长江日报》1982 年)

（219）为了推动经济社会发展，领导干部同非公有制经济人士的交往是经常的、必然的，也是必须的。[《习近平谈治国理政》（第二卷）]

（220）古罗马人、蒙古人和阿兹特克人之所以积极四方征讨，为的是权力和财富，也不是为了新知。(赫拉利《人类简史：从动物到上帝》)

介词同连词有着天然联系，同处语法化斜坡中［刘坚（Liu）、贝罗贝（Peyraube），1994］，较难区分。以"为了"为例，在《现代汉语虚词例释》《现代汉语虚词词典》和《现代汉语八百词》中被定义为介词，但学者齐沪扬（2005）、陈昌来（2002）、舒江波（2011）等认为"为了"属于介连兼类词。本书按照学界普遍认可的，将"为了"归入介词阵营。

　　例（218）与例（219）是介词"为了"的非关联标记用法与关联标记用法对比实例。例（218）第二个分句句式为"但＋VP＋是为了＋VP"，表示"适应观众的水平"的目的是"提高他们的艺术欣赏能力"。这是一个紧缩句式，即两个含核单位的直接联结。虽然复句中的紧缩句式应看作一个分句，但这里的"为了"单纯只是介词，不起复句关联标记的作用。第二分句中真正的关联标记为"但、是"，关联标记的序列为 J_1（N）—J_2（但＋是）—J_3（而不是）。例（219）第一个分句是"为了＋VP"的句式，引领目的分句——"推动经济社会的发展"，后面的分句标明结果"领导干部同非公有制经济人士的交往是经常的、必然的，也是必须的。"这是关联标记"为了"的典型用法。该例关联标记序列为 J_1（为了）—J_2（N）—J_3（也）。

　　值得注意的是例（220）有两个表目的的标记"为的是"和"为了"，前者是超词形式，后者是介词。与典型的目的关联标记用法［如例（219）］不同，这两个标记分别引领以名词为中心的并列结构（"权利和财富"）和定名结构（"新知"）。关于非主谓结构或非动宾结构能否充当分句，邢福义（2001）总结了六种可以充当分句的定名结构。事实上，除此六种情况之外，介词引领的非主谓结构能否充当分句，例中"为的是"与"为了"是否为关联标记同样值得研究。答案是肯定的。介词作为重要标记，对复句的层次语义关系具有明显的标明作用。介词的特殊性决定了其受介成分以名词性结构为代表，但介词引领的部分非主谓结构也可以充当分句，这部分介词应判定为关联标记（紧缩句式除外）。

　　例（220）中起始分句先是描写一种现象"古罗马人、蒙古人和阿兹特克人积极四方征讨"，第二、三分句分别为超词形式和介词所引领,由并列关联标记"也、不是"联结起来,以阐释现象发生的原因(目的)。虽然第一分句"之所以"引领的是谓词性结构,第二、三分句都是名词性结构,但为实现语法和语义的一致,应将它们视为关联标记。即是说,二分句和三分句两个目的分句间是并列关系,整句话表达目的语义关系嵌套并列关系。关联标记的序列为 J_1(之所以)—J_2(为的是)—J_3(也+不是+为了)。

当然,能够充当关联标记的介词数量有限,或者说大部分的介词只能和受介词语结合共同充当句子成分而不能引领一个分句。可以充当关联标记的介词归纳如表 2.11 所示。

表 2.11　　　　　　可以充当关联标记的介词归纳

语义关系	介词	词类
表目的	为了、为、为着	介词
表原因	由于、因、因为	介词
表选择	除了、除	介词
表递进	除了、连	介词

(二)同形异类

汉语的词类问题一直是个难题。我国汉语语法第一部系统性著作《马氏文通》建立了字(词)类系统,从意义出发、以句成分为标准给词类下定义:"字各有义,而一字有不止一义者,古人所谓'望文生义'者此也。義不同而其類亦别焉。故字類者,亦類其義焉耳"[①]。简言之,马建忠认为字无定类。黎锦熙在《新著国语文法》中给出了自己的阐述,黎著主张"凡詞,依句辨品,離句無品"[②],名义上保留了词有定类,实际上实行的还是双轨制。后来,吕叔湘(1954)持相反观点,他脱离了西方语法框架,强调根据词的语法特点来划分词类,应做到词有定类、类有定词。自此,"词有定类"思想逐渐成为汉语词类划分的指导思想,为语言学家普遍接受。

[①] 马建忠:《马氏文通》,商务印书馆 1983 年版,第 23 页。
[②] 黎锦熙:《新著国语文法》,商务印书馆 1924 年版,第 29 页。

但是，关于词类的具体划分，仍然存在许多悬而未决的问题，甚至分歧很大。汉语词的"兼类"现象便是客观存在、不容忽视且必须面对的问题。与西方大多数语言不同，汉语缺乏复杂、丰富的形态变化，而人类生活的物质世界纷繁复杂，对现实世界中获取的概念进行编码时难以避免一个词属于多个范畴的现象产生。对此，朱德熙（1982）提出把 A、B 两类词分开时，应允许部分词兼属 A、B 两类，只是兼类的词仅为少数。陆俭明（1994）认为只有遵循同音同义这一同一性原则的词才是同一个词，才能谈兼类问题；不同的词根本就是两类词，谈不上兼类。邢福义在《汉语语法学》中明确指出，比起"兼类"的提法，"同形异类"更为科学、灵活——"同一个形式在语法上分属不同的类"① 即为同形异类。这既避开了"是不是一个词"的问题，又可以避开"语源上是否有一定的血缘关系"的问题，更可以扩大涵盖范围，囊括一些非词成分。向光忠（2012）将兼类词定义为"兼含不同概念，兼具不同功能，兼隶不同类属"②，只有义相关、音相同、源相通、字同形者才能说成兼类词。郭锐（2018）汲取前辈时贤之长，从理论高度总结出四种兼类词处理策略——同质策略、同型策略、优先同型策略和合并策略。他认为策略无对错之分，应结合具体情况作通盘考虑。

现代汉语二重有标三分句中，关联标记缺乏固定的词类，没有十分明确的范围，在语法共时平面很容易出现关联标记兼属不同词类的"同形异类"现象。也就是说，复句中某些关联标记并不专属于某一种词类，不同句中它会呈现不同词性。某种词性下属于关联标记的用法，而其他词性则不能标明复句前后分句间的关系。

如"可"，既能充当连词，用在后分句，表转折关系；又能用作副词，强调各种语气；还能用作助动词，放在动词前；甚至作为不自由语素和动词语素或名词语素一起构成词。

---

① 邢福义：《汉语语法学》（修订版），商务印书馆 2016 年版，第 289 页。
② 向光忠：《文字学刍议》，商务印书馆 2012 年版，第 388 页。

"可"用作副词时，不起关联作用，不属于关联标记范畴。

（221）说起那女人她就痛恨，在男同事面前老装出一脸娇羞柔弱，其实骨子里可坏了。（郝述《别说你爱我》）

（222）你们可来了，如果再不来，雨就大了！（微博语料）

（223）你可别下太大的赌注，就算我会唱歌，也没有十足的把握。（微博语料）

例（221）是"可"的副词用法，须重读，强调"坏"的程度高，带有夸张色彩。这类用法中，"可"多放在不带修饰成分的形容词性结构前，后面带语气词"哪、呐、呢"等。例（222）也是"可"用作副词的情况。用以感叹所希望的事情——"你们来了"终于发生，不用重读。"可"修饰的中心语多是动词性结构。例（223）"可"用在祈使句式中，表希望对方不要下太大赌注的委婉语气。"可"的这种副词性用法，在表规劝、警告或提醒的祈使句中较为常见。

"可"用作助动词时，同"可以"同义，表许可或可能，如例（224）；也可以用在"可+动词+结构助词'的'"结构里，表值得，如例（225）。"可"的助动词用法同样不承担关联标记的职能。

（224）这样虽传达了基本意思，但是牺牲了原文语用化效果，更不可译为"丈二和尚——摸不着头脑"的 You are a toad from south China, trouble‑maker.。（CCL 语料）

（225）如果你们想的话，我就打官司，没啥可说的。（麦卡洛《荆棘鸟》）

例（224）是个二重有标三分句，第三分句的"可"是助动词，放在动词"译"前，表否定的可能。例（225）虽是二重有标三分句式，但第三分句的"可"依旧是助动词，用在动词"说"前，后面紧跟结构助词"的"，表明无话可说的态度。

"可"作为不自由语素时，位置是固定的，放在动词语素或名词语素前面，一起构成形容词：

"可+动词语素"：可亲、可敬、可耻、可气、可爱、可怕、可怜、可疑、可笑、可恨、可喜、可叹、可取、可靠。

"可+名词语素":可口、可人、可心、可意。

上述三种用法,在CCL语料库中都很常见,但真正起关联作用的"可"为连词性的。"可"用作连词时,意义与用法和"可是"相同,表转折,引出与前分句事实不同或相反的后分句,故语义重心在后分句。

(226) 我等着听,可她没再说下去,于是过了一会儿我又支支吾吾回到了她女儿的话题。(菲茨杰拉德《了不起的盖茨比》)

(227) 奈杰尔被卡得前额青筋突了出来,挣扎着想要掰开亚当的手,可他哪里掰得动。(艾亨《限期十四天》)

(228) 听说他们很相爱,可,为什么不要孩子呢,为什么分开住呢?(微博语料)

例(226)—(228)都是"可"的连词用法,作为关联标记,标明前后分句间的转折关系。大多处于后分句的句首,与后面的成分可以用逗号隔开[如例(228)],也可以不隔开[如例(226)(227)]。

此种同形异类词除"可"外,还有名、动、连异类的"结果";短语、连异类的"只有";副、连、短语异类的"不过"等。最常见的是兼任连词和副词的"不过、诚、诚然、固、只是、既、果、果然、果真、另外、乃、或、或者、就是、尽管、唯有、惟有、自然"等。

再来看介词。

上一节分析道,部分介词可以充当关联标记。对于介词与连词用法兼备的词语(如"由于、因为、因"),在不同句中词类相异,当词类为连词时,毫无疑问承担关联标记职能;但词类为介词时,能否判断为关联标记尚有难度。吴锋文(2010)认为这类兼类现象加大了复句关系词识别的难度,主张正确标注关系词,严格区分能够充当关系词的连词性关系标记与不能充当关系词的介词性词语。舒江波(2011)从语法和语义两角度出发对关系词和介词的区分重新思考,提出"由于"类词语如何标记、如何归类需要语法学界的商榷规定。请看如下"由于"的例子：

（229）由于"四人帮"及其邦派体系的捣乱破坏，延缓了四川建设的速度，耽误了许多宝贵时间。(赵紫阳《奋发努力加快四川建设为国家为人民多作贡献》)

（230）由于习俗的偏见，离了婚的女人往往会把重新结婚"看成是一种灾难"、"在某些范围内，我们到现在还没有击败孔老二"。(《解放日报》1982年)

借助中科院计算所的ICTCLAS汉语分词系统，对上面两个例子进行分词处理，得到如下标注结果：

（229'）由于/p "/wyz 四人帮/n "/wyy 及其/cc 邦/ng 派/v 体系/n 的/n 捣乱/v 破坏/v，/wd 延缓/v 了/ule 四川/ns 建设/vn 的/n 速度/n，/wd 耽误/v 了/ule 许多/m 宝贵/a 时间/n。/wj

（230'）由于/p 习俗/n 的/n 偏见/n，/wd 离/v 了/ule 婚/ng 的/n 女人/n 往往/d 会/v 把/pba 重新/d 结婚/vi" /wyz 看成/v 是/vshi 一/m 种/q 灾难/n" /wyy、/wf" /wyz 在/p 某些/rz 范围/n 内/f，/wd 我们/rr 到/v 现在/t 还/d 没有/d 击败/v 孔/nr1 老二/n" /wyy。/wj

再借助国家语委通用平衡语料库的"标注语料"功能输出结果，得出与ICTCLAS截然相反的标注结论：

（229''）由于/c" /w 四人帮/n" /w 及其/c 邦/n 派/n 体系/n 的/u 捣乱/v 破坏/v，/w 延缓/v 了/u 四川/ns 建设/v 的/u 速度/n，/w 耽误/v 了/u 许多/a 宝贵/a 时间/n。/w" /w

（230''）由于/c 习俗/n 的/u 偏见/n，/w 离/v 了/u 婚/n 的/u 女人/n 往往/d 会/vu 把/p 重新/d 结婚/v" /w 看成/v 是/vl 一/m 种/q 灾难/n" /w、/w" /w 在/p 某些/r 范围/n 内/nd，/w 我们/r 到/v 现在/nt 还/d 没有/d 击败/v 孔老二/nh" /w。/w" /w

ICTCLAS和CNCORPUS对上例"由于"的词类标注结果不同，或为介词或为连词。实际上，"由于"后面的成分"'四人帮'及其邦派体系的捣乱破坏"和"习俗的偏见"都是名词性结构，根据"介词不单独充当句法成分，必须组成介词短语，依附于介词成分前面"① 语法规则,可知,"由于"引领的名词性结构是其受介成分,"由于"的词类应该都是介词而非连词。与上例(220)对比发现:例(220)前后分句有相互照应的关联标记,可以搭配成固定句法格式——"之所以……为的是……也不是为了";而上两例介词"由于"引领的成分在句中做状语,其后不仅没有与之照应的关联标记,而且即使省略,依然不影响句子主干的成立。因而,上两例的"由于"不是关联标记用法。

为了提升复句层次关系识解正确率,防止过度排除,本书建议当介连异类词在复句中出现时,若引领的分句不是紧缩句式——"表原因、目的的介词+NP+VP"(其中NP和VP间存在逻辑上的因果、目的关系)和"VP+是+表原因、目的的介词+VP"(其中VP和VP间存在逻辑上的因果、目的关系),也不是"表原因、目的的介词+定名结构"(除非前后语言片段有关联标记与之照应搭配),则可视情况一律将其看作关联标记。

综上所述,对于同形异类词,应注意区分其在不同句中的词类,甄别用法,发现规律,总结特征,以防关联标记实例化语料入库时发生错误。

二 分句的干扰

本节从句法、语义和语用"三个平面"语法观出发,深入剖析分句,总结干扰特征。

(一)句法平面

根据"小句中枢说",复句中的分句是最小的具有表述性和独立性的语法单位。表述性体现在词与词按照一定的方式组合起来,构成一定的句法结构——分句,以表明某种情况、体现说话者的特定意旨。一般认为,主谓短语和谓词性短语由于包含谓语而具有表述性,可以充当分句;体词性短语或介词短语充当分句的情况要少得

---

① 马显彬:《汉语词法学》,暨南大学出版社2015年版,第145页。

多。独立性则体现在分句和分句之间不能有句法上的包含关系，一个语言片段与另一个语言片段间不互为句子成分。

具体来说，分句的联结方式有两大类——同质联结和异质联结。同质联结有谓词性分句与谓词性分句的联结，如例（231），和名词性分句与名词性分句的联结，如例（232）。

（231）评估惩罚的效果不仅要使用观察和统计的方法，更要特别重视使用谈心的方法，以便真实了解学生过错行为动机的消减水平。（CCL语料）

（232）多么高秀的山岭，多么青葱的树林，多么平坦的公路！（冰心《冰心全集第四卷》）

复句（231）是二重复句，属于谓词性分句、谓词性分句和谓词性分句的同质联结，各分句关联标记分别是"不仅、更、以便"。而单重复句（232）是名词性分句、名词性分句和名词性分句的同质联结，前后分句的性质相同。

异质联结指性质不同的分句相互联结，即谓词性分句和名词性分句联结而成复句。异质联结的复句里，不论名词性分句的位置在前项或是后项，都符合"独立性"特征，都具有分句的身份。能够充当名词性分句的定名结构大概只六种，下面将举例说明。

（233）一声巨响，接着栏杆掉下来了，但猫咪却毫发无损。（微博语料）

（233'）一声巨响在头顶响起，接着栏杆掉下来了，但猫咪却毫发无损。

例（233）是典型的"数量名"结构充当名词性分句，出现在谓词性分句前面。这里的"数量名"结构其实隐匿了VP，作用相当于主谓结构，等于"一声巨响在头顶响起"之类的意思。这种结构具有动态的叙述性，叙述现实中出现的某一种或某几种变化，与后边的谓词性分句成连贯关系。

（234）这么晦气的房子，村里人即使经过这里，也绕好大个弯儿躲开它。（微博语料）

（234'）房子这么/那么晦气，村里人即使经过这里，也绕好大个弯儿躲开它。

例（234）是"这么形（的）名"结构充当名词性分句，出现在谓词性分句前面。这里的"这么形（的）名"结构具有表述性，可以换成主谓结构，如例（234'），指示代词"这么"也可以换成"那么"。整个定名结构用来指明事实根据，跟后边的分句构成因果关系［例（234）］或转折关系。

（235）优雅的环境，美味的口感，怪不得这家是网红餐厅。（微博语料）

（236）一头长发，一身旗袍，难怪大家夸她漂亮。（微博语料）

例（235）充当名词性分句的定名结构是"形名+形名"，例（236）充当名词性分句的定名结构是"数量名+数量名"，谓词性分句均在后面出现。复杂些的"数量形的名"结构同样适用。它们指向客观存在的事物同时都具有描写性。前后分句间或是平列关系或是分合关系。

（237）不是假话害怕阳光，而是真话害怕阳光，多么"特殊的状态"！（张贤亮《男人的一半是女人》）

（237'）不是假话害怕阳光，而是真话害怕阳光，这状态多么特殊！

例（237）充当名词性分句的定名结构是"多么形（的）名"，出现在谓词性分句后面。这类定名分句表达对事物的咏叹，强调人们对事物属性的感觉，因而可以改用主谓分句来表述，将一般名词提前，并在名词前面加指示代词"这"，如（237'）。

（238）瑞士小镇采尔马特不仅环境优雅，而且空气清新，一派世外仙境的景象。（微博语料）

例（238）充当名词性分句的定名结构是"一派X的名"，出现在谓词性分句的后面。此类定名分句由三个部分构成：以"一派"为代表的数量词，其中数词不可变，量词为"派"或"片"；X表形容词或其他有描写说明作用的词；名词则多为"景象、气氛"之类的实词。这一结构重在强调事物所显示的特色或特点,具有归总性。

(239) 三年了,就算没有成为大师,也算学得了一些皮毛啊!(微博语料)

(239') 三年,就算没有成为大师,也算学得了一些皮毛啊!

例(239)中,名词性结构"三年"后带助词"了",是使之成为分句的关键。若去掉助词"了",句法结构会产生质的变化——例(239')中"三年"只能分析为时间状语。这类"定名了"结构位置可前可后,若位于谓词性分句之前,分句间为因果关系或转折关系;若位于谓词性分句之后,分句间的语义关系有逆置因果关系、逆置转折关系或归结按注关系三种。

综上所述,组成复句的分句可以是主谓句,也可以是非主谓句。若分句为非主谓句,须符合以上六种定名结构的任一标准,否则,一般不视为分句。当然,这只是和容易充当分句的小句相比概率较低而已,以动词或形容词为组构核心的、非经常连用或对举的、分句间语义关系类别不单一的、好添加关联标记成分的,都易成为分句。

(二) 语义平面

进入复句后,分句之间由于发生语义关联共同形成一个关系集合,因而可以相互依赖而有所简省。前分句可以依赖于后分句而简省句子成分,后分句也可以依赖前分句而简省句子成分。如下例(240),第一分句依赖后分句简省了主语"他"。

(240) 虽说[……]上次在杨三刀那儿碰了钉子,但他毕竟还是饭店的经理呀,人们还得听他的呀。(忽红叶《怪人杨三刀》)

(241) 他知道如果不把这块火肉弄下去,小轿车就会燃烧,甚至会爆炸。(莫言《四十一炮》)

(242) 采访中我们还了解到,卢宁军、赵燕祥不仅同在中国警察学院任教,而且他们两家还是邻居,父母亲已都迁来武汉。(《长江日报》1986年)

这种结构简省也可称为句法成分共用，是分句间语义关联在句法形式上的表现。成分共用具体可分为主语的共用和大谓语的共用。上例都存在主语共用现象，前后分句语义指称的一致性奠定了成分共用的语义基础。大谓语共用则是汉语的一大特色，有时充当大主谓结构宾语的是一个复句。如例（241），三个分句共用一个大谓语——"知道"，其中复句形式的"如果不把这块火肉弄下去，小轿车就会燃烧，甚至会爆炸"充当大谓语的宾语。需要警惕的是，此类大谓语共用应作单句处理，后面的复句只是谓语的宾语成分，它们有共同的包核层，不能看作分句。相同道理见于例（242）。

句法成分的共享或简省给复句层次关系的识别产生一定干扰，加强对上述因素的预处理，抓住语义关联、结构简省和关系配标三大要素，显得十分重要。

（三）语用平面

"语用学"术语最早由美国哲学家、现代"符号学"创始人之一的莫里斯（Morris）于 20 世纪 30 年代末在 *Foundations of the Theory of Signs* 中提出。莫里斯最初将"语用学"定义为研究符号与符号解释者之间的关系；后又在 *Signs, Language and Behavior* 一书中将语用学修正为符号学的一部分，研究在一定行为内所发生的符号及其来源、用法、产生的作用。结合范晓、胡裕树在论文《有关语法研究三个平面的几个问题》中对语用平面研究内容的概括，本节从标明句读与语气的标点符号角度切入，探讨语用对分句识别的影响。

国家技术监督局于 1995 年首次发布成书《标点符号用法》，2012 年更新为 GB/T 15834-2011，并归口于中华人民共和国教育部语言文字信息管理司。新版将现行的、常用的法定"标点符号"分为 17 种，共"点号"和"标号"两大类。标号标明语句的性质和作用，点号则表示语句的停顿。其中，点号分为句末点号和句内点号两种，句末点号有句号、问号和叹号，分句之间则常用表示不同性质逻辑停顿的句内点号——逗号、分号或冒号。分号和冒号多出现于并列复句中，逻辑语义关系较单一［例（243）（244）］；相较于这两种点号，可以使语言表达清晰流畅并提升信息接收者理解度、接受度的逗号，在分句中出现频率最高、应用范围最广［例（245）］：

（243）其中，国外学者的研究更侧重于对非遗本身的保护与传承的研究；而作为发展中国家的中国，更看重非遗经济价值与旅游价值的挖掘，因此，非遗旅游开发研究是国内学者普遍感兴趣的课题。(赵悦、石美玉《非物质文化遗产旅游开发中的三大矛盾探析》)

（244）一切照旧：夫人坐在沙发上，吃饭的和五六个年轻或年迈的喝水的人扩大了围成的圈子。(夏多布里昂《墓畔回忆录》)

（245）演员是处于被动地位的，近些年没有碰到适合我演的角色，所以创造新形象的愿望没能实现。(《人民日报》1995年)

标点符号具有意义表达与表现力展现两大交际功能。实际语料观察中发现，逗号不仅用在复句的各个分句之间，也用在单句的各种成分之间，甚至成分内部。这种语用形式的"添加"用以明示说话人意图，突出主观性，强调非语言要素。若以逗号作为判定分句的依据，无疑给复句层次关系识别的准确性带来巨大挑战。因此，对非分句语言片段的分析归纳是一道无法回避、必须跨越的沟坎。李琼（2008）从结构形式方面对书读短语进行分析，得出四种类型的非分句语段。吴锋文（2010）结合句法功能和表义特点，亦将复句非分句语段分为四类。本节在12168句语料的基础上，从逗号作用于小句语用成分和小句书读短语两个维度，对复句中出现的非分句语言片段进行探析。

1. 作用于小句语用成分

邢福义（2016）将小句语用成分分为两类：一类是独立成分，另一类是外位成分。这些语用成分应排除在短语之外。其中，独立语包括呼语、感叹语及各式各样插说成分。有些独立语是主谓结构或动词性结构，看似分句，逗号的出现更增加了迷惑性：

一是提醒性独立语。

这种独立语主要用来引起读者的注意。常见的提醒性独立语有：看哪、你（您）听、你（您）看、你（您）说、你（您）注意、你（您、大家）晓得、你（您、大家）知道、你（您）琢磨、你（您、大家）想、你（您、大家）瞅瞅、请看、值得注意的是、众所周知……

（246）你们看，郭先生是个多么有血气的人，像郭先生这样的人愈多，我们中华民族的希望就愈大……（《长江日报》1986年）

（247）值得注意的是，软弱基座应力的降低也正好对应锁固段应力的增高，这说明松驰的应力转移到锁固段中，从而导致锁固段应力的进一步增高。（黄润秋《20世纪以来中国的大型滑坡及其发生机制》）

二是评论性独立语。

这种独立语主要用来注释或补充正文，帮助表达某种语气。常见的评论性独立语有：严格地说，一般地说、一般说来、一般来说/讲、认真说、（不）客观地说（讲）、退一万步说、不瞒你说、说句笑话、（依我）看来、据我看、我看、看样子、想必、料想、说实话、说真话、毫无疑问、毫无疑义、不可否认、显而易见、十分明显、的确、不难想象、不难猜测、不难理解、不难相信、不难看出、据说、相传、传说、听说、据报道、据调查……

（248）十分明显，小镇采尔马特虽隐藏在阿尔卑斯山脚下，却是游客在瑞士旅游的最爱，因为在山脚就能欣赏到山王马特洪峰的迷人景色。（知乎语料）

（249）说实话，以前训练也偷懒，马（指）导不在时就少跑一点，现在训练更自觉了。（《人民日报》1995年）

三是音像性独立语。

这种独立语主要用来模拟事物的声音，或表示感情的呼声，如惊讶、喜悦、愤慨等情绪。常见的音像性独立语有：哼、哎呀、嗳、哎呦、啊、啊呀、哎、唉、嗯、嗯哼、嘿、哦、呼——呼、砰、哗哗、哗哗……

（250）嗯哼，如果您已经结婚五十年没离过婚，并且是到加州参加您的结婚纪念且当天返回，我们给您减价20%。（CCL语料）

（251）哎，因为我那时侯儿最小，哎，也不懂事儿，所以大家都让着我。（知乎语料）

四是招呼性独立语。

这种独立语主要用来呼唤对方。常见的招呼性独立语有：师傅、同志、老师、队长、大婶、阿姨、老弟、妈妈、老张、宝宝……

（252）师傅，一看你就是当过车间主任什么的，当保安伺候人你肯定干不来，不如学厨师吧。（柳建伟《英雄时代》）

（253）宝宝，您想象不到巴里岛的海水有多么蓝，Blinky海滩有多么美丽，所以我们的未来还有无限可能。（知乎语料）

五是例释性独立语。

这种独立语主要用来举例。常见的例释性独立语有：如……之类、比方、比如、例如、譬如……

（254）当然，局外人未必能明白，比如二姐，因为经常看爸妈吵架，所以对婚姻充满悲观。（微博语料）

六是接句独立语。

这种独立语承上启下，起关联作用，但不属于某一分句。接句独立语分为关联标记独立语和表语气或情感的独立语两类。常见的关联标记独立语有：总之、因此、所以、但是、这就是说、换句话讲、总而言之、综上所述、反之、否则、反过来说、相较之下、同时、诚然、自然……

（255）综上所述，洒勒山滑坡发育于一个有120m厚黄土覆盖的泥岩斜坡上，滑坡后部具有切层旋转滑动性质，而前部则是高速碎屑流运动。（黄润秋《20世纪以来中国的大型滑坡及其发生机制》）

（256）黑暗的日子也许会漫长，束缚的感觉也许会痛苦，但是，那寂寞的等待后将是无限的灿烂。（2018年全国Ⅰ卷高考满分作文《在爱的牵动下飞翔》）

常见的情感性独立语有表惊讶、惊叹情绪的"很奇怪、料想不到、意外的是、好奇怪、真稀奇、好棒啊"等，和表礼貌的"很抱歉、没事、没关系、对不起、不好意思、劳驾、恕我多嘴、非常感谢"等。情感性独立语表达情感，具有个人语言特色。

（257）很奇怪，这段时间，好像没见刘大爷的儿子来过，若想找到他，那只好通过刘大爷了。（卞庆奎《中国北漂艺人生存实录》）

不同于独立语，外位语虽居于外位但有内应的成分。

外位语在结构上不属于配对成分的本位，与本位句之间有语音停顿，通常用逗号隔开。外位语的配对成分内部一般有词语跟它应和（存在语义联系），指称相同的对象。来看下面的例子：

（258）我不喜欢看书，但我喜欢一切科幻文学作品：《三体》《基地》《安德的游戏》《海伯利安四部曲》等等。（知乎语料）

（259）"金融"这个东西，虽说中国人在宋代就有类似的行业，但迄今为止，一般人却很少愿意研究这类"雕虫小技"，搞清楚它的实质。（CCL语料）

例（258）"《三体》《基地》《安德的游戏》《海伯利安四部曲》等等"是后置外位语，由本位句的代词"一切"重指。例（259），"'金融'这个东西"是前外位语，与配对成分内部"这类雕虫小技、它"称代应和。通常，前外位语被看作"有标话题"[①]——它提供了一个熟悉的人、物、事，说话者将对它作进一步陈述。前外位语和后外位语都可以进入本位句代词的位置，原先的代词省略即可。本书认为，前外位语为语用成分，非句法成分；而后外位语是句法成分，由句内点号冒号标示解注关系。

需注意，本位句内部与外位语应和的多是代词，这种出于经济原则避免重复、发挥句内衔接功能的语法手段是为替代。常见的替代成分有代词和名词（短语）两种形式。例（259）中"雕虫小技"

[①] 屈承熹在《汉语篇章语法》将有标记话题分为六种：双名词性结构，后接停顿虚词的名词性词语，由介词"至于""对于"等导入，比较，"连……都/也"结构，"把"字句和"被"字句。逗号的出现使得句首语言片段成为话题不仅限于前外位语，逗号出现在主谓语中间时亦然，后面会重点介绍。

为名词性替代成分,"它"为代词性替代成分,它替代的对象是"金融"。替代成分和替代对象间的关系使上下文紧密联系在一起。但是,替代手段对复句层次关系的识别也会造成一定的干扰,表现在对分句主语替代对象的确定上。

(260) 如果一个劳动者不仅要求工资,而且再要求给予一定的股份,这就是个体人力资源增长部分的间接定价。(CCL语料)

上例第一分句和第二分句的关联标记分别是"不仅、而且",构成搭配关系。第三分句的主语为代词"这",属于替代成分。"这"究竟替代前面第二分句的内容,还是替代搭配成对的第一、二分句的内容,直接关系到第三分句的层次归属。

2. 作用于小句书读短语

一是话题性书读短语。

关于话题和主语的区别,一般认为话语层面的话题承担语用功能,话题与述题的组合是意合关系;句法层面的主语是语法成分,主语与谓语的组合主要靠形合,二者性质不同。话题作为句子认知上的起点,是促成交际顺利进行的认知前提和基础,它的语义可以延伸到小句之外。主语的高认知凸显性使之在句法方面是句中最凸显的论元,在语义方面是最凸显的语义角色,在语用方面是说话人和听话人注意力最集中的对象,典型的主语多承担话题功能。本节在话题、主语的概念上不作深入解读,任何二重有标三分句中,若句首书读短语作为各个分句的共享主语,或句前书读短语作为所引领分句的主语与后面的谓语之间被逗号隔开,则这部分主语为话题性书读短语。因缺乏明显的形式标记,逗号的出现给非分句的筛除造成一定干扰。情况如下。

有时,分句主语置于句首独立为书读短语,语义上统辖着后面分句,各分句主语因指称对象一致而有所简省。此时,这个共同的主语提升为语用平面的话题,后面内容均围绕此话题展开。如例(261)—(263)中"复杂的案件""任何个体"和"正在热恋的人"分别是各个分句的主语,置于句首,被逗号独立为非分句书读短语。

（261）复杂的案件，只要经检察长批准，可以适当延长，但是最多不得超过三个月。（CCL 语料）

（262）任何个体，如果没有间接经验，且不说发展，就连生存都不可能。（CCL 语料）

（263）正在热恋的人，没有什么危机意识，没有危机，就用不到你去添乱。（CCL 语料）

（264）剑质若是重了一分，就助长了一分功力，高手相争，却是半分都差错不得的。（古龙《三少爷的剑》）

有时，话题性书读短语并非各个分句的共享话题，仅作用于当前分句。如例（264），末尾分句主语、谓语之间被逗号断开，谓词性主语"高手相争"承担独特的语用功能。

此外，主谓谓语句大小主语间用逗号标示语音停顿、或插进状语及关联标记的情形也较常见，此时的大主语充任语用话题。

主谓谓语句指主谓结构作谓语的句子。袁毓林（1996）认为汉语的主谓谓语句由普通主谓句派生而来，是明显的话题——说明结构，本来位于句中的某个成分因语用动机移到句首话题化，成为注意中心或对比焦点。类型上，邵敬敏（2003）将主谓谓语句归纳为受事型、领属型、关涉型和周遍型四类主谓谓语句。位置上，郭圣林（2011）强调主谓谓语句的大主语多依赖上文内容，担任后续句。人类语言中语义施事担任主语具有普遍性，二重有标三分句也不例外，如例（265）的大主语"他这人"既是施事，也是话题，小主语"什么书"为受事。但有时，受事、系事、与事等语义格经话题化被提到句首作主语，成为听话人注意的中心。如例（266）"这些问题"经历了从动词"解决"后提升到动词"解决"前的话题提取过程，是 V 前受事充当话题。

（265）他这人，什么书都没读过，就算漫天的通告吹嘘他是个文化人，但群众的眼睛是雪亮的。（微博语料）

（266）这些问题，如果我解决得不彻底，我的任务可能没法按

时完成，甚至团队进度会受到影响。(知乎语料)

二是宾语性书读短语。

二重有标三分句中，当宾语是主谓词组、动宾词组，或者宾语较长时，逗号会出现在谓核与宾语之间，情形如下：

(267) 我被告知，头发长长需要一定的时间，但是一看到满头凌乱的小碎发，真的是要抓狂了！(微博语料)

上例第一分句的宾语由主谓结构"头发长长需要一定的时间"充当，第二项与第一项间被逗号分隔为独立的书读短语，但它们合在一起才是分句。

当然，宾语较长时也会内含嵌套结构，宾语被逗号停顿断开，形成非分句书读短语：

(268) 8604 工厂生活服务公司在高温时节大量生产冰冻汽水，可乐雪糕和绿豆冰块，不仅保证了职工的冷饮供应，而且满足了家属的降温需求。(《长江日报》1988 年)

上例第一个语言片段的宾语为"冰冻汽水，可乐雪糕和绿豆冰块"，由于并列项目过长，之间被逗号断开。它们合在一起才是分句。

三是状语性书读短语。

这种情况下的中心语由谓词性结构（动词、形容词性结构）充当，状语多为非必有语义论元。

(269) 她最憎厌学哲理的人，所以她和露沙她们不能常常在一处，只有假期中，她们偶然聚会几次罢了。(庐隐《海滨故人》)

(270) 这个班的孩子们大都生长在成都，虽然是相距不远的农村，对他们来说，也很新奇。(《人民日报》1998 年)

(271) 网络是个不同的世界，在现实世界里，可能有些人想说我坏话，但如果他们认识我就不会说出来。(姚明《我的世界我的梦》)

(272) 在政治方面，双方也有许多共同语言，在许多国际问题上也有一致的看法，因此两国合作的基础很好。(《人民日报》1995 年)

(273) 河水最大的流速，大约每小时七哩，在通常的情况下，

大约三四哩，但这也是很容易查明的。(丘吉尔《第二次世界大战回忆录》)

(274) 林育英与李莲贞不很熟，对她家的情况也不太了解，只凭表面印象，贸然将李莲贞介绍给了林育南。(《作家文摘》1995年)

例(269)—(274)非分句书读短语"假期中、对他们来说、在现实世界里、在政治方面、在通常的情况下、只凭表面印象"分别在句首或句中充当状语，表示时间、对象、地点、范围、条件或凭借。它们都缺乏表述性，和后面的语言片段共同组成一个完整分句。

四是定语性书读短语。

修饰语内嵌复句格式时，逗号会在修饰语中间出现，形成非分句书读短语：

(275) 传销是现代直销的一种，又叫多层传销，它依靠既是消费者，又是销售者的会员以销结网、以网促销。(1994年报刊精选)

(276) 那种只顾多办工业，多赚钱，而不怕亏了肚皮的做法，颇似"拔着头发想上天"，虽然这种情况现在很常见，但确实值得深思。(知乎语料)

例(275)"既是消费者"和"又是销售者"合在一起构成宾语"会员"的定语，语言片段"它依靠既是消费者"和"又是销售者的会员以销结网、以网促销"合在一起才是一个表述完整的分句。例(276)语言片段"那种只顾……的做法"嵌套了一个有关联标记、转折关系包孕并列关系的二重复句形式"多办工业，多赚钱，而不怕亏了肚皮"，充当"做法"的定语，但它们合在一起也不是分句，而是句子的主语。例(276)正是朱德熙所说的"有的时候单句内部可以包含复句的形式"[①]。

对12168个二重有标三分句逗号使用情况及内含的各类非分句语言片段进行统计，结果如表2.12和表2.13所示。

[①] 朱德熙：《语法讲义》，商务印书馆1982年版，第23页。

表 2.12　　　　　　　　逗号使用情况统计表[①]

统计参数	两个逗号语料	三个逗号语料	四个逗号语料	五个逗号语料
总数（个）	10403	1545	195	25
百分比	85.49%	12.70%	1.60%	0.21%

表 2.13　　　　　　　各类非分句语言片段出现频次统计表

非分句语言片段类别	出现频次	非分句语言片段类别	出现频次	非分句语言片段类别	出现频次	非分句语言片段类别	出现频次
提醒性独立语	46	招呼性独立语	26	前外位语	14	状语性书读短语	776
评论性独立语	98	例释性独立语	52	话题性书读短语	282	定语性书读短语	31
音像性独立语	33	接句独立语	598	宾语性书读短语	54		
总频次							2010

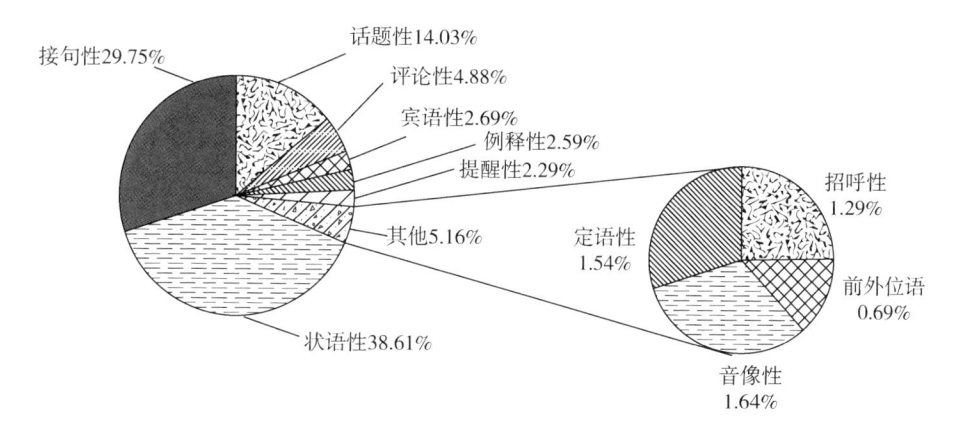

接句性29.75%
话题性14.03%
评论性4.88%
宾语性2.69%
例释性2.59%
提醒性2.29%
其他5.16%
状语性38.61%
定语性1.54%
招呼性1.29%
前外位语0.69%
音像性1.64%

图 2.5　各类非分句语言片段出现频次占比

　　二重复句三分句中，若逗号数量大于等于 3，意味着内含非分句语言片段。当逗号数量大于等于 4 时，非分句语言片段的类型可能

---

①　双引号具有标示说话、引用专有名词或有特别指称及用意词语的作用。研究中，不乏双引号内含复句形式的情况，如："分散种植，统一销售，分户结账"的方式，使村民尝到甜头，虽然每公斤冬瓜仅卖 5 分钱，却使全村当年人均增收 10 多元。(1988 年《长江日报》) 这里的"分散种植，统一销售，分户结账"是并列关系复句形式，但整体作为定语修饰"方式"。虽有逗号出现，且逗号数量大于 2，但不成为单复句判定时的干扰因素。特此说明。

不止一种：

（277）比如饮水，对其他人说是非常容易的事，但是，由于饮料一般都放在比较高的架子上，他必须想尽办法才能拿到手。（《长江日报》1988年）例释性独立语＋接句独立语

（278）八年了，大瑶山的风，染白了他的鬓发，但是，他雄心犹在，精神不老。（《长江日报》1987年）状语性书读短语＋话题性书读短语＋接句独立语

如表2.12—表2.13、图2.5所示，二重有标三分句中经常出现的非分句语言片段共两大类、十一小类。它们的识别难度并不相同，存在这样一个难度等级由低到高的连续统一体[①]：

接句独立语、例释性独立语、音像性独立语、招呼性独立语＜前外位语＜提醒性独立语、评论性独立语＜话题性书读短语、状语性书读短语＜宾语性书读短语、定语性书读短语

如图2.6所示，靠左端者难度等级最高，靠右端者难度等级最低，中间几个点是过渡段。实线代表难度等级的递增，虚线意味着难度级别的递减。

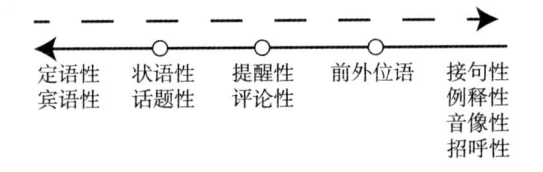

定语性	状语性	提醒性	前外位语	接句性
宾语性	话题性	评论性		例释性
				音像性
				招呼性

图 2.6　识别难度连续统

对非分句语言片段进行充分观察、描写、归纳，采用判定规则形式化结合词性标注的方法，有望解决语言片段的筛除问题，提升

[①] "连续统假设（CH）"最早由康托尔（Cantor）在论文《Über unendliche, lineare Punktmannichfaltigkeiten》中提出，CH认为实数集合的任意无穷子集只能是可数无穷集合或者具有连续统基数。自此，连续统（continuum）成为数学、哲学、心理学领域中的重要概念，认知语言学家借用了此术语，将其推广到语言学研究的各个层面：对象分类不仅有二分端点，其中间状态（过渡状态）也不容忽视，它们共同构成一个连续的分类。

二重有标三分句层次语义关系识解准确率。

三 复句的干扰

多重复句包含不止一个结构层次,分句与分句并非一个层次上联结起来,而是分层联结的结果。这里的"重"便指"层次",可能为二重、三重、四重甚至更多。本书研究对象为二重复句,因而有必要对复句层次进行区分,排除非二重复句的其他表述语法单位。

（一）单重复句

有一种情形不属于二重复句关联标记的扩展,而是单重复句的分句扩展,这种情况不在讨论范围内,应排除:

（279）不是狂风暴雨,不是倾盆大雨,而是"随风潜入夜,润物细无声"的霏霏春雨。（《长江日报》1982年）

（280）她一边幽幽地说,我一边默默地听,同时,在脑子里迅速地翻阅着、印证着所有有关她的传说。（柯岩《女人的魅力》）

例（279）关联标记序列为 J_1（不是）— J_2（不是）— J_3（而是）,是对照式并列复句"不是……而是"的扩展形式。例（280）关联标记序列为 J_1（一边）— J_2（一边）— J_3（同时）,是并列构式"一边……一边"和并列关联标记"同时"的合用形式。这两例分别连接并列复句的三个分句,组合成同一层级的复句。

单重复句的分句扩展现象常见于并列复句、连贯复句、递进复句和选择复句中。当并列的属性不止两项时,就可以有限扩展。具体格式有:又……又……又、一则……一则……一则、又是……又是……又是、一会……一会……一会、一边……一边……一边、边……边……边、也……也……也、一面……一面……一面、既也……也、既……又……又、既……还……还、也好……也好……也好、也罢……也罢……也罢、或者……或者……或者（或者）、或……或……或（或）、或则……或则……或则、或是……或是……或是、或者说……或者说……或者说、要不……要不……要不、要么……要么……要么、是……还是……还是、不是……就是……就是、要不就是……要不就是……要不就是等，如例句（281）。

（281）或者你失恋了，或者你本科没毕业了，或者你失业了。（CCL 语料）

当然，也可以和其他相同语义关系的关联标记合用，具体格式有：是……还是……或者、是……还是……或是、是……还是……要不就是、或者……或是……或是、或者……或者……要么、是……或者……还是（或者）、或是……或是……或、或是……或是、是……或是……或者……（或者）、或是……或或、不是……就是……或是、不是……就是……要么、不是……就是……要不、不是……就是……或者、既……也……还、既又……此外（还）、既……也……同时、既……也……此外、既又……同时（还）、不仅……而且……甚至、不但……还……也、不仅……还……也、不仅……而且……并、不光……也……而且、……而且……甚至、并且……甚至、不但……也……而且、首先……继而……接着……最后、先是……接着……最后、最先……继而……最后、先……接着……最后、先……尔后……最后、最先……继而……而后等，如例句（282）。

（282）我们知道"环卫工人见过凌晨四点半的街道"，也看到食堂挂的"恒念物力维艰"，还会背诵"锄禾日当午，汗滴禾下土"。（2019 年湖北高考满分作文《不稼不穑，难成栋梁》）

这种单重复句句式是有限的，可以总结概括，建立形式化规则。

（二）篇章

提起"篇章"，不得不说起"句群"。黄伯荣、廖序东版本的《现代汉语》对"句群"的定义是："由前后连贯共同表示一个中心意思的几个句子组成"[①]。邢福义在《汉语语法学》中将其定义为：

[①] 黄伯荣、廖序东：《现代汉语》（增订六版），高等教育出版社 2017 年版，第 148 页。

"由两个或几个句子组合而成的表述一层意思的语法单位"①。可知，复句与句群的区别在于：复句的语法单位是分句，各个分句之间联系比较紧密，单个分句不能独立表达一个完整的意思；而句群的语法单位是句子，各个句子在句法上各自独立，且分别表达一个完整的意思。

再来看"篇章"。廖秋忠将"篇章"定义为"一次交际过程中使用的完整的语言体。在一般情况下，篇章大于一个句子的长度"②。王缃（1985）强调组词而成句、积句则成段、连段终成篇。"句群"与"篇章"的共同点都是以一个中心语义作为前后句子组织、连接的线索，一般由两个或更多的句子构成。因而，为讨论方便，这里把大于复句的话语看作篇章。

观察二重有标三分句实例化语料，有一类不容忽视的语言现象，即标记篇章语句间逻辑语义、与前/后文中句子或篇章产生关系的篇章关联标记大量出现于复句中。篇章关联标记标示的是句际间关系，往往只单个出现，不与所在复句的其他关联标记构成搭配关系，也不参与所在复句的层次语义划分。从句子分析的角度看，这些主要起衔接、照应作用的成分更多是一种语用成分，而非复句关联标记。

（283）据他估摸，她是附近本地人吧。而且，她眼里流露出来的，是爱慕，而不是别的什么神色。可是，因为他竭力要想避免被人看见，她这一眼色也就足以使他一再退缩到船尾，而别的乘客仿佛都喜欢到前面甲板上去。（德莱塞《美国的悲剧》）

（284）然而，澳大利亚巨大的双门齿兽早在150多万年前便已出现，活过了至少10次的冰河期，甚至连7万年前的那次冰河期高峰也安然无恙。（赫拉利《人类简史：从动物到上帝》）

（285）这种彩色的小光束只会干扰观察，只表明切片不在焦点上。因而，人们总是毫无怜悯心地将螺杆一扭，一下子就将它抹掉，让均匀的白光照亮视界。（布尔加科夫《孽卵》）

---

① 邢福义：《汉语语法学》（修订版），商务印书馆2016年版，第397页。
② 廖秋忠：《篇章与语用和句法研究》，《语言教学与研究》1991年第4期。

(286) 其他教室也都同时下课。于是，一直被密闭在室内的八百雄兵齐声呐喊，冲出校舍，其势宛如推翻了一尺多长的马蜂窝，呜呜、嗡嗡……从所有的门旁，从一切的敞口，肆无忌惮地自由飞出。（夏目漱石《我是猫》）

上面四例中"而且、可是、然而、因而、于是"分别表示递进关系、转折关系、因果关系和连贯关系，但它们标示的不再是分句间逻辑语义，而是跨越了所在句子，普遍具有语义关系跨句性、句序位置句首性、句法配位后序性和句中搭配孤立性等特点。常见的篇章关联标记，按照逻辑语义关系、句序位置和句法配位特点可分类如表 2.14 所示。

表 2.14 常用篇章关联标记总结表

逻辑语义关系	关联标记	句序位置	句法配位
因果	因为	句首	前序
	所以	句首	后序
	因此	句首	后序
	因而	句首	后序
连贯	于是	句首	后序
并列	同时	句首	后序
	另外	句首	后序
	另一方面	句首	后序
递进	而且	句首	后序
	并且	句首	后序
	况且	句首	后序
转折	然而	句首	后序
	但是	句首	后序
	可是	句首	后序
	不过	句首	后序
让步	虽然	句首	前序
	即使	句首	前序
	尽管	句首	前序

可以看出，不论标示哪种逻辑语义关系，它们在句序位置上普遍具有句首性。此外，"标点符号"可作为快速区分复句关联标记与篇章关联标记的重要参考因子。篇章内部单用的关联标记后一般多有停顿，书面上用逗号表示，以此强调或突显说话人的态度、观点、看法，"形成'表态＋命题'的行文方式"①。而复句中关联标记后停顿的情况相对少见，多见于口语语体。

第四节　本章小结

表征嵌套复句表层嵌套现象，是识解嵌套复句层次语义类型的前提。本章从解构二重有标三分句入手，讨论了其内部关联标记的类型与成员、复句嵌套方式与关联模式以及判别干扰因素，实现了对现代汉语二重有标三分句的总体认识和宏观建构。主要结论如下：

第一，二重有标三分句中关联标记类型复杂，成员繁多。句法配位上，关联标记在层次结构中的句法配位有"前配位关联标记""后配位关联标记""兼可关联标记"三种，面对难以归类划分的特殊情况，建议以具体句法环境为准——若关联标记在复句中的位次为前序性的，则视为前配位关联标记，反之则视为后配位关联标记。主语相对位置上，关联标记在分句中与主语的相对位置有"前置定位关联标记""后置定位关联标记""非定位关联标记"三种，二重有标三分句中大部分关联标记是"非定位关联标记"，"前置定位关联标记"的句法位置也较常见，极少数为"后置定位关联标记"，且多为单音节形式。句法语义环境上，关联标记与句法语义环境的关系约束为"显赫关联标记"和"非显赫关联标记"两种，前者凸显又强势、对复句层次语义识别有"指示灯"作用，后者只出现于

---

① 罗耀华、齐春红：《副词性非主谓句的成句规约——语气副词"的确"的个案考察》，《汉语学习》2007年第2期。

特定句式、标示的语义类型较多且嵌套能力很弱。搭配照应上，关联标记在二重有标三分句的搭配照应情况囊括"单用型关联标记""搭配型关联标记""配对、单用共存型关联标记"三种，很多关联标记并非必须成对出现构成搭配模式，单独使用依旧可以标明分句间层次语义关系。词性特征上，综合考量句法、语义、语用三层面，二重有标三分句中关联标记词类共计六种，分别是"连词""副词""助词""介词""动词"和"超词形式"，个别关联标记在不同复句中标明的分句间逻辑语义关系相异、语法功能不统一，视作"多种词类"。语义类型上，标明二重有标三分句句法关联、语义关联的关联标记总三大类十二小类，分别是并列类关联标记（表并列关系、连贯关系、递进关系、选择关系）、因果类关联标记（表因果关系、假设关系、条件关系、推断关系、目的关系）和转折类关联标记（表转折关系、让步关系、假转关系），合计收录478个。

  第二，二重有标三分句的嵌套方式、关联模式同关联标记隐现形式密切相关。从关联标记的关系类别看，嵌套方式分为同类嵌套和异类嵌套两种，对比相同语义关系类别的关联标记，后者不同语义关系类别的关联标记之间更易嵌套。从关联标记的管辖方向看，嵌套方式分为前辖嵌套和后辖嵌套两种，各自对应不同的嵌套规则。从关联标记的排列位序看，嵌套方式分为顺置式嵌套和逆置式嵌套两种，前者属于优势句序，符合原型范畴；后者常见于因果复句、条件复句、假设复句、转折复句、目的复句、推断复句和递进复句中。从关联标记的配位方式看，嵌套方式分为扩展式嵌套、连用式嵌套、省略式嵌套和复用式嵌套四种，紧邻分句关联标记重复出现形成的扩展式嵌套，可能同形同义抑或异形同义；连用关联标记呈现的语义关系类别同与异，分别对应同类连用式嵌套或者异类连用式嵌套；相较于完整嵌套的复句格式，省略式嵌套更为常见，具备一定迷惑性；复用式嵌套则属伴随状态，不论单视点复用还是双视点复用，均有特殊语用价值。当然，虽然关联标记显现灵活多样，但整个二重有标三分句的关联标记组配模式实属有限，投射为三大类句法关联模式——"充盈态 1－2 型""充盈态 2－1 型"和"非充盈型",共四十三种具体表现。由此建构现代汉语二重有标三分句平衡语料库,采取"智能预处理＋人工校对"双保险方案,收录完成 12168 条句子,包含口头语体和书面语体两板块,以求形式化方式表达嵌套复句知识,为发现嵌套复句规律筑牢语言数据根基。

第三,常见的二重有标三分句判别干扰因素是关联标记因素、分句因素和复句因素。关联标记方面,主要关注个例中不能充当关联标记的副词(例如:也、就、只是、另外、尽管、既、或者、果然)、实例中能够充当关联标记的介词(例如:为、为了、为着、由于、因、因为、除了、除、连)和同形异类现象(包括名词、动词、连词异类,短语、连词异类,副词、连词、短语异类,连词、副词异类等),甄别用法、寻求规律、总结特征尤为重要。分句方面,句法平面的异质联结、语义平面的共享关联、语用平面的非分句语言片段是干扰性存在,须重视能够充当名词性分句的六种定名结构——"数量名"结构、"这么形(的)名"结构、"形名＋形名"结构、"多么形(的)名"结构、"一派 X 的名"结构和"定名了"结构,辨别分句句法成分是否简省共用——主语共用和大谓语共用,统计逗号作用于小句语用成分(包括提醒性独立语、评论性独立语、音像性独立语、招呼性独立语、例释性独立语、接句独立语和前外位语)或者小句书读短语(包括话题性书读短语、宾语性书读短语、状语性书读短语和定语性书读短语)的情况。复句方面,部分单重复句的分句扩展组合后仍属同一层级复句,常见于并列复句、连贯复句、递进复句和选择复句中,与二重复句有别;而篇章关联标记虽身在复句,但标示句际间关系,为篇章服务,具有跨句性、句首性、后序性和孤立性。

第 三 章

二重有标三分句嵌套影响因素之一：关联标记嵌套力

本章聚焦于复句关联标记，分析关联标记的嵌套力对二重有标三分句嵌套结果的影响。

说到嵌套力，离不开"辖域"这个概念。所谓辖域（Scope），指被激活的概念内容的配置，与认知域基本相当。复句中关联标记的辖域即关联标记管辖的范围，范围有大有小，小到仅管辖其所在分句，大到管辖其引领的小句关联体。这是由于复句中每类关联标记对应的认知域不同，其管辖范围也有宽狭，形成相异的辖域级阶。一般来说，关联标记的嵌套力与有可能管辖的结构范围紧密相关，辖域的宽狭影响到嵌套力的大小、强弱。关联标记辖域越宽，嵌套力越强，越有可能嵌套其他关联标记，其引领的小句关联体是低层结构的可能性更大，与配对关联标记（可隐可现）构成高层结构的可能性也更大。反之，有的关联标记辖域较窄，只能被其他关联标记嵌套。二重有标三分句的嵌套受分句总量制约，表现在语言结构上多为单个关联标记嵌套其所处分句与相邻分句构成的小句关联体。为了更贴合本书研究内容，凡是与关联标记有关的嵌套要素统一视为关联标记的嵌套力，关联标记嵌套力具体可以从以下视角分析。

第一节 关联标记的音节

首先，须厘清音节、汉字、语素和词这四组概念。

"汉字"是记录汉民族语言、表达思维活动和认识活动的文字。"音节"在人类语言中普遍存在，是语感上能从语流中分离出的最自然、最小的发音单位和听觉单位，汉语以音节为基本的表意单位。普通话中，每个音节都有一个声调（阴平、阳平、上声、去声），除去儿化音一个音节代表两个汉字［如：画儿（huàr）］外，一个汉字就是一个音节。"语素"指语言中最小的音义结合体，也是最小的语法单位。按音节分类，语素可分为单音节语素（如：国）、双音节语素（如：从容）和多音节语素（如：马拉松）。"词"是最小的能够独立应用的语言单位。词和语素的区别在于：语素可以构成词（如：学＋习→学习），有的本身能够独立成词（如：天）；词则用来构成短语或句子（如：我的老师），加上句末语调时也可以成独词句（如：啊！）。

音节、汉字、语素、词的关系是错综复杂的。有时音节与词、语素、汉字存在一一对应关系（如：人）；有时一个音节只表示一个语素和一个汉字，但不代表一个词（如：民）；有时一个音节则代表两个语素、两个汉字、一个词（如：花儿）等。它们之间的关系如表3.1所示：

表3.1　　　音节、汉字、语素、词对应关系矩阵表

音节	汉字	语素	词
＋	＋	＋	＋
＋	＋	＋	－
＋	＋＋	＋＋	＋

历史上，汉语语音系统经历了由复杂逐步简化的发展过程，上

古汉语的复辅音（XL-式）和鼻辅音消失，部分浊辅音轻化，舌根音腭化，声母韵母减少，原有的韵律特征也随之改变。与之平衡的则是汉语音节的双音节化。不同于古汉语"一个音节＝一个汉字＝一个词"，双音节化（又称复音节化）指汉语的基本语音单位变单音节为双音节（石毓智，2002），双音节构成基本韵律单元；基本语言单位（词）也由单音节扩展为双音节或者多音节缩略为双音节；并且词义表达从混沌综合到分析明晰的演变趋势。作为汉语语法史最重要的五大变化之一，这一趋势开始时间较早，至今对整个汉语语法系统的改变都起到了促进作用[①]。现代汉语双音节词的数量不仅在汉语词汇总量上占绝对优势，在句法上也最为自由。

本书收录的现代汉语关联标记，既有单音节形式的"因、既"，双音节形式的"因为、既然"；又有三音节形式的"之所以、是由于"，四音节形式的"倒不如说、由此说来"；还有五音节形式的"总括起来说"和六音节形式的"更为重要的是"等。其中，双音节关联标记在数量上占有绝对优势，仅从嵌套几率来看，双音节关联标记比其他音节类型的关联标记要大得多。具体如表3.2所示。

表3.2　　　　　　　　关联标记音节分布及其比例

音节形式	数量（个）	占比（％）	举例	音节形式	数量（个）	占比（％）	举例
单音节	72	15.06	因	四音节	45	9.41	倒不如说
双音节	269	56.28	因为	五音节	5	1.05	总括起来说
三音节	86	17.99	之所以	六音节	1	0.21	更为重要的是
总计	478个						

从语法特征来看，单音节关联标记受音节所限，能够承载的信息意义不足，节奏上的紧凑要求关联标记联结的成分应简洁、短小。以假设标"要、要是"为例，"要是"既可以出现在主语和谓语之间，也可以用在主语之前，假设的范围随之扩大为整个句子、而单

[①] 霍普（Hopper）等（1993）在著作 *Grammaticalization* 中，将两个高频单音节词结合成双音节语言单位概括为"复合化"。

音节的"要"却只有前者用法。此外,大多数单音节关联标记须成对使用,整体性强、凝固性高、离析度低,因而嵌套能力也不如双音节。至于三音节、四音节、五音节和六音节关联标记,它们的"词类"多是超词形式,使用位置固定,语义、句法限制条件多,相比之下双音节更为灵活,嵌套能力也更强。

来看下面的例子:

(1) 因为她既无伤痕又无痛苦反应,也没有麻醉催眠的迹象,所以我们不愿放弃对其他人早已超过限度的抢救工作。(王晓达《无中生有》)

(2) 但是由于没有在演员的表演上下功夫,特别是没有着重在表演技艺上多作努力,所以仍旧没有从根本上摆脱"消极适应"的被动局面。(余笑予《关于当代戏曲形式美的思考》)

例(1)关联标记序列 J_1(因为+既)—J_2(也)—J_3(所以),这是一个二重复句,第一层语义关系为"既……也"组配的并列关系,第二层语义关系是"因为……所以"构成的因果关系,即双音节关联标记对嵌套单音节关联标记对。穷尽语料也很难发现表并列关系的"既……也"嵌套因果关系句式,它的意义和形式结合得非常紧密,中间再难插入其他关联成分。同样,例(2)关联标记序列 J_1(由于)—J_2(特别是)—J_3(所以),第一层语义关系是"特别是"标示的递进关系,第二层语义关系为"由于……所以"组配的因果关系。双音节关联标记的嵌套力明显比多音节的强。

刘云(2009)强调若单音节关联标记联结的复句包孕其他复句结构时,大多是前分句(非单音节关联标记所在分句)包孕低层复句结构;仅在单音节关联标记未出现时,其所在分句才能包孕低层复句结构。这正是单音节关联标记嵌套能力不强的佐证。

此外,从韵律学角度看,韵律构词学主张"汉语最基本的音步是两个音节"[①],双音节关联标记正是标准的韵律词。不同的是,

[①] 冯胜利:《汉语的韵律、词法与句法》,北京大学出版社1997年版,第3页。

单音节关联标记称为"蜕化音步",三音节关联标记为"超音步",四字串关联标记是两个音步的组合,五音节、六音节关联标记则由标准韵律词和超韵律词组成。并且,韵律句法学认为人们说话时表现出的轻重、缓急、节奏等超语音现象,既受句法的影响、控制,也对句法发挥着不可低估的作用。不同于双音步的普适性,其他类型的音步是与特定句法环境、语用条件相牵连的。这也侧面验证了二重有标三分句中,双音节关联标记的嵌套用法更为自由。

综上所述,二重有标三分句中成对出现的关联标记对嵌套能力的影响最为显著:前后搭配的关联标记都是双音节形式时,嵌套力最强;若关联标记对音节不对称,仅其中一个关联标记是双音节形式,嵌套力次之;当两个关联标记都是非双音节形式时,嵌套力最弱。

第二节　关联标记的位置

一　关联标记所处分句的位次

二重有标三分句中,关联标记所处分句的位次有三种:初始分句、中位分句和末尾分句。当关联标记所处分句为初始分句或中位分句时,管控范围可能超出所在分句;当关联标记所处分句为末尾分句时,管控范围仅为当前分句。这是由于语言符号是线条性的,在时间上依次出现,表现在书面语中汉字的书写顺序先左后右。语言生成与理解的由左及右线性序列决定了关联标记管辖的分句范围也是右向性的。

(3)【即使4年前我们大比分赢了对手,】也并不能说明我们实力一定比对手强,况且时间已经过了4年。(《人民日报》2003年)

(4)【即使他珍惜分秒,又具有神速的工作效率,】仍然显得极其繁忙紧张。(赵淮青《中南海畔海棠红》)

(5) 目前儿童最多一次接受 5 种疫苗接种,【即使 11 种疫苗同时接种,】也只及婴儿免疫系统反应能力的 0.01%。(《人民日报》2002 年)

(6) 张彬彬是令人心疼的,【即使他的战枫渣到变心,甚至羞辱如歌。】(微博语料)

(7) 生殖技术可以使用第三者(供体)的卵或精子,也可以将胚胎植入第三者的子宫内,【即使用代理母亲。】(史仲文《家庭关系学》)

例(3)—(4)让步标"即使"所在分句为初始分句,但管控范围分别为一个分句(当前分句)或两个分句(初始及中位分句)。例(5)—(6)让步标"即使"所在分句为中位分句,其管控范围分别为一个分句(当前分句)或两个分句(中位及末尾分句)。例(7)让步标"即使"所在分句为末尾分句,此位次下关联标记的关联指向只能是左向关联,管控范围仅为当前所处分句。

上面是典型的前配位关联标记例子,再来看典型的后配位关联标记"但是":

(8)【但是她并不恨自己的丈夫,】虽然他们有分歧,性格有差异。(星城《立体交叉战争》)

(9)【但是母亲却从来不在父亲面前表示她的忧郁的,说话总是柔顺而且愉快,】虽然我常听见父亲说:"你总象是不大喜欢似的!"(骆宾基《幼年》)

(10) 少年思维的抽象性与概括性虽然已经有了很大的发展,【但是在一定的程度上还受具体形象的支持,】因此可以说,少年的抽象思维是属于经验型。(王极盛《青年心理学》)

(11) 在霍尔看来,虽然法是由法规则和法概念组成的,【但是,如果不把法官、行政官员和执法官员的日常实践纳入法的概念结构,就不可能理解作为社会制度的法。】(张文显《当代西方法学思潮》)

(12) 原来才周三心里已经在流泪,或者甚至已经滴血,【但是依然挂着笑脸。】(微博语料)

例（8）（9）是让步复句"虽然……但是"的逆置用法，前者"但是"管控范围仅当前分句，后例"但是"管控第一、二分句。例（10）（11）是转折标所在分句为中位分句的实例化语料，"但是"的管控范围分别是当前分句或第二、三分句。例（12）转折标位于末尾分句，管控范围只能是当前分句。

至于单用型关联标记，其管控范围同样受所处分句位次的制约，如"为了"：

（13）【为了一个明确的答案，】她提起笔来，给胡秉宸写了一封信。（张洁《无字》）

（14）【为了保证夏季大丰收，促使小麦过好返青关，】一个轰轰烈烈的抗旱浇麦运动高潮已在河南各地形成。（《人民日报》1960年）

（15）雅典奥运场馆竣工比较晚，【为了保证奥运ADSL项目及时投入使用，】中兴通讯希腊代表处的员工们付出了巨大的努力。（《人民日报》2004年）

（16）球队这么早集合，【主要是为了备战明年1月的超霸杯赛，以及2月份的亚冠联赛和A3联赛。】（微博语料）

（17）我率领大部队，急匆匆地赶到江北，【是为了一举歼灭柴田修理。】（山冈庄八《德川家康》）

由上可知，关联标记为"前配位关联标记"时，其管控范围随着关联标记所在分句位次不同而变化：

一是关联标记位于初始分句。

若中位分句内有搭配对象，那么它的管控范围仅为当前小句。若中位分句内的关联标记不能与之搭配，那么它的管控范围视情况而定：中位分句内关联标记为"前配位关联标记"时，管控范围为一个分句；中位分句内关联标记为"后配位关联标记"时，管控范围为两个分句。若中位分句内没有任何关联标记，其管控范围也视情况而定：末尾分句关联标记为配对关联标记时，它的管控范围为两个分句；末尾分句没有关联标记或者关联标记不与之呼应时，其管控范围应根据前后景信息综合判定。

二是关联标记位于中位分句。

若末尾分句内有搭配对象，那么它的管控范围仅为当前小句。若末尾分句内的关联标记不能与之搭配，那么它的管控范围可能有两种情况：中位分句内不止一个关联标记且与末尾分句关联标记配对呼应时，它的管控范围是两个分句；否则，管控范围多为当前分句。若末尾分句内没有任何关联标记，其管控范围应根据前后景信息综合判定。

三是关联标记位于末尾分句。

无论初始分句或中位分句内是否存在关联标记，位于末尾分句的关联标记管控范围只能是当前所在分句。究竟其联结结构是否为高层结构，由与其呼应搭配的关联标记管控范围决定。

当关联标记为"后配位关联标记"时，其管控范围也变化复杂：

一是关联标记位于中位分句。

中位分句内不止一个关联标记构成连用式结构时，其管控范围应根据前后景信息综合判定。中位分句内仅一个关联标记时，若初始分句内出现不能与之搭配的关联标记，其管控范围仅为当前分句；若末尾分句重复出现相同的关联标记构成扩展式结构时，管控范围仅为当前分句；其他情形下关联标记的管控范围均要根据前后景信息综合判定。

二是关联标记位于末尾分句。

无论初始分句或中位分句内是否存在关联标记，位于末尾分句的关联标记管控范围只能是当前所在分句。

综上所述，当关联标记所处分句为初始分句或中位分句且管控范围为两个分句时，关联标记嵌套所管控的小句关联体，此关联标记联结的为高层结构，嵌套力最强。当关联标记管控范围为一个分句时，复句的嵌套分析较为复杂，要结合搭配对象综合考虑——若搭配对象嵌套小句关联体，此关联标记标示高层语义关系、否则，标示低层语义关系。

二 关联标记与主语的相对位置

王维贤等（1994）曾言关联标记的放置大致分三种：第一种从句法平面看，前后分句主语相同时，关联标记用在主语之前；前后分句主语不同时，则用在主语之后。第二种从句法语义平面看，关联标记位置先后决定了其语义辖域的不同：用在主语之前，限制范围是后边整个主谓结构；用在主谓之间，限制范围是后边的谓语部分。第三种从句法语义语用平面看，关联标记用在主语前还是主语后受到语境制约。刘建平（2006）赞同关联标记的位置选择受语境影响，认为复句话题如果是新的或者必须重新明确时，偏句关联标记倾向位于主语后。当然，更多学者认为前后分句主语相同时关联标记大多位于主语后面，如朱德熙（1982），李晓琪（1991），刘月华（2001），周刚（2002），储泽祥、陶伏平（2008）等。为验证这些观点，本书穷尽考察自建语料库中所有例句，得出二重有标三分句主语与关联标记的相对位置有如下几种：

（一）关联标记都在主语前

（18）由于我没问过她的情况，而且我压根儿不想打听，所以我对此一无所知。（微博语料）

（19）虽然他已具有退休的资格，但他不能退，因为单位太需要他了。（知乎语料）

（20）如果这是你犯的错，那么我犯下同样的错，并且我不后悔。（知乎语料）

（21）虽然你没想到，但是一切都是真实的，并且你无法改变。（豆瓣影评）

（22）由于我们数十年良好合作，所以店铺能享受低进价，而且产品保证正品。（淘宝语料）

例（18）三个分句主语一致，都是代词"我"。例（19）第一、二分句主语一致，都是人称代词"他"，第三分句主语是"单位"。例（20）第二、三分句主语一致，都是代词"我"，首句主语是指示代词"这"。例（21）第一、三分句主语一致，都是代词"你"，中位分句主语是指示代词"一切"。例（22）三个分句主语完全不同，但都在关联标记后。

（二）关联标记都在主语后

（23）这时候你是没有兴趣，你只要打几局之后，你就有兴趣了。（张恨水《金粉世家》）

（24）你只有向我道歉，并保证不再强迫我，我才敢回家！（微博语料）

（25）表舅虽然不在家，二宝却整天跟着我，似乎怕我再去。（燕垒生《蔷薇园》）

（26）你只要一沾她，灾祸就扑上身，快快绝了这念头！（冯骥才《炮打双灯》）

（27）顾建法同志，书信交往很难发展感情，你既然不愿退伍，咱们就分手吧……（《人民日报》1988年）

例（23）三个分句主语一致——"你"，第二、三分句的主语均位于关联标记之前。例（24）第一、二分句主语一致——"你"，但仅第一、三分句出现主语。例（25）第二、三分句主语一致——"二宝"，但仅第一、二分句出现主语。例（26）第一、三分句主语一致——"你"，仅前两个分句出现主语且均在关联标记前。例（27）三个分句主语各不相同，第二、三分句出现主语，都在关联标记之前。

（三）关联标记与主语一前一后

（28）他把椅子和柜子背后、沙发床底和炉灶里统统都看过，他甚至还钻进了两三个老鼠洞里去看，可是他没有法子找到小精灵。（塞尔玛《尼尔斯骑鹅旅行记》）

（29）如果我还在七连，我就说你看着办，因为我们是对手。（兰晓龙《士兵突击》）

（30）虽然你早已逃离了他们，甚至他们早已不再欺骗了，他们还像站在你跟前一样。（卡夫卡《欺骗农民的人》）

（31）即使他还清了债，但刑期未满，他还得服刑。（《读者》）

(32) 你虽然很像溥仪，但我们觉得你长得不漂亮，观众不喜欢你这样子。(《读者》)

例 (28) 三个分句主语一致，首句没有关联标记出现，中位分句主语在关联标记前，末尾分句主语在关联标记后。例 (29) 第一、二分句主语一致，第一、三分句主语在关联标记后，第二分句主语在关联标记前。例 (30) 第二、三分句主语一致，第一、二分句主语在关联标记后，第三分句主语在关联标记前。例 (31) 第一、三分句主语相同，都是代词"他"；第二分句主语是"刑期"。例 (32) 三个分句主语完全不同，首句关联标记在主语后，中位分句关联标记在主语前，尾句未出现关联标记。

（四）关联标记位于句首

(33) 与其老是在家里，不如到外面去走走，而且至少还有个具体的目的。(村上春树《掐脖子鸟与星期二的女人们》)

(34) 如果缺少起码的道德观念，她再红、再了不起，我也不喜欢、看不起。(《人民日报》1995 年)

(35) 演戏是一种需要花费全部时间的工作，你如果想真正演好戏，就必须把你的全部身心投入其中。(毛姆《剧院风情》)

(36) 国际和平和友好合作的敌人片刻都没有放松任何可以破坏亚非人民友好合作的机会，即使是一次学生的集会，他们也不予放过。(《人民日报》1956 年)

(37) 虽然很难解释，但只要你在，我们就能自然而然地做自己。(村上春树《没有色彩的多崎作和他的巡礼之年》)

根据上下文信息推知例 (33) 三个分句主语一致，主语的省略导致"与其、不如、而且"居于句首。例 (34) 第一、二分句主语相同，第一分句主语"她"蒙后省略，关联标记"如果"临时改变位置处于句首。例 (35) 第二、三分句主语一致，关联标记"就"由于所在分句主语承前省略而临时居于句首。例 (36) 第一、三分句主语一致，中位分句关联标记"即使"位于句首。例 (37) 三个分句主语各不相同，但首句主语省略，关联标记"虽然"居于句首。

由上可知，前后分句主语相同时，主语可以在关联标记前出现，也可以在其后出现；前后分句主语不同时，亦如此。但从使用频率来看，当前后分句主语相同且省略其一时，关联标记倾向出现在主语之后；当前后分句主语相同且全都出现时，为起强调作用，关联标记倾向出现在主语之前。反之，前后分句主语不同时，关联标记亦倾向出现于主语之前。这一结论和王春辉（2010）观点类似，他认为前后分句的主语是否共现才是影响主语位置的最大因素。

此外，当前后呼应的关联标记其一为连词，其二为副词时（如"只有……才、即使……也"），不论它们引领的分句主语是否相同，副词性质的关联标记一律出现在主语后头。因而不能仅从关联标记与主语的相对位置来简单判断前后分句主语是否相同。

主语与关联标记位置间虽关系复杂，嵌套规律仍有据可循。二重有标三分句中，当主语先于关联标记出现时，预期性高，主语管辖范围大多超出所在分句，右向管辖。其辖域内的分句陈述对象连贯和谐，前后过渡自然，语义关系上更紧密，加工难度小，因而更易形成小句关联体。当主语位于关联标记之后且后分句主语与之不同时，句法预期的不确定性增加，加工难度升高，关联标记管控范围倾向于仅限当前分句。而当主语位于关联标记之后但后分句主语与其一致时，关联标记管控范围须结合前后景信息进行综合判定。上述结论与刘云（2008）"能在主语前面的复句关系词语当然比仅位于主语后面的关系词语的离析度高"[①] 是一致的。周统权等（2020）借助自定步速阅读实验同样证实关联标记的位置变化对复句加工难易度会产生影响。

三 连用的关联标记相互位置

上文讲到关联标记的位置对复句各分句的组合顺序具有标示作用。同样，连用式二重有标三分句中，两个连用关联标记的相对位置也具有标示价值，关联标记的先后配列一定程度上影响嵌套复句

---

① 刘云：《复句关系词语离析度考察》，《语言教学与研究》2008年第6期。

层次识别的优先序。可以概括为"前者后优先原则"和"后者后优先原则"。

（一）前者后优先原则

"前者后优先原则"指两个既不同义、搭配对象亦不同的关联标记处于同一分句中时，句法位置靠前的关联标记倾向于嵌套后边的关联标记。即前搭配标记管控全句层次关系。如下例（38）—（40），"倘若说、因为、因为"分别在"因为、若、既"左边，但位置偏右边的关联标记"因为、若、既"引领的分句与后邻分句优先形成小句关联体，再被位置偏左边的"倘若说、因为、因为"嵌套，前面关联标记嵌套后面关联标记。

（38）倘若说因为某件事是幸福的，所以我们就希求它，那就是错误的。（CCL 语料）

（39）因为法律若要完美，就需高度稳定，所以就必须墨守陈规。（CCL 语料）

（40）规律所以为规律，因为它既显现为现象，同时自身又是概念。（黑格尔《精神现象学》）

从心理学角度解释，这条处理原则与"工作记忆"有关。工作记忆（working memory）是推理、语言处理、问题解决等人类公认智力成就中重要的、基础的组成部分。米勒（Miller，1956）通过对比实验发现人类短时记忆（STM）接受、加工、存储的平均广度为 7 ± 2 个信息组块（chunk）；随后考恩（Cowan，2001）也观察到人类工作记忆的容量显著相似，成年人平均记忆容量仅三块到五块。组块的切分虽有个体差异，但储存其中、有意义且可识别的基本语言信息都相当有限。这意味着，人类先前学习的材料或完成的任务对于当前具有一定干扰性，即前摄干扰（proactive interference）。正因为前摄干扰对可以从工作记忆中检索出的信息量产生重大影响［钟尼兹（Jonides et al.，2006）］，记忆材料的排列顺序至关重要。表现在语言形式上，语言结构的开头部分由于缺少前摄干扰的影响，大脑的加工能力和理解能力会更强，因此更适合处理复杂且重要的内容，在一定程度上能降低心理操作难度。

这和陆丙甫提出的"内小外大原理"亦不谋而合。"内小外大原理"是基于人类认知心理操作策略而提出的、用来临时性解决心理操作难度的策略，就处理难度而言，"较难处理的结构的出现往往蕴含着较容易结构的出现"①；就空间距离而言，"靠近核心的内层从属语倾向于比远离核心的外层从属语更短小"②。二重有标三分句中，高层复句内嵌低层结构，与低层结构相比，高层结构的语义内容、语法结构、语用特征都更复杂；与内嵌结构所表达的核心相比，最外层的引领性关联标记距离核心较远。当各自代表的关联标记出现在同一分句中时，引领高层结构的关联标记更容易外置于引领低层结构的关联标记前，书面语中则居于更左边的位置。

与此同时，这条处理原则也符合语言的经济原则。连用式复句中连用的关联标记在时间上依次出现，由前及后嵌套贴合人类线性思维方式，理解起来更为省力、消耗更小。

总之，大部分二重有标三分连用式复句都遵从"前者后优先原则"，学界亦有学者持类似看法：张谊生（1996）考察副词共现顺序时指出主观倾向越强则位序越前；语义辖域越宽则位序越前。张文贤、邱立坤（2007）基于标注语料库中现代汉语关联词的搭配情况，总结出"第一个关联词的辖域总是大于或者等于第二个关联词的辖域"③的观点。吴锋文（2010）以实现复句层次关系的自动识别为目的，归纳出连用形式对分句组合顺序的制约规律是"位次靠前的关系标记管辖范围大于后面关系标记管辖范围"④。当然，个别

---

① 陆丙甫：《从宾语标记的分布看语言类型学的功能分析》，《当代语言学》2001年第4期。
② 陆丙甫：《核心推导语法》，上海教育出版社2015年版，第122页。
③ 张文贤、邱立坤：《基于语料库的关联词搭配研究》，《世界汉语教学》2007年第4期。
④ 吴锋文：《面向中文信息处理的三句式有标复句层次关系自动识别研究》，博士学位论文，华中师范大学，2010年，第89页。

二重有标三分连用式复句遵从"后者后优先原则",但也有规律可循。

(二)后者后优先原则

"后者后优先原则"指两个既不同义、搭配对象亦不同的关联标记处在同一分句中时,句法位置靠后的关联标记倾向于嵌套其前边的关联标记。即后搭配标记管控全句层次关系。请看下面例句:

(41)你之所以选择了我,是因为我是我,还是因为我正好是这个类型的女人?(CCL 语料)

(42)护士没有讲一句反对矿业主的话,一方面是因为尊敬他,另一方面是因为她内心确实感到他是对的。(拉格洛夫《尼尔斯骑鹅旅行记》)

(43)如果这些妻不和贵族有关系,或者如果这些官吏不是主教,这些妻的位次就和丈夫的位次是一样的。(罗素《我的哲学的发展》)

(44)德军当时必须有效地、顺利地占领那座飞机场,这不但是为了飞机的着陆,而且也是为了飞机的再度起飞。(丘吉尔《第二次世界大战回忆录》)

例(41)关联标记序列为 J_1(之所以)—J_2(是+因为)—J_3(还是+因为),选择标"是、还是"均在原因标"因为"之前,整个复句高层结构表达的是果因式因果关系,原因分句内嵌套选择型小句关联体。例(42)关联标记序列为 J_1(N)—J_2(一方面+是因为)—J_3(另一方面+是因为),并列标"一方面、另一方面"均在原因标"是因为"前面,配对出现的并列标优先规约为并列型小句关联体,原因标在语义上管辖着它们,其联结的复句是高层结构。例(43)关联标记序列为 J_1(如果)—J_2(或者+如果)—J_3(就),选择标"或者"虽在假设标"如果"之前,但优先与前分句规约为选择型小句关联体,第二层结构由假设标和结果标联结而成。例(44)关联标记序列为 J_1(N)—J_2(不但+是为了)—J_3(而且+也+是为了),预递标"不但"和承递标"而且、也"均在目的标"是为了"之前,复句高层结构表达了求得式目的关系,目的标在语义上管辖着递进型小句关联体。

可以发现,"后者后优先原则"多用来处理并列关系、递进关系或选择关系与因果关系、求得式目的关系、假设关系、条件关系以及让步关系组合而成的二重复句,并且相邻分句大多出现相同的关联标记。符合吴锋文（2010）所说的"连用形式中重复出现的关系标记管辖范围比搭配型标记的管辖范围大"[①] 规律。这部分连用式嵌套复句的配位方式和扩展式嵌套复句有相通之处,具体表现为如下 7 种组配模式：

1. J_1（IF）—J_2（JF + IB）—J_3（JB + IB）

（45）他们之所以需要发动战争,一方面是由于商业上的原因,一方面是由于受到国际犹太人集团的宣传影响。(CCL 语料)

2. J_1（N）—J_2（IF + JF）—J_3（IB + JF）

（46）我们时常疲倦,不是由于肌肉力量的消失,而是由于不肯特立独行。(《读者》)

3. J_1（N）—J_2（IF）—J_3（JB + IF）

（47）两人汗淋淋地坐着,因为刚忙定,也因为紧张。(王安忆《逃之夭夭》)

4. J_1（N）—J_2（IB）—J_3（IB + JB）

（48）其实,这个问题,她问过自己不知有多少遍,但总没有勇气承认,但也没有理由否认。(冯志《敌后武工队》)

5. J_1（IF + JF）—J_2（IB + JF）—J_3（JB）

（49）不仅因为对知识掌握不牢,还因为考试的心理状态没有调整好,所以这次考试成绩不理想。(微博语料)

6. J_1（IF）—J_2（JB + IF）—J_3（IB）

（50）只要能见到她,甚至只要能感觉到她就在自己附近,也就心满意足。(古龙《小李飞刀》)

[①] 吴锋文：《面向中文信息处理的三句式有标复句层次关系自动识别研究》,博士学位论文,华中师范大学,2010 年,第 90 页。

7. J_1（IF）—J_2（IF＋JB）—J_3（IB）

（51）即使尼采说上帝死了，即使更富有冒险精神的人甚至宣称人类本身已死，但西方人并不怕正视这死亡。（CCL 语料）

这 7 种组配模式中前四种构成充盈态 1－2 型复句，后三种构成充盈态 2－1 型复句。其中第 1、2、3、5、6 遵循"后者后优先原则"，第 4、7 遵循"前者后优先原则"。可知，当二重有标三分句关联标记配位方式兼具连用和扩展两种状态时，总倾向是按照扩展式嵌套复句处理；除去满足处理原则为"后者后优先"所必备的语义条件，一律遵从"前者后优先原则"。

第三节　关联标记的词性特征

根据上文，关联标记的词类共六种，各类词占总数比重由高到低排列为：连词＞超词形式＞副词＞动词＞介词＞助词。

先来看超词形式。跨语法单位的超词形式按照音节数量分为二字格、三字格、四字格、五字格和六字格①五种，按照结构形式大致分为以下四种：

一是带"说"类。李晋霞、刘云（2009）认为"说"是引语的词汇标记，且很大可能是间接引语。这类超词形式末尾"说"表达了传信义，标明言者对所述内容的真实性持弱信任态度。具体可细分为：连词＋"说"（如果说、倘若说、虽然说），副词＋"说"（毋宁说、莫说、甭说）、动词＋"说"（不如说）、副词＋副词＋"说"（更不必说）、连词＋连词＋"说"（抑或者说）、副词＋动词＋"说"（还不如说）等。

二是带"是"类。这类超词形式中"是"具有断言功能，内含语义真值，标明言者对命题为真的主观认识。细分为：连词＋"是"

---

① 这里的"格"是种特殊的语言单位。

（或是、就算是、虽说是），副词+"是"（一定是、特别是、更是），名词+"是"（后是、结局是），数词+"是"（一是、二是）、"是"+连词（是因为）、"是"+介词（是为了）、副词+形容词+"是"（更重要的是）、副词+"说"+"是"（莫说是）等。

　　三是组合类。有些超词形式由不同词类自由组合而成，在复句中它们经常组合出现，语义具有整体性、结构具有凝固性，且使用较为高频，虽非严格意义上的词，但有词汇化趋势。这类超词形式细分为：副词+连词（不只是、更何况），连词+副词（那就、不但不），副词+副词（其实却、随后就），连词+连词（若不是、而不是、要不就是），副词+动词（倒不如、还不如），连词+动词（以便于），连词+介词（甚至于）、副词+介词（无怪于）、副词+动词+连词（正是因为、正是由于）等。

　　四是其他关联性成分。关联性成分为凝合联结的状态，具体有"插说成分"和"对比成分"两种。其中，"插说成分"前后表达方式不同，但同义同指，如：换言之、简而言之等。"对比成分"前后分句语义上形成鲜明对照，表"跟……相比"义，如：正好相反、对比之下、相反地等。

　　可见，超词形式多可拆解为连词或副词与别的词的组合；而动、介、助词数量较少，一般也不嵌套其他关联标记；关联连词和关联副词比重之和却超过60%，占绝对优势。因而本书以关联连词和关联副词为重点比较对象，探寻关联标记词性特征与关联标记嵌套力之间的关系。

　　一方面，关联连词和关联副词都可以出现在主语前或主语后，都具有关联功能。另一方面，两类词具有明显的区别特征。在句法功能上，关联副词依旧保留副词的功能，作为状语修饰谓词语。相异于关联连词联结的成分黏附、不能单说，关联副词在结构上一般具有独立性。副词充当句法成分时，与之组合的成分也可以单说，不以另一段话语为依存。如下页例（52）中连词"如果"引领的假设分句不能单说，以"就"引领的结果分句为依存；而副词"就"

接应假设分句的同时在后续分句中充当状语，不以前者为依存。

在语义功能上，关联副词语义具有不确定性，前后分句的句法语义关系由与之搭配的关联连词来确定，否则，会引起语句歧义；而关联连词本身的语义是确定的，在句法允许的前提下，可以去掉其中一个关联连词并保持句法语义关系的原貌。如例（52）中位分句关联连词"或者"标明选择关系，先行分句虽省略了前配位选择标"或者"，语义关系仍不变，无歧义。而且，若将标明结果的关联副词"就"省略，仅留假设标"如果"，如（52'），假设关系亦不变。但是，若将标明假设关系的关联连词"如果"省略，如（52''），前后分句会产生歧义，可作多种解释：前分句加原因标"因为"时，构成因果关系；前分句加条件标"只要"时，构成条件关系；前分句加推断标"既然"时，构成推断关系；前分句加目的标"为了"时，构成目的关系……

在组合搭配上，关联连词和关联副词可以应和使用构成特定复句格式，常规位置是关联连词在前（前配位关联标记），关联副词在后（后配位关联标记），相反的情形较少出现。语法书中多将副词视为实词，下位分类有范围副词（都、仅）、频率副词（再、还）、时间副词（偶尔、一向）、否定副词（不、未）、程度副词（很、多）、语气副词（大概、几乎）和关联副词（越、非）。复句中，前六种副词意义很"实"；最后一种副词由于句法地位特殊的缘故，意义较"虚"，为辅助性语法成分。至于连词，不论是词语连词还是句间连词，都不会成为复句中实质性结构部分。

在与分句关系亲疏上，关联副词与分句的嵌套关系较疏远，可以省略；而关联连词与分句的嵌套关系较亲密，难以省略。正如例（53），关联副词"就"联结条件结构时嵌套能力弱，结果分句嵌套让步格式"就算……也"时不出现结果标"就"也不影响句子理解。反之，例（53'）单音节结果标和双音节让步标连用却是错误用法。

（52）但是如果只引进、不消化，或者消化得很慢，我们就只能

跟在人家的后面。(《人民日报》1995年)

(52')但是如果只引进、不消化,或者消化得很慢,我们只能跟在人家的后面。

(52'')但是只引进、不消化,或者消化得很慢,我们就只能跟在人家的后面。

(53)只要挑对了船,就算只有一点投资,你也可能变成百万富翁。(赫拉利《人类简史:从动物到上帝》)

(53')只要挑对了船,就就算只有一点投资,你也可能变成百万富翁。

相比之下,关联连词的关联强度是最强的。关联标记究其实质在于"关联"二字,不同词类的关联标记在关联强度上强弱不均,定然直接影响其嵌套力大小,两者之间呈正相关关系。既然连词的关联强度强于副词,其嵌套力亦大于副词。正如刘云(2008)所言,"连词的离析能力强于副词"[①]。

最后从关联标记音节数量视角来谈,单音节形式的连词有28个,副词35个;三音节形式的连词6个,副词7个;而双音节连词共153个,副词69个。双音节关联标记的连词数量远多于单音节、三音节之和,嵌套几率上也能证实前文所说双音节关联标记嵌套力最强的结论。此外,双音节形式的连词也远多于双音节形式的副词,这符合连词嵌套力强于副词的倾向。

第四节 关联标记的语义特征

"语义特征"是语义学概念,指某个词在意义上所具有的特点;"语义特征分析法"就是将词的整体意义切分为较小意义单位的方法。此方法于20世纪80年代在汉语语法研究领域兴起,弥补了变

[①] 刘云:《复句关系词语离析度考察》,《语言教学与研究》2008年第6期。

换分析法的局限。毋庸置疑,实词可以分析出语义特征——或实词词义的义素、或实词词义的蕴涵义、或实词语义关系义;周刚(2002)则认为虚词同样也可以分析语义特征。二重复句表达的意义事件较复杂,其内部构成要素——每一个基本的语义单元,以分句的形式显现,语义单元的推进就是复句结构由低层向高层、由单重向多重的扩张。可以说,对复句分句语义单元的分析,离不开对关联标记语义特征的分析。

十二种语义类别的关联标记具备它们各自的语义特征。比如,可以在并列关联标记中分析出〔−制约性〕〔−顺序性〕等语义特征,可以在连贯关联标记中分析出〔−制约性〕〔+顺序性〕等语义特征,可以在递进关联标记中分析出〔−制约性〕〔+顺序性〕等语义特征,可以在选择关联标记中分析出〔−制约性〕〔−顺序性〕等语义特征,可以在因果关联标记中分析出〔+顺向制约性〕〔+顺序性〕等语义特征,可以在假设关联标记中分析出〔+顺向制约性〕〔+顺序性〕〔−唯一性〕〔−请求性〕等语义特征,可以在条件关联标记中分析出〔+顺向制约性〕〔+顺序性〕〔+唯一性〕〔+请求性〕等语义特征,可以在目的关联标记中分析出〔+顺向制约性〕〔+顺序性〕等语义特征,可以在推断关联标记中分析出〔+顺向制约性〕〔+顺序性〕等语义特征,可以转折关联标记中分析出〔±逆向制约性〕〔±制约性〕〔+对立性〕〔−顺序性〕等语义特征,可以在让步关联标记中分析出〔±逆向制约性〕〔±制约性〕〔−顺序性〕等语义特征,可以在假转关联标记中分析出〔±逆向制约性〕〔±制约性〕〔+顺序性〕等语义特征。总之,每种类别的关联标记都有其特殊性。拿"假设关联标记"和"条件关联标记"来讲,逻辑学层面上它们都指向特定条件,都是假言命题;语言学层面上"条件关联标记"以客观存在的事实为虚拟性条件,而"假设关联标记"则纯粹表假设。

既然二重有标三分句的嵌套只可能是单个关联标记嵌套某个关联标记对,不可能前后关联标记均嵌套关联标记对,因而本节将考察对象按照句法配位细分为前配位关联标记(先行词)或后配位关联标记(后续词),总结五组和关联标记嵌套力相关的语义特征因素。

一 已然性与未然性

关联标记引领的分句表既成事实,具有已然性——推断标、实让标;关联标记引领的分句表未成事实,具有未然性——假设标、条件标、总让标、忍让标、虚让标;关联标记引领的分句既可以表已然也可以表未然——原因标。

首先,具有已然性语义特征的关联标记嵌套力强于具有未然性语义特征的关联标记。这既是逻辑学上的要求,也符合语用学"合作原则"之"质量准则(Quantity Maxim)",表达者提供确切、真实的信息。因而,假设标、条件标等不可以嵌套推断标、实让标,难以形成"倘若(既然……就)……那么、只要(既然……就)……那么、不论(既然……那么)……都、宁可(虽然……那么)……也不、就算(虽然……那么)……也"等格式。下例(54)中"既然"和"只要"位置对调成(54'),句子明显不成立。

(54) 既然每一个公民只要付出了相同的努力,都能获得平等的回报,那么当初推动"平权"的初衷就已经达到。[《人民日报》(海外版)2014年]

(54') *只要每一个公民既然付出了相同的努力,那么能获得平等的回报,当初推动"平权"的初衷就已经达到。

其次,语义特征都具有[+未然性]的关联标记可以相互嵌套,形成"如果(只有……才)……那么、如果(无论……都)……那么、如果(宁可……也)……那么、如果(即使……也)……那么"等句式,这符合人类正常的思维推理过程。

最后,具有[±已然性]的关联标记因内涵外延宽广,属于全论域,嵌套力仅次于[+已然性]关联标记。如例(55)和例(56),原因标既可以嵌套具有已然性的推断标[见例(55)],也可以嵌套具有未然性的假设标［见例（56）］：

（55）因为须生中既然有"靠把"一项，那就等于是"武老生"了，何必还另外创造出这种"叠床架屋"的名词来呢。（景孤血《京剧的行当》）

（56）我不敢再吃烤红薯了，因为只要一张嘴，沙子总是拼命地往我嘴里钻。（卞庆奎《中国北漂艺人生存实录》）

二 特定性与自由性

关联标记引领的分句标明特定条件，具有特定性——假设标、条件标、目的标；关联标记引领的分句表示无定条件，具有自由性——选择标、总让标。

一般情况下，具有特定性语义特征的关联标记嵌套力强于具有自由性语义特征的关联标记。逻辑语义上，具有［＋特定性］的关联标记层次高于具有［＋自由性］的关联标记，前者可以制约后者，二者位置很难颠倒。语用学上来说，是因为具有［＋特定性］的关联标记提供了适量且足够详尽的信息量，符合"合作原则"之"数量准则（Quantity Maxim）"。因而，假设标可以嵌套选择标，反之不然。下例（57）中"如果"和"或者"位置对调成（57'），句子明显不成立：

（57）如果在比赛中造成骨折，或者其他内脏受伤，它就无能为力了。（《中国儿童百科全书》）

（57'）＊或者在比赛中造成骨折，如果其他内脏受伤，它就无能为力了。

同样地，语义特征都是［＋自由性］的关联标记可以相互嵌套，形成"无论（或者……或者）……都"等句式。

三 确定性与选择性

关联标记引领的分句指向明确的事物，具有确定性——结果标（表推断关系、假设关系、条件关系、因果关系等）、转折标；关联标记引领的分句指向非确定的事物,具有选择性——选择标。

一般情况下,具有选择性语义特征的关联标记不能嵌套具有确定性语义特征的关联标记,具有确定性语义特征的关联标记也不能嵌套具有选择性语义特征的关联标记。复句格式不论是"或者(就是……也)……或者"还是"就是……也(或者……或者)"都不成立。因为从语义适应性角度看,[+确定性]与[+选择性]语义特征相互矛盾、逻辑呈现混乱。

当然,语义特征是[+确定性]的关联标记层次较高,不受制约,几乎可以嵌套除选择标之外的所有关联标记,构成"因为……所以(即使……也)、假如……那么(既……又)、但凡……就(不光……还)、虽然……但是(因为……所以)"等句式。从句子连贯性角度讲,编码信息时,承载旧信息的成分一般在前,表达新信息的成分一般在后,遵循先背景信息后前景信息的信息结构。因果类、转折类复句后续词(结果标和转折标)引领的分句表前景信息,整个复句语义重点皆在此,加之具有确定性语义特征,进而嵌套因果类结构、转折类结构或并列类结构表达复杂语义事件,如下例(58)。

(58)船上两名船员虽采取了紧急抛锚措施,但由于风大水急,船仍象匹野马向大桥六、七、八号桥墩撞去。(《长江日报》1983年)

此外,假设标、条件标、原因标的语义特征也可以是[+选择性],与选择标的语义特征相同、语义相适应,形成"如果(或者……或者)……那"[下例(59)]、"因为(或者……或者)……所以、只要(或者……或者)……才"等句式。

(59)如果不问青红皂白,或者投鼠忌器,那无异于作茧自缚。(1994年报刊精选)

四 一致性与对立性

关联标记引领的分句内容与其配对分句在思维表述上具有一致性——平列标、解注标、连贯标、顺递标、原因标、推断标、条件标、假设标、求得目的标、结果标;关联标记引领的分句内容与其配对分句在思维表述上具有对立性——对照标、反递标、转折标、求免目的标、假转标。

王维贤等（1994）主张分句间的语义关系有三个层次：一是反映客观事物之间事实上关系的事理关系，二是透过人的认识将事理关系反映在语言中的认识关系，三是反映人对客观事物或关系的主观态度的心理关系。同样，张斌（2008）从三个角度进行概括：一是反映客观事实之间关系的事理关系，如并列关系、连贯关系；二是着重判断与判断之间关系的逻辑关系，如因果关系、选择关系、条件关系；三是强调说话人主观意图的心理关系，如转折关系。可知，思维表述上具有对立性的关联标记反映的语义关系主要是心理关系，带有强烈的主观色彩，和人的主观视点息息相关。事实上，语义不只是客观的真值条件，客观实际通过主观视点影响复句格式，复句格式直接反映的是主观视点，间接反映的才是客观实际。因而，着重强调主观视点的心理关系关联标记最为显著，即，具有对立性语义特征的关联标记嵌套力一般强于具有一致性语义特征的关联标记。

思维表述上，具有一致性的关联标记符合人类顺向思维表达习惯；具有对立性的关联标记则表达逆向思维，是从预期到反预期的命题转换［夸克（Quirk et al., 1985）］，体现事件连续性和非连续性对立，具有一定的滞后性和难以接受性。人们习惯了顺向思维（其先于、也快于逆向思维），导致反映直接顺承思维的关联标记很难嵌套经过转变进化、要付出更多认知努力、违逆思维顺序的关联标记。

以因果复句和让步复句为例：

(60) 我觉得即使有什么天赋也展现不出来，因为小时候我虽然调皮，但是我内心其实是很羞涩的一个女孩。(《鲁豫有约》)

(61) 由于女足比赛采用单循环赛制，因而中朝两队今晚的交锋虽然仅是第二轮比赛，但实际上是一场提前上演的冠亚军决赛。(《文汇报》2002年)

(62) 当天晚上他就享受了一顿熊掌，虽然因为他不会烹调，所

以熊掌的滋味并不如传说中那么好。(古龙《小李飞刀》)

(63) 虽然我们事先毫无准备,但是由于德国进攻波兰,我们就投入了战争。(丘吉尔《第二次世界大战回忆录》)

上例(60)(61)是因果关系嵌套让步关系的二重复句实例,例(60)中原因标逆置后嵌套让步结构,例(61)中结果标"因而"嵌套让步结构。上例(62)—(63)是让步关系嵌套因果关系的二重复句实例,例(62)中实让标"虽然"逆置后嵌套因果结构,例(63)中转折标嵌套因果结构。事实上,穷尽语料发现,因果复句嵌套让步结构时大多是结果标在嵌套,形成"结果标+让步标"的连用格式;个别情况(语料库仅几例)连用格式"原因标+让步标"出现,也应满足因果复句前后分句逆置的前提——附加在因果复句中的语意重点、表达效果等反映了言者的心理认识或事理关系,不再是单纯的逻辑语义关系。与之相对,让步复句嵌套因果结构更自由,让步标和转折标的嵌套能力都很强。它们之间嵌套能力排序为:转折标嵌套因果结构>让步标嵌套因果结构>结果标嵌套让步结构>原因标嵌套让步结构。

形成这一格局原因之一是,因果复句反映事物间逻辑关系,表达直截了当的推理或论证模式;让步复句前后分句则体现违理关系,思维表述较强的跳跃性与因果复句不相适应。因而,因果复句的前分句很难嵌套让步复句,否则,会冲淡推理氛围。原因之二是,从哲学思辨角度来看,因果关系是普遍存在的,不以人的意志为转移。既是事物之间、观念之间、事物与观念之间的最基本、最直接、最简单的关系,又是最重要、最间接、最复杂的关系。而让步复句则反映了客观世界事物发展变化的根本动力——矛盾,对立性和统一性是矛盾关系的两种属性,其他一切关系都由此而产生。现代汉语复句嵌套格式理应符合哲学规律。

实证研究方面,学者们先后通过ERP实验、眼动实验、自定步速实验等验证了转折复句相比因果复句较难加工[徐晓东(Xu et al., 2015/2018;李德高(Li et al., 2019)];欧洲系列语言习得实验同样表明，表转折关系的复句在概念层面和语义层面更为复杂，习得时间通常较晚［莫雷拉（Morera et al.，2010/2017；向明（Xiang et al.，2015）］。

五　概念语义距离

关联标记联结的前后分句概念语义距离较近，认知过程同步，停顿能力差——并列类关联标记；关联标记联结的前后分句概念语义距离较远，认知过程复杂，停顿能力强——因果类关联标记和转折类关联标记。

并列类关联标记标明横式或纵式的并列罗举关系，各并列项认知过程同步，不存在认知推理过程。转折类、因果类复句须经历思维认知过程，存有观念、事理上的交错。故而，并列类复句的心理语义距离相对更近，体现在复句格式中并列句式的结构更凝固、更靠近。

本书认为，二重有标三分句中，关联标记与其管控部分的线性距离越小、搭配距离越近，则嵌套其他关联标记的可能性相对少很多。相反，关联标记搭配距离越远，意味嵌套能力越强。如例（64）—（67），分别是虚让标"即使"嵌套选择结构，假转标"否则"嵌套并列结构，原因标"因为"嵌套连贯结构，目的标"以便"嵌套递进结构。

（64）即使从未在他哪儿买过东西，或者他们不确定我会不会给回钱他，他都爽快地让我下回给。（微博语料）

（65）首先，土地必须能买卖交易，否则它既不是钱，又不能转换成资本。（CCL语料）

（66）而埃夏认为这反而有损于她的形象，因为女人的职责首先是要漂亮，其次要愚笨……（埃萨·德《马亚一家》）

（67）这些部队奉调开进法国境内，以便完成他们的训练，并且增强正在进行手头工作的劳动力量。（丘吉尔《第二次世界大战回忆录》）

姚双云（2006）罗列了《人民日报》语料样本中常见搭配标记的平均搭配距离，平均跨距在10个词长以上的搭配格式有：表假设关系的"如果说……则、如果说……就、若非……就、如果……也、假如……那么、假若……就、假如……也、倘若……就",表条件关系的"除非……就",表因果关系的"因为……以致、由于……因而、因为……结果、由于……因此、因为……以至、因为……那么、由于……就、鉴于……因此",表递进关系的"不用说……也、不只……也、不仅……特别是、甭说……也",表连贯关系的"然后……最后、首先……接着、首先……最后",表让步关系的"即使……那么、即使……还是、即使……却"。除去不适用于二重有标三分句的"然后……最后",可以看到大部分搭配格式属于因果类和转折类,这符合上文的判断。

综上所述,关联标记联结的结构层次高低与其语义特征有关,高层次关联标记的语义特征制约着低层次关联标记的语义特征。普遍倾向是,显赫关联标记的嵌套能力强于非显赫关联标记,指引整个二重有标三分句的语义类别。

需注意,若相同关联标记重复出现在相邻分句中,即二重有标三分句句式呈现为扩展式嵌套,关联标记的语义特征对复句层次划分亦有影响——相同关联标记具有相同的语义特征,所引领分句之间关系更为紧密,符合距离象似性。即除扩展分句中出现递进类、选择类关联标记外(语义关系由递进类、选择类关联标记决定),扩展分句一律优先规约为并列型小句关联体,再与剩下分句组配,整个复句的语义关系由重复出现的关联标记类别决定,遵循"同义优先组原则"。

其一,若第一、二分句出现相同的前配位关联标记,那么,第一、二分句优先组配为并列关系,再与第三分句构成高层结构。这类句法格式和前面讨论的"连用式嵌套"不同之处在于,不论递进类、选择类或并列类关联标记的配位在前或在后,其所在分句都首先和相邻扩展分句构成低层结构,且语义关系类型由它们决定。

(68)虽然是匆匆探访,虽然是轻轻叩击,但我们还是被他们深深地感动了。(1994年报刊精选)

(69)如果没有那场战争,如果他不上前线的话,他就是部队里

再普通不过的一个年轻战士。(《鲁豫有约》)

（70）因为心已装不下别人，因为还爱着她，所以想结婚。(微博语料)

（71）很多人为了贪看电视，或者为了朋友约会，经常熬到下半夜。(微博语料)

例（68）—（70）初始分句和中位分句优先组配为并列型小句关联体，再与末尾分句构成让转复句、假设复句或因果复句。例（71）初始分句和中位分句优先组配为选择型小句关联体，再与末尾分句构成目的复句。

其二，若第二、三分句出现相同的前配位关联标记，那么，第二、三分句优先组配为并列关系（选择标、递进标出现除外），再与首句构成高层结构。

（72）他第一次感觉到做人的悲哀，因为渺小、无助，因为无法摆脱命运的安排。(CCL 语料)

（73）他们也许会另找职业，只要还有其他职业可找，只要警察抓不到他们。(海明威《永别了，武器》)

（74）我来长治啥也不图，就为了侍奉好老人，也为了给你和孩子搞好后勤。(《人民日报》1995 年)

（75）我记得他和奥尔加谈崩了，即使他们曾经相爱，即使他们曾经非常开心。(张剑《世界 100 位富豪发迹史》)

例（72）首句没有关联标记，第二、三分句关联标记相同，都是前配位原因标"因为"。这是一个因果二重复句，第二、三分句优先组配为并列关系，再与首句构成因果关系。例（73）首句无关联标记，第二、三分句的关联标记都是前配位条件标"只要"，整个句式是表条件关系的二重复句。例（74）第二、三分句虽有目的标"为了"，但优先规约成并列型小句关联体，再与首句形成目的结构。例（75）第二、三分句的关联标记相同，为前配位让步标"即使"，同理，它们先形成并列搭配，再与首句结合。这是一个二重让转复句。

当然，关联标记前出现递进类或选择类关联标记时，第二、三分句优先规约为递进型或选择型小句关联体：

（76）可惜他没有成功，因为他的勇气还不够，更因为他让愤怒主宰了自己。（CCL语料）

其三，若第二、三分句出现相同的后配位关联标记，那么，第二、三分句优先组配成并列关系，再与首句构成高层结构。若关联标记后出现递进类或选择类关联标记，第二、三分句则规约为递进型或选择型小句关联体。

（77）只要有一颗年轻的心，就能永葆青春的活力，就永远不会衰老。（《人民日报》1996年）

（78）如果拉得很长，那就不叫小品文了，那就叫大品文了。（1994年报刊精选）

（79）A姓女星非常漂亮，因此红颜薄命，因此更让人同情。（微博语料）

例（77）中位分句和末尾分句优先规约为并列型小句关联体，再与起始分句构成条件关系。例（78）中位分句和末尾分句优先规约为并列关系，再与起始分句构成假设关系。例（79）中位分句和末尾分句优先规约为递进关系，再与起始分句构成因果关系。

第五节　关联标记的数量

二重有标三分句中关联标记的实际数量分为四种情形：关联标记全出现，关联标记省略其一，关联标记省略其二，关联标记省略其三。从上文分析可知，各层次关联标记均未省略是最理想的状态，复句层次构造、分句间语义关系一目了然。根据关联标记的音节、位置、词性、语义等特点，和总结的同义优先组原则、前者后优先原则、后者后优先原则，可以做出正确率较高的判定。

但实例化语料中，关联标记省略现象极为常见，几乎占语料库总数的87%。关联标记的省略使某些分句变为无标分句,难以判别其组合对象究竟是一个分句抑或一个小句关联体;还会造成歧义,无法甄别省略的关联标记属于高层次结构还是低层次结构。具体来说,有时关联标记省略后形成的句法关联模式属于充盈态模式,分句之间的关系即使不依靠关联标记,或仅依靠单个关联标记依旧可以分析出来。这是由于"复句的各个分句都有各自的结构中心,命题表述完整,表义比较清晰"① 的缘故。这种情况较容易处理,只要建立专门的知识库,囊括所有的充盈态复句句式即可。较为麻烦的是由于关联标记省略造成的非充盈态复句,须对相应的实例化复句进行对比研究,根据关联标记、句法成分甚至语气类型等特点,找出划为不同模式的判定依据,反复验证后才能将规则形式化。来看下面例句:

(80) 动物心理学虽然因为派别的不同,所注重的问题因也不同,但是其研究对象,则无论那个派别都放在行为之上的。(陈德荣《行为主义》)

(81) 平素吃饭大概素食,因为这既可以省钱,且也是修福忏罪的一种方法。(李广田《银狐》)

(82) 只要有条鱼从头顶飞过去,第一担保公司的人不仅只会高兴酸奶杯,而且还会自创花样了。(CCL 语料)

上三例属于充盈态有标复句。例(80)关联标记序列为 J_1(虽然+因为)—J_2(也)—J_3(但是),关联标记组配模式是 J_1(IF+JF)—J_2(JB)—J_3(IB),其层次关系分析如图 3.1 所示。例(81)关联标记序列为 J_1(N)—J_2(因为+既)—J_3(且+也),关联标记组配模式为 J_1(N)—J_2(IF+JF)—J_3(JB),层次关系分析如图 3.2 所示。例(82)关联标记序列为 J_1(只要)—J_2(不仅)—J_3(而且),关联标记组配模式为 J_1(IF)—J_2(JF)—J_3(JB),虽省略了关联标记 B "那么",但不影响其 1-2 型有标复句

---

① 周刚:《关联成分在单句中的功能再探》,《汉语学习》2000 年第 6 期。

格式的判定,它的层次语义关系分析如图 3.3 所示。

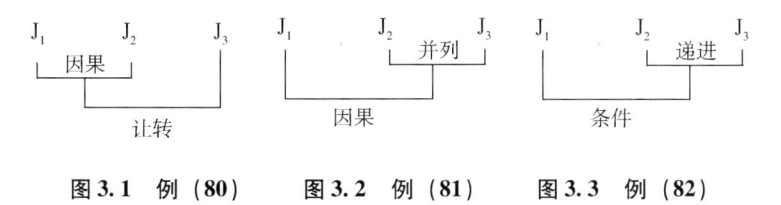

```
J₁     J₂    J₃      J₁     J₂    J₃      J₁     J₂    J₃
└因果─┘            └──并列──┘            └──递进──┘
└──让转──┘          └──因果──┘          └──条件──┘

图 3.1  例 (80)    图 3.2  例 (81)    图 3.3  例 (82)
```

再来看如下几例:

(83) 他要维持大清,但大清反而嫉妒他,排斥他。(CCL 语料)

(84) 膳食纤维能填饱肚子,但不产生热量,对于减肥人士无疑是一举两得之宝。(微博语料)

(85) 即使我想用冰,也得等到回酒店,问客房服务要。(姚明《我的世界我的梦》)

(86) 即使是很少量的早饭,也一定要吃,这可防止吃得过多而长肉的现象。(韩政树《你可以成为小脸美女》)

上四例属于非充盈态有标复句。例 (83) — (84) 关联标记序列都为 J_1(N) — J_2(但) — J_3(N),关联标记组配模式都是 J_1(N) — J_2(IB) — J_3(N)。不同之处是,例 (83) 是 1 - 2 型有标复句,例 (84) 是 2 - 1 型有标复句。例 (85)(86) 关联标记序列都为 J_1(即使) — J_2(也) — J_3(N),关联标记组配模式都是 J_1(IF) — J_2(IB) — J_3(N)。不同之处在于,例 (85) 是 1 - 2 型有标复句,例 (86) 是 2 - 1 型有标复句。可见,关联标记的缺省确实会造成分句关系的模棱两可。

吉汶 (Givón, 1991) 在 *Isomorphism in the Grammatical Code: Cognitive and Biological Considerations* 文中对数量象似原则作了详细解释。毋庸置疑,关联标记与关联标记作用之间同样存在象似关系:二重有标三分句相比中枢小句而言具有更多且更重要的信息量,较低的预测性需要得到更多的编码材料。因而,复句是否呈现充盈态与关联标记出现的数量有关——关联标记出现数量越多,复句为充盈态复句可能性越高。

一 从数量看

按照关联标记在复句中的搭配照应情况，二重有标三分句关联标记的省略可分为以下几种：

（一）出现三个关联标记

即四个关联标记出现三个（关联标记均为配对、单用共存型或搭配型）。

（87）因为我们吃熟肉，就算你吃得再饱，四个小时也消化完了。(《百家讲坛》)

（88）尽管现代历史的进程加速，而且社会政治的动荡加剧，但永恒比变化更为实在。(CCL语料)

例（87）省略了结果标B，中位、末尾分句形成的小句关联体和初始分句之间存在因果关系，因而复句的高层结构表因果关系。例（88）省略了预递标B，初始、中位分句和末尾分句之间都存在容认性让步关系，复句的高层结构表让步。

（二）出现两个关联标记

具体有第一种：四个关联标记出现两个（关联标记均为配对、单用共存型或搭配型）。

（89）因为一个月没有下雨，木料堆非常干燥，所以烧得很快。(柯南《福尔摩斯探案集》)

（90）当今流行的酷飒风格不适合我，我肩膀既窄，身上的肉又多。(淘宝语料)

如例（89）第一分句的原因标和第三分句的结果标可以搭配，但未出现关联标记的第二分句似乎和第一分句也能构成因果关系，复句的层次语义划分似乎存在两种可能性。例（90）省略了结果标A和原因标B，第二、三分句构成搭配，但并非高层结构。

第二种：三个关联标记出现两个（某层次关联标记是单用型）。

（91）法国虽也产铀，但并不丰富，已发现的铀矿蕴藏量约有十

万吨。(胡杰《法国的核工业的发展》)

(92) 父亲为了让我们吃饱饭,并且受到良好的教育,不得不起早贪黑干活。(微博语料)

例(91)省略了解注标 C,初始、中位分句间存在容忍性让步关系,末尾分句的层次归属仅从表面形式难以判断。例(92)省略了预递标 B,初始、中位分句和末尾分句之间都存在目的关系,构成二重复句的高层语义关系。

(三) 出现一个关联标记

第一种是四个关联标记出现一个(关联标记均为配对、单用共存型或搭配型)。

(93) 鼻子是气体出入的通道,与肺直接相连,所以称鼻子是肺之窍。(张小暖《女人养颜经》)

(94) 它们虽还在那里,已经被统一起来,成为一个合命题的整体。(冯友兰《中国哲学简史》)

例(93)省略了原因标 A 和并列标 B、C,例(94)仅出现让步标 A,由于仅存一个关联标记,难以确认其"二重"复句的性质,更无从谈起结构层次分析。

第二种是三个关联标记出现一个(某层次关联标记是单用型)。

(95) 为了掩饰这种恐惧,他们互相伤害,喝酒说荤话。(卞庆奎《中国北漂艺人生存实录》)

(96) 今天,中国人民为了振兴中华,为了使中华民族不在新世纪中被开除球籍,同样怀着深沉的危机感和紧迫感。(《人民日报》1988 年)

例(95)省略了并列标 B、C,仅凭关联标记很难判断复句的层次结构。例(96)省略了预递标 B 和承递标 C,扩展式复句遵循"同义优先组原则"。

第三种是两个关联标记出现一个(关联标记均为单用型)。

(97) 酒可以喝,不能狂饮乱喝,否则会出大事。(微博语料)

(98) 条件决定目标能否实现,你可能放弃了一个工作,但中断

了之后又延续不上。(《对话》)

例（97）省略了转折标 A，中位、末尾分句间存在假转关系，但初始、末尾分句之间关系存在歧义。例（98）省略了解注标 A，中位、末尾分句间存在转折关系，但初始分句和哪个分句的关系更为密切存在歧义。

二 从层次归属看

上文对复句中出现的关联标记数量进行了分类，从省略关联标记的层次归属看，又分如下两种：

（一）仅一个层次省略关联标记

（99）要是对方的答话不大清楚，不仅会伤及答者的体面，而且双方皆感没趣。(佚名《哈佛管理培训系列全集》)

上例出现了假设标"要是"和递进标"不仅""而且"，省略了结果标"那么"。这是一个二重假设复句，结果分句嵌套递进型小句关联体。

（二）两个层次都省略关联标记

（100）要是世道人情艰险难当，你撕了这帖子，也不至于受牵连。(张大春《聆听父亲》)

上例出现了假设标"要是"和结果标"也"，但它们并不构成搭配，结果标"也"与其相邻分句共同嵌套于结果分句里。这属于关联标记"漂移"现象。

综上所述，二重有标三分句中有的层次省略关联标记，有的层次没有省略；省略的层次中有时两个关联标记全部省略，或者仅留其一。"距离标记对应律"认为"一个附加语离核心越远，越需要添加表示它跟核心之间语义关系的显性标记"①，这条语言共性同样可以解释二重有标三分句省略现象。对于省略一个关联标记的复句，

---

① 陆丙甫：《作为一条语言共性的"距离—标记对应律"》，《中国语文》2004 年第 1 期。

通常凭借现有关联标记即可完成二重复句的结构层次分析。对于省略两个关联标记的复句，如果出现的关联标记不属于同一层次，仅凭现有的关联标记很难确认其联结结构层次高低；反之，则有望凭借现有的关联标记判定复句结构层次。对于省略三个关联标记的复句，由于分句间缺少标记的帮助难以确认其搭配距离远近，仅凭关联标记划分结构层次的话，准确率会非常低。

语言单位是语言系统中的"微观粒子"，从信息论角度亦可验察此结论。1948年，现代信息论之父香农（Shannon）在论文 *A Mathematical Theory of Communication* 中将热力学概念"熵"（Entropy）引入信息论中，以解决信息的度量问题，称之为"信息熵"。香农认为，熵同系统信息量的大小密切相关。信息的基本作用就是消除人们对事物的不确定性，当不确定性越高时，熵就越大，需要获取的信息量也就越大。二重有标三分句中，各分句共同形成一个关系集合，集合中元素的数目较多，构建、表达说话人思想的语言单位编码较长，其熵值自然较大。马尔科夫链强调，根据前面出现的语言符号来预测下一个语言符号的不肯定性会越来越小，因而在形式上标明分句间特定关系的关联标记出现越多，嵌套复句的结构层次划分越清晰明了。

第六节　传承关联标记

汉语发展演变的历史分为古代汉语、近代汉语和现代汉语三个阶段。古代汉语阶段指有文字记载以来至隋唐时期，分为"文言文"和"古白话"；近代汉语阶段始于晚唐五代；现代汉语阶段则为五四时期至今使用的汉民族语言。从历史视角纵向考察、比较复句关联标记，可分为三种：

第一种，已经消亡的旧关联标记。

有些关联标记在古代、近代汉语阶段较流行，但五四以后逐渐式微。具体如下：

1. 方。"方"有"才"的意思，表条件关系，如李商隐《无题》"春蚕到死丝方尽，蜡炬成灰泪始干"。现代汉语中"方"有名词、形容词、量词和副词四种用法，但不再作为关联标记使用。

2. 向。"向"可以表"假设、假如"，如柳宗元《黔之驴》"向不出其技，虎虽猛，疑畏，卒不敢取"。到了现代汉语阶段，"向"完全失去了标示假设条件、联结前后分句的功能。

3. 其。古汉"其"可用作连词表假设关系，见于荀子《劝学》"兰槐之根是为芷，其渐之滫，君子不近，庶人不服"。到了唐朝，"其"演变出选择关系用法，如韩愈《祭十二郎文》"其然乎？其不然乎？"。然而，这两种用法发展至现代社会均已消亡。

4. 缘。表原因是后起意义，如唐朝杜甫《客至》"花径不曾缘客扫，蓬门今始为君开"。在现代汉语中，这一义项主要见于成语——命缘义轻、无缘无故等。

5. 苟。"苟"标示假设关系多见于古代，如《商君书·更法》"苟可以利民，不循其礼"。穷尽 CNCORPUS 语料发现这种用法于 20 世纪 40 年代以后就非常少见，现代汉语中主要表达"随便、苟且"的意思。

6. 使。"使"在古代有"如果、假若"之义，如《论语·泰伯》"如有周公之才之美，使骄且吝，其余不足观也已"。现代汉语表假设关系的是双音节关联标记"假如、假设"等，取代了单音节"使"。

7. 令。《史记·陈涉世家》"藉第令毋斩，而戍死者固十六七"中，"令"表"即使、就算"义，是让步关联标记。现代汉语已无此用法。

8. 籍。"籍"作"假使"义读作"jiè"，用法如上例。同样，现代汉语中没有这种用法。

9. 第。"第"也可用在让步复句中，见"令"。现代汉语"第"多表"次第、次序"，鲜见标示让转语义关系。

10. 自。"自"作为关联标记曾有两种用法，一表"即使"义，如《汉书·刑法志》"律、令烦多……自明习者不知所由"；二表"假如"义，常常"自非（假如不是）"连用，见于郦道元《三峡》"自非亭午夜分，不见曦月"。现代汉语"自"有反身代词"自己"、副词"自然、当然"和介词"从、由"三种用法，但不再充当关联标记。

11. 是以。屈原《渔父》"举世混浊而我独清，众人皆醉而我独醒，是以见放"中"是以"作连词表"因此、所以"义，这种用法现在已经消失。

此外，表转折关系的"顾"，通"抑"表选择的"意"以及双音选择结构"为是、为当、为复、为欲、为须"等，这些用法在现代汉语阶段皆已消亡。

第二种，新产生的关联标记。

现代汉语复句关联标记尤其是三音节、四音节、五音节、六音节，几乎全在五四以后产生，表义清晰明确，用法较为固定。

当然，小部分关联标记在近代汉语阶段偶有出现，它们的大规模、大范围使用却是在现代汉语阶段。如"还不如"用于推断复句，句式"P，还不如Q"最早现于明代，在推断中体现取舍关系，见《西游记》"这里定有现成的兵器，我待下去买他几件，还不如使个神通觅他几件倒好"。"倒不如"亦用于推断复句，"P，倒不如Q"句式大致从元代开始，表推断中有取舍，如王实甫的杂剧《西厢记》：似这般割肚牵肠，倒不如义断恩绝。除此，还有三音节关联标记"如果说"、双音节关联标记"如果"、单音节关联标记"却"等。

部分"关联标记"的义项经历了先多后少或先少后多的变化过程，但现行关联用法大多始于现代汉语阶段。如"唯"，在上古既表因果关系——《左传·昭公二十年》"唯不信，故质其子"；又表让转关系——《荀子·大略》"天下之人，唯各特意哉，然而有所共予也"。后来这两种用法皆消失，变为"只是"义，用在转折复句中。又如"但",古汉语中有两种用法,一表"只、仅"义,一表"徒然"义。到了元明时期有了"只要"义,表条件关系,如冯梦龙《警世通言》"但出牌呼妾,妾便出来"。发展至现代汉语阶段,这些义项消失,只保留了"只、仅仅"义,并增加了表转折语义关系的关联标记功能。类似的还有"或、或者、仍、惟"等。

第三种,传承关联标记。

传承关联标记是指关联标记在古代社会已然存在,发展演变至现代社会,或发展出更多的含义、用法,或用法基本没有发生改变。本节具体考察了先秦和两汉的传世文献中常用且沿袭至今的传承关联标记,用法对比如表3.3所示。

表 3.3 　　　　　　　　古代汉语常用关联标记一览表

传承关联标记	古代汉语中表示的语义关系	例句	现代汉语复句中表示的语义关系
而	并列、转折、连贯、假设、递进	1《韩非子·定法》：是以其民用力劳而不休,逐敌危而不却,故其国富而兵强…… 2《盐铁论·和亲》：知文而不知武,知一而不知二。 3《劝学》：……林木茂,而斧斤至焉…… 4《左传·襄公三十年》：子产而死,谁其嗣之？ 5《史记·孙子吴起列传》：马陵道陕,而旁多阻隘,可伏兵……	假设、因果、并列、转折、连贯、递进
则	连贯、因果、假设、转折	1《论语·为政》：学而不思则罔,思而不学则殆。 2《论语·述而》：用之则行,舍之则藏…… 3《史记·高祖本纪》：今则来,沛公恐不得有此。 4《论语·子路》：欲速则不达,见小利则大事不成。	并列、推断、转折、递进、因果、假设、条件、选择、连贯、让步
虽	让步之容让、让步之虚让	1《诗经·文王》：周虽旧邦,其命维新。 2《孟子·告子下》：……虽与之天下,不能一朝居也。	让步之容让
然	转折	《史记·高祖本纪》：周勃重厚少文,然安刘氏者必勃也,可令为太尉。	转折

第三章 二重有标三分句嵌套影响因素之一:关联标记嵌套力

续表

传承关联标记	古代汉语中表示的语义关系	例句	现代汉语复句中表示的语义关系
以	因果、并列、假设、目的	1《史记·孙子吴起列传》:孙膑以此名显天下,世传其兵法。 2《国语·宋襄公赠重耳以马二十乘》:狐偃其舅也,而惠以有谋。 3《战国策·苏秦为赵合从说齐宣王》:……战而不胜,以亡随其后。 4《战国策·触龙说赵太后》:愿令得补黑衣之数,以卫王宫。	目的
因	因果、连贯	1《史记·卫将军骠骑列传》:……因前使绝国功,封骞博望侯。 2《史记·高祖本纪》:……秦军解,因大破之。	因果
抑	选择、转折	1《周语·单襄公论晋将有乱》:敢问天道乎?抑人故也? 2《论语·子张》:子夏之门人小子,当洒扫应对进退则可矣。抑末也,本之则无,如之何?	选择
尚	递进	《史记·货殖列传》:千乘之王,万家之侯,百室之君,尚犹患贫,而况匹夫编户之民乎!	递进
况	递进	《左传·郑伯克段于鄢》:蔓草犹不可除,况君之宠弟乎?	递进
若	假设、并列	1《左传·郑伯克段于鄢》:若阙地及泉,隧而相见,其谁曰不然? 2《汉书·论贵粟疏》:时有军役,若遭水旱,民不困乏……	假设
宁	让步	《韩非子·郑人买履》:宁信度,无自信也。	让步、推断
一	条件	《庄子·徐无鬼》:……又一闻人之过,终身不忘。	条件、假设、因果、转折、连贯
就	让步	《三国志·荀彧攸贾诩传》:……就能破之,尚不可有也。	因果、推断、条件、目的、让步、连贯、假设
尤	递进	《汉书·赵充国辛庆忌传》:庆忌居处恭俭,食饮被服尤节约……	递进
如	假设、选择、并列、连贯	1《史记·伯夷列传》:如不可求,从吾所好。 2《论语·子路、曾皙、冉有、公西华侍坐》:安见方六七十,如五六十而非邦也者? 3《仪礼·乡饮酒礼》:公如大夫,入,主人降,宾、介降…… 4《盐铁论·世务》:今匈奴……见利如前,乘便而起。	并列、假设

续表

传承关联标记	古代汉语中表示的语义关系	例句	现代汉语复句中表示的语义关系
亦	并列	《论语·公冶长》：巧言、令色、足恭，左丘明耻之，丘亦耻之。	并列、递进、让步
既	并列	《三国志·述志令》：既为子孙计，又已败则国家倾危……	并列、推断、递进、转折
又	递进、并列	1 《孟子·公孙丑上》：非徒无益，而又害之。 2 《尚书·禹贡》：东出于陶邱北，又东至于荷，又东北会于汶，又北东入于海。	并列、递进、转折、连贯、推断、因果
故	因果	《论语·先进》：求也退，故进之……	因果
纵	让步	《文选·让中书令表》：……纵不悉全，决不尽败。	让步
乃	连贯、转折、条件	1 《尚书·舜典》：……玄德升闻，乃命以位。 2 《诗经·山有扶苏》：不见子都，乃见狂且。 3 《战国策·触龙说赵太后》：必以长安君为质，兵乃出。	连贯

一些关联标记随着历史发展与语言演化，其含义、用法已经发生改变。有的是义项增加。如"既"，做副词表推断关系是后起意义，始于近代汉语阶段，譬如北宋沈括《梦溪笔谈》："既云孟子不见诸侯，因何见梁惠王"。再如"则"表选择关系亦为后起之义，见于宋朝苏轼《教战守策》："不出于西，则出于北"。

有的是义项减少。如"因"，在上古常作"于是、因为"解释，到了现代仅表原因这一种语义关系。再如"虽"，古代汉语中既表对事实的让步，相当于"虽然"；又表对虚拟的让步，相当于"即使"。而现代汉语仅表对事实的让步，即容认性让步。又如"将"，作为副词表"且、又"最早见于《诗经·谷风》"将恐将惧"，成语"将信将疑"亦同样用法，联结意思平等的词或词组表并列关系。"将"还可以表选择关系，如屈原《卜居》"宁与骐骥亢轭乎，将随驽马之迹乎？"意为两者取其一。但这两种用法的"将"到了现代汉语阶段不再使用，仅表"将要"指向结果的用法保留了下来。

值得注意，单音节关联标记虽在古汉语关联标记总量中占绝对比重，双音节传承关联标记依然存在。如"就使"，连词，"即使、纵然"义，出处见于《孟子·告子下》"一战胜齐，遂有南阳，然且不可"（汉）赵岐注"就使慎子能为鲁一战，取齐南阳之地，且犹不可"。又如"就令"，连词，"即使、纵然"义，《北齐书·段韶传》"就令得之，一城池耳"即为此用法。再如"便是"，连词，有两种用法。第一种表选择，常用句式是"不是……便是"，这种用法为后起义；第二种表让步，类似于"即使、就是"，最早见于汉代。其中"便"是保留在书面语中的近代汉语关联标记，它的意义和用法基本上跟"就"相同。

当然，有些关联标记不在现代汉语复句中使用，只用于单句，如"及、与、和"；或多用于篇章，如"然则"，因而要排除在传承复句关联标记范围外。将传承关联标记统计如表 3.4 所示。

表 3.4 　　　　　　　　传承关联标记总结表

单音节	而、则、且、虽、然、以、便、因、抑、尚、况、若、宁、一、就、尤、如、亦、既、即、又、故、为、纵、乃、非、诚、无、凡、倘、反、不、将、也、才、都、愈、更、竟、先、果、犹、并
双音节	而后、与其、即使、纵使、因而、而况、何况、就使、就令、便是、岂但、于是、所以、无论、然而、然后、倘使、设使、不如、如若、如其、依然、无宁、宁可、宁肯、宁愿、从而、大凡、假如、总之、假若、假使、假设、虽则、纵令、毋宁、继而、万一、比如、而且、尚且、由于、既而
三音节	于是乎

本书认为，传承关联标记多出现在带有文言色彩的正式文体中，适应面狭窄，不如新关联标记灵活，嵌套能力总体上弱于语义相同的新关联标记。关联标记的传承性是判断其嵌套能力强弱的参考因素。

先来看"因"与"因为"。"因为"是说明性因果关联标记，由单音节"因"演变而来。它们都表原因，放在原因分句中；也都嵌套别的关联标记［见例（101a）（101b）］。但是，"因"只能嵌套部分并列关联标记"又、又是、也、还"等［如（102b）］，且多用于文言色彩较浓、较正式的文体中。而"因为"还能嵌套转折类关联标记"虽然、尽管、但是"［如（102a）］和因果类关联标记"为了、如果"等，用法灵活且不限语体。

(101a) 稻田养殖罗非鱼因耐浅水、耐高温，又是杂食性，所以很适于稻田养殖。(CNCORPUS 语料)

(101b) 因为老金头姓金，长得又跟墨一般黑，所以，就给他取了个外号金不换。(顾笑言《金不换》)

(102a) 因为，虽然这样很好玩，但是我身上没有绑任何东西，所以可能会不小心……(魏丝《龙枪传奇》)

(102b) 一只虎当日因见他还讲义气，也颇有向善之心，所以才同他烧香。(姚雪垠《李自成》)

再看"虽"与"虽然"。"虽""虽然"作为让步关联标记，语义上相同，但句法上大有不同。"虽然"在句中的位置可以在主语前［如（103a）］，也可以在主语后［如（103b）］；"虽"只能出现在主语后［如（103c）］。"虽然"可以嵌套并列类关联标记"又、而且、而是"、因果类关联标记"如果、只要、只有"［如（104a）］和转折类关联标记"无论、不论"等；而"虽"嵌套能力较弱，适应面很窄，多见于古典白话（古雅文言与白话的混合）文体中［如（104b）］。

(103a) 虽然姐也在用，也把附近查找功能开起在，但是姐一般都是搜到耍看有木有熟人在附近。(微博语料)

(103b) 柬埔寨虽然已进入雨季，但抗越力量并没有停止对敌人的进攻，而且还加强了相互之间的联合行动。(《人民日报》1986 年)

(103c) 可见，发展企业集团虽出现一些困难，但总的是成效显著，且企业家对未来充满信心。(BCC 语料)

(104a) 虽然只要藏好耳朵和尾巴，就能够瞒过人类，但是对狗就行不通了。(支仓冻砂《狼与辛香料》)

(104b) 病变虽在体表，且不痛不痒，但严重影响患者的身心健康。(知乎语料)

当二重有标三分句中既有新关联标记、也有传承关联标记时，关联标记的传承性依旧影响嵌套力强弱。下例（105）中第一分句"既"属于传承关联标记，整个复句假设关系为高层，并列关系为低层，假设分句嵌套并列结构。例（106）中"就算"与"也"组配为典型的虚拟性让转关系，"且"是递进关联标记，同时也是传承关联标记，因而被嵌套在"就算……也"句法格式内。当然，关联标记的传承性并非最重要的参考因素，还须结合别的因素综合考虑。如例（107）传承关联标记"则、即使"连用，优先遵从"前者后优先"原则，第一层语义关系为"即使……也"标示的让转关系，高层语义关系是"若……则"标示的假设关系。

（105）如果既无答案，又不引导学生积极思索，政治工作就会丧失威信。（CNCORPUS 语料）

（106）再拿中草药来说，就算假设中药被营销了被赋予了新的人文价值，且价格也随之上涨了，也脱离不了其本身就具有的医疗价值。（微博语料）

（107）需要相当的阻力若没有问题，则即使要思考，也无从思考起。（林汉达《向传统教育挑战——学习心理学讲话》）

第七节　本章小结

挖掘嵌套复句深层嵌套因素，是识解嵌套复句层次语义类型的抓手。本章聚焦于复句关联标记这一重要语法标记，对影响二重有标三分句嵌套结果的所有关联标记要素展开全面分析，细化了音节数量、位置前后、词性特征、语义特征、数量显现、传承历史等关联标记特征，考察了具体关联标记嵌套力强弱，发现了二重有标三分句若干嵌套规律。主要结论如下，归纳为图3.4：

第一，汉语双音节化演变趋势对关联标记的嵌套力有一定影响。本书收录的二重有标三分句关联标记有单音节形式（如：才、又）、双音节形式（如：因而、所以）、三音节形式（如：之所以、而不是）、四音节形式（如：倒不如说、与此相比）、五音节形式（如：总括起来说、一言以蔽之）和六音节形式（更为重要的是），无论

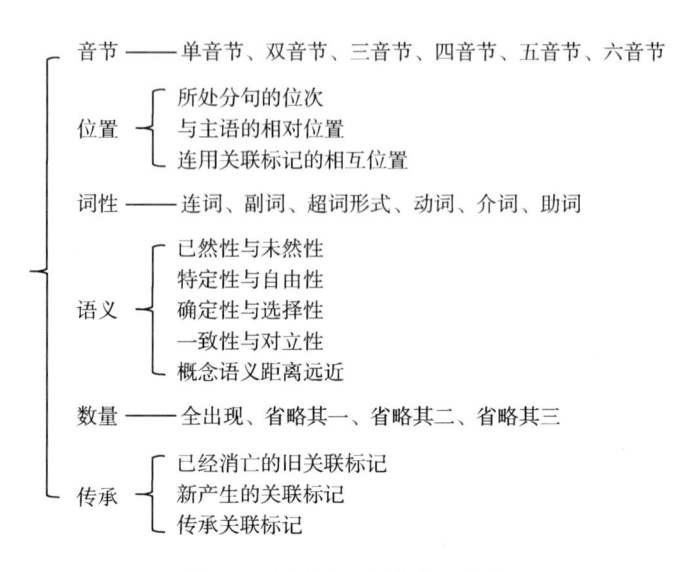

```
        ┌ 音节 ──── 单音节、双音节、三音节、四音节、五音节、六音节
        │        ┌ 所处分句的位次
        │ 位置 ──┤ 与主语的相对位置
        │        └ 连用关联标记的相互位置
        │ 词性 ──── 连词、副词、超词形式、动词、介词、助词
        │        ┌ 已然性与未然性
        │        │ 特定性与自由性
        │ 语义 ──┤ 确定性与选择性
        │        │ 一致性与对立性
        │        └ 概念语义距离远近
        │ 数量 ──── 全出现、省略其一、省略其二、省略其三
        │        ┌ 已经消亡的旧关联标记
        └ 传承 ──┤ 新产生的关联标记
                 └ 传承关联标记
```

图 3.4 关联标记嵌套力示意图

从嵌套几率、语法特征还是韵律科学看，双音节关联标记的嵌套用法更为自由。

第二，关联标记所处分句的位次、关联标记与主语的相对位置以及连用关联标记的相互位置是影响关联标记嵌套力的位置因素。具体来说，关联标记的前、后配位与分句的初始、中位、末尾顺序相互作用，共同调控关联标记的管控范围；关联标记均在主语前、均在主语后、与主语一前一后、位于句首时不同程度指引句法预期，影响加工难易度；遵循"工作记忆"原则和"内小外大"原理，连用式二重有标三分句中句法位置靠前的关联标记倾向于嵌套后边的关联标记，仅当并列关系、递进关系、选择关系与因果关系、求得式目的关系、假设关系、条件关系及让步关系组合时，嵌套方向相反，可分别归纳为"前者后优先原则"和"后者后优先原则"。当然，关联标记配位方式兼具连用和扩展两种状态时，大多按照扩展式嵌套复句处理。

第三，关联标记的词类共六种，比重不同，嵌套力亦有强弱。其中，超词形式按照结构方式分为带"说"类（如：如果+说、不如+说）、带"是"类（如：就算+是、是+因为）、组合类（如：

还+不如、不但+不）和其他关联性成分（如：换言之、相反地），大部分拆解为连词或副词与别的词的组合；而动词、介词、助词数量较少，一般不嵌套其他关联标记。本节重点比较了关联连词和关联副词的嵌套力，从句法功能、语义功能、组合搭配、与分句亲疏、音节数量等视角进行考察，得出连词的关联强度强于副词、嵌套力亦大于副词的结论。

第四，关联标记的语义特征影响分句语义单元的分析，关系二重有标三分句的生成。本节划分出五组与关联标记嵌套力有关的语义特征因素：[＋已然性][＋未然性][±已然性]、[＋自由性]与[＋特定性]、[＋确定性]与[＋选择性]、[＋一致性]与[＋对立性]、概念语义距离较近与概念语义距离较远。通常情况下，具有已然性语义特征、特定性语义特征、对立性语义特征或者概念语义距离较远的关联标记嵌套力更强，但具有确定性语义特征的关联标记同具有选择性语义特征的关联标记不能相互嵌套。倘若相邻分句的关联标记语义特征相同，呈现扩展式嵌套，整个复句则遵循"同义优先组原则"。

第五，各层次关联标记的数量对嵌套复句的判定产生影响。根据"距离标记对应律"和"信息熵"理论，关联标记全出现是最理想状态，结合音节、位置、词性、语义等特点可做出正确率较高的判定。现实情况是，二重有标三分句关联标记省略现象更为常见，从数量看，可能出现三个关联标记，可能出现两个关联标记或者出现一个关联标记；从层次归属看，可能仅一个层次省略关联标记或者两个层次都省略，因而无标分句归属问题值得重视。

第六，关联标记的传承性是判断其嵌套能力强弱的参考因素。传承关联标记由古代社会发展演变至今，其含义、用法大多发生改变（义项增加，如"既"；义项减少，如"虽"）。我们归纳整理了87个传承关联标记（包括单音节形式，如"宁"；双音节形式，如"与其"和三音节形式"于是乎"），发现其适应面狭窄，多出现于带文言色彩的正式文体中，嵌套力总体不如新关联标记。

第 四 章

二重有标三分句嵌套影响因素之二：分句关联

第三章深入探讨了关联标记嵌套力对二重有标三分句层次语义分析的重要影响。当然，很多情况下仅依靠关联标记无法完全解决二重有标三分句的嵌套问题，还有其他关联手段使得分句间发生语法、语义、语用等层面的关联，同样对二重有标三分句的嵌套产生影响。如吴锋文（2010）所说"复句中的分句总是和关联度高的那个分句存在直接语义关联，并且在句法上结合为一个层次结构，形成小句关联体"①，毋庸置疑，语义关联度高的两个分句组成同一层次结构的可能性更大。本书在时贤研究基础上，对大量二重有标三分句进行观察发现，分句的句法成分和分句的类型这两大关联手段对分句语义关联度有直接影响，也是重要的嵌套因素。

一则，从"小句联结律"视角审视作为动态语言单位的小句，以小句为中枢观察二重有标三分句的嵌套，能够判定很多仅凭分句关联标记无法确定的复句实例。小句三律之联结律Ⅰ表述为"小句联结+小句分句化=复句"②，复句由小句和小句相互联结产生，分

---

① 吴锋文：《面向中文信息处理的三句式有标复句层次关系自动识别研究》，博士学位论文，华中师范大学，2010年，第122页。
② 邢福义：《汉语小句中枢语法系统论略》，《华中师范大学学报》（人文社会科学版）1998年第1期。

句间按照不同的关系联结，进而生成不同类别的复句。它阐明了小句联结与复句生成之间的因果联系。以中位分句为例，若其与初始分句间的语义关联更紧密，则句法上更倾向形成小句关联体；若其与末尾分句的语义关联更强烈，则倾向和末尾分句优先构成小句关联体。尽管复句关联标记的出现能突显分句的身份，但前后分句间的语义关联才是最基础的特点。下例（1）第二分句和第三分句都提到了"笔记本"，且分句表达的语义都是为了达成"节省"目标而采取的措施。与第一分句不同，第二、第三分句的语义关联度更高。例（2）第二、第三分句的主语都是被句内点号逗号话题化的"这样的困惑"，第一分句的主语与它们不同，是人称代词"你"。因而第二、第三分句更易于构成小句关联体。

（1）为了节省，她记笔记的字写得极小，而且把笔记本的封里全用上。（《读者》）

（2）只要你是一个有头脑的演员，这样的困惑，就不仅是不可抗拒的，而且也是极为折磨人的。（CCL 语料）

二则，借用"语义靠近原则"可以解释相邻分句倾向于优先组配的原因。语义靠近原则最早由贝哈格尔（Behaghel）提出，其巨作 *Deutsche Syntax* 系统分析了德语语序，总结出一系列针对德语、对其他语言亦普遍有效的规则——"贝哈格尔法则"（Behaghelsche Gesetze）。贝哈格尔第一法则表述为语义关系密切的成分在语序上紧密相邻。海曼（Haiman，1983）肯定了语言成分之间的距离是它们所表达概念之间距离的反映（The linguistic distance between expressions corresponds to the conceptual distance between them[①]），并在其后的研究中将这条原则从词汇扩展到句法。拜比（Bybee，1985）集中于动词相关的体貌、时制、语气等范畴对五十种语言进行了类型学研究，总结出词缀意义、顺序、与词干融合程度等方面的跨语言规律——"相关性原理"（The Relevance Principle）。拜比认为两个形

[①] John Haiman, "Iconic and Economic Motivation", *Language*, No. 4, 1983, p. 782.

态语义上愈是相关，形式上也愈紧密（elements that belong together conceptually will occur together in the clause①）。随后，吉汶（Givón，1991）提出"邻近原则"（The Proximity Principle），主要内容简言为：在功能、概念、认知上越接近的成分，在句法形式上也越靠近（Entities that are closer together functionally/conceptually/cognitively will be placed closer together at the code level, i. e. temporally or spatially②），称之为公认的句法组织原则。近二十年来，这一概念已广为人知，在我国，许多学者对语符距离和概念距离间象似关系进行了详尽论说，大多称之为"距离象似原则"，代表人物有沈家煊（1993）、张敏（1998）、王寅（1999）、陆丙甫（2004）等。基于此，二重有标三分句中，优先规约为小句关联体的分句在概念或认知上接近，必然在句法形式上靠近，也即同一小句关联体内的分句语义上关联度更高，呈现相互依附的状态。

第一节　句法成分

　　分析复句层次关系不仅看分句之间的形式关联——关联标记，也应回归分句本身，搞清每个分句句法成分构成的基本意义。句法成分是句子结构的组成部分（两个或两个以上的句子成分构成分句，接着两个或两个以上的分句构成复句），若相邻两个分句的句法成分在语义关系上密切，在语表形式上关联度就高，它们构成小句关联体的可能性随之增加。二重有标三分句嵌套情况分析自然离不开句法成分的分析。

---

①　Joan L. Bybee, *Morphology: A Study of the Relation Between Meaning and Form*, Amsterdam: John Benjamins Publishing Company, 1985, p. 211.

②　Talmy Givón, "Isomorphism in the Grammatical Code: Cognitive and Biological Considerations", *Studies in Language*, No. 1, 1991, p. 89.

一 分句构件

本节参考邢福义在《汉语语法学》中的分类标准,将分句句法成分分为如下六种:

(一) 主语

主语既可由名词性成分充当,也可由谓词性成分充当。前者多表人、事、物,回答"谁、是什么"等问题(如:院子里、明天、张三、顽强的意志);后者多以动作、性状、事物为陈述对象(如:看书、哭、喜欢、他爱学习、请领导视察)。

具体来说,名词主语句中主语有名词、方位名词、数词、代词、方位短语、定中短语、量词短语、同位短语、联合短语、"的"字短语等[见例(3)(4)];谓词主语句中主语有动词、形容词、代词、动词联合短语、形容词联合短语、动宾短语、主谓短语、兼语短语、状中短语、中补短语、连谓短语和主谓短语等[见例(5)(6)]。二重有标三分句的主语复杂多样,后文将详细介绍。

(3) 船长下令开动灭火机喷射,然而无济于事,全船陷入一片混乱。(《长江日报》1982年)

(4) 我所以选择这家公司,是因为它科技含量高,发展前景好。(《人民日报》1998年)

(5) 姑息迁就不仅失民心,也害了刘诗昆本人,导致他在犯罪的路上越走越远。(复调《刘诗昆入狱》)

(6) 虽然勇敢面对挑战是成长和发展的重要一步,但也要学会察言观色,懂得顺势而为。(知乎语料)

(二) 谓核

朱德熙(1982)认为"谓词和谓词性结构经常做谓语,体词和体词性结构在一定条件下也能做谓语"[①]。事实上,不光动词、形容词能够充当谓语核心(谓核),名词甚至非名、动、形的词也能够充

[①] 朱德熙:《语法讲义》,商务印书馆1982年版,第102页。

当谓语核心。分句因而分为动词谓语句、形容词谓语句、名词谓语句等。通过语料观察，二重有标三分句谓核成分具体有如下几类。

1. 动词性词语作谓核

第一种是行为动词。行为动词具有［＋自主］和［＋动作］等语义特征，指向人物的行为动作。二重有标三分句内出现的行为动词既有跟目的、结果有关的动词，如"促使、造成、引起、证明、证实、睡觉、组织、处理、发动、提高、实施、发展、增长、开展、照料、制造、接受、振兴、等、开始、废除、离开"等［见例（7）］；又有借助发音器官以语言为工具的动词，如"求、劝、谢、训、骂、唱、喊、念、安慰、抗议、承认、回答、抱怨、反驳、谈论、调解、争吵、报告、叨咕、商量、保证、告诉"等［见例（8）］；还有以人体各个部位作为工具的动词，如"点头、看、望、阅读、盯、听、闻、喝、吻、舔、吐、喘、咳、拿、递、摸、穿、扯、拍、抓、爬、散步、挤、避"等［见例（9）］；以及以"水、土、火"作为工具的动词，如"冲、煮、炸、煎、埋、烤"等［见例（10）］。

（7）如果工人知识增长了，生产就发展，国家就发展。（《人民日报》1995 年）

（8）文学家、艺术家不可能完全还原历史的真实，但有责任告诉人们真实的历史，告诉人们历史中最有价值的东西。［《习近平谈治国理政》（第二卷）］

（9）我们不论往哪个方向看，也不论在任何地方进行观察，宇宙看起来都是一样的。（霍金《时间简史》）

（10）她的丈夫仍觉得好吃，即使饼子烤焦了，即使肉串没烤熟。（微博语料）

第二种是心理动词。心理学将人类心理活动过程划分为三种：认识过程、情感过程和意志过程。如果说心理学中"心理"是动作直接参与者——人的大脑对物质世界的反映，那么心理动词正是语言世界对心理过程的描述。对应三种不同的心理过程，能够进入二重有标三分句的心理动词分为心理活动动词，如：感到、知道、感觉、感受、了解、回忆、记忆、反对、同意、认可、留意、注意、考虑、思考、思量、预谋、考量、想象、猜想、揣摩、认为、判断、决定、假定、反对等［见例（11）］；心理状态动词，如：感慨、后悔、恼、生气、庆幸、渴望、期待、怨恨、抱怨、心疼、迷恋、陶醉、害怕、怜悯、担心、恐惧、关心、感激、嫉妒、爱、恨、讨厌、喜欢、羡慕、敬佩等［见例（12）］和心理使役动词，如：安慰、镇静、鼓舞、鼓励、苦、满足、气、恼怒、恐吓、振奋、激励、愁、担心等［见例（13）］。

（11）举例来说，研究欧洲人究竟是如何控制了非洲人，我们就知道种族歧视绝非自然或无可避免，而且知道世界大有可能是完全不同的样貌。（赫拉利《人类简史：从动物到上帝》）

（12）如果你总是工作很辛苦，不光你父母心疼你，我也很担心你！（微博语料）

（13）你必须安慰父亲，还得想法子鼓励他，就算他对不起你。（微博语料）

第三种是历程动词。历程动词跟时间历程有关，其宾语多由动词性词语充当。二重有标三分句中的历程动词有：开始、进行、继续、停止、结束等［见下例（14）］。

（14）不要轻易尝试，因为一旦开始，就很难停下来。（微博语料）

第四种是断事动词。断事动词表是非、有无、像似等意义，多带名词宾语。具体包括是非类，如：是、非［下例（15）］；有无类，如：有、没有［下例（16）］；像似类，如：像、好像、似、犹如、有如、比如、如［下例（17）］。

（15）你是我的同学，更是我的朋友，为什么不相信我支持我？（《微博语料》）

（16）你只要做一次，你就有了自己的主意，有了自己的思想。（倪匡《假太阳》）

（17）如果上来就铆足了劲，就不像个元老重臣，像个山大王

了。(《作家文摘》1993 年)

第五种是使令动词。使令动词表命令或请求，二重有标三分句中的使令动词多构成兼语结构，具体有"使、让、叫、请、命令、令、让、迫使、逼迫、请求、求"等，见下例（18）。

(18) 既然静白逼迫她干苦力活，让她受够了苦处，所以她现在的态度也同样凶狠。(微博语料)

第六种是特殊辅助词。具体包含能愿动词、趋向动词和时态助词。

能愿动词为前辅助动词，表动作、行为或状态的可能性、必要性及意愿性。它们是"（可）能、会、能够、可以、应（该、当、要）、要、愿（意）、肯、敢、要、必须"等，如下例（19）。

(19) 如果肌肤整体比较晦暗，大块的色斑可以采用特殊的美白或祛斑护肤品，同时可以配合一些内服或中医调养的方法。(张晓梅《修炼魅力女人》)

趋向动词分为单纯趋向动词和复合趋向动词两大类，具体有"上、下、进、出、上来、下去、出来、进去"等，表移动的趋向。这类动词单用时表趋向意义，为行为自动词或他动词，如下例（20）。

(20) 麦子进了虫肚子，虫再进鸡肚里，人可啥也没落下。(严歌苓《第九个寡妇》)

时态助词（又称"动态助词"或"体标记"）常附着在谓词后面被视作词尾，使谓语中心语有界化，标明动作或性状在变化过程中的情况，反映谓核小句间的前后景关系。典型的时态助词是"着、了、过"。其中，"着"表持续时态，"了"表实现时态，"过"表经验时态。值得讲的是，分句中表结果义的"了"分为两种，一种是分句谓语动词后带"了"（了1），表动作的完成或实现，"了"后还接有别的成分，见例（21）；另一种是分句末尾带"了"（了2），以肯定事态出现了变化或即将出现变化。

(21) C 从第 58 周起开始作与 T 同样的训练，只训练了 2 周，C 就赶上了 T 的水平。(CCL 语料)

2. 形容词性词语作谓核

第一种是性质形容词。性质形容词是典型的形容词，表事物属性，可以直接作谓语核心，也可以受程度副词修饰，并且能带补语。如：白、直、安静、漂亮等，见下例（22）。

（22）布兰已年愈50，但是看上去依旧年轻，皮肤细致。（知乎语料）

第二种是状态形容词。状态形容词带有明显的描写性，很难直接作谓核，须添加标记（"很"、重叠形式），且大多不受程度副词修饰，不能带补语。如：通红、马马虎虎、漂漂亮亮等，见下例（23）。

（23）如果学习态度马马虎虎，学习状态浑浑噩噩，那肯定是有原因的！（知乎语料）

3. 名词性词语作谓核

名词性词语作谓核多出现在肯定句式中，句子长度较短，仅限于说明时间、天气、籍贯、年龄、容貌等的口头语体。

（24）因为明天端午节，后天周末，所以我可以躺几天哦！（微博语料）

（三）宾语

根据宾语和谓语中心语间的语义关系，二重有标三分句的宾语粗略分为三类：

一类是受事宾语。受事宾语为行为动作直接、间接的承受者，包括动作的承受者、动作的对象、动作所产生的结果。如：挖｜山、采｜花、淘｜金子、尊重｜学生、考｜满分等。

（25）你既有了归宿，我若再来探你，不免累了你。（金庸《天龙八部》）

一类是施事宾语。施事宾语为行为动作的直接施行者，既可以是人，也可以是物。如：坐着｜老师、来｜客人、过｜汽车、出｜太阳等。

（26）先是来了护士长，接着来了主治医生，病人们紧张极了。（微博语料）

还有一类是其他宾语。非施事非受事的宾语统称为其他宾语。细分为对主语有所断定的断事宾语，如：姓｜蒋、叫｜小花、是｜学生等；表行为动作发生的方所、时间的于事宾语，如：回｜上海、来｜天安门广场、熬｜夜、过｜春节等；表施事者的动作行为返回身体某个部位的反身宾语，如：动了动｜脑袋、耸了耸｜肩等。见下例（27）—（29）：

（27）反过来，如果您是中共，您太太也是中共，我就不会说出去。(《潜伏》)

（28）就算他去武汉，我也去武汉，也不能说明我们就是一伙的。(微博语料)

（29）还竖起第二个手指，在空中上下摇动，或者点着对手或自己的鼻尖。(CCL 语料)

根据宾语的构成材料，二重有标三分句的宾语又分为两类：名词性宾语和谓词性宾语。前者有名词、定中短语、数量短语、"的"字短语、联合短语、双宾语等；后者有动词、形容词、动宾短语、偏正短语、主谓短语、复句形式等［见例（30）］。

（30）吃一堑长一智，只要认真吸取教训，就能使我们的改革步子迈得更大更稳。(《长江日报》1986 年)

（四）定语

对于中心语而言，定语分为两种语义类型：

1. 物体类定语

物体类定语表示人、事、物、数、时、所，具体包含领属关系、数量关系、指别关系、时地关系等。如：颐和园、上海、南极、五十年代、上学期、鹦鹉洲、冬季、林子里、石头、一块、三棵、两匹、玻璃、语法、茅屋、师傅、人、你、我、他、我们、水、树、花、大海、黄河、野地、这件、那年等，见下例（31）。

（31）到那时，德国人可能会要求瑞典准许德国自由通过铁矿区，以便增援他们在纳尔维克的军队，并且也许会要求控制铁矿区。(丘吉尔《第二次世界大战回忆录》)

2. 性状类定语

性状类定语表示与中心语事物相关的性质、状态、行为、活动、判定、涵义等，多由形容词（结构）充当。如：聪明、高大、壮丽、风平浪静、红、黑、新、好、晴朗、干净、优良、动听、通红、稀薄、粉红、木头、水泥、参考、夫妻吵架、观察描写、属于本公司、参观过我们学校、即将离开、削苹果等，见下例（32）。

（32）它若做这样的肯定，它就是坏的形上学，也同样是坏的科学。（冯友兰《中国哲学简史》）

从词类角度观察，二重有标三分句中定语有形容词、名词、人称代词、动词以及各类短语，见下例（33）。

（33）由于国际间的经济技术合作关系是错综复杂的，因此往往很难在属地法和属人法之间作出选择，因此，当前国际间采用实体规范的方法来解决双方利益冲突的情况日益普遍。（姜圣复《国际技术贸易》）

（五）状语

从语言单位角度分析，副词、时间名词、能愿动词、形容词、介词短语、量词短语等皆可作状语。从语义类别角度分析，二重有标三分句中状语分为如下两大类：

1. 状况类状语

状况类状语指跟谓语中心语有关的性质状况，具体分为性态状语、幅度状语、程度状语、否定状语、因由状语、关涉状语和语气状语。

性态状语多由形容词结构充当，状语中心语一般是动词，如：正确、自然、安安静静、快快乐乐等［下例（34）］。幅度状语多由副词担任，状语中心语一般是动词或形容词，如：（全）都、又、只、（一）再、也、仅（仅）、（总）共、净、光、还、统统、一（齐、概）、再（三、次）、屡次等［下例（35）］。程度状语也多由副词充当，状语中心语一般是形容词结构，如：很、最、太、极、更、还（要）、多（么）、何等、较、根本、非常、特别、十分、格外、相当、稍（微）、略（微）、越发、过分等［下例（36）］。否定状语是对谓语中心语行为性状的否定，如：不（用、会）、没（有）、未（必）、别、甭、莫、勿等［下例（37）］。因由状语表原因、理据或目的，如：因（为）、由于、根据、为了等［下例（38）］。关涉状语指向谓语中心语关涉的具体对象，如：对、向、跟、比、把、关于等［下例（39）］。语气状语代表某种语气，如：也许、大概、大约、敢情、准、必（定）、的确、简直、几乎、不妨、务必、索性、果然、当然、何必、何尝、到底、究竟、难道、莫非等，表实然、或然、揣测、逆反、反问等语气［下例（40）］。

（34）领导者只有认真掌握这些原则的基本精神，并紧密联系工作实践，才能不断提高决策水平。（佚名《哈佛管理培训系列全集》）

（35）中华文明与阿拉伯文明各成体系、各具特色，但都包含有人类发展进步所积淀的共同理念和共同追求，都重视中道平和、忠恕宽容、自我约束等价值观念。［《习近平谈治国理政》（第二卷）］

（36）那些图画很有趣，有些很好看，虽然很实际。（德莱塞《天才》）

（37）虽然这种"民意"不会产生多大效果，更不会危及资产阶级统治，但是，许可人们讲话与不许人们讲话，毕竟大不相同。（李洪林《社会主义民主的新开端》）

（38）无论我们因何事而闷闷不乐，或因何事而大发雷霆，将这种不良情绪驱逐出去都绝非难事。（CCL语料）

（39）如果把这颠倒过来，并且把其余的名称相应地加以改变，那末一切仍然是正确的。（CCL语料）

（40）你大概看了我拍的电影，大概还去了见面会现场，但我哪能记得住呢？（微博语料）

2. 物体类状语

物体类状语是与谓语中心语相关的各种时间、方所、数量、人、事、物，具体分为时地状语、数量状语和事物状语。

顾名思义，时地状语由表时间、处所的名词或副词结构充当，出现在二重有标三分句中的时地状语有"正（在）、马上、立（马、即、刻）、刚、已（经）、曾经、将（要）、顿时、往往、一（向、直）、渐渐、常常、永远、始终、老、总、终于、偶（然、尔）、忽（而、然）、河边、屋里、法院"等［下例（41）］。数量状语分为表动量的"一下、两次"和表重复物量的"一个一个、一个个、一次次、一串一串"两种［下例（42）］。事物状语表跟谓语中心语相关的人或事物"工人（出身）、流氓恶棍地（骂）"等［下例（43）］。

（41）吴越国虽然小，但是因为长期没有遭到战争的破坏，经济渐渐繁荣起来。（林汉达《中华上下五千年》）

（42）在 11 年的军旅生涯中，正是因为他一次次地管"闲事"，才使一位位百姓化危为安，让一个个歹徒闻风丧胆。（新华社 2001 年 10 月份新闻报道）

（43）他们希望靠行伍出身升官，和我军官学校出身的利害冲突，也经常想方法和我作对。（CCL 语料）

（六）补语

能充当补语的语言单位有谓词性词语、数量短语、介词短语等，多和中心语之间接"得"字。从语义类别来看，二重有标三分句中补语大致分为以下几类：

1. 结果补语

结果补语多用形容词，偶尔由动词或短语充当，表动作行为的结果。它们是"满、错、肿、硬、坏、瘦、穷、醒、破、赢、完、高、哭、糊涂、病、发抖、流下来眼泪、又高又漂亮"等，见下例（44）。

（44）雷斯林取代了邪恶的费斯坦但提勒斯，他也告诉我他和野蛮人的死没有关连，所以事实上他并没有做错什么。（魏丝《龙枪传奇》）

2. 程度补语

程度补语本身没有否定式，指谓语中心语到达极点或很高的程度。具体有"极、很、多、透、万分、慌、死、坏、出奇、不得了、要死、要命、不行、不能再 X 了"等，见下例（45）。

（45）波皮毕竟是波皮，打打闹闹无畏得很，到真正玩命时又畏

缩得很。(麦家《风声》)

3. 状态补语

状态补语指动作行为呈现出的状态，既可由形容词充当，如"猛、快、简单、浅、流利、马虎、细心、纯正、透明、可怜、早、慢、快、干脆、可爱、殷红"等；也可用谓词性短语，如"不停、没完没了、津津有味、眉飞色舞、鸡犬不宁、津津有味"等；或名词性短语，如"一脸皱纹、一身冷汗、满身烂泥"等，见下例(46)。

(46) 世事沧桑，他见得多了，看得也明白。(《人民日报》1998年)

4. 趋向补语

趋向补语多由趋向动词充当，用在动词、形容词后边表动作行为或状态的方向、趋势。具体有"上、下、去、进、来、回、开、起、起来、下来、下去、出去、出、出来、过来、过去"等，见下例(47)。

(47) 大家受到了不公平待遇，又无处申说，于是闯进领导办公室。(豆瓣语料)

5. 数量补语

数量补语分为表动作发生次数的动量补语、表动作持续时间的时量补语、由物量结构充当比较差距段量的差量补语三种。前者如"几遍、一趟、几眼、几下、几回、两次"等，中间如"半晌、一阵子、两天、一会儿、三个月、四年"等，后者如"两公分、三岁、四斤"等，见下例(48)。

(48) 因为他某一句不慎的言行，我们认真吵过几次架，也生过几次气。(微博语料)

6. 时地补语

顾名思义，时地补语表动作行为发生的时间、方所，多由介词短语充当，如"在2020年、在何处、向何方、到大门口、在床上、到天明"等，见下例(49)。

(49) 此后几年她虽然还住在家里，日常起居却只在餐厅，整幢房子就用不着生火了。(《读者》)

7. 可能补语

可能补语指中心语可能有的发展变化，多由"懂、不懂、完、不完、不好、得、不得"等充当，见下例（50）。

（50）浙江村像个小社区，他们听得懂北京话，北京人却听不懂温州话。（1994年报刊精选）

二 语里关系

从概念范畴来看，分句间的句法成分既可能完全相同也可能部分相同，或者相关甚至相反。本书将句法成分间的语里关系分为相同、相关和同现三种，以期通过语义关系判定二重有标三分句的嵌套。

（一）相同

对语料的考察显示，相邻分句句法成分相同主要包含以下几种情形：

1. 主语相同

二重有标三分句中，三个分句主语异同情况有五大类：三个分句主语一致［例（51）］，三个分句主语不一致［例（52）］，第一、二分句主语一致［例（53）］，第二、三分句主语一致［例（54）］和第一、三分句主语一致［例（55）］。

（51）新民主主义国家里，富农经济虽然可以允许保存，但是它绝不是我们农村经济的发展方向，而且要受到限制。（史敬棠《中国农业合作化运动史料》）

（52）要是实在不刮风啊，有两句风凉话，也够使得了！（《编辑部的故事》）

（53）不要做你想干的事，而是做我们叫你干的事，因为我们花钱叫你这样干。（CCL语料）

（54）"头脑简单，四肢发达"固然偏颇，但"头脑发达，四肢萎缩"也不可取，那跟一台座机有何分别？（2019年江西高考满分作文《热爱劳动，从我做起》）

（55）你只要一沾她，灾祸就扑上身，快快绝了这念头！（冯骥才《炮打双灯》）

本书认为，倘若相邻分句主语相同，说明分句表述的主体事物相同，它们的关联因之紧密起来，且多承前或蒙后省略，因而倾向于形成同一层级的语义关联，并优先组成小句关联体。当然，各类小句关联体的主语前隐抑或后隐存在着细微差别：并列、连贯、递进、选择复句倾向于主语在前分句出现，后分句主语承前省略。其他类型复句既有承前省也有蒙后省，主语前隐或后隐的情况都很常见，相对自由灵活。

2. 谓核相同

动词核心，名词赋格是小句中枢的基础脉络，谓语中心语维系着小句内不同句法成分间的关联，是重点分析对象。二重有标三分句中，若相邻分句谓核相同，说明谓核代表的行为、性状与指向的事物之间具有相同联系。如此，分句之间联系紧密，倾向于优先规约为小句关联体。请看如下例句：

（56）那天我先是给一个肺癌患者切除了一叶病肺，接着又给一个血吸虫病晚期患者切除了肿大的脾脏，整整忙了一天。（叶永烈《蚊子的启示》）

（57）虽然感情并不能用金钱来衡量，但是在这里小姑娘的微笑却赢得了巨额遗产，赢得了他人的心。（2018年重庆高考满分作文《善意为你我开启一扇门》）

（58）但由于一神教通常认为自己信奉的就是唯一的神，也认为只有自己看到了完整的真相，自然就会批评其他所有宗教都不可信。（赫拉利《人类简史：从动物到上帝》）

（59）如果用太阳来打比方，明朝是西下的夕阳，而大金则是东升的旭日。（李文澄《努尔哈赤》）

（60）仅就立法工作来看，绝大多数法律为全国人大常委会制定，可以说，没有全国人大常委会职权的扩大，就没有今天的法制建设成就。（《中华人民共和国宪法通释》）

(61) 如果说只有农民富了，中国才真正富了，那么晋城显然走前一步。(1994年报刊精选)

(62) 换句话说，不论智人付出了多少努力，有了多少成就，还是没办法打破生物因素的限制。(赫拉利《人类简史：从动物到上帝》)

例(56)首位、中位分句谓核相同，都是行为动词"切除"，优先规约为小句关联体，关联标记"先是"和"接着"显示了它们之间的连贯关系。例(57)中位、末尾分句谓核相同，都是行为动词"赢"，优先规约为小句关联体，由于未出现关联标记，默认为并列类逻辑语义关系。例(58)首位、中位分句的谓核都是心理活动动词"认为"，优先规约为小句关联体，关联标记"也"显示了它们之间的并列关系。例(59)中位、末尾分句的谓核都是断事动词"是"，优先规约为小句关联体，关联标记"而、则"显示出它们之间对照并列关系；同理，例(60)中位、末尾分句的谓核都是断事动词"没有"，故优先规约。例(61)首位、中位分句的谓核是形容词"富"，它们优先规约为小句关联体，关联标记"只有、才"标明前后分句间的假设关系。例(62)首位、中位分句用了相同体标记"了"，表明动作行为在时态上具有一致性，关联标记的隐现标明它们之间是并列关系。

3. 宾语相同

二重有标三分句中，相邻分句宾语相同说明分句谈论涉及的对象即配位角色相同，自然，分句间语义关联度得到提高，大概率优先组成复句模块。如例(63)—(65)，中位、末尾分句宾语（中心语）相同，分别为疑问代词"什么"、普通名词"学生"和人称代词"我"，可以优先规约成小句关联体。若有关联标记出现，这层语义关系由关联标记类别决定；否则，多默认为并列类关系。又如，例(66)初始、中位分句宾语都是人称代词"你"，判定方法同上。

(63) 沉默，因为我不能向你保证些什么，我不能给你些什么。(张小娴《月亮下的爱情药》)

(64) 我因为矮小，所以样子不像大学生，就像小学生。(《读者》)

（65）只有我肯说你的缺点，所以你怕我，又恨我。（微博语料）

（66）我如果辜负了你，对不起你，我会死无葬身之地……（琼瑶《月朦胧鸟朦胧》）

4. 定语相同

二重有标三分句中，相邻分句定语相同即是中心语的修饰部分等同，这意味着两个分句的中心语关联性较强，因而易于优先构成小句关联体。如例（67），初始、中位分句修饰主语中心语的定语相同，都是领属性质的"他们的"，优先规约为小句关联体，递进标"不仅、而且、也"显示了递进关系。例（68）初始、中位分句修饰中心语的定语皆为中心语所指特定事物的特定含义——"公共法律服务"，故优先规约为并列小句关联体。例（69）初始、中位分句的定语都是修饰宾语中心语、标明性质状态的短语——"不同的"，其中，中位分句的主语及谓核承前省略。选择标"或"显示它们之间优先规约为选择型小句关联体。例（70）中位、末尾分句"本王的"意味相邻分句的讨论对象相同，关联标记"只要"和"就"的出现标明它们之间具有假设关系。

（67）不仅他们的语言各异，而且他们的经历也截然不同，这一切都将阻碍人们彼此间的理解。（玛格丽特《文化与承诺》）

（68）为加快推进公共法律服务体系建设，全面提升公共法律服务能力和水平，现提出如下意见。（《关于加快推进公共法律服务体系建设的意见》）

（69）在非遗旅游市场中，不同的利益相关者具有不同的利益诉求，或不同的诉求偏重，这直接导致他们之间错综复杂的利益关系。（赵悦《非物质文化遗产旅游开发中的三大矛盾探析》）

（70）你们都下去吧，只要记住本王的话，就不负本王的一片苦心啦！（相声语料）

5. 状语相同

二重有标三分句中，相邻分句状语相同即是对谓语核心部分的修饰或限定等同，说明这两个分句谓核部分的关联性较强，更易于优先构成小句关联体。如例（71）—（76），相邻分句出现相同的状况类状语，有形容词"严重"、能愿动词"愿意、可以"、否定副词"不"和语气副词"也许"；例（77）—（78）相邻分句出现相同的物体类状语，分别是时间副词"已"和"永远"。若无特定关联标记出现，它们优先规约为并列型小句关联体。

（71）这些问题如果不抓紧解决，就会严重影响全面依法治国进程，严重影响社会公平正义。[《习近平谈治国理政》（第二卷）]

（72）现代经济之所以能够成长，是因为我们愿意信任未来，资本家也愿意将利润再投入生产。（赫拉利《人类简史：从动物到上帝》）

（73）它可以与《老子》原书对照着读，也可以对人们理解原书大有帮助，但是它永远不能取代原书。（冯友兰《中国哲学简史》）

（74）控诉也不顶用，即使告到我们的教廷那里去也不济事，因为他们连罗马教皇本人的话也不听。（显克维支《十字军骑士》）

（75）黑暗的日子也许会漫长，束缚的感觉也许会痛苦，但是，那寂寞的等待后将是无限的灿烂。（2018年全国Ⅰ卷高考满分作文《在爱的牵动下飞翔》）

（76）干部选拔是个系统工程，不能重使用、轻培养，更不能只任命、不监督。（《人民日报》2000年）

（77）这反映了现代行政的一种发展趋势，即行政机关的职能已不限于传意义上的执行，已涉及到立法和司法领域。（《中华人民共和国宪法通释》）

（78）无论发展到哪一步，中国都永远不称霸、永远不搞扩张，永远不会把自身曾经经历过的悲惨遭遇强加给其他民族。[《习近平谈治国理政》（第二卷）]

6. 补语相同

二重有标三分句中，有时相邻两个分句对谓语核心部分的补充、说明相同，同样意味着谓语部分的关联较紧密，因此更倾向于优先组成小句关联体。如例（79），中位、末尾分句出现相同的程度补语"多"，指动作行为的结果相同，因而关联紧密。例（80）初始、中位分句出现相同的程度补语"不行",加之并列关联标记"又"出现,它们优先规约为并列型小句关联体。例(81)初始、中位分句出现相同的趋向补语"起来",强化了前后分句间的关联。

(79)有思想政治工作起保证作用,发展就会快得多,顺利得多。(《人民日报》2000年)

(80)夏天天气热得不行,他又胖得不行,因此每天开车代步。(微博语料)

(81)如果世界和平的力量发展起来,第三世界国家发展起来,可以避免世界大战。(《邓小平文选3》)

7. 宾主相应

宾主相应指二重有标三分句中前分句的宾语和后分句的主语等同,前分句谈论的对象是后分句陈述的对象,一定程度上强化了它们间的关联。如例(82),中位分句宾语"她"和末尾分句的主语相同;例(83)初始分句宾语"纸"和中位分句的主语代词"它"指向相同;例(84)初始分句宾语"×女士"和中位分句的主语代词"她"指同一个对象。较为紧密的关联性促使它们优先规约为小句关联体。

(82)你虽然不想让她看见你,但是你至少应该看看她,她已经长大了。(古龙《陆小凤传奇》)

(83)失信就好比一张被撕碎的纸,它破碎难以复原,所以我们要诚实守信。(微博语料)

(84)当然我们在很多的媒体报道当中看到的都是×女士,她在直播带货方面遥遥领先,但是这两年李姓主播的粉丝量好像更多。(微博语料)

8. 宾定相应

宾定相应指二重有标三分句中前分句的宾语和后分句的定语等同,宾语、定语作为和谓语中心语关联紧密的对象成分、限定成分,自然对分句关联度有较强影响力。如例(85)—(86),中位分句的宾语和末尾分句的定语相同,分别为"你们""他"。它们倾向优先规约为小句关联体。前例并列关联标记"并且"显示了并列关系，后例转折关联标记"却"标明了转折关系。

（85）巨蟹座你们气势如虹，好运会一直眷顾着你们，并且你们的才能会得到施展的机会。（微博语料）

（86）之所以很苦恼，是因为我讨厌他，却需要他的才华。（微博语料）

9. 核定相应

核定相应是指二重有标三分句中前分句的谓语核心和后分句的定语等同，相邻分句的关联得到强化。一般情况下，语义类别由小句关联体中关联标记的类型决定；若无关联标记出现，默认为并列类关系。如例（87）—（88），相邻分句谓语核心和定语相同，分别由心理动词"知道"和行为动词"改变"充当，它们优先规约为小句关联体。

（87）所谓"笨人"是这样一种人，你熟悉的东西他不知道，他知道的事情你也一无所知。（《读者》）

（88）不管疫情如何改变世界，也不管改变的程度有多深，至少我们还活着。（微博语料）

10. 核宾相应

核宾相应指二重有标三分句中相邻分句谓语核心和宾语等同，表意上的密切关联使它们更易于规约为小句关联体。如例（89），初始分句的谓核与中位分句的宾语相同，指"我"对"你"有很深的感情，因而可以优先构成小句关联体。

（89）虽然我爱你，但嘴上不敢说爱，因为这份责任重大。（微博语料）

值得注意的是，二重有标三分句相邻分句等同的句法成分可能不止一种。如下例（90）中位分句承前省略了主语"麻山人民"，和初始分句主语相同；并且宾语都指向人称代词"你"。例（91）中位、末尾分句均承前省略了主语"我"，且能愿动词"可能"、谓核"明白"重复。例（92）初始分句的谓核、宾语分别是"喜欢、文学",中位分句亦如是。自然,相邻分句可能句法成分上相同,嵌套方式上还属于连用式嵌套,如例(93),句内关联标记"虽"和"却"首先匹配构成让步复句模块,与"因为"匹配的关联标记"所以"虽未出现,但根据初始分句无标可以推断初始分句为结果分句。遵循"前者后优先原则",这是一个因果关系嵌套让步关系的二重复句。并且,中位、末尾分句主语相同,更强化了前后分句间的关联。

(90) 孩子,既然麻山人民养育了你,又需要你,你就在那里安家落户好好干吧!(1994 年报刊精选)

(91) 如果我再年轻十岁、二十岁,可能就会明白,可能比你还明白。(CCL 语料)

(92) 我喜欢文学,静静也喜欢文学,我们都是文学协会的会员。(微博语料)

(93) 这天晌午,最着急的是恒元父子,因为有好多案件虽是喜富出头,却还是与他们有关的。(赵树理《李有才板话》)

而有时,相同句法成分各自所属的分句并不相邻。如下例(94)初始分句宾语和末尾分句定语相同——33 年;例(95)初始、末尾分句状语"10 年"相同,但不相邻;同样,例(96)初始、末尾分句都出现了"肺部"。

(94) 这颗彗星的绕日运转周期为 33 年,因而狮子座流星雨虽然每年都露脸,但其大规模爆发也有一个 33 年的周期。(《文汇报》2003 年)

(95) 如果你后悔 10 年前没有回国创业的话,现在回来,以免 10 年后你又后悔。[《人民日报》(海外版)2005 年]

(96) 抽烟的人如果肺部已经损坏得很严重,一旦戒烟,肺部也有可能得到康复。(《长江日报》1982 年)

或者说,即使相邻分句出现相同的句法成分,也不总是优先规约为小句关联体。下例(97)初始、中位分句主语都是"我",主语相同强化了它们之间的关联。但此复句属扩展式嵌套,且中位、末尾分句都有相同的否定状语"不"和能愿动词"会",因而它们优先规约为小句关联体。可见,主语一致也并非总是优先规约。同理,例(98)初始、中位分句都出现了"考卷",但让步关联标记对"即使……也"标明了中位、末尾分句间的关联,它们首先构成让步型小句关联体,再与初始分句构成因果复句。

(97) 我如果是块顽石,我就不会想写作,你也就不会要我做丈夫了。(杰克·伦敦《马丁·伊登》)

(98) 他给这些幸运儿的考卷里的错误做的记号总是那么工整、纤细,所以这些人的考卷即使错误百出,看起来也非常整洁。(托马斯·曼《布登勃洛克的一家》)

(二) 相关

倘若现实世界各类实体、事件构成一个空间,语言则隐喻地视作一个词汇场——在空间中划出界限,归出概念节点。隐喻联结因此将物理域和心理域连接起来,实现认知通达。其中,语义场指语义系统中具有共同核心语义特征、意义上有关联的一组词所构成的语义聚合体,呈现纵横交织的网络状态。二重有标三分句中,相邻分句有时通过句法成分间的义场关系关联起来,从而规约为小句关联体。具体有纵聚合关系和横聚合关系两大类。

1. 纵聚合关系

纵聚合关系指"语义场的层级体系中词语的上下级关系"[①],包括上下义关系和总分关系两小类。

其一是上下义关系。

上下义关系是逻辑上的属种关系,上义词表属概念,下义词表种概念,可以用"Y(下义词)是X(上义词)"格式转写。如"铅笔(下义词)是笔(上义词)"。对语料的考察显示,二重有标三分句相邻分句句法成分具有上下义关系的情形较多:

(99) 狗是恪守职责的小动物,边牧尤其聪明忠诚,但是妈妈不

[①] 吴振国:《汉语模糊语义研究》,华中师范大学出版社2003年版,第98页。

喜欢养狗。(微博语料)

(100) 我只在杂志上看过他的专访,观看过他的话剧,但从未接触过他。(知乎语料)

(101) 我喜欢看书,尤其喜欢看史书,因此知识储备较充足!(微博语料)

(102) 红围巾戴在你身上,她绯红的脸颊埋得更低了,可见,她明白你的心意。(微博语料)

(103) 因为他酷爱动物,狗也能感受到他的善意,所以他们相处得愉快。(知乎语料)

例(99)"狗"是"边牧"的上义词,包括柯基、藏獒、柴犬、比熊、哈士奇、吉娃娃等;"边牧"是"狗"这一大类下的某小类,以聪明忠诚为主要特征,是下义词。初始、中位分句的主语具有上下义关系,优先考虑构成小句关联体。类似用法的还有"人——女人""合同——无偿合同""鞋——运动鞋""法——婚姻法""协议——口头协议""罪——放火罪",等等。例(100)初始分句的谓核"看"是中位分句谓核"观看"的上义词,包括俯看、查看、验看、察看,等等;"观看"是"看"的一种方式,带有观赏意味。谓核之间是上下义关系,能够优先构成小句关联体。类似的还有"听——聆听""销售——零售""想——猜想""看——俯看""唱——独唱""哭——痛哭",等等。例(101)初始分句的宾语"书"是中位分句宾语"史书"的上义词,包括兵书、辞书、小说、手册等;"史书"专指记载历史的古籍,是"书"的某一类,为下义词。宾语的上下义关系使得分句间关系紧密。类似的有"树——桂树""学生——博士生""琴——钢琴""舞蹈——民族舞""书——电子书""衣服——大衣",等等。例(102)初始分句定语"红"是中位分句定语"绯红"的上义词,包括大红、桃红、鲜红、嫣红、朱红等;"绯红"是"红"的下义词,特指深红色。它们可以优先规约为小句关联体。类似的还有"黑——黢黑""白——雪白""红——殷红""绿——翠绿""黄——明黄"等。例(103)初始分句宾语"动物"是中位分句主语"狗"的上义词，一切能够自主运动、以有机物为食的生物都称为"动物"，而不单指"狗"。宾主相应上下义关系使它们更易于构成小句关联体。类似用法的还有"植物——花""学生——中学生""包——双肩包""水果——草莓"，等等。

其二是总分关系。

总分关系指整体与部分的关系，其中，总义词表整体，分义词表部分，可以用"Y（分义词）是X（总义词）的一部分"格式转写。如"香港是中国的一部分"。考察语料发现，二重有标三分句相邻分句句法成分具有总分关系的情形也不少：

（104）因为猫可以爬树，而且猫在夜里眼睛好用，而狗的攻击力强得多。(CCL语料)

（105）我向往大学的生活，好奇图书馆的样子，可是我没有考上那所学校。(微博语料)

（106）走了世界很多地方，我还是习惯在中国生活，我太太也喜欢在北京生活。(1994年报刊精选)

（107）他的头仿佛裂了开来，血水不停地流进一只眼睛，但是他不在乎。(西克曼《龙枪编年史》)

（108）耿获一听墙头那边"哗哗"的声音，便微微撇嘴，脸又有些红。(严歌苓《穗子物语》)

例（104）初始分句主语"猫"表整体，是总义词；中位分句主语是猫的眼睛，为猫的构成部分，是分义词，前后分句主语之间为总分关系。相邻分句主语具有总分关系的还有"书——扉页""厨房——灶台""中国——江苏省""公园——绿道""词组——词""山——山脚"，等等。例（105）初始分句物体类定语"大学"是中位分句物体类定语"图书馆"的总义词，包括教室、宿舍、食堂、澡堂，等等；"图书馆"是"大学"的构成部分，定语之间是总分关系，能够优先构成小句关联体。类似用法的有"树——树叶""土堆——土""鞋——鞋带""头——耳朵""健身房——练舞室"等。例（106）中位分句地点状语"中国"是末尾分句地点状语

"北京"的总义词,"北京"是"中国"的首都,为分义词,它们所在的分句更易于构成小句关联体。类似的还有"华中——武汉""校园——操场""白天——上午""房子——卧室",等等,常见于物体类状语。例(107)初始分句的主语中心语"头"是中位分句宾语"眼睛"的总义词,包括眼睛、鼻子、耳朵、头发、嘴巴等,宾主相应总分关系使得前后分句关联紧密。同理,例(108)中位分句宾语"嘴"是末尾分句主语"脸"的分义词,前后分句关联随之加强。类似用法还有"果园——果树""车队——车""安徽——合肥""大学——系""四季——秋天""裤子——裤腿"等。

总之,二重有标三分句相邻分句句法成分间如果具有纵聚合关系,意味着它们之间关联紧密,多优先规约为小句关联体,被嵌套的可能性随之增大。分句间的语义关系由显现的关联标记类别所决定,若无关联标记出现,一般默认为意合型并列类;最后再与余下分句构成高层结构。

2. 横聚合关系

横聚合关系指"语义场的层级体系中词语的同级关系"[①],包括同义关系、反义关系和类义关系三个小类。

其一是同义关系。

同义关系指词语之间某些义项相同、概念意义接近但并不完全相同。与前文相同语里关系不同的是,具有同义关系的句法成分在语义轻重、语义侧重、范围大小、个体集体、搭配对象等方面存在差异,并非严格意义上的等义词。简言之,"同义词是一些'中心'语义特征相同,但'次要'或'外围'特征不同的词汇单位"[②]。

(109)因为我没有专门研究过音乐知识,既不识简谱,更不懂五线谱。(2019年上海高考满分作文《在"万方乐奏"中寻找"中国味"》)

(110)在这样的环境下,我们比前人享有更多物质资源,拥有

---

① 吴振国:《汉语模糊语义研究》,华中师范大学出版社2003年版,第106页。
② 章宜华:《语义学与词典释义》,上海辞书出版社2002年版,第179页。

更长的寿命,但又觉得疏离、沮丧而压力重重。(赫拉利《人类简史:从动物到上帝》)

(111) 发觉生活似乎只剩幻想,因为自己一无所有,也因为自己两手空空。(微博语料)

(112) 他们原想也带我一起去,可是我不吭声,没有说出我心里的想法。(卢梭《新爱洛伊丝》)

(113) 有人说,谢军这次挑战即便输了,也是成功,也是胜利。(《长江日报》1991年)

(114) 不管是"改头换面",还是"洗心革面",总之可以看出古人对形象的重要性已有了相当的认识。(张晓梅《修炼魅力女人》)

(115) 我被他们真挚的友谊感动了,于是发出了诚挚的邀请,但是他们没去。(知乎语料)

(116) 娱乐活动很重要,健身运动要重视,但不能耽误你的学习呀!(微博语料)

例(109)中"识——懂"都表明白、知道义,但语义轻重不同;例(110)"享有——拥有"皆有获得、占有义,可搭配对象不同。前后分句的谓核部分为同义关系,倾向于优先构成小句关联体。相邻分句谓核具有同义关系的还有"走——串""帮助——协助""采用——运用""了解——精通""啜泣——呜咽""考察——观察""祝贺——庆贺""批评——批判""损坏——毁坏""破除——消除"等。有时,相邻分句整个谓语部分结构凝练为四字格形式,也具有同义关系,如例(111)中位分句谓语"一无所有"和末尾分句谓语"两手空空"都指钱财匮乏的状态,因此优先规约。例(112)中位分句的否定状语"不"与末尾分句否定状语"没有"概念意义相近,状语之间是同义关系,能够优先构成小句关联体。类似用法的有"都——全""仅——只""格外——十分""稍微——略微"等。例(113)中位分句宾语"成功"指事情发展的结果,末尾分句宾语"胜利"指预期的目标,中心语义特征相同,前后分句关联紧密。同理,例(114)初始分句宾语"改头换面"和中位分句宾语"洗心革面"也是同义关系。相邻分句宾语具有同义关系的还有"财富——财产""面貌——面孔""个性——特性""形式——格式""花圃——花园""流言——谣言"等。例（115）初始分句定语"真挚"和中位分句定语"诚挚"虽语义侧重不同，但都表真诚恳切，具有同义关系，倾向于优先构成小句关联体。类似用法的有"诚实——老实""纯粹——纯洁""淳厚——淳朴""聪明——聪慧""花白——斑白"等。例（116）初始分句主语中心语是"活动"，中位分句主语中心语是"运动"，相较于前者，后者范围较小，专指一定规则或技巧下指导的活动，当然它们之间是同义关系。类似的还有"辩论——争执""争论——争吵""真理——道理""愿望——欲望""装备——设备""原因——缘由"等。

其二是反义关系。

反义关系指共同论域内的词语之间语汇意义相反、相对，表达事物间存在的矛盾对立关系。如"乐观"形容精神愉快、充满信心；相反地，"悲观"形容精神颓丧、缺乏信心，它们是一对反义词。观察语料发现，二重有标三分句相邻分句句法成分具有反义关系的情况如下：

（117）SH 的诊断一旦被明确，多数可通过手术及介入方法被治愈，少数不适合手术及介入治疗者对降压药的选择针对性也比较强。（BCC 语料）

（118）坏的东西是不符合历史发展规律的，但好的东西是要遵守追寻的，所以我们头脑要时刻保持清醒。（知乎语料）

（119）另外，你如果借了钱，就一定得还，不然我们可要打断你的另一条腿。（黑利《钱商》）

（120）在同样的环境条件下，有的企业、单位搞得好，有的搞得差，一个很重要的原因就是管理。（《人民日报》2000 年）

（121）但工作成绩完全凭上级的判断确定，下级不得表示任何不同意见，以免破坏上下间的指挥系统。（《长江日报》1997 年）

例（117）中位分句主语"多数"和末尾分句主语"少数"具

有反义关系，分别指向较大的数量、较小的数量。前后分句紧密关联更易于优先规约为小句关联体。相邻分句主语具有反义关系的还有"父亲——母亲""干货——鲜货""正数——负数""清音——浊音""奇数——偶数""正面——反面"等。例（118）初始分句定语"坏"与中位分句定语"好"用以形容东西的性质，构成反义关系，对立性使前后分句关联紧密。类似用法的有"正确——错误""大——小""长——短""美——丑""勇敢——怯懦""直接——间接""高——低""积极——消极""甜——苦"等。例（119）初始分句的谓核"借"指债权人把金钱暂给债务人使用这一动作，中位分句的谓核"还"指债务人归还所欠金钱这一动作，动作方向正相反，构成反义关系，前后分句因之关联紧密。类似用法的还有"娶——嫁""死——活""上——下""出去——进来""赚——赔""买——卖""前进——后退""成功——失败""膨胀——收缩""否定——肯定""分散——集中""胜诉——败诉""同化——异化""化合——分解""爱护——伤害"等。例（120）初始分句补语"好"指结果令人满意，中位分句补语"差"指结果使人不太满意。它们之间是反义关系，优先构成小句关联体的可能性更大。类似的还有"好——坏""含糊——清楚""旧——新""浅——深"等。例（121）初始分句定语"上级"与中位分句主语"下级"分别指向同一组织系统中等级高的人员与等级低的人员，它们之间为反义关系，倾向于优先规约为小句关联体。相邻分句定主相应构成反义关系的还有"近郊——远郊""上级——下级""朋友——敌人""买主——卖主""主角——配角"等。

  汉民族追求均衡、对称、和谐的文化心理古已有之，体现到语言构词法上则是双音节词占优势。反义词的结构理应符合"对称之美"，理想状态的反义组合应该在构成形式上对称。然而，实例化语料中，部分构成反义关系的句法成分音节数量并不等同，甚至从语法角度来说并不具有词的合法身份，但语义及语用价值上可以使前后分句反义相对——面对反义词的对称缺损，最好的补偿办法就是前加否定式。如例（122）是能愿动词"会"与"不会"的对举，例（123）是有无动词"没有"与"有"的对举。前例句谓语构成反义关系，后例句核宾相应构成反义关系，共同之处在于构成反义关系的词语有的是单音节形式，有的是双音节形式，并非严格意义上最佳匹配的反义组合。

（122）身体虽然会死去，爱情却不会死，会在另外的躯体上继续。（朱建军《意象对话心理治疗》）

（123）如果我知道附近的河里没有狮子，我却说有，这叫作谎话。（赫拉利《人类简史：从动物到上帝》）

其三是类义关系。

类义关系反映同类事物、表示同类概念。类义词组成的语义场叫同类语义场，语义场内成员同属一个大类，具有亲缘关系。如"汽车、高铁、地铁、动车、自行车、电动车"都属交通工具，是一组类义词。二重有标三分句相邻分句句法成分具有类义关系的情形大致有如下几种：

（124）我被司马桥安排在一个有扶手的椅子上坐下，头上戴上一个大头盔似的东西，手上也接上了导线。（韩建国《二十分钟等于》）

（125）男女的世界是一个相辅相成的整体，男人少不了女人，女人也少不了男人。（莱辛《金色笔记》）

（126）即使是屋顶，它的形状也不是直线形的，而是圆形的。（微博语料）

（127）有的单位收入不丰，却讲排场，摆大宴。（《人民日报》2000年）

（128）这边儿忙事业忙得一塌糊涂，焦头烂额，那边儿还给添乱。（《编辑部的故事》）

例（124）中位分句主语"头"与末尾分句主语"手"皆为人体部位，互不包含，它们是类义关系，倾向于优先考虑为小句关联体。相邻分句主语具有类义关系的还有表亲属关系的"父母——兄弟——姐妹"、表季节的"春——夏——秋——冬"、表动物的

"猫——狗——猪——牛——羊——鸡"、表文学体裁的"小说——诗歌——散文——戏剧"、表国家的"中国——美国——日本—韩国"等。例（125）中位分句主语"男人"与末尾分句主语"女人"性别不同，同属"人"这个大类；中位分句宾语"女人"与末尾分句宾语"男人"亦构成类义关系。因而中位、末尾分句倾向于优先规约为小句关联体。相邻分句宾主相应且具有类义关系的还有表气象现象的"风——雨——雪——雾——雷——霾"、表工人种类的"木工——瓦工——矿工——车工——清洁工——水电工"、表文具品类的"毛笔——铅笔——橡皮——三角板"等。例（126）中位分句修饰语"直线"与末尾分句修饰语"圆"都指线条形状，属同一类意义，类义关系强化了分句间的关联。类似用法还有形容性质、状态的形容词"健康——健壮——结实——硬朗——强壮""红彤彤——绿油油——白茫茫——黄灿灿"，形容级度变化的形容词"大型——中型——小型——微型""上等——中等——下等""高级——中级——低级"等。例（127）中位、末尾分句谓核"讲、摆"意为追求豪华气派，属于同一大类，前后分句的关联性增加了优先规约为小句关联体的可能性。类似的还有与水有关的动作"冲——引——洗——漱"、借助眼睛完成的动作"看——盯——瞧——瞥"、借助嘴巴完成的动作"吸——吃——喝——吞——抿"等。例（128）初始分句结果补语"一塌糊涂"与中位分句结果补语"焦头烂额"均指向糟糕的结果，属同一语义范畴，前后分句因之关联紧密。类似用法有描写结果的"高——快——远——强"、描写趋向的"起来——上去——下去——下来"、描写程度的"不行——要命——万分——不得了"等。

值得说的是，表时间的时间词语实为关联分句的一种手段——当前后分句出现相互照应的、具有类义关系的时间词语时，可以借此衡量分句间关联程度的强弱。这里的时间词语取广义，既包括核心层"年月日类时间词语"，如：2012年、6月、29日、星期一、10点钟、夏季、夏至、上午等；又包括对基本时间概念补充说明的各类外层时间词语，如：从前、下学期、三岁、战时等等。例

(129),初始分句时间名词"原来"有"起初"的意思,指以前某个时期;中位分句时间名词"现在"指说话的时候,标明条件依旧没太多改变。两者对举,强化了前后分句间的关联性。类似的表时间顺序的名词还有"而今、现下、最终、起初、起先、当初、现在、如今、最后、最初、目前、先前、原先、原本、后来、嗣后"等,它们在复句前后分句间搭配使用时可标明"连贯关系"或"并列关系"。

(129) 尽管我们原来的基础比较薄弱,现在的条件也还比较差,但是中国的科技人员是有志气、有能力的。(《长江日报》1986年)

(130) 弦是没续,但今天给京剧坤伶买行头,明天为唱大鼓的姑娘赎身。(邓友梅选集)

同理,"昨天、今天、明天、春天、夏天、秋天、冬天、上午、中午、下午、周一、周二、周三、周四、周五、周六、周日"类时点词语在相邻两个分句中配对共现,时间先后上形成正序纵线序列的话,同样可标明"连贯关系"[如上例(130)]。匡鹏飞对此解释道"两个时点时间词语可以看作分句之间时间顺序的标记,其正序关系可以起到显示时间顺序原则的作用"①。

当然,二重有标三分句相邻分句时间词语呈鱼贯式排列时,还可以标明转折关系。如例(131),让步关联标"虽然"与转折关联标"可是"标明了时间词语所在分句间的让步关系。可知,前后分句间本身存有连贯关联时,关联标记可以省略;须强制显示分句间其他逻辑语义关联时,关联标记多显现。

(131) 我自己也不愿意去,虽然昨晚维金斯很泄气,可是我想今天肯定会有消息的。(柯南道尔《福尔摩斯探案集》)

综上所述,二重有标三分句相邻分句句法成分如果具有横聚合关系,倾向优先规约为小句关联体,被嵌套的可能性更大。分句间

---

① 匡鹏飞:《时间词语在复句中的配对共现研究》,华中师范大学出版社2008年版,第127页。

的语义关系由显现关联标记类别决定,若无关联标记出现,同义、类义关系一般默认为意合型并列类,反义关系一般默认为转折关系或并列关系之然否对照关系;最后再与余下分句构成高层结构。

(三) 同现

如果某些词或短语经常与另一些词或短语在话语中同时出现、关联密切,它们就具有同现关系。如"衣服"多和"买、卖、美、商家、商场、折扣"等概念同时出现。相邻分句某些句法成分若经常同现,自然能够关联语义,增强分句间联系。

语言的篇章性体现在衔接和连贯上,关联手段展现了衔接,概念的连贯则处于深层结构。为使二重有标三分句相邻分句关联起来,既要运用一定的复句关联手段,也应确保接受者推断出复句连贯,这离不开句法普遍知识和语外世界知识的双重作用。上文谈了很多关于二重有标三分句的普遍知识,本小节重点介绍与世界知识紧密相关的心智模型和语义韵。

1. 心智模型

"心智模型"(Mental Model)这一概念最早由克雷克(Craik)在 1943 年出版的 *The Nature of Explanation* 书中提起,他主张感知构造现实的"小规模模型(small-scale models)"[①] 可用来预测事件或推理。受此启发,1983 年心理学家约翰逊 - 莱尔德(Johnson-Laird)在 *Mental Models*: *Towards a Cognitive Science of Language*, *Inference*, *and Consciousness* 一书中系统阐释了该理论,且在之后的论文、专著中陆续补充、修正。简言之,约翰逊 - 莱尔德认为心智模型是一种复杂的、相对定型的概念架构,是个体为了解并解释他们的经验而构建起的知识框架,是对世界的内在表征(某种可能性为真值的表征),以表征实体和个人、事件和过程以及对复杂系统的操作。随后,沃斯尼亚杜(Vosniadou)和布鲁尔(Brewer,1992)探讨儿童关于地球形

---

① Kenneth James Williams Craik, *The Nature of Explanation*. Cambridge: Cambridge University Press, 1943, p. 92.

状的心智模型发展时，发现儿童概念的转变呈渐进过程，会以有限的生活经验构建起初始心智模型，接着与学习到的新知识混合而成综合性模型，最后达成正确的科学模型，总之，心智模型是一种为了回答或解决问题而产生的、受个体概念结构影响与制约的动态结构。中国学者程琪龙（2006）提出记忆体中信息集成块"概念框架"——基于经验构建的允许反复激活调用的知识网络，事实上也是指储存于人脑中的场景资料与知识结构，其中任一语言单位的使用会带动相关部分的激活连通。张静（2020）在梳理国内外文献的基础上，总结认为心智模式作为内部表征，源于个体对经验或观点的操作，定量研究和质性研究相结合有助于更好地描绘研究对象心智模型的动态发展。

尽管学界关于心智模型尚未达成共识，但其核心含义已十分明确。可以说，心智模型将人类掌握的世界知识系统化并加以管理，是外部世界在人的内部心理形成的认知构造，是组织世界知识的重要机制，因而可以用来解释、预测外在世界。既然心智模型为结构化的知识、信念，为保证复句顺利得到理解，以日常生活行为模式为基础形成的脚本结构（适用于行为），和以行为者之间社会环境、社会角色的类典特征为基础构成的框架结构（适用于物体及其特征），是本节探讨的两大重要类别。

先来看脚本结构。

"脚本"概念源自心理学，后引入计算机科学（人工智能）及语言学领域。布斯曼（Bussmann，1990）将脚本定义为标准化事件及事件参与者的知识所呈现的既生动、又分为各个组成部分的数据结构。林克（Linke，1996）进一步指出脚本理论主要作用于叙述类语篇，可以帮助确定期待、偏离、可能或不可能出现的各种行为，从而引导监督人们理解语篇。

具体来说，语言中任何表述代表的各类行为事实上都是一些概念基础形式，概念具有照应性，其作为语言表层结构的深层基础，决定了脚本理论。脚本实际上就是一系列分行为、分概念。人们日常经验构成某种固定图式，各项陈规性分行为以标准化形式被储存在大脑中，只要某个脚本的分行为被激活，关于该图式的所有分行为就会在说话者、接受者大脑中相继被激活。例如，概念"去食堂吃饭"脚本中隐含的陈规性分行为有：Th_1（进门）→Th_2（测体温）→Th_3（找座位）→Th_4（放书包）→Th_5（走到窗口前）→Th_6（点餐）→Th_7（排队取餐）→Th_8（回到座位）→Th_9（进餐）→Th_{10}（回收餐具）→Th_{11}（出食堂）。像"我在食堂吃饭"这样的表述，既激活了脚本的中心概念Th_9，又激活了脚本中所有其他分行为。二重有标三分句中，当相邻分句句法成分表达的概念行为属于同一脚本时，它们较容易被接受者"重构"为一个连贯的表述，即更易于构成小句关联体。

(132) 别下去了，只要你一说话，它就飞跑！（莫言《天堂蒜薹之歌》）

(133) 虽然年纪大了记不清了，但目睹照片，音容笑貌宛若眼前。（微博语料）

(134) 乘警黄福安等五位同志非常重视，帮助寻找，但是一时难以找到。（《长江日报》1982年）

(135) 一个侍者敲了敲门，端着碎薄荷叶和冰块走了进来，但是他的"谢谢"和轻轻的关门声也没有打破沉默。（菲茨杰拉德《了不起的盖茨比》）

例（132）中位分句谓核部分"说话"与末尾分句述补结构"飞跑"都属于"在鸟出没的地方说话"这一脚本的分行为：Th_1（人看见鸟）→Th_2（人说话）→Th_3（鸟受惊）→Th_4（鸟飞跑）。这一脚本在人们日常生活中无数次重复，因而分行为2出现时就能预判会出现分行为4。在这里，相邻分句表述传达的脚本决定了语言的连贯，它们优先规约为条件小句关联体。同理，例（133）中位分句"目睹照片"与末尾分句"宛若眼前"同属于"怀念逝去之人"这一脚本的分行为：Th_1（思念去世之人）→Th_2（翻看老照片）→Th_3（回忆过去画面）→Th_4（缅怀逝去之人）。例（134）初始分句

"重视"与中位分句"寻找"同属于"人民警察帮助群众寻找失物"这一脚本的分行为：Th_1（群众丢失财物）→Th_2（去派出所报案）→Th_3（警察重视）→Th_4（询问具体情况）→Th_5（制作报案笔录）→Th_7（报案人签名或盖章）→Th_8（开展调查、寻找失物）→Th_9（视犯罪事实情况立案）→Th_{10}（找到失物）→Th_{11}（归还失主）。例（135）初始分句"敲门"与中位分句"走了进来"同属于"酒店提供客房服务"这一脚本的分行为：Th_1（叫客房服务）→Th_2（服务员到达房间门口）→Th_3（敲门报称身份）→Th_4（获得允许后进入房间）→Th_5（完成服务）→Th_7（离开房间）。

即使句中并未显现标明内在逻辑关系的关联标记，某种分行为表示的动作多伴随或预示另一分行为动作的发生，动作共现的可能性较高，因而它们表意上关联紧密，优先规约为小句关联体。分句间的语义关系一般默认为连贯、因果、假设、推断、目的、并列等关系。

再如例（136），初始分句谓语表达了否定、轻视的概念，中位分句状语否定了建立密切关系的意愿，前后分句间具有因果关联。语料中，相邻分句常现的与"瞧不起"紧密联系的词或短语还有"喜欢、尊重、羡慕、交朋友、受伤、冷落、欺侮"等，它们都是同一个脚本的分行为。又如例（137）初始分句谓语部分表达了生病的结果，中位分句明确了休息的必要，它们之间同样隐含因果关联。语料中，相邻分句常现的与"生病"联系紧密的词或短语还有"哭、死亡、自杀、休息、着急、请假、耽搁"等，它们同样是同一个脚本的分行为。

（136）就算你瞧不起他们，不愿和他们交朋友，但我不是啊！（微博语料）

（137）如果病得严重，得休息几个月，就换成社会福利制度来帮忙。（赫拉利《人类简史：从动物到上帝》）

再来看框架结构。

在 *Lexikon der Sprachwissenschaft* 书中，布斯曼同样给出了"框

架"的界定。概括来说，框架是建立在图式基础上的知识，主要指向物体的同时也具有普遍性，使得框架等级中特性的转移成为可能。随后，林克解释道：读者拥有世界知识是框架理论的出发点，阅读时，这些储备帮助读者确认某些信息之于主题的价值、与主题的相关程度以及信息重要程度的排序，从而信息被挑选、被解释并融会贯通。

同脚本一样，框架也依赖语外世界知识，也在语言的深层结构上帮助安排、组织语外世界知识储备。区别于脚本表现为某个图式中动态的分行为，框架的组成部分是无数次重复经验基础上的物体、事物、场景中的陈规性静态特征，这些构成了框架的蕴涵。并且，框架可以不断下分为主框架、次框架、次下框架等，下级框架是上级框架的蕴涵。上文例举了"去食堂吃饭"这一脚本隐含的所有陈规性分行为，其实"食堂"本身就是一个框架，具有一系列建构在日常经验基础上所必然拥有的特征：厨师、厨房、食客、餐桌、餐椅、餐具、厨具、饭菜、饮品、收银台、服务员、意见簿等。需注意，"食堂"框架中部分陈规与"食堂"间的语义关系为相关关系之纵聚合关系，如"餐桌、餐椅"，心智模型框架下的同现关系研究专指纵聚合、横聚合关系以外的情形。

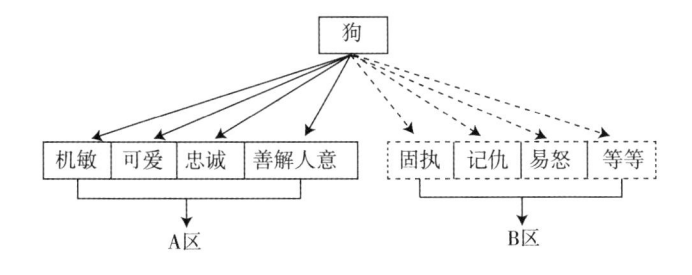

图4.1 框架"狗"的蕴涵

请看如下例句：

(138) 这几种狗都是名贵犬种，但是忠诚度很低，不太适合我们。(微博语料)

(139) 你像邮政我们都是很强的网络，所以如果是跨栏赛，我们肯定是快运企业的刘翔。(《对话》)

(140) 尽管她患有骨质增生、肩肘炎等多种疾病，每天都得抽时间去医院做理疗，但她仍然在工作岗位上踏踏实实、兢兢业业地奉献着自己。(《长江日报》1993年)

说到"狗"，接受者会在认知库里寻找相应的心智模式并激活相关蕴涵，如"忠诚、机敏"等。例（138）初始分句主语中心语"狗"能够激活中位分句主语"忠诚度"这一蕴涵，前后分句因而变得连贯紧密，优先规约为转折型小句关联体，再与末尾分句构成因果类复句。又如例（139），在中国，说到运动竞技类术语"跨栏赛"，其标准蕴涵除"田径运动、速度、短跑、栏架"外，经常还包括家喻户晓的奥运冠军"刘翔"。末尾分句的宾语中心语"刘翔"是中位分句宾语"跨栏赛"框架的陈规性特征，两者关联紧密，因而优先构成小句关联体的可能性更大。例（140）初始分句说到"疾病"，中位分句宾语"理疗"以及其他蕴涵"医院、痛苦、花销、寿命"等会被相继或同时激活。相邻分句密切关联，构成了小句关联体，接受者进而理解整个二重复句。

此外，二重有标三分句中，框架"终点"能够激活"世界旅游、自驾游、人生"等蕴涵；框架"盛宴"能够激活"硬菜、开胃菜、饮品、甜品、海鲜、肉、蔬菜、水果"等蕴涵；框架"水"能够激活"清澈、透明、单纯、凉爽、清澈、纯粹、寡淡、洁净、平静、君子"等蕴涵；框架"狐狸"能够激活"机智、狡猾、聪慧、奸诈、虚伪、魅惑"等蕴涵；框架"狮子"能够激活"强壮、勇敢、庞大、有力、攻击性强"等蕴涵；框架"大熊猫"能够激活"可爱、胖、肥硕、国宝、丰腴、富态、慢吞吞"蕴涵等。

当然，蕴涵具有个人性、文化依赖性和时间性。个体知识水平不同会导致日常生活中获得的体验性知识，如情感经验、身体经验、空间经验、文化经验等不尽相同。有些人认可图4.1中A区的特征为"狗"的陈规特征；相反，有些人认可B区中的特征为"狗"的陈规特征。并且，不同民族的文化前提、历史底蕴有别，同一个概念被使用者广为接受、使用且约定俗成的蕴涵可能大相径庭。以"龙"为例，"龙"是中国的象征，也是中华民族和中国文化的象征，代表着力量、强大、高贵、权势、尊荣、幸运、成功等，华夏儿女在龙身上寄托了无数美好愿望。但是，西方人却视龙为拥有强大力量的蛇怪，它邪恶、丑陋，会给人带来不幸。最后，伴随历史的发展、交际情景和社会活动的转变，人们意识形态也不断更新，同一概念为语言群体广泛认可的陈规特征也会随之发生改变，人们从句中推论的东西可能不再相同，这便是蕴涵的时间性。

2. 语义韵

语义韵（semantic prosody）最早被辛克莱（Sinclair）注意到，辛克莱借用老师弗斯（Firth）概括音韵现象超切分特征时使用的 prosody 一词，将其应用于词汇研究中。基于此，洛（Louw, 1993）将"语义韵"定义为前后一致的意义氛围（consistent aura），受搭配词渗透的某形式应与此氛围相匹配，并且终会产生意义迁移（transference of meaning）或语义传染（contagion）。此后，国内学者卫乃兴（2002）、王海华（2005）、姚双云（2006）等对语义韵进行了深入细致的研究，相继提出各自看法，略有差异但大体相同。总而言之，语义韵就是指具有相同或相似语义特点的词项，由于经常在文本中高频共现构成搭配，使得整个语境跨距内弥漫着特殊的语义氛围。

二重有标三分句相邻分句内，某些句法成分共现会表现出一定的语义韵。本书沿用"语义韵"概念的基础上，立足于复句的特殊性，对语义韵的研究分为极性分析（评价意义）和语体分析（语体意义）两大版块。

首先是极性分析。

句法成分极性分析主要关注分句信息中的意见、情感和主观性，对附加在词或短语之上的正、负面情感——消极义（贬斥）、积极义（褒扬）或中性义进行分析判定，即词或短语的评价意义。二重有标三分句中，若相邻分句句法成分极性相同，则倾向于优先规约为小关联体。鉴于汉语词汇大多为中性词，因而句法成分消极义或积极义相同对关联度强弱影响尤为明显。

如下例（141）—（144），从极性上看，例（141）中位分句"忌恨"和末尾分句"避免"都具有消极义，例（142）中位分句"自杀"和末尾分句"调低"皆为消极义，例（143）中位分句"坚持"和末尾分句"赢、胜利"以及例（144）中位分句"稳定"和末尾分句"开心"都具有积极义，它们极性相同，语义关联得到强化。

（141）因藤壶皇后得了上风，弘徽殿女御心中忌恨，处处避免与她同席。（紫式部《源氏物语》）

（142）洛瓦索保持着他的等级，但是2003年他还是自杀了，因为一家法国餐饮指南调低了其餐厅等级。（蒂尔《从0到1：开启商业与未来的秘密》）

（143）我并没有放弃，并且因为我足够坚持，赢得了人生中的第一次胜利。（微博语料）

（144）我觉得正因为这个原因，我们的团队才非常稳定，团队里的工作也非常开心。（《对话》）

观察语料可知，分句中出现的带褒奖、赞赏、喜爱、尊敬、肯定等感情色彩的词或短语还有"坚强、勇敢、高尚、无私、英雄、成就、孜孜不倦、璞玉浑金、见义勇为、实现、提高、有助于、更好地"等；而带有贬低、厌恶、讨厌、轻视、否定等感情色彩的词或短语有"固执、卑鄙、丑陋、狡诈、唆使、煽动、怙恶不悛、食古不化、见利忘义"等。

当然，这种语值分析法，不仅体现于充当谓核的词或短语上，对关联标记和句式同样有效。

二重有标三分句中，部分关联标记具有语义韵。张斌（2001）认为表因果关系的关联标记"从而、好在、幸亏"能够表示积极意义，而"省得、致使、以致"表不好的、消极的意义，"以至"则为中性连词。姚双云（2006）指出"否则、但是、可是、不过、却、可惜、不然、要不然、怎奈、万一"等关联标记也倾向于表消极含义，"亏得、幸好、承蒙、多亏"则倾向于积极表达。除此，关联分句多为积极语义韵的还有"幸而、以便、好使、好让"等，关联分句多为消极语义韵的还有"无奈、怎奈、不料、不想、反而"等。如例（145），中位分句原因标"幸而"关联的分句指事件好的方面——"发现得及时"，末尾分句同样表达正面的意义——"没有酿成大祸"，相邻分句极性相同，关联更为紧密，倾向于优先构成小句关联体。与"幸而"关联紧密，呼应构成积极语义韵的相邻分句谓语核心主要有图4.2中所示几种语义类型。

（145）时隔不久，厨房又一次失火，幸而发现得及时，没有酿成大祸。（CCL 语料）

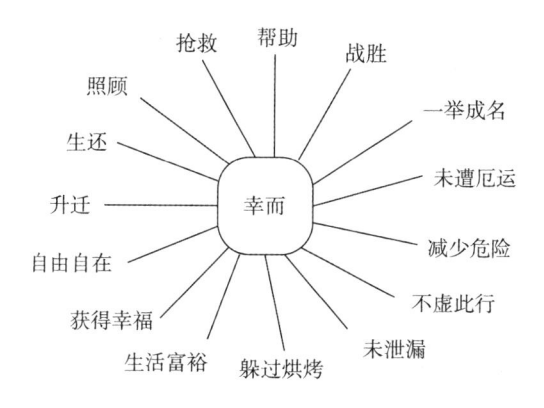

图4.2　与"幸而"积极含义呼应的核心语义块

现代汉语中，很多表达式，尤其口语表达式也能表消极义评价，形成消极的语义氛围。如被动句式，王力早在《汉语史稿》中指出，被动式多表示不如意或不幸的事情。如下例（146）初始分句谓核"抢"是不好的行为，被动句式表消极意义；依照语值分析法，中位分句谓核"掉"也表消极义，相邻分句极性相同，强化了二者间关联性。再如，句式"把 N + V 了"（吴葆棠，1987）、"爱 V 不 V"（李文浩，2009）和"V_1 一量 V_2 一量"（吴为善，2016）也都是消极义评价表述。例（147）中位分句"不会"具有消极义，末尾分句构式"把 N（成绩）+V（算丢）了"表违愿、丧失义，它们的极性相同，优先构成小句关联体可能性更大。例（148）初始分句构式"爱 V（理）不 V（理）"和中位分句主谓式成语"冷若冰霜"传递了说话人不满的情绪，两者关系较密切。例（149）中位分句构式"V_1（开）一量（家）V_2（倒）一量（家）"及末尾分句谓语"血本无归"表现了说话人对这一行为惯性的消极评价，前后分句表意上关联密切。

（146）如果被附近的人抢了土地，就可能从温饱的天堂掉进饥饿的地狱，所以在土地这件事上几乎没有妥协的余地。（赫拉利《人类简史：从动物到上帝》）

（147）这些同志都是很小心谨慎和很谦逊的人，但是他们却不会算账，他们把成绩算丢了。（《人民日报》1959 年）

（148）她爱理不理，冷若冰霜，但我依旧忍不住上前套近乎。（微博语料）

（149）王总志在别处，以致开一家倒一家，合伙人也血本无归。（微博语料）

二是语体分析。

句法成分语体分析侧重于某些词或短语经常用于特定场合而具有的特殊语体风格，即语体色彩。一般来说，语体色彩或者庄重严肃，如"华诞、恫吓"；或者通俗随意，如"大腿、老爸"；或者生动形象，如"遨游、踌躇"；或者简明准确，如"光年、定金"。

近年来，语体研究在语言学、交际学、修辞学、教育学、广告学、翻译学等学科领域大放异彩，以冯胜利为代表的学者提出"语体语法理论"更是将其提升到综合性理论体系的高度。除了作为视角工具，语体还可以用来描写和分析语言现象。学者们从语体内涵、语体类型、语体研究基本路径等角度对语体进行了共时、历时两个维度的考察描写。如张伯江（2012）所说，语体研究是"我们从关注孤立的结构延伸到关注语言的社会交际环境的产物"①。语言研究的语体视角对语法研究、语法教学、自然语言处理都具有重要意义，复句的语体特征研究同样不容忽视。毋庸置疑，语体具有广泛性和多样性，语体变量的细微差异，便会导致不同的语法特征。基于邢福义版《现代汉语》对语体系统的分类，本书的现代汉语语料分为口头语体和书面语体两大类，它们作为语言研究的两个重要维度，与复句嵌套现象研究具有密切联系——相同语体风格的嵌套句式，其句法特征具有家族相似性。

以法律语言为例，所谓"法言法语"的基本特点是既准确明晰又严谨规范，具有较强的概括性。关联标记使用上多用"为（了）、如、或者、因此、故、但是"等；修饰语部分多出现"情节严重、重大损失、数额巨大、罪恶重大、故意犯罪"等形成消极语义韵；句法结构上多用"的"字词组表述假定因素，构成假设关系，并且常将同类并列或异类对举，以求界限分明；句子长度上多用复杂长句，以适应复杂、抽象的概念或逻辑。如下例（150），初始分句谓核"加强"与中位分句谓核"缩小"反义对举，加强区别的同时强化了前后分句间关联，故倾向优先规约为小句关联体。例（151）初始分句末尾"的"字标明其假定因素的身份，对于其后的语义关系分析有辅助作用。此外，法律语言常用的复句有假设复句、条件复句和转折复句。其中转折复句（又称"但书"）格式多为"但是……、但是……除外、但是不得……、但是……不得、但是可以、但是……可以、但是必须……、但是……必须……、但是……不认为"等。

（150）为了加速发展民族自治地方的各项事业，缩小与其他地方的差距，国家从财政、物质、技术等方面对民族自治地方给予帮助和支持。(《中华人民共和国宪法通释》)

（151）被许可人不履行前款规定的义务的，行政机关应当责令限期改正，或者依法采取有效措施督促其履行义务。(《行政许可法》)

此外，分句成分的排列顺序以及排比、反复等修辞手段的应用

---

① 张伯江：《以语法解释为目的的语体研究》，《当代修辞学》2012年第6期。

同样产生语体效果。

  当然，语体研究还应关注关联标记使用的语用环境。关于关联标记在口头语体、书面语体中的分布差异，学界看法有所抵牾。一部分学者认为，口头语体中复句分句间较少用关联标记连接，呈现活泼、生动、简短等特点；而书面语体为显示复杂的逻辑语义关系，关联标记使用较多。代表学者有邵敬敏（2001）、邢福义、汪国胜（2003），黄忠廉（2021）等。相反，有的学者坚持关联标记在口语语体中使用更为高频。如切特（Cutting，2011）指出口语是语言构建过程的反映，而书面语是语言修改、润色的产物，大部分的口头语体都是无计划的，即便处在口头语体边界点的新闻报道、电影、戏剧、讲座和演讲，它们的实义词都比虚词要少。持相同观点的还有拜伯（Biber，1995）、姚双云（2017）等。当然，若话语的互动性变弱，说话者对话题的发展、方向、用词控制会变强，词汇密度随之增加。这里不作观点正误探讨，值得肯定的是，二重有标三分句中，即使是同义关联标记，语体色彩不同则用法迥异：书面色彩较浓厚的"亦"与口语、书面语兼可的"也"都是副词，都可表并列、递进、让步关系；此外，"也"还能表示转折、假设、因果、推断等关系。而类别不同的关联标记，出现于不同语体的频率也大相径庭：假设标逆置嵌套出现频率由高到低排列为文艺语体＞科技语体＞政论语体＞事务语体，条件标逆置嵌套出现频率由高到低排列为文艺语体＞政论语体＞科技语体＞事务语体。

  值得说的是，作为经济原则和信息原则相互妥协的产物，二重复句语体类别间虽存有一定差异但界限较模糊。例如，"的"字词组能够表述假定因素并非事务语体的"特权"，政论语体同样会用这一结构标示假设关系。例（152）初始分句关联标记"由于"引领的内容表原因，中位分句表逻辑上的结果，"的"字同时标明假设关系，此二重复句句法关联模式为充盈态 2－1 型，初始、中位分句先构成因果关系小句关联体，再与末尾分句构成假设复句。

  （152）对精神病人由于看管不当，给他人造成损害的，其亲属

或监护人应承担民事责任。(《长江日报》1988年)

三 变换形式

韩礼德（Halliday）和哈桑（Hasan,1976）将英语语篇非结构性衔接手段分为照应（reference）、替代（substitution）、省略（ellipsis）、连接（conjunction）和词汇衔接（lexical cohesion）五种[①]。汉语复句亦有相似之处。上文讨论了关联标记和句法构件的关联作用。现实生活中，自然语言的表达生动灵活，加之说话者受语言环境、文化水平、教育程度等外在因素影响，句法成分的表现形式因之丰富多样，二重有标三分句句法成分的变换实质上有助于复句的理解。

（一） 省略

复句里各分句相对独立的同时又相互依存，相互依存的分句之间互相依赖而有所简省，分"承前省"和"蒙后省"两种。省略是最常用、最经济的变换方式，具有很强的连贯功能，处理新信息要付出的认知努力小，且能获得最大效应。二重有标三分句相邻分句句法成分的省略具体有主语省、定语省、宾语省、状语省等。如例(153)，中位分句定语"青蛙"修饰主语"嗓门"以表领属，这是一个定中结构，整个作分句的主语；初始分句蒙后省略掉这一负载已知信息的成分。前后分句因而关联紧密，优先规约成小句关联体的可能性增强。例(154)中位分句的宾语实为初始分句的宾语——明文规定，因前后宾语相同，故承前省略。例(155)中位分句描述谓核"打"的方式状语"恶狠狠"也承前省略。

(153) 虽然很快消失在黑夜中，但是青蛙的嗓门依旧很大，弟弟害怕地跑回家。(微博语料)

(154) 党内规矩有的有明文规定，有的没有，但作为一个党的干部特别是高级干部应该懂的。[《习近平谈治国理政》（第二卷）]

---

① Michael Alexander Kirkwood Halliday and Ruqaiya Hasan, *Cohesion in English*, London: Longman, 1976, pp. 31–288.

(155) 就算你恶狠狠地骂他，甚而打他，他也不曾记恨过你。（知乎语料）

值得说的是，主语省略现象出现频率最高，以三个分句主语异同情况为纲，可细化为五种。

第一种是三个分句的主语一致。

三个分句主语一致时，一般情况下主语仅留其一，这种衔接方式最符合语言表达的省力原则。此时主语位置较灵活，可出现在初始分句［例（156）］，也可在中位分句［例（157）］，或者末尾分句［例（158）］。若主语无须特别说明表泛指，且在合理上下文范围内能补全，各分句主语也可以都不出现，集体隐去［例（159）］。若前后分句间搭配距离较长，仅现一主语难以"长途"统摄整个复句；或者有时为了强调观点、增强语力；或者追求语言结构的平衡，此时各分句主语可以共现［下例（160）］。抑或出现其二：第一、二分句出现主语［下例（161）］；第一、三分句出现主语［例（162）］；第二、三分句出现主语［例（163）］。

(156) 七井职工为了在当天撑上并超过八井，认真地总结了前一天的经验，并且找出了溜子铺设质量不好是影响产量的关键。（《人民日报》1960年）

(157) 只要看到孤寡老人，他就出钱出力帮助他们，而且不求回报。（微博语料）

(158) 如果离开了教育事业，离开了格老村，我就失去了生命的价值。（《人民日报》1996年）

(159) 与其这样做居士究竟不彻底，不如索性出家做了和尚，倒清爽！（李叔同《弘一法师全集》）

(160) 立夫并没有说他的主科是生物学，因为他不像别的大学生，他是不肯谈论他主修的学科的。（林语堂《京华烟云》）

(161) 他认为优秀的艺术作品应由大家分享，所以，他似乎总是有求必应，但却从不收受报酬。（《人民日报》1998年）

(162) 他不光害死了你妈，也连累了大院，他对不起姓仲的。

（林可行《幻象大限》）

（163）惟有保持这样的状态，你才能品尝到快乐，你才能获得自由。（微博语料）

第二种是三个分句主语不一致。

三个分句主语各不同时，为求表义准确、减少歧义，一般情况下各主语应逐一显现［例（164）］。若主语为泛指，或在合理上下文范围内可以补全，部分分句主语也能隐略。有时主语仅在第二、三分句出现［例（165）］；有时主语仅在第一、二分句出现［例（166）］；有时主语仅在首句出现［例（167）］。当然这种用法会使语义不明或不完整，因而少见，穷尽语料库唯百余条。

（164）如果你去作形势报告，雨下得再大，同学们也会听的。（1994年报刊精选）

（165）如果判断失误，3个月后港元贬值，则该投机者遭受损失。（CCL语料）

（166）如果储备金用尽，港币贬值，就会发生动乱。（《邓小平文选3》）

（167）寅氏一门无辜死在你手上，如今就算将你千刀万剐，也抵不了他们的命。（夏娃《小婢寅月》）

第三种是第一、二分句主语一致。

二重有标三分句中第一、二分句主语相同时，共有七种情形：三个分句主语都不出现［例（168）］，主语仅在首句出现［例（169）］，主语仅在第二分句出现［例（170）］，主语仅在第三分句出现［例（171）］，主语在首句、第三分句出现［例（172）］，主语在第二、三分句出现［例（173）］，三个分句主语都出现［例（174）］。

（168）在他看来，多说一句话，或是多走一步路，都可能会造成可怕的后果。（史蒂文森《自杀俱乐部》）

（169）如果这个民族只会看小人书，而看不了《红楼梦》，是这个民族的悲哀。（CCL语料）

（170）如果结婚多年，夫妻共同生活较长的，可按共同财产对

待。(CCL 语料)

(171) 不要难过，不要灰心，因为生命是美好的。(微博语料)

(172) 假使你忘了，或者迟到了，我不会原谅你。(微博语料)

(173) 即使不看文后日期，我也能约略推知写作时间，因为文字会说话。(微博语料)

(174) 我跟你做一桩买卖，我让你得遂报仇之愿，但你父子却须答允我一件事。(金庸《天龙八部》)

第四种是第二、三分句主语一致。

二重有标三分句中第二、三分句主语相同，亦有七种情形：主语仅在第一分句出现［例（175）］，主语仅在第二分句出现［例（176）］，主语仅在第三分句出现［例（177）］，主语在第一、二分句出现［例（178）］，主语在第一、三分句出现［例（179）］，主语在第二、三分句出现［例（180）］，三个分句主语都出现［例（181）］。需注意，例（180）非常罕见，一般出现在对话中，且前文有明确的主语，说话者出于省力原则才作出妥协，简省了首句主语。

(175) 积极努力、埋头苦干是做好工作、获得成功的必要条件，但是，仅仅具备这一点是不够的，还必须有正确的思想做指导。(萧前《人的正确思想是从哪里来的？》)

(176) 多出现在夏秋，因为这个季节肺气积热过多，不易宣泄。(豆瓣语料)

(177) 虽不是最重要的人，但是没有他，我们总觉得缺少了生机。(微博语料)

(178) 虽然我在他前面十五英尺，但是不管谁从棉花房里看我们，都可以看到朱厄尔那顶破旧的草帽比我那顶足足高出一个脑袋。(福克纳《我弥留之际》)

(179) 虽然优钵罗已经答应她会救回元梦，但不亲眼看照他，她放心不下。(兰京《灿梦琉璃》)

(180) 不要怕，一旦他们找到这个人，他们就会离开。(微博语料)

（181）可汗很清楚兀尔有多固执，他一旦下定决心不受逼迫，他可以做得很绝。（李葳《都是公主惹的祸》）

第五种第一、三分句主语一致。

二重有标三分句中第一、三分句主语相同时，同样有七种情形：主语仅在首句出现［例（182）］，主语仅在第二分句出现［例（183）］，主语仅在第三分句出现［例（184）］，主语在第一、二分句出现［例（185）］，主语在第一、三分句出现［例（186）］，主语在第二、三分句出现［例（187）］，三个分句主语都出现［例（188）］。

（182）早上六点多我就收到老妈的祝福短信，呵呵，虽然把我吵醒了，但很开心！（微博语料）

（183）太有幸和你还有白颖姐同台了，虽然以后机会很渺茫吧，但还是期待哦！（微博语料）

（184）若遇京中人来，即使是卑微仆役，她们亦静寂无声。（紫式部《源氏物语》）

（185）朱德为人非常洒脱，即使别人在说自己，也含笑以对。（CCL语料）

（186）俺一直都想去外地工作，要是早几年，俺绝对去。（微博语料）

（187）如果现在往回跑，匈奴兵追上来，我们就完了。（林汉达《中华上下五千年》）

（188）以前他甚至不曾在他自己的羊群面前哭，可是如今这个广场上空无别人，他又离家这么远。（保罗《牧羊少年奇幻之旅》）

由上可见，主语省略现象较为常见，尤以口语体表现为甚。

（二）照应

二重有标三分句中某个句法成分（表人物、事物、事件、概念、现象、状态等）被引进分句，后来再次提及，它们之间便构成相互解释的照应关系，促成复句的衔接、连贯。有照应作用的成分本身难以作语义解释，它相当于一个信号词，在其他成分存在的前提下，发出信号指引人们自其他成分中获取信息。人们综合个人背景知识与情景框架，借助所指对象激活意义，串结相关语句，保持交际活跃。祝克懿（1988）强调照应分为人称照应、指示照应和比较照应三种，参考此法，根据二重有标三分句实例情况，将照应手段划分为人称照应和指示照应两大类。

人称照应通过不与客观世界发生直接联系的人称代词（如：她）或反身代词（如：自己），指示标明其与指代对象在语义上的关联。多数情况下，人称照应为后照应，指代对象所属分句位于人称代词所属分句的前面，如例（189）；有时人称照应为前照应，人称代词所属分句位于指代对象所属分句的前面，如例（190）。

（189）诚然小胡过去被判过刑，但眼下毕竟有他的合法权益，同样不容侵犯。（《长江日报》1986年）

（190）所以伊万把她带走，娜杰什卡虽然心甘情愿，但对伊万总有种愧疚。（迟子建《额尔古纳河右岸》）

（190'）所以伊万把娜杰什卡带走，她虽然心甘情愿，但对伊万总有种愧疚。

例（189）中位分句人称代词"他"本身无确定所指，当它与"小胡"照应后确定了所指，并与小胡以外的人区别开来。例（190）指代对象"娜杰什卡"出现在后分句主语位置，人称代词"她"出现在前分句宾语位置，从而构成前照应关系。当然，这种复句可以改写为后照应形式，见例（190'）

指示照应通过指示代词（如：这、那）充当信号词与照应成分实现语义上的关联。通常情况下指示照应多为后照应，既可指人或事物（这、这些、那、那些），处所（这儿、这里、那儿、那里），时间（这会儿、那会儿）；又可指性状或程度（这么、那么、这样、那样）。"今（今番、今次）、本（本年、本地）、此（此番、此地）、该（该国、该人）"类传承词汇也能充当信号词，和相邻分句构成指示照应关系。如例（191）中位分句信号词"那里"与前分句照应对象"2046"照应，指示代词"那里"通过照应成分"2046"作桥梁与客观事物间接关联，获得了区别它指的信息。

（191）我去2046，是因为我以为她在那里等我，但我找不到她。（王家卫《2046》）

代词具有经济、简洁的优点，前后语言单位间特殊语义关联，帮助确认照应对象的身份，消解语义模糊。考察语料发现，二重有标三分句相邻分句句法成分的照应具体有照应主语、照应宾语、照应谓语、照应定语、照应状语等。例（192）—（193）属于人称代词照应主语，不同的是，"他们"是复数形式，"她"为单数形式。例（194）属于人称代词照应宾语，"他"就是"李空山"。例（195）指示代词"那"照应前分句整个谓语部分——脾气暴躁，具体所指得以确定。例（196）修饰中位分句主语中心语的定语是指示代词"这儿"，同时又照应前分句的宾语——新餐馆。例（197）中位分句状语"那样"是信号词，照应对象为初始分句主谓结构的主语——他们向远一些的地方走。

（192）个体不仅在权力的网络间循环流转，而且他们总是受制于这一权力，又施行这权力。（BCC语料）

（193）你一旦那么做，妈妈就会把你视为一项糟糕的投资，她不会投更多的钱在一个随时可能消失的人身上。（高顿《艺妓回忆录》）

（194）她有些怕李空山，因为怕他，所以心里才难过。（老舍《四世同堂》）

（195）她虽然脾气暴躁，但那不是她的错，是生活所迫。（六六《蜗居》）

（196）到底是个新餐馆，来这儿的人都是为了赶饭，不是图享乐。（严歌苓《寄居者》）

（197）不过假如他们向远一些的地方走也是可以的，因为一旦他们那样做，我们出击的时间就到了。（笛福《鲁滨逊漂流记》）

（三）替换

二重有标三分句中，用替换成分替代先行成分能够强化相邻分句间的关联。例（198），中位分句宾语"对手"替代前分句主语

"对方的中锋";例（199）中位分句用"黑云彩"替换了前分句"黑压压的云彩";例（200）末尾分句用成语（固定短语）"勇往直前"替换了前分句定语"前进";例（201）中位分句定中短语"对自己最好的东西"被末尾分句更简单的形式"个别"所替换。

（198）对方的中锋很厉害，我从未遇过这样的对手，看来这是一场硬仗啊！（微博语料）

（199）大风不但带来了黑压压的云彩，而且把黑云彩吹到一块，一下子就天昏地暗了。（杜鹏程《保卫延安》）

（200）既然我们是军人，只要有了前进的命令，不管是何处我们都要勇往直前。（田中芳树《银河英雄传说》）

（201）然而，你会喃喃自语，因为你看到对自己最好的东西并不一定也是对整体最好的东西，尽管个别与整体有着共同的起源。（柏拉图《柏拉图全集》）

这些替换成分与先行成分完全相同，前后相互解释，属于"完全替换"。此外，还有一种方式是"不完全替换"，即先行成分与替换成分在外延上不完全重合。例（202）中位分句主语"一半"和例（203）末尾分句主语"一年"的外延分别小于相邻前分句的"23分、15年"，它们之间是部分与整体的关系。

（202）今天她一人得了23分，其中一半是罚球所得，她的罚球是百发百中。（《人民日报》1995年）

（203）尽管她该判30年徒刑，但法官只判了她15年缓刑，其中一年接受治疗。（1989年《长江日报》）

所不同的是，理解照应的所指对象在语言本身范围内即可解决，而替代对象常常具有不确定性，因而对语境较为依赖。

第二节 分句类型

分句作为句子中最小的具有表述性和独立性的语法单位，实为充当复句成分的单句结构。二重有标三分句各分句在语表、语里、语值上的特征不会全部相同,复句的嵌套分析正是将特性或类型相近(包括相同、相反或相关)的分句优先配对。本节从分句的语气功能和结构模式两方面来考察分句的句类与句型,以期发现对复句嵌套的影响。

一 分句句类

句子按照语气功能不同划出的类别是句类,即所谓的语气类型。复句按照句末语气的类型有陈述型复句(语气类型是陈述)和非陈述型复句(语气类型是疑问、祈使或感叹)两大类。但是,一个复句虽只有一个独立的句调,却可能不止一种语气,前后分句的语气极大可能相异。"复句的分句是含有语气的,不同语气的分句相互联结,能构成种种不同的复句关系类型"[①]。简言之,二重有标三分句的句类与其句法关联模式之间相互选择、制约。

(一) 理论与事实

理论上,二重有标三分句各分句语气组合类型共有六十四种,本书借鉴朱斌(2009)观点,将二重有标三分句从语气功能上分为单纯语气句和复合语气句两大种。

单纯语气句指复句中三个分句的语气类型相同。具体分为以下四类。

一是陈述+陈述+陈述。这类复句语气平直,用来向受话人报道事情、传递信息。书面上多以句号结尾,大多不带语气词,常用的语气助词仅"了、的、呢、罢了"。如例(204)三个分句陈述一个事实,表达了说话人的看法。

(204) 如果行业的形象垮了,消费者拒绝的就不是某个品牌的保健品,而是"保健品"本身。(《人民日报》1995年)

[①] 朱斌:《汉语复句句序和焦点研究》,世界图书出版广东有限公司2013年版,第22页。

二是疑问+疑问+疑问。这类复句主要提出问题或询问情况，可能既疑且问，可能疑而不问，或者问而不疑。常用的疑问语气词有"吗、吧、啊、呢"，书面上多以问号结尾。如下例（205）。

（205）这条狐狸难道真是小翠吗，或者说小翠前世做过狐狸吗，可是你不觉得这种说法很搞笑吗？（微博语料）

三是祈使+祈使+祈使。这类复句多要求对方做或不做某件事，主语限于第二人称代词、包括式第一人称复数和称谓词三类。表请求时，常用语气词"吧、啊"；表劝阻时，常用"甭、别、不要、不用"和语气词"了"。如下例（206）。

（206）不要欺骗我，更别辜负我，别忘了你对我有责任！（微博语料）

四是感叹+感叹+感叹。这类复句抒发快乐、惊讶、悲伤、恼怒、恐惧等强烈情感，句中常用"太、好、真、可、多"等副词或"啊、哪、呀、哩"等语气词，句尾多用感叹号。如下例（207）。

（207）为我高兴吧，为我欢呼吧，毕竟我好不容易才考上啊！（微博语料）

复合语气句指二重有标三分句中三个分句的语气类型不尽相同，各司其职。

其中初始分句是陈述语气的有十五种：陈述+陈述+疑问、陈述+陈述+祈使、陈述+陈述+感叹、陈述+疑问+陈述、陈述+疑问+疑问、陈述+疑问+祈使、陈述+疑问+感叹、陈述+祈使+陈述、陈述+祈使+疑问、陈述+祈使+祈使、陈述+祈使+感叹、陈述+感叹+陈述、陈述+感叹+疑问、陈述+感叹+祈使、陈述+感叹+疑问。如例（208）初始、中位分句都是陈述语气，末尾分句是疑问语气。

（208）如果家里富了，就不想当兵尽义务，谁来保卫国家？（《长江日报》1985年）

初始分句是疑问语气的有十五种：疑问+陈述+陈述、疑问+陈述+疑问、疑问+陈述+祈使、疑问+陈述+感叹、疑问+疑问+陈述、疑问+疑问+祈使、疑问+疑问+感叹、疑问+祈使+陈述、疑问+祈使+疑问、疑问+祈使+祈使、疑问+祈使+感叹、疑问+感叹+陈述、疑问+感叹+感叹、疑问+感叹+祈使、疑问+感叹+疑问。如下例初始分句是疑问语气,中位、末尾分句是陈述语气。

(209) 假若我愿意"帮助"妈妈呢,她可以不再走这一步,而由我代替她挣钱。(老舍《樱海集》)

初始分句是祈使语气的有十五种:祈使+陈述+陈述、祈使+陈述+疑问、祈使+陈述+感叹、祈使+陈述+祈使、祈使+疑问+陈述、祈使+疑问+感叹、祈使+疑问+疑问、祈使+疑问+祈使、祈使+祈使+陈述、祈使+祈使+疑问、祈使+祈使+感叹、祈使+感叹+陈述、祈使+感叹+感叹、祈使+感叹+疑问、祈使+感叹+祈使。例(210)初始分句是祈使语气,中位、末尾分句是陈述语气。

(210) 你别看我这点小把戏,你只要学会,到哪里都饿不着。(李準《黄河东流去》)

初始分句是感叹语气的有十五种:感叹+陈述+陈述、感叹+陈述+祈使、感叹+陈述+感叹、感叹+陈述+疑问、感叹+感叹+陈述、感叹+感叹+祈使、感叹+感叹+疑问、感叹+祈使+陈述、感叹+祈使+疑问、感叹+祈使+感叹、感叹+祈使+祈使、感叹+疑问+疑问、感叹+疑问+陈述、感叹+疑问+感叹、感叹+疑问+祈使。下例(211)初始分句是感叹语气,中位、末尾分句是陈述语气。

(211) 酒真好哩,即使挨骂,我也不在乎。(川端康成《雪国》)

实际运用上来看,这六十四种类型出现频率的高低有明显差别,其中较为常见的类型是:陈述+陈述+陈述[见例(204)]、感叹+感叹+感叹[见例(207)]、陈述+陈述+疑问[见例(208)]、疑问+陈述+陈述[见例(209)]、祈使+陈述+陈述[见例(210)]、感叹+陈述+陈述[见例(211)]、疑问+疑问+陈述[见例(212)]、陈述＋疑问＋疑问［见例（213）］、陈述＋陈述＋感叹［见例（214）］、疑问＋陈述＋感叹［见例（215）］、陈述＋感叹＋疑问［见例（216）］、祈使＋祈使＋陈述［见例（217）］、疑问＋陈述＋陈述［见例（218）］、陈述＋陈述＋祈使［见例（219）］、陈述＋祈使＋祈使［见例（220）］。二重有标三分句中，"陈述＋陈述＋陈述"最为常见，无论何种语体，这一类型占绝对优势；异类语气组配时，陈述语气也具有显著的组配优先性。

（212）他是不愿意呢，或是太辛苦呢，咱不知道。（微博语料）

（213）如果蕾丝一言不发，啊，咱们知道她是不暴露呢，还是一点儿想法真没有啊？（《编辑部的故事》）

（214）你看到了佛龛的电文，随后他就在延安落网了，你的效率很高啊，峨眉峰。（《潜伏》）

（215）作为科长你怎么不批评他呢，我们穿的是便装，但我们是军人呀。（《潜伏》）

（216）杭州西湖由于白居易、苏轼两位大诗人的开发歌咏，享盛名近一千年了，而武昌东湖呢？（《长江日报》1986年）

（217）不要为他们呼求祷告，也不要向我为他们祈求，因我不听允你。（《圣经》）

（218）像我这样专搞学术的人参加到民主党派里能起什么作用呢，不过人家的盛情难却，姑且列入一个名字而已。（《人民日报》1959年）

（219）这辽阳比沈阳大得多，守兵也多，你就不要走了。（李文澄《努尔哈赤》）

（220）说话时可适当做些手势，但动作不要过大，更不要手舞足蹈。（佚名《哈佛管理培训系列全集》）

（二）嵌套倾向

负载于分句上的语气若单独使用，没有任何限制；若规约为小句关联体，是有选择、有倾向的。本节以"和谐取向（Rapport Orientation）"为理论指导，从语用学视角解释分句句类之于二重有标三分句嵌套结果的影响。

言语交际中,"和谐取向"是人们普遍存有的社交愿望,更是人类理性的重要体现,深深影响着语言形式、交际策略的选择。布朗(Brown)和列文森(Levinson,1987)观察到,任何参与互动的个体都在设法保持彼此的面子(face),因为面子本质上是脆弱且为人们所珍视的。斯宾塞·奥蒂(Spencer-Oatey,2000)提出,和谐融洽的关系通常需要在沟通中考虑自我与他人两方取向,既支持自己面子需求(face needs)和社会权利(sociality rights),也支持他人面子需求和社会权利。她将"和谐取向"分为四类:和谐强化取向、和谐维持取向、和谐忽视取向与和谐挑战取向,统称这些语用中人际和谐或不和谐问题为"和谐管理模式"(Rapport Management Model)。这些观点都在强调和谐对于维系、构建和合人际社交关系的重要性。

中国传统宇宙观注重天人合一,中国人在日常生活中也力求与自然、与社会统一,视和谐为至高境界。体现到语言上,和谐的语言则为题中应有之义。具体到二重有标三分句中,嵌套和谐意味着优先构成小句关联体的分句句类差异较小,分句语气比较统一。两个分句,若句类相同语气一致,组成的小句关联体更整体、更稳定,内部成员间也更和谐、冲突更少;否则,"分崩离析"的状态会影响人们对二重有标三分句层次语义关系的理解。

拿异类语气组配来说,十三种常见类型中十一种类型具有相邻分句句类相同的特征。本书认为,语气的和谐平等使它们更易于优先规约为小句关联体,有利于听话人对复句层次语义关系的理解。如例(221)初始、中位分句为陈述语气,末尾分句为疑问语气;例(222)初始、中位分句为陈述语气,末尾分句为感叹语气。相同的语气强化了前后分句的关联,因而这两例句法关联模式都是2-1型。

(221)我有豪爽的单于丈夫,还会有可爱的儿女,天伦之乐难道不是最大的幸福吗?(2018年全国Ⅰ卷高考满分作文《昭君行》)

(222) 以前的冒险小说，既有让人捏一把汗的场景，也有轻松愉快的场景，其中的搭配真是绝妙之极。（森见登美彦《四叠半神话大系》）

二 分句句型

句子按照结构模式的不同划分的类别是句型，集中体现于分句的结构特点及语义表达特色上。参考学界现有的分类体系，结合二重有标三分句个性特点，本节将分句句型简化为三个子系列：

一是分句谓语部分为特殊结构。比如主谓谓语句（那个苹果<u>我昨天就吃完了</u>）、双宾语句（他给<u>我一个苹果</u>）、兼语谓语句（老师<u>让你去办公室</u>）、连谓谓语句（他<u>摸着石头过河</u>）、重动句（我们<u>拔河拔赢了</u>），又如蕴含复句或小句关联体语义类别的递进构式（你<u>仅仅观察受试者是不够的</u>）、原因构式（<u>导致</u>生活质量和幸福感显著下<u>降的结果</u>）等。

二是分句中出现某个特殊词或短语。比如把字句（你<u>把</u>顺序搞反了）、被字句（顺序<u>被</u>你搞反了）、对字句（我<u>对</u>你很尊重）、连字句（<u>连</u>孩子都懂得这个道理）、比字句（你<u>比</u>我高）、是字句（鱼<u>是</u>生的）、有字句（他家<u>有</u>蔬菜）、让字句（展品不<u>让</u>摸）、使字句（这事儿<u>使</u>我尴尬）、给字句（他<u>给</u>我花）等。

三为其他。若分句结构为常见的主谓结构（谓语结构），或第二章探讨的六种非主谓结构，并且不属于第一、二类具有特殊语法意义的类别，则视作其他。如"没有+看见+NP"结构（没有看见星星）、"为+NP+坚持+V"结构（为美好的未来坚持锻炼）、"多+VP+一些+NP"结构（多学习一些知识）等。

本书认为，分句句型于二重有标三分句嵌套的影响是，若相邻分句间句法结构平行、相似，倾向于优先规约为小句关联体；若相邻分句共现某种句型，也倾向于优先规约为小句关联体。

（一）句型平行

二重有标三分句中，相邻两个分句句法结构相同或相近、语义表达相关、字数相似甚至词性平仄相对，即为句型平行。如例（223）—（226）相邻分句间句型平行，虽结构相似粒度有大有小，但前后分句句型变得工整且紧凑，增强了"凝聚力"。例（223）初始分句谓语"是否思人生"和中位分句谓语"是否谈人生"同属"是否+V（光杆动词）+人生"结构；例（224）中位分句谓语"不同于义务"和末尾分句谓语"不同于权利"同属"不同于+NP"结构；例（225）初始分句谓语"连鸡蛋壳都不会剥"和中位分句谓语"连床铺都整理不好"同属"连+NP+都+VP"结构；例（226）初始分句谓语"解剖一只麻雀"和中位分句谓语"提出一个具体问题"同属"VP+数词+量词+NP"结构。可以看出，排比、对偶、反复等修辞手法的运用提高了语言的表达效果，出现在相同句法位置的直接成分因功能相同，也具有了同构性。

（223）无论我们是否思人生，是否谈人生，我们都是在人生之中。（冯友兰《中国哲学简史》）

（224）它是权力和责任的统一体，既不同于义务，也不同于权利。（《中华人民共和国宪法通释》）

（225）如果我中国少年连鸡蛋壳都不会剥，连床铺都整理不好，如何能做到梁启超先生所说的"少年雄于地球，则国雄于地球"？（2019年湖北高考满分作文《拾掇一屋，玉宇澄清》）

（226）只要解剖一只麻雀，提出一个具体问题，这就很不错了。（《编辑部的故事》）

当然，句型平行不仅表现在谓语部分，还体现于特殊字句甚至整个主谓结构。如例（227）—（230）相邻分句主谓结构相同或相近，工整、紧凑的结构强化了紧邻分句间句法语义关联。例（227）第一、二分句句型都是"NP+adv+很+adj"；例（228）第一、二分句句型都是"NP+的+VP"；例（229）第一、二分句句型都是"NP+在+疑问代词+NP"；例（230）第一、二分句句型都是"NP+是+X+的"，其中"X"可以是形容词，也可以是代词。又如例（231—233），相邻分句句型平行，皆为特殊字句。例（231）中位、末尾分句都是把字句，句法结构为"把+NP+V+补语"；例（232）初始、中位分句都是对字句，结构是"NP1+对+NP2+VP"，其中"对"能够与"对于、对（对于）……来说（而言、来讲）"等互换；例（233）中位、末尾分句都是给字句，句型为"给+NP1+数词+量词+NP2"，常见的结构还有"NPS+V给+NP1+数词+量词+NP2"。

（227）你们的担子仍然很重，你们要走的路还很长，但是，寻药之人又怎能怕苦？（2019年内蒙古高考满分作文《寻药华夏，不枉年少》）

（228）朝代的更迭，疆域的损益，都可以在长城身上找到例证。（2017年福建高考满分作文《长城印象》）

（229）无论身在何方，人在何时，都能给予我无限的温暖和无穷的力量。（2019年北京高考满分作文《像牛奶巧克力般，暖色系》）

（230）物质是有限的，手艺是自己的，但年轻人的观念却在悄悄改变。（《舌尖上的中国》）

（231）只有这样，才能真正把工作做好，把良好的想法变成现实。（《中华人民共和国村民委员会组织法释义》）

（232）尽管我对数学毫无兴趣，对老师百般刁难，可是她还给我细心补课！（微博语料）

（233）既然生活很累，请记得给身体一处住所，给心灵一个归宿！（微博语料）

作为一大重要语法组合手段，分句结构模式的相同或相近，很大程度上强化了紧邻分句间关联，增大了优先构成小句关联体的可能性。理想状态是，二重有标三分句相邻分句不仅分句类型上相近，句法成分上亦如此，这更加强化分句间的关联度。如例（234）中位、末尾分句同属"V1+NP1的+V2+NP2"结构，且定语相同。

（234）党的领导由于从具体的领导转变到政治的领导，反而能更好地实现党的领导作用，提高党的领导水平。（《长江日报》1987年）

（235）但是，为了争取自己的自尊心，即使丧失几个人的好感，

也是值得的。(《读者》)

当然，有时相邻分句句型平行，也不总是优先规约为小句关联体。如例（235）初始、中位分句同属"V + NP1 + 的 + NP2"，但初始分句关联标记表示目的关系，而中位分句的让步标与末尾分句的转折标前后呼应，应该优先规约为让步型小句关联体。这是一个目的二重复句。

（二）句型共现

句型共现是影响分句关联度的另一重要因子。二重有标三分句中，某类构式经常在某种语义类别下出现，与相邻分句共同规约为小句关联体或高层次复句。

1. 递进构式

若某类构式经常表意义上依次而进、顺次提升的逻辑关系，即使不是复句关联标记，也可以和相邻分句呼应搭配构成递进型小句关联体或递进复句，如：仅仅（光）……还不够、仅仅（光）……是不够的、更别提、更为要紧的（就）是、更为要紧的情况是、另一个非常重要的因素是、再一个就是等。下例末尾分句构式"再一个就是"和前分句预递标"除了"前后呼应，共同构成递进型小句关联体，表原因。

（236）有的地方有差距，原因除了思想认识上的差距以外，再一个就是党员干部以身作则上的差距。(1994年报刊精选)

2. 原因构式

若某类构式经常指示事物或现象产生、发展的动力，即使不是复句关联标记，也可以和表结果的分句配套组合构成因果型小句关联体或因果复句，如：（根本）原因在于、基本原因就在于、存在的重要原因和问题是、是由……决定的、是……的结果、由……造成的、理由主要是、应该归因于、原因之一就是、……的关系等。下例（237）中构式"最根本的原因在于"引领中位、末尾分句小句关联体，和初始分句结果标"之所以"前后配套，共同标明因果复句。

（237）中国的行动之所以能够产生示范和引领作用、受到积极

响应，最根本的原因在于其追求合作共赢，不寻求排他性利益。[《人民日报》（海外版）2015 年]

3. 结果构式

同理，若某类构式经常表人或事物发展达到的最后状态、结局，即使不是复句关联标记，也可以和表原因的分句组合搭配成因果型小句关联体或因果复句，如：使 X 出现……结果、不可避免地导致了、避免了……结果、酿成……后果、出现/产生/形成/引起/带来了/缺少了……的后果/结果、造成了……事故/伤亡/损失、遭受了……变故、……才对、……是不可避免的等。下例（238）构式"不可避免地导致了……（后果）"与中位分句的原因标"因为"首尾呼应，规约为因果型小句关联体表原因——结果，而后与初始分句形成让步二重复句。

（238）尽管物质条件很重要，但因为只讲物质，不可避免地导致了大家还是精神空虚。（微博语料）

4. 假设构式

若某类构式经常表虚拟性原因下可能得到某种结果，即使不是复句关联标记，也可以和表结果的分句配套组合构成假设型小句关联体或假设复句，如：谁……谁、哪里……哪里、什么……什么、不……（就）不、没有……（就）没有、没有……（就）不等。如例（239）—（240）。

（239）不全面从严治党，党就做不到"打铁还需自身硬"，也就难以发挥好领导核心作用。[《习近平谈治国理政》（第二卷）]

（240）虽然原生家庭决定起点，但个人不注重素养提升，就不可能有大发展。（知乎语料）

第三节　本章小结

本章以"小句联结律"和"语义靠近原则"为理论依据，回归分句本身，从句法普遍知识和语外世界知识的双重作用出发，梳理了二重有标三分句的分句构件，考察了句法成分间的语里关系及其变换形式，概括了分句的语气类型和组合方式，归纳了分句的结构特点与表达特色，总结了分句间实现语法、语义、语用层面关联的关联手段。主要结论如下：

第一，二重有标三分句嵌套情况分析离不开句法成分解构。二重有标三分句中分句句法成分大致有主语、谓核、宾语、定语、状语和补语六种。其中，主语可由名词性成分充当，如"船长""我"；也可由谓词性成分充当，如"姑息迁就""勇敢面对挑战"。谓核有动词性词语作谓核、形容词性词语作谓核和名词性词语作谓核三类，前者最为常见，包括行为动词（如：造成、点头）、心理动词（如：渴望、恐吓）、历程动词（如：进行、停止）、断事动词（如：是、如）、使令动词（如：让、请求）和特殊辅助词（指能愿动词，如：能、敢；趋向动词，如：上、出来和时态助词"着、了、过"）。根据宾语和谓语中心语的语义关系，宾语可能是受事宾语，如：挖｜山；可能是施事宾语，如：来｜客人；或者非施事非受事的其他宾语，如：动了动｜脑袋。根据宾语的构成材料，宾语可能是名词性的（包含名词、定中短语、数量短语、"的"字短语、联合短语、双宾语等），也可能是谓词性的（包含动词、形容词、动宾短语、偏正短语、主谓短语、复句形式等）。于中心语而言，定语有物体类定语（如：上海、我们）和性状类定语（如：新、好）两种语义类型；从词类角度看，定语有形容词（如：美）、名词（如：技术）、人称代词（如：我）、动词（如：合作）、各类短语（如：双方利益一致）等类属。按照语义类别不同，状况类状语——性态状语（如：正确）、幅度状语（如：全）、程度状语（如：很）、否定状语（如：不）、因由状语（如：为了）、关涉状语（如：关于）、语气状语（如：不妨），和物体类状语——时地状语（如：马上）、数量状语（如：一下）、事物状语［如：工人（出身）］均可能出现于二重有标三分句中。同样的，结果补语（如：满）、程度补语

（如：万分）、状态补语（如：透明）、趋向补语（如：过去）、数量补语（如：两回）、时地补语（如：在何处）和可能补语（如：不懂）是常见的补语语义类别。

第二，句法成分间的语义关联直接关系小句关联体的构成。二重有标三分句中，句法成分间的语里关系大致有相同、相关和同现三种。其中，相邻分句句法成分相同包含主语相同、谓核相同、宾语相同、定语相同、状语相同、补语相同、宾主相应、宾定相应、核定相应、核宾相应等10种情况，前后紧密的关联性推动它们优先归约为小句关联体。当然，相邻分句等同的句法成分可能不止一种，或者相同句法成分各自所属的分句并不相邻，就算相邻也不总是优先规约，需要根据实际情况具体分析。同样的，相邻分句有时通过句法成分间的义场关系关联起来，分为纵聚合关系和横聚合关系两类，前者纵聚合关系包括上下义关系和总分关系，后者横聚合关系包括同义关系、反义关系和类义关系。此时，具有相关关系的相邻分句倾向于优先规约为小句关联体，被嵌套的可能性更大。分句间的语义关系多由显现的关联标记类别所决定，若无关联标记出现，一般默认为意合型并列类（反义关系则默认为转折关系或并列关系之然否对照关系），最后再与余下分句构成高层结构。此外，与世界知识紧密相关的心智模型和语义韵同样保证了二重有标三分句的衔接与连贯，体现为某些词或短语经常与另一些词或短语在话语中同时出现。具体来看，心智模型为结构化的知识、信念，可从以日常生活行为模式为基础形成的脚本结构和以行为者之间社会环境、社会角色的类典特征为基础构成的框架结构两个维度进行探析；语义韵则指相邻分句内某些句法成分共现表现出的语义氛围，可从极性分析（评价意义）和语体分析（语体意义）两个层面进行考察。不论哪种同现关系，均使相邻分句关联紧密，易于优先构成小句关联体。

第三，二重有标三分句句法成分的变换实质上有助于嵌套复句的理解。本节参考韩礼德、哈桑关于英语语篇非结构性衔接手段的论述，结合二重有标三分句实例化语料，对其句法成分的变换形式展开讨论。关于句法成分的省略，主语省略现象出现频率最高，以三个分句主语异同情况为纲，我们细化出五种不同情况。关于句法成分的照应，常见照应手段是人称照应和指示照应，人们借助所指对象激活意义，串结相关语句，以此保持交际活跃。关于句法成分的替换，无论"完全替换"还是"不完全替换"，均含不确定性，对语境较为依赖。

第四，分句的语气功能和结构模式亦是影响嵌套结果的重要因素。二重有标三分句从语气功能上分为单纯语气句和复合语气句，单纯语气句指三个分句语气类型相同，即为"陈述+陈述+陈述、疑问+疑问+疑问、祈使+祈使+祈使、感叹+感叹+感叹"型；复合语气句则指三个分句语气类型不尽相同、各司其职，共60种搭配情况。分析实例化语料，我们发现这64种类型中出现频率较高的有15种，其中11种相邻分句句类相同，语气的和谐平等使它们更易于优先规约为小句关联体。有时，二重有标三分句各分句的结构模式与语义表达呈现特色，即分句谓语部分为特殊结构（如主谓谓语句、双宾语句）、分句中出现某个特殊词或短语（如把字句、被字句）或者其他表现。对此，倘若相邻分句句型平行——相邻分句句法结构相同或相近、语义表达相关、字数相似甚至词性平仄相对，以及相邻分句句型共现——某类构式经常在某种语义类别下出现，句中不出现关联标记亦有标示语义的功能（如递进构式"仅仅……是不够的"、原因构式"基本原因就在于"），一般情况下倾向于优先规约为小句关联体。

第 五 章

二重有标三分句嵌套影响因素之三:话题链

  1952 年，美国结构主义语言学家哈里斯（Harris）在 *Discourse Analysis* 论文中首提"语篇分析"术语，指出语言并非发生于零散的词或句中，而是存在于连贯的话语中，强调应从语篇整体层面出发。此后，于动态中观察语言现象、分析语言特征成为语言研究新范式，并被应用到人类学、哲学、传播学、心理学、人工智能等诸多学科。语篇分析注重研究语篇的生成和理解，这本身是一个动态的认知过程，涉及语言不同层面的知识。反过来，传统语言学问题也不可能全然脱离语篇只做静态观察，任何二重有标三分句并非孤立存在，会受到语篇的统辖。

  言谈起点话题作为一种认知框架，为后面述题提供参考，具有语篇属性；话题引导、连接的话题链更是建构复句连贯的重要统摄机制。前面章节详细讨论了句法层面的关联手段，为观察充分、描写充分，本章考察语篇语境中实现复句连贯的语用策略，及其与二重有标三分句嵌套的选择制约关系。

第一节　相关术语

一　话题

  语言学术语"话题"始于美国的结构主义语言学家霍凯特

(Hockett), 探讨汉语和英语的"话题(Topic)——述题(Comment)"结构时, 他指出, 说话人通常先宣布一个话题接着阐述相关信息。

汉语的话题研究源于赵元任。1968 年, 赵元任发现不同于英语主谓的"施事——动作"关系, 汉语主谓的句法意义是"话题——述题"关系。随后, 学者们从显性或隐性话题特征、话题位置、给定信息、回指内容、信息结构等句法、语义或语用层面多维探析汉语话题。李讷(Li)和唐姗迪(Thompson, 1976)从类型学角度发现, 有别于英语, 汉语属于话题凸显型语言(topic prominent)。石定栩(1998)强调话题由名词词组或相当功能的成分担任。徐烈炯(2002)认为作为话语概念结构化的语言, 汉语的话题常居于句首。杨小龙、吴义诚(2015)提倡话题在语篇构建过程中是自然生发的, 先于述题, 并按"Topic[Subject + VP]"①线性序列构建, 具有程序意义。宋文辉(2018)指出话题作为说话双方交流的基础, 信息地位上占据凸显位置等。

与"话题"交叠的是"主语"(Subject)概念, 汉语学界对此争论热烈。既有话题与主语等同论, 如赵元任(1968), 朱德熙(1982), 徐通锵(1991)等认为汉语主谓结构较松散, 主语与话题无须细分。又有话题与主语异质说, 如胡裕树、范晓(1985), 陆俭明(1986), 袁毓林(1996)等强调话题与主语的不同体现为语用平面与句法平面的区别。李讷(Li)和唐姗迪(Thompson, 1981), 曹逢甫(2005), 徐烈炯、刘丹青(2018)等认为话题与主语在句法结构中共存且分离, 话题是语法化了的成分, 主语则为述语所谓。学者们从不同角度分析了汉语语句特点。汉语主谓间语义选择关系缺少, 加之"主语"较强的语段功能, 使得"话题——述题"结构为学界普遍认可, 因而本书沿用"话题"术语, 与主语区别。

此外, "话题"与"主位"也有不同。"主位"(Theme)和

---

① 杨小龙、吴义诚:《论话题结构生成的线性机制》,《外国语》2015 年第 1 期。

"述位"(Rheme)概念对最早由布拉格学派提出，经系统功能语言学家韩礼德的发展，分别指向话语的出发点、信息的阐释与发展；相对于单项主位，复项主位包括语篇主位、人际主位和概念主位三种。张伯江、方梅（1994）随后补充道概念主位相当于话题，必不可少。可以说，主位的概念大于话题，还包括谋篇成分、主观评价态度等。为研究集中，本章着眼于与二重有标三分句及所在语篇传达信息相关的话题研究。

和单句类似，复句话题同样是信息的出发点与认知起点，作为句法桥梁既在句中承担功能，也能组织语篇。句子本位静态观出发，话题多为旧信息，居句首，后加停顿或提顿词（"啊、呀、吧、呢、嘛"等）标示。如例（1），定中短语"和谐的女人"位于句首，后加逗号显现话题功能，为第二分句的代词主语及第三分句的零形式主语的先行语。语篇分析动态观出发，话题性依赖语篇而存在，话题链中的话题位置并不固定，须结合动态语境综合判断。如例（2），孤立看，初始、中位分句的静态话题是指量名结构"这款游戏"或零形式，末尾分句的静态话题是代词"我"。事实上，它们共享相同的指称对象"这款游戏"，整个二重有标三分句以其为动态话题展开。

（1）**和谐的女人i**，总是那么清透，因为她i总是能让自己神爽，Φi让别人目清。（南丘阳《从头到脚要美丽》）

（2）**这款游戏i**今年新上市的，Φi充满挑战性和趣味性，所以我非常喜欢Φi。（微博语料）

二重有标三分句中，话题的实现形式多样，可以是名词短语［如例（1）］、谓词短语［如例（3）］、形容词［如例（4）］、代词［如例（5）］、介宾结构［如例（6）］或零形式［如例（7），话题是上下文语境或知识系统里共知的，因而未显现］充当。至于表让步、条件、原因等逻辑意义的偏正复句的从句（即"副词性小句"）能否成话题，本书参照李晋霞（2022）观点，从信息传递视角看，二重有标三分句"话题——述题"结构是递归性和套叠性的融合，原因类和让步类关系中，话题既能在不同句法层级中反复出现，也能呈上下位关系。如例（8），可将"你"看作话题，与之对应的述题是"把他选择的权利给剥削了以后"；"他"也可看作话题，与之对应的述题分别是"就不会贪污了"和"就没有可能贪污"。同时，整体看例（8）"你把他选择的权利给剥削了以后——他就不会贪污了，他就没有可能贪污"是句法层级更高的"话题——述题"。

（3）**制售伪劣药品**，不仅危害人民健康，而且Φ污染了社会风气，Φ必须予以根除。（《市场报》1994年）

（4）小说是写得很流畅，而**生动**，不光指内容写得具体，Φ更离不了恰到好处的修辞手法运用。（知乎语料）

（5）**他们**与别家的人不同，Φ都是传授古代典籍的教师，因而Φ是古代文化遗产的保存者。（CCL语料）

（6）**在教育工作中**，只有善于向学生提出要求，Φ引起他们的内心需求，Φ才能有效地促进学生的发展。（CCL语料）

（7）Φ只有真正公开照章办事，Φ让群众明白，Φ才能推进反腐倡廉。（《人民日报》2000年）

（8）如果你把他选择的权利给剥削了以后，他就不会贪污了，他就没有可能贪污。（郎咸平博客）

二 话题链

话题链（Topic Chain）概念最早出现于狄克逊（Dixon）的著作 *The Dyirbal Language of North Queensland* 中，曹逢甫（1979）将其引介到汉语句法分析，提出语义覆盖数个小句、共享句首显性话题的汉语话题链，重视语篇功能。受此启发，学者们陆续开展系列研究。

石定栩（1992）认为话题链管辖的范围均为话题结构，但单句不能成话题链。屈承熹（2006/2018）从形式、语义、功能等视角考察，赞同话题链的句首显现话题，通过零形回指（Zero Anaphora, ZA）连接；至于话题链与段落的边界——代词回指（Pronominal Anaphora, PA）和名词回指（Nominal Anaphora, NA）则分别显示语篇的次要停顿和主要停顿。对叙事体、描写体、议论体和说明体四种常见文体的分析显示，话题链与词汇语义、句法形式、连接词同属小句联结手段。彭宣维（2005）探析语篇话题链系统发现，这种潜在网络关系有重复性（同质性）话题链和非重复性（相关性）话题链两大子系统。李文丹（2005）发现话题链内部存在同指关系，链首的隐性话题会以零形式下指后文的显性话题；并根据组合分析法区分叙述文体中10种常见的话题链模型。王静（2006）依据有生、无生、动态、静态等标准划分话题链类型，并且加入强势、弱势概念统计分析话题链在语篇中的表现。王建国（2013）主张话题链由系列语句述说同一共享话题，有句子话题链、超句话题链和篇章话题链三种类型，汉英话题链在形式上和功能上存在共性。周强、周骁聪（2014）重构了汉语语篇连贯性描述体系，经实验验证，ZA形式话题链和关联词语为汉语复句的重要连贯形式。孙坤（2015）重新审视话题链与ZA的差异，强调话题链是一个共同话题后跟若干评述小句的线性结构，理想形式为"TOPIC1——C1……（Φ）C2……（Φ）C3……（Φ）Cn"[①]。杨彬（2016）以叙事性语篇为研究对象，得出话题形式有NA、PA和ZA三种，且意向或言说动词可能构成非同指话题子链的新结论。吴碧宇（2019）借用关联理论对英语的研究成果，阐释汉语句子话题链的认定标准，即语义上延续、形式上共享且认知上联合。赵鹏（2022）将话题链分为并接式、并置式、父话题链、子话题链和跨话题链五类，尝试构建话题链结构树模型，助力篇章结构分析。

前贤围绕汉语话题链辖域、链首链中存在形式、话题链位置、话题链类型等展开深入分析，具体叫法虽有不同（有的学者称其为"主题链"或"主题串"），实质上都指向话题链联结小句、使之成为更大结构单位的功能。可以说，话题链是汉语语篇有效组织的重要方式。综合以上定义，立足句法、语义和语用三层面，本书对二重有标三分句话题链作如下界定：

[①] 孙坤：《汉语话题链范畴、结构与篇章功能》，《语言教学与研究》2015年第5期。

与单分句静态话题不同，二重有标三分句话题链的话题是动态话题，依据各分句共享相同指称对象、为事件过程中的明确参与者来界定，由此形成动态语境中确认的动态话题链①。此外，按照大多学者观点，单语句不构成话题链，鉴于连动句、紧缩句、兼语句、存现句本质上都是单句②，本研究均不认定为话题链。

在类型上，话题延续范围仅在二重有标三分句的为句子话题链，超出二重有标三分句为多语句共享话题的是超句话题链。如例（9）动态话题"我"引导的话题链已跨越句子的范畴，来到超句层面，①—④讲的都是"我"的事，构成超句话题链；而例（10）话题发生了转换，句子①和②各自成一个话题链。

（9）①分手后，我i离开了他的模特公司，Φi暂时也没有心思找工作，我i又成了一个没有"单位"的孤独的漂泊者。②在赵振南的公司我i有了些积蓄，离开公司后，我i感觉经过这两年奔波，有点疲惫。③我i想让自己休息一下，因此Φi便没有急着找工作，而是Φi靠吃老本过日子。④这期间我i参加一次"走穴"活动。（卞庆奎《中国北漂艺人生存实录》）

（10）①转化能力i是指优秀管理主体将创意转化为可操作的具体工作方案的能力，Φi就好像在产品创新过程中，将新产品设计构想转化为现实的工艺制造方案与步骤，并能够按此进行操作的这种能力。②许多有创意的人j具有创新的能力，但Φj往往缺乏这种转化能力，从而Φj不能成为管理的主体。（CCL语料）

在标点符号上，尊重作者对标点的使用、并相信作者权威的基础上，结合二重有标三分句的特点，凡共享话题的多个语句或分句以句号、感叹号、省略号、逗号、分号或问号结束，即形成话题链。

---

① 王静（2000）根据动态叙述与静态描写的不同将话题链分为静态话题链和动态话题链，其中动态话题链是对动态事物的系列描述，述题部分是变化的核心。本研究分析角度与其不同。

② 学者石定栩（1992）给出兼语式、紧缩句式、连动句式三类特殊的话题链，王建国（2013）认为连动结构和紧缩句均能构成句子话题链。本书观点与之不同。

在形式上，显性话题一般居于话题链首，各语句或分句话题以零形式、代词形式或名词形式存在，前后照应，合乎经济要求的同时遵循信息结构原则。其中，常见的代词形式有"你（们）、我（们）、他（们）、她（们）、它（们）、自己、其、这（些）、那（些）"等。如例（11），第二、三分句相同话题分别呈现代词"他"与零形式，指称的都是首分句显性话题"姜维"。有时，句首零形式话题，为语篇组织、语法表达互动后的变体。如例（12），初始分句采用零形式主语反指，通过包装背景信息，增强从属性，协调功能与句法形式。

（11）因为姜维 i 另外有他自己的打算，他 i 想利用钟会杀掉魏军将领，Φi 然后再除掉钟会。（林汉达《中华上下五千年》）

（12）Φi 虽然只有两句唱，但她们 i 丝毫不敢懈怠，Φi 练了一遍又一遍。（《人民日报》1995 年）

本质上，链首话题对各话题分句的控制是语义共指（co-reference）在起作用，指称形式的不同可用"可及性理论"解释。可及性（Accessibility）是认知心理学术语，指"一个人在说话时，从大脑记忆系统中提取一个语言或记忆单位的便捷程度"[①]。可及性理论主张，回指形式的选择与其指称对象在大脑记忆系统中的可及性相关，具体影响因素有距离（Distance）、竞争（Competition）、凸显（Saliency）和一致（Unity），解译时依赖语言语境的代词与零形式是高可及性的。同样，吉汶（1983）考察语法符号与话题信息识别间的关系发现，零形式、代词形式、名词形式的可及性与延续性呈连续递减状态。二重有标三分句话题链中，若距离前次提及的间隔较大或受其他指称对象的干扰，话题信息识别难度增大，就需要更多、更复杂的语言符号表达。

在有无关联标记上，话题作为认知参照点指引语篇的发展方向，其语义延续能力不受关联标记是否显现干扰；反之，复句关联标记

[①] 许余龙：《英汉指称词语表达的可及性》，《外语教学与研究》2000 年第 5 期。

的显现会使语义更加显豁。尤其关联标记置于句首引介话题时，话题可能形成前后的对比或对立，如例（13）静态话题分别是"我"与"他"，形成对比。

（13）我 i 本想转身走开，但他 j 已经看见了我 i，我 i 只好上前和他 j 说话。（《读者》）

第二节 话题链模式

话题链有强大的语篇扩展功能，其管领范围可以覆盖多个内容相关的分句组成复句，也可能跨句，甚至跨段。根据话题语义延续所跨越的不同单位，二重有标三分句话题链模式可从语篇、句子两个层面进行描写分析。

一 语篇层面

二重有标三分句所在语篇的话题推进并非杂乱无章，是连贯性与可能性、静态与动态的结合，是说话人语篇组织思路的展示。根据入篇后与前后句的互动关系，其话题链模式有串联式、接续式、相关式、终止式和孤立式五种。

（14）弗莱明 i 出生在英国，Φi 从小酷爱大自然，Φi 常常就生物现象向大人发问。**Φi 因家境贫寒，他 i 没有上过正规的学校，但 Φi 一直坚持自学。20 岁时，Φi 依靠奖学金进入伦敦大学学医。**（《中国儿童百科全书》）

（15）1990 年 4 月，韩国政府发布特赦令 i，Φi 使金贤姬 j 终于有了"自由之身"。**虽然她 j 再不是囚犯了，但她 j 每天仍然生活在恐惧之中，Φj 时刻都感到自己有生命危险。**（《作家文摘》1994 年）

（16）比如，我们 i 看见有人落在海里或江里，Φi 一心想救他上来，但是自己 i 却不会游泳，Φi 不懂救生术。**即使你 j 跳入水中，Φj 也不能把落水者救上来，而且自身 j 难保。**（CCL 语料）

(17) 汽车 i 作为现代化的交通工具，已有 100 多年历史。**它 i 为城市带来了繁荣，Φi 为人们带来了极大的方便，但 Φi 也给人类造成灾难**。在 100 多年中，全世界有 2300 万人 j 死于汽车交通事故，Φj 比第一次世界大战死亡人数（1600 万人）还要多……（《中国儿童百科全书》）

(18) Φi 一收到公司 offer，我 i 立马想到去租房子，Φi 联系了很多中介，Φi 看了很多小区，Φi 最后才定下来啊！**这个出租房 j 位于公司附近，Φj 虽并不算大，但 Φj 干净整洁**。我 i 因为刚毕业，Φi 手里没多少钱，Φi 又不想通勤时间太久，Φi 感觉住得离公司近些比较方便嘛！（微博语料）

(19) 张巡带兵坚守，和叛军激战十六天，俘获敌将六十多人，歼灭敌军二万多人，使尹子奇不得不退兵。过了两个月，尹子奇得到了增援兵力，又把睢阳城紧紧围住，千方百计进攻。**张巡虽然接连打了几次胜仗，但是叛军去了又来，形势越来越紧急**。一天夜里，张巡叫兵士敲起战鼓，号令整队。城外的叛军听到城里的鼓声，连忙摆开阵势，准备交锋。（林汉达《中华上下五千年》）

例（14）是典型的串联式话题链，开头话题"弗莱明"引出若干小句和句子对其描述，后面内容由代词回指和零回指混合链接，二重有标三分句"因家境贫寒，他没有上过正规的学校，但一直坚持自学"是其中重要一节。例（15）是接续式话题链，前话题链中的一环"金贤姬"引出后话题链的第一环，向前，照应内容，保持连贯；向后，充任起点，推动发展，情节得以延伸。例（16）是相关式话题链，前后话题变体间存在词汇语义上的整体与部分、集体与个体（"我们"——"你"）、上位与下位等纵向关系或者同义、反义、类义等横向关系，是语篇链接的重要手段，推动语篇的形连与意连。例（17）是终止式话题链，"汽车"话题自二重有标三分句"它为城市带来了繁荣，为人们带来了极大的方便，但也给人类造成灾难。"末尾处暂时性终结，后面情节内容发生变更，转向以"2300 万人"为话题的新话题链。例（18）中二重有标三分句话题链是孤立式话题链,话题"出租房"并非语篇中的重要参与者,更多充任背景信息,而后的叙述中也并未再现。

此外一种情形是二重有标三分句各分句话题不同,不构成话题链,但在宏观层面指引语篇走向,促进语义衔接。如例(19),语篇层面动态话题"张巡——尹子奇——张巡——叛军"交替出现,语篇呈断续型衔接。

二 句子层面

回归二重有标三分句本身,各分句相对话题可能呈现不同潜势,开启不同的注意力视窗形成不同模式的话题链。

(一) 初始—中位—末尾分句话题链

具体有激活同一认知框架、延伸增强话题内容的典型话题链,如例(20)三个分句共享话题"人们",链首语义类型为施事,其后无显性话题形式;例(21)链首话题形式为名词短语,与其后的名词回指词、零形式混合链接。又有前分句述题的内容是后分句静态话题[如例(22)],后分句述题的内容为前分句静态话题[如例(23)],或者述题部分共享相同指称对象[如例(24)]的推进型话题链。如例(22)第一、二分句共同静态话题是"教会",宾语位置上的受事"他"为"期待副话题"①,又是整个话题链的话题;例(23)第三分句述题部分的"它"与前分句呼应,围绕此动态话题交际顺利进行;例(24)三个分句述题部分有相同受事宾语"她"(回指前文的"伊梅尔达"),推动首尾相接成链。此外还有,三个分句静态话题有别[如例(25)]或者中位分句静态话题不同[如例(26)],但动态话题是整个二重有标三分句所讨论的系列事件过程的直接参与者的复杂型话题链。

(20) 人们i不能创造客观规律,但Φi能够充分发挥主观能动

---

① 孙珊珊、段嫚娟、许余龙:《英汉篇章回指对比研究——理论阐释与实证分析》,上海三联书店2021年版,第115页。

性，Φi 并借助规律更好地为改造客观世界服务。（知乎语料）

（21）有的银行 i 即使靠挖别人的墙脚拉到存款，自身 i 也难保"头寸"宽松，Φi 常有紧张感。（《人民日报》1995 年）

（22）教会逮捕了他 i，对他 i 审讯，但他 i 坚持自己的观点。（CCL 语料）

（23）由于它 i 忠于历史，Φi 记述真实，所以人们称它 i 为"岁月的录像"。（《中国儿童百科全书》）

（24）伊梅尔达却总是清醒异常……不过，虽然许多菲律宾人还认为她 i 是个贼，但大多数穷人却依然非常崇敬她 i，称她 i 为夫人或"超级夫人"。（《作家文摘》1996 年）

（25）大家都知道他们 i 没犯罪，可是有人控告他们 i 放火，他们 i 就坐了牢。（《复活》）

（26）那批人 i 还敲诈勒索，谁不服他们 i，他们 i 就随便诬告。（林汉达《中华上下五千年》）

（二）初始—中位分句话题链

具体有初始—中位分句话题链的话题与第三分句话题语义相关，表现为词汇语义上的整体——部分、集体——个体、上位——下位等纵向关系或者同义、反义、类义等横向关系的关联型话题链。如例（27）第一、二分句的话题"他们"与第三分句话题"组长"是集体与个体的关系，可用"组长是他们的一部分"格式转写。当然还有，初始—中位分句话题链的话题与第三分句话题（主要引出后面的内容）关联性不大的弱关联型话题链。如例（28），第三分句话题"书"提示后面的语篇走向，与"有时吃饭也看书。"形成新的超句话题链。

（27）他们 i 顺应时代，成功的就是他们 i，虽然组长为此付出很多代价。（知乎语料）

（28）他 i 收入微薄，Φi 从不讲究吃穿，但书 j 不能不买。有时吃饭也看书 j。（《人民日报》1996 年）

（三）中位—末尾分句话题链

同样的，关联型如例（29），初始分句话题"我"和中位、末尾分句话题"你"构成人称上的类义横向关系；例（30）中位—末尾分句话题链的话题"在场观众"和初始分句话题"音乐会"在此语境下是广义上的部分与整体关系。弱关联型如例（31），二重有标三分句的初始分句话题"学费"与上文的"读书、成绩、大学"等关联紧密，中位—末尾分句话题链引出新话题"母亲"。

（29）我提出解决方案，但是如果你i有别的想法的话，最终决定权在你i。（微博语料）

（30）即便音乐会已然结束，在场观众i都意犹未尽，Φi纷纷对巴尔迪教授春风化雨般的教学赞不绝口。（搜狐网新闻2023年）

（31）孩子渐渐长大，读书成绩优异，考进东京名牌大学。学费虽令人生畏，但母亲i毫无怨言，Φi继续帮佣供他上学。（《读者》）

此外，值得注意的是，二重有标三分句初始分句与后续分句形成的双名词结构话题链。链首话题是总话题，链中各分句句首为分话题，总话题与分话题间存在语义上的种属关系。靠前的总话题语义统辖功能强大，串接、控制各分句；辖域内各分句的组合多遵循先外后内、先远后近、先上后下、先轻后重的认知顺序排列。如例（32）首分句总话题"牡丹"与后面分话题"花期、鼎盛期"存在语义上的所属关系，是非完全同指零形式与双名词结构的融合。例（33）中位、末尾分句连续零形式的使用突显话题链，回指总话题"J姓网红"，补全就是双名词结构，寻找、推测的过程便是语篇衔接的建立。例（34）分话题"个子、性格"是总话题"他"的所属，分句按照由外到内的次序组合。

（32）过去牡丹i虽好，但Φi花期短暂，Φi鼎盛期只有三五日。（《人民日报》1995年）

（33）J姓网红i算不上漂亮，但Φi眼睛很亮，Φi牙很白。（微博语料）

（34）他i好象转眼间变了，Φi个子长高了，Φi性格也开朗了。

(《读者》)

第三节　话题链结构树模型

一　模型建构

话题作为认知参照点为分句提供认知通达路径，话题链的线性序列性和等级层次性又影响分句间语义亲密度不同。根据格式塔心理学，二重有标三分句话题链中相邻分句话题共享具有相似性，彼此间易于认知通达，较高的语义亲密度倾向于识解为一个整体，即小句关联体，从而关联最大化。本节参照学者赵鹏（2022）汉语篇章话题链结构树模型的构建方法，服务本书研究对象，以分句为叶子结点，将静态话题与动态话题相结合（利于考察话题潜势、组织方式的同时厘清语篇行文思路），标注分析二重有标三分句话题链内部组构特点，建构操作性较强的二重有标三分句话题链结构树模型，以期帮助判断二重有标三分句嵌套倾向。

搭建二重有标三分句话题链结构树模型的具体步骤是：首先，将二重有标三分句的三个分句按照出现顺序依次标记为①②③；其次，认定话题，把零形式、代词形式的话题补充完整；再次，用符号"d"和"s"分别标注动态话题（整个复句所讨论的一系列事件过程的直接参与者）和静态话题（分句为单位的静态切分），用符号"d/s"提示复句动态话题和分句静态话题相同；复次，用下划横线标出话题链，并注明模式类型；最后，拟构二重有标三分句话题链结构树模型，实线成链，虚线不成链。

（35）停车后，那位交警……我们心平气和与他说理，他却恼羞成怒，叫来另外两位交警。（《人民日报》1995年）

如例（35），初始分句引入实体"他"（前指"那位交警"），中位、末尾分句以此为话题，通过代词形式与零形式混合成链。整个复句话题链结构树模型建立流程依次为切分二重有标三分句中的三个分句，补充零形式话题：

分句①我们心平气和与他说理，分句②他却恼羞成怒，分句③（他）叫来另外两位交警。

在此基础上，标注动态话题"他"和静态话题"我们、他"，分析话题链模式：

分句①我们 s 心平气和与他 d 说理，分句②他 d/s 却恼羞成怒，分句③（他 d/s）叫来另外两位交警。→推进型初始—中位—末尾分句话题链（简称为推进型"初—中—末"链）

最终，根据话题链内部组构特点，绘制二重有标三分句话题链结构树图，如图 5.1 所示。方框中的数字对应分句的编号，其中"①—T"表示初始分句中的静态话题，"①—C"表示初始分句中的述题，"②"表示中位分句，"③"表示末尾分句。连接线上下注明话题链模式类型以及动态、静态话题。

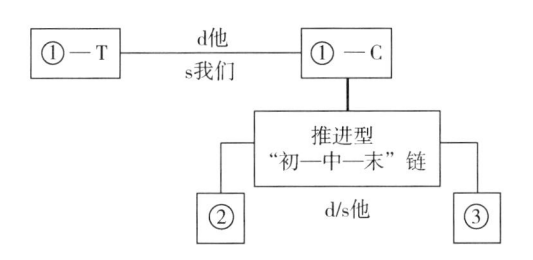

图 5.1 例（35）话题链结构树模型

二 关联倾向

由于语义亲密度有异，二重有标三分句话题链结构树模型中，分句存在显著的聚合倾向。表现一：话题链中的分句倾向优先组配为小句关联体；表现二：话题链内若动态话题与静态话题不同，则静态话题一致的分句倾向优先组配为小句关联体。实例化语料示例如下。

（36）他不高大，但很强壮，巴特尔也动不了他。（姚明《我的世界我的梦》）

例（36）为二重有标三分句，初始、中位分句共同静态话题"他"是末尾分句的受事宾语，是系列事件的明确参与者，成为话题链动态话题。基于内部组构特点可将话题链处理为：分句①他 d/s 不高大，分句②但（他 d/s）很强壮，分句③巴特尔 s 也动不了他 d。→推进型初始—中位—末尾分句话题链（简称为推进型"初—中—末"链）

如图 5.2 话题链结构树模型显示，初始、中位分句动态、静态话题一致，语义亲密度最高，优先组配为小句关联体，共享话题"他"；而后与静态话题相异但动态话题相同的末尾分句形成初始—中位—末尾分句话题链，并且是后分句述题内容为前分句静态话题的推进型话题链。整个二重有标三分句是因果语义关系（由关联标记"也"显示）嵌套转折关系（由关联标记"但"显示）。

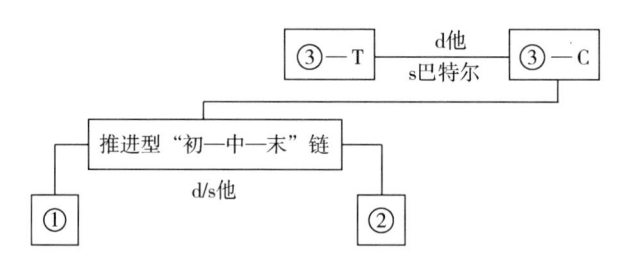

图 5.2　例（36）话题链结构树模型

(37) 如果我们宽厚，实事求是，他们是会改观的。（韩寒博客）

例（37）初始、中位分句共享话题对象"我们"，末尾分句静态话题"他们"与之有词汇语义关系。基于内部组构特点可将话题链处理为：分句①如果我们 d/s 宽厚，分句②（我们 d/s）实事求是，分句③他们 s 是会改观的。→关联型初始—中位分句话题链（简称为关联型"初—中"链）

话题链结构树模型图 5.3 中，初始、中位分句语义亲密度高，优先组配为并列型小句关联体，与末尾分句话题不同但存在类义横向关系，由此形成关联型初始—中位分句话题链，用实线串接。而分句③仅话题"他们"带一个说明小句"是会改观的"，不参与此话题链，借虚线显示。整个二重有标三分句是假设关系（由关联标记"如果"显示）嵌套并列关系（无关联标记显现）。

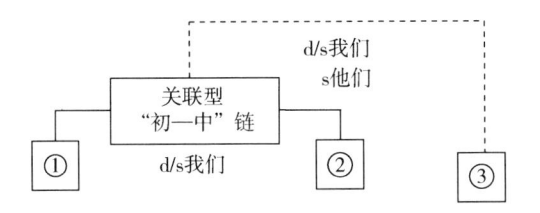

图 5.3　例（37）话题链结构树模型

（38）危机解除了，但他却身负重伤，医生费了九牛二虎之力才救回他。（微博语料）

例（38）中位、末尾分句的相同指称对象"他"与初始分句话题"危机"关联性不高，呈弱关联态。基于内部组构特点可将话题链处理为：分句①危机 s 解除了，分句②但他 d/s 却身负重伤，分句③医生 s 费了九牛二虎之力才救回他 d。→弱关联型中位—末尾分句话题链（简称为弱关联型"中—末"链）

图 5.4 中，虽然分句③的静态话题"③—T"是"医生"，但其述题部分"③—C"呈现动态话题"他"与分句②话题共享，中位、末尾分句的语义亲密度增加；而分句①仅是一个话题说明结构，不参与话题链生成。因而分句②和分句③组成弱关联型中位—末尾分句话题链，优先规约为递进型小句关联体，再与初始分句构成转折复句。

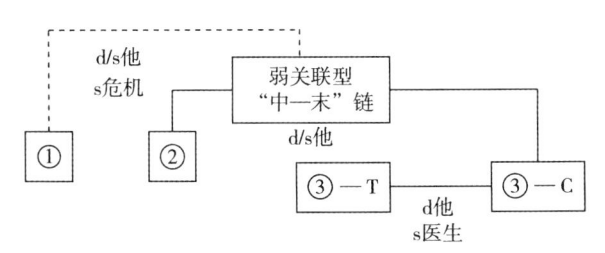

图 5.4　例（38）话题链结构树模型

同样，语篇层面二重有标三分句嵌套的激活、选择也会受到话题链影响。

(39) 红拂在这里也无事可干，只能逛大街。别人逛街是为了买东西，但是她不能买，因为她没有钱。本来她可以向虬髯公借，但是虬髯公也没有钱。(王晓波《红拂夜奔》)

如例 (39) 微型语篇处理为：

分句①红拂 d/s 在这里也无事可干，

分句②（红拂 d/s）只能逛大街。

分句③别人 s 逛街是为了买东西，

分句④但是她 d/s 不能买，

分句⑤因为她 d/s 没有钱。

分句⑥本来她 d/s 可以向虬髯公 d/s2 借，

分句⑦但是虬髯公 d/s2 也没有钱。

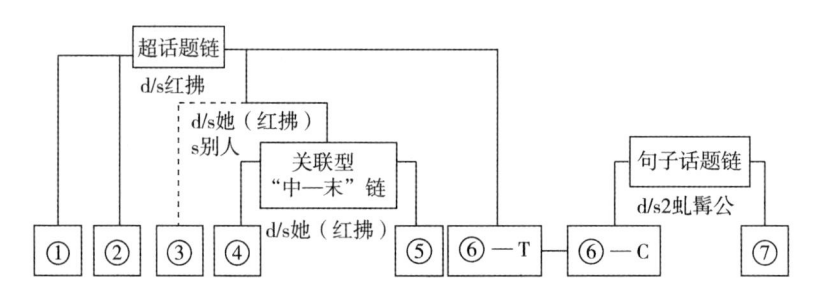

图 5.5　例（39）话题链结构树模型

从图 5.5 话题链结构树模型图可以看出，该微型语篇实际上有两个话题链，第一个是除去分句③松散依附外，分句①—⑥构成超句话题链，以"红拂"为话题；另一个是分句⑥—⑦构成句子话题链，以"虬髯公"为话题。其中，二重有标三分句"别人逛街是为了买东西，但是她不能买，因为她没有钱。"的初始分句话题"别人"是新信息引入，中位、末尾分句话题"她"是前文话题"红拂"的延续，又与后文衔接。从连贯的角度，中位、末尾分句的语义等级更高，但由于它们共享话题语义亲密度高，形成复句层面的关联型中位—末尾分句话题链，倾向优先组合为低层结构，再与初始分句构成高层结构。显然，这是一个转折关系（由关联标记"但是"显示）嵌套因果关系（由关联标记"因为"显示）的二重复句。

上例可见，语篇话题对具体复句的嵌套倾向影响相对有限。而有时，二重有标三分句层次结构服务于语篇总话题，见例（40）。

（40）我那时对生活充满失望，自觉已遭命运所弃。我的双亲为此担忧不已，但从未有过责备，所以我很愧疚。（知乎语料）

例（40）微型语篇可处理为：

分句①我 d/s 那时对生活充满失望，

分句②（我 d/s）自觉已遭命运所弃。

分句③我的双亲 d/s2 为此担忧不已，

分句④但（我的双亲 d/s2）从未有过责备，

分句⑤所以我 s 很愧疚。

该微型语篇有两个话题链，分别是分句①—②、分句⑤构成的以"我"为主话题的超句话题链，和分句③—④构成的以"我的双亲"为次话题的句子话题链。基于内部组构特点可将例中二重有标三分句处理为：分句③我的双亲 d/s2 为此担忧不已，分句④但（我的双亲 d/s2）从未有过责备，分句⑤所以我 s 很愧疚。其中，分句③和分句④共享相同指涉对象"我的双亲"，较高的语义亲密度帮助它们优先组配为低层结构，形成关联型初始—中位分句话题链（简称为关联型"初—中"链）；再和分句⑤构成高层结构，与语篇总话题"我"保持一致。具体话题链结构树模型见图5.6。

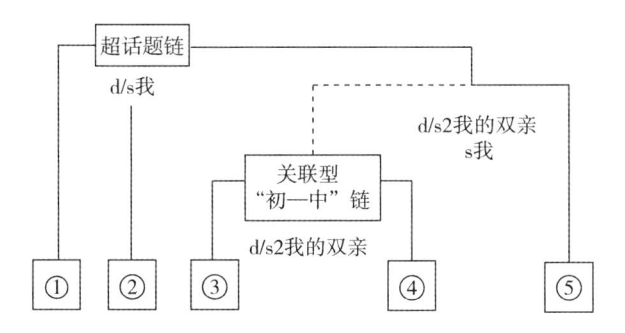

图 5.6　例（40）话题链结构树模型

第四节 本章小结

言谈起点话题作为一种认知框架，为后面述题提供参考，具有语篇属性；话题引导、连接的话题链更是建构复句连贯的重要统摄机制。基于前文对句法层面关联手段的探讨，本章从语篇整体层面出发，考察语篇语境中实现复句连贯的语用策略，及其与二重有标三分句嵌套的选择制约关系。通过梳理"话题""话题链"术语，明确了它们的内涵与外延，并从语篇、句子层面描写了二重有标三分句话题链模式，尝试构建出二重有标三分句话题链结构树模型，以期帮助判断二重有标三分句嵌套倾向。主要结论如下：

第一，复句话题是信息的出发点与认知起点，作为句法桥梁既在句中承担功能，也能组织语篇。与"主语"不同，"话题"是结构化、语法化了的成分；与"主位"相异，"话题"概念较小，集中在传达信息。从句子本位静态观出发，话题多为旧信息，居句首，后加停顿或提顿词标示；从语篇分析动态观出发，话题性依赖语篇而存在，话题链中话题的位置并不固定，须结合动态语境综合判断。综合来看，二重有标三分句中，话题的实现形式多样，可以是名词短语（如：和谐的女人）、谓词短语（如：这款游戏）、形容词（如：生动）、代词（如：他们）、介宾结构（如：在教育工作中），或者由零形式充当，零形式话题为上下文语境或知识系统里共知，因而可以不显现。

第二，话题链联结分句，使其成为更大的结构单位，是二重有标三分句有效组织的重要方式。我们从动态性、类型、标点符号、形式、关联标记等角度，对二重有标三分句话题链加以规约。动态性上，与单分句静态话题不同，二重有标三分句话题链的话题是动态话题，依据各分句共享相同指称对象、为事件过程中的明确参与者来界定，由此形成动态语境中确认的动态话题链。类型上，话题延续范围仅在二重有标三分句的为句子话题链，超出二重有标三分句为多语句共享话题的是超句话题链。标点符号上，尊重作者对标点的使用、并相信作者权威的基础上，结合二重有标三分句的特点，凡共享话题的多个语句或分句以句号、感叹号、省略号、逗号、分号或问号结束即形成话题链。形式上，显性话题一般居于话题链首，各语句或分句话题以零形式、代词形式或名词形式存在，前后照应，合乎经济要求的同时遵循信息结构原则；句首零形式话题则为语篇组织、语法表达互动后的变体。有无关联标记上，话题作为认知参照点指引语篇的发展方向，其语义延续能力不受关联标记是否显现干扰，反之，复句关联标记的显现会使语义更加显豁。

第三，话题的语义延续能够跨越不同单位，二重有标三分句话题链模式可从语篇、句子两个层面进行描写分析。具体见图5.7所示。语篇层面，二重有标三分句所在语篇的话题推进并非杂乱无章的，是连贯性与可能性、静态与动态的结合，是说话人语篇组织思路的展示。根据入篇后与前后句的互动关系，我们将话题链模式分为串联式、接续式、相关式、终止式和孤立式五种。句子层面，各分句相对话题可能呈现不同潜势，开启不同的注意力视窗会形成不同模式的话题链：初始—中位—末尾分句话题链，包括典型话题链、推进型话题链和复杂型话题链；初始—中位分句话题链，包括关联型话题链和弱关联型话题链；和中位—末尾分句话题链，包括关联型话题链和弱关联型话题链。我们还发现了一类特殊情况，即初始分句与后续分句形成的双名词结构话题链，其中链首话题一般为总话题，链中各分句句首为分话题，总话题与分话题间存在语义上的种属关系。

第四，话题链的线性序列性与等级层次性影响分句间语义亲密度，构建二重有标三分句话题链结构树模型有助于深入了解内部组构特点，进而判断嵌套倾向。我们参照学者赵鹏（2022）构建汉语篇章话题链结构树模型的方法，遵循标记分句顺序——认定分句话题——标注静/动态话题——标示话题链——辨析话题链模式——连

```
                  ┌ 语篇层面 ──── 串联式、接续式、相关式、终止式、孤立式
                  │
                  │                                      ┌ 典型话题链
                  │              ┌ 初始—中位—末尾分句话题链 ┤ 推进型话题链
                  │              │                       └ 复杂型话题链
                  │              │
                  │ 句子层面 ────┤ 初始—中位分句话题链    ┌ 关联型话题链
                  │              │                       └ 弱关联型话题链
                  │              │
                  └              └ 中位—末尾分句话题链    ┌ 关联型话题链
                                                         └ 弱关联型话题链

                        *双名词结构话题链 ──── 总话题+分话题+分话题
```

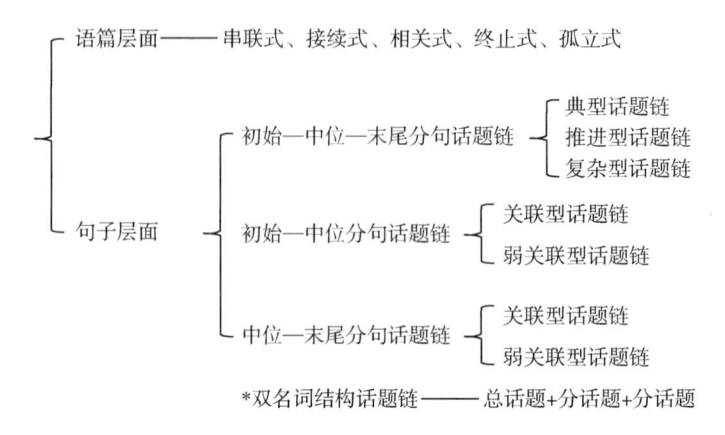

图 5.7 二重有标三分句话题链模式

线成链的步骤，拟构了二重有标三分句话题链结构树模型，并结合大量实例化语料发现了分句间的聚合倾向。表现一：话题链中的分句倾向优先组配为小句关联体；表现二：话题链内若动态话题与静态话题不同，则静态话题一致的分句倾向优先组配为小句关联体。

第 六 章
基于机器学习的嵌套因素重要性分析

前文对二重有标三分句进行了全方位考察,发现了五类影响嵌套结果的因素,并对它们作出详细理论解释。随后,邀请26名语言学专业研究生运用以上嵌套因素判定二重有标三分句的结构层次,采用多人标注单一复核法来观察单一个体对多项语料的标注,或不同个体对单项语料的标注以及不同个体对多项语料的标注,以分析认知规律。测试结果呈现个体差异。可见,虽然各类嵌套影响因素都能在现实语料中找到实例,但这并不意味它们的影响概率或影响程度是相同的。换言之,各嵌套因素自身重要性并不均等,甚至差别很大。本章将基于机器学习算法分析各嵌套影响因素,给出它们的重要性排名。

第一节 嵌套因素分析语料库的建立

本章依托自建的现代汉语平衡语料库,随机抽取3000条语料,建立用于嵌套因素分析的原始语料数据库。在此基础上结合前文对嵌套因素的描写分析,构建了嵌套因素分析语料库的标注标准,共标注二十三种嵌套因素。描述这些标准需要考虑的因素最多,最具挑战性,是嵌套因素分析语料库建立过程中较难的任务。各项因素的标注遵循同一原则、规范与流程,实行"人工标注+同行检验"

双结合方式把控，为后期机器学习提供高质量、深加工的训练语料。

鉴于研究对象是二重有标三分句，句中必有两个结构层次。因而，嵌套因素分析语料库考察的是诸多嵌套影响因素在Ⅰ层语义层、J层语义层上的表现，并按实际入句情况进行分类。具体操作如下：

对于"关联标记的音节"而言，出现在二重有标三分句中的关联标记音节形式共六种：单音节、双音节、三音节、四音节、五音节和六音节。基于此，其次级状态的分类依据是关联标记引领的语义层次中，该关联标记是双音节形式还是非双音节形式。具体分类是："A1"代表Ⅰ层为对称双音节，J层有一个双音节；"A2"代表Ⅰ层为对称双音节，J层无双音节；"A3"代表Ⅰ层有一个双音节，J层为对称双音节；"A4"代表Ⅰ层有一个双音节，J层无双音节；"A5"代表Ⅰ层无双音节，J层为对称双音节；"A6"代表Ⅰ层无双音节，J层有一个双音节；"A7"代表Ⅰ层、J层均有一个双音节；"A8"代表Ⅰ层、J层均无双音节；"A9"代表Ⅰ层、J层均为对称双音节。

二重有标三分句中分句数量有三，按出现的前后次序分别列于第一分句（初始分句）、第二分句（中位分句）和第三分句（末尾分句）。句中关联标记搭配照应情况亦有三：必同现不可单用、常规单用以及配对单用共存，分别对应搭配型关联标记、单用型关联标记和配对、单用共存型关联标记。结合关联标记的序列及组配模式，可将"关联标记所处分句的位次"次级状态分为："B1"代表Ⅰ层关联标记位于第一、二、三分句，J层无关联标记；"B2"代表Ⅰ层关联标记位于第一、二、三分句，J层关联标记位于第二、三分句；"B3"代表Ⅰ层关联标记位于第一、二、三分句，J层关联标记位于第二分句；"B4"代表Ⅰ层关联标记位于第一、二、三分句，J层关联标记位于第三分句；"B5"代表Ⅰ层关联标记位于第一、二分句，J层关联标记位于第一、二、三分句；"B6"代表Ⅰ层关联标记位于第一、二分句，J层关联标记位于第二、三分句；"B7"代表Ⅰ层关联标记位于第一、二分句，J层关联标记位于第二分句；"B8"代表Ⅰ层关联标记位于第一、二分句，J层关联标记位于第三分句；"B9"

代表I层关联标记位于第一、二分句，J层无关联标记；"B10"代表I层关联标记位于第一、三分句，J层无关联标记；"B11"代表I层关联标记位于第一、三分句，J层关联标记位于第一、二分句；"B12"代表I层关联标记位于第一、三分句，J层关联标记位于第一分句；"B13"代表I层关联标记位于第一、三分句，J层关联标记位于第二分句；"B14"代表I层无关联标记，J层关联标记位于第二、三分句；"B15"代表I层关联标记位于第二、三分句，J层关联标记位于第二、三分句；"B16"代表I层关联标记位于第二、三分句，J层关联标记位于第三分句；"B17"代表I层关联标记位于第一分句，J层关联标记位于第一分句；"B18"代表I层关联标记位于第一分句，J层关联标记位于第二分句；"B19"代表I层关联标记位于第一分句，J层关联标记位于第三分句；"B20"代表I层关联标记位于第一分句，J层关联标记位于第一、二分句；"B21"代表I层关联标记位于第一分句，J层关联标记位于第二、三分句；"B22"代表I层关联标记位于第一分句，J层无关联标记；"B23"代表I层关联标记位于第二分句，J层关联标记位于第二分句；"B24"代表I层关联标记位于第二分句，J层关联标记位于第三分句；"B25"代表I层关联标记位于第二分句，J层关联标记位于第二、三分句；"B26"代表I层关联标记位于第二分句，J层无关联标记；"B27"代表I层关联标记位于第三分句，J层无关联标记；"B28"代表I层关联标记位于第二、三分句，J层无关联标记；"B29"代表I层关联标记位于第一、二分句，J层关联标记位于第一、三分句。

据前文分析，二重有标三分句中主语异同情况共五大种，或者三个分句主语均一致，或者三个分句主语均不一致，或者第一、二分句主语一致，或者第二、三分句主语一致，或者第一、三分句主语一致。关联标记与主语的先后位置共四大种，即都在主语前，或都在主语后，或与主语一前一后，或关联标记位于句首。对于"关联标记与主语的相对位置"而言，其次级状态的分类标准以I层、J层语义层次为纲，综合异同与前后两大要素，以便全面验察。具体有："C1"

代表Ⅰ层、J层主语相同且出现在关联标记前;"C2"代表Ⅰ层、J层主语相同且出现在关联标记后;"C3"代表Ⅰ层、J层主语相同且与关联标记一前一后;"C4"代表Ⅰ层、J层主语不同且出现在关联标记前;"C5"代表Ⅰ层、J层主语不同且出现在关联标记后;"C6"代表Ⅰ层、J层主语不同且与关联标记一前一后;"C7"代表其他情况。

对于"连用的关联标记相互位置"而言,其次级状态的分类依据是"前者后优先原则"和"后者后优先原则"指导下的Ⅰ层、J层连用关联标记的先后位置及其语义类别。具体情况有:"D1"代表分句内无连用的关联标记;"D2"代表并列小类、递进小类或选择小类关联标记与因果小类、求得式目的小类、假设小类、条件小类或让步小类关联标记连用;"D3"代表其他关联标记连用情况。

专属关联标记库中收录的关联标记词类共六种,分别是连词、副词、助词、介词、动词和超词形式。特殊情况"多种词类"在不同复句中句法语义功能不统一,须入句后根据实际用法明确相应词类。就"关联标记的词性特征"而言,其次级状态的分类依据是关联标记联结的语义层次中,该关联标记词类是连词、副词还是其他,详情为:"E1"代表Ⅰ层、J层关联标记均为连词;"E2"代表Ⅰ层关联标记均为连词,J层有一个连词;"E3"代表Ⅰ层关联标记均为连词,J层均为副词;"E4"代表Ⅰ层关联标记均为连词,J层有一个副词;"E5"代表Ⅰ层关联标记均为连词,J层有一个连词并且有一个副词;"E6"代表Ⅰ层关联标记均为连词,J层为其他词类;"E7"代表Ⅰ层关联标记均为连词,J层无关联标记;"E8"代表Ⅰ层关联标记有一个连词,J层均为连词;"E9"代表Ⅰ层关联标记有一个连词,J层有一个连词;"E10"代表Ⅰ层关联标记有一个连词,J层均为副词;"E11"代表Ⅰ层关联标记有一个连词,J层有一个副词;"E12"代表Ⅰ层关联标记有一个连词,J层有一个连词并且有一个副词;"E13"代表Ⅰ层关联标记有一个连词,J层为其他词类;"E14"代表Ⅰ层关联标记有一个连词,J层无关联标记;"E15"代表Ⅰ层、J层关联标记均为副词,"E16"代表Ⅰ层关联标记均为副词，J层均为连词；"E17"代表I层关联标记均为副词，J层有一个连词；"E18"代表I层关联标记均为副词，J层有一个副词；"E19"代表I层关联标记均为副词，J层有一个连词并且有一个副词；"E20"代表I层关联标记均为副词，J层为其他词类；"E21"代表I层关联标记均为副词，J层无关联标记；"E22"代表I层关联标记有一个副词，J层均为连词；"E23"代表I层关联标记有一个副词，J层有一个连词；"E24"代表I层关联标记有一个副词，J层均为副词；"E25"代表I层关联标记有一个副词，J层有一个副词；"E26"代表I层关联标记有一个副词，J层有一个连词并且有一个副词；"E27"代表I层关联标记有一个副词，J层为其他词类；"E28"代表I层关联标记有一个副词，J层无关联标记；"E29"代表I层、J层关联标记均为其他词类；"E30"代表I层关联标记为其他词类，J层均为连词；"E31"代表I层关联标记为其他词类，J层有一个连词；"E32"代表I层关联标记为其他词类，J层均为副词；"E33"代表I层关联标记为其他词类，J层有一个副词；"E34"代表I层关联标记为其他词类，J层有一个连词并且有一个副词；"E35"代表I层关联标记为其他词类，J层无关联标记；"E36"代表I层、J层均有一个连词并且有一个副词；"E37"代表I层有一个连词并且有一个副词，J层均为连词；"E38"代表I层有一个连词并且有一个副词，J层有一个连词；"E39"代表I层有一个连词并且有一个副词，J层均为副词；"E40"代表I层有一个连词并且有一个副词，J层有一个副词；"E41"代表I层有一个连词并且有一个副词，J层为其他词类；"E42"代表I层有一个连词并且有一个副词，J层无关联标记；"E43"代表I层无关联标记，J层均为连词；"E44"代表I层无关联标记，J层有一个连词；"E45"代表I层无关联标记，J层均为副词；"E46"代表I层无关联标记，J层有一个副词；"E47"代表I层无关联标记，J层有一个连词并且有一个副词；"E48"代表I层无关联标记，J层为其他词类。

关联标记嵌套力与关联标记的语义特征密切相关，根据关联标记引领的分句是否表既成事实，可分为［＋已然性］［＋未然性］和［±已然性］三类语义特征。对于"关联标记的已然性和未然性"而言，其次级状态有"F1"代表Ⅰ层、J层关联标记都具有［＋未然性］；"F2"代表Ⅰ层关联标记具有［＋未然性］、J层关联标记具有［＋已然性］；"F3"代表Ⅰ层关联标记具有［＋未然性］、J层关联标记具有［±已然性］；"F4"代表Ⅰ层、J层关联标记都具有［＋已然性］；"F5"代表Ⅰ层关联标记具有［＋已然性］、J层关联标记具有［＋未然性］；"F6"代表Ⅰ层关联标记具有［＋已然性］、J层关联标记具有［±已然性］；"F7"代表Ⅰ层、J层关联标记都具有［±已然性］；"F8"代表Ⅰ层关联标记具有［±已然性］、J层关联标记具有［＋未然性］；"F9"代表Ⅰ层关联标记具有［±已然性］、J层关联标记具有［＋已然性］；"F10"代表其他情况。

　　根据关联标记引领的分句是否指向明确事物，可分为［＋确定性］和［＋选择性］两类语义特征。对于"关联标记的确定性和选择性"而言，其次级状态有"G1"代表Ⅰ层、J层关联标记都具有［＋确定性］；"G2"代表Ⅰ层关联标记具有［＋确定性］、J层关联标记具有［＋选择性］；"G3"代表Ⅰ层关联标记具有［＋选择性］、J层关联标记具有［＋确定性］；"G4"代表其他情况。

　　根据关联标记引领的分句是否标明特定条件，可分为［＋特定性］和［＋自由性］两类语义特征。就"关联标记的特定性和自由性"而言，其次级状态有"H1"代表Ⅰ层、J层关联标记都具有［＋特定性］；"H2"代表Ⅰ层、J层关联标记都具有［＋自由性］；"H3"代表Ⅰ层关联标记具有［＋特定性］、J层关联标记具有［＋自由性］；"H4"代表Ⅰ层关联标记具有［＋自由性］、J层关联标记具有［＋特定性］；"H5"代表其他情况。

　　根据关联标记引领的分句内容是否具有一致性，可分为［＋一致性］和［＋对立性］两类语义特征。就"关联标记的一致性和对立性"而言，其次级状态有"K1"代表Ⅰ层、J层关联标记都具

[+一致性]；"K2"代表Ⅰ层、J层关联标记都具有[+对立性]；"K3"代表Ⅰ层关联标记具有[+一致性]、J层关联标记具有[+对立性]；"K4"代表Ⅰ层关联标记具有[+对立性]、J层关联标记具有[+一致性]；"K5"代表其他情况。

根据关联标记联结的前后分句概念语义距离，可分为认知过程同步且停顿能力差和认知过程相对复杂且停顿能力强这两类语义特征。其次级状态是："L1"代表Ⅰ层、J层关联标记的概念语义距离均较近；"L2"代表Ⅰ层、J层关联标记的概念语义距离均较远；"L3"代表Ⅰ层关联标记的概念语义距离较近、J层关联标记的概念语义距离较远；"L4"代表Ⅰ层关联标记的概念语义距离较远、J层关联标记的概念语义距离较近；"L5"代表其他情况。

遵循"同义优先组原则"，可将"扩展的关联标记出现的句序"次级状态按照关联标记语义类别及其句序分为："M1"Ⅰ层关联标记重复出现在第一、二分句；"M2"Ⅰ层关联标记重复出现在第二、三分句；"M3"J层关联标记重复出现在第一、二分句；"M4"J层关联标记重复出现在第二、三分句；"M5"代表其他情况。

按照二重有标三分句中关联标记的实际数量，"关联标记的数量"次级状态有："N1"代表Ⅰ层、J层均未省略关联标记；"N2"代表Ⅰ层出现一个关联标记、J层未省略关联标记；"N3"代表Ⅰ层出现一个关联标记、J层未出现关联标记；"N4"代表Ⅰ层未省略关联标记、J层出现一个关联标记；"N5"代表Ⅰ层未省略关联标记、J层未出现关联标记；"N6"代表Ⅰ层、J层均出现一个关联标记；"N7"代表Ⅰ层未出现关联标记、J层未省略关联标记。

从历史视角纵向考察、比较复句关联标记，"传承关联标记"次级状态分为："O1"代表Ⅰ层、J层均未出现传承关联标记；"O2"代表Ⅰ层、J层均出现传承关联标记；"O3"代表Ⅰ层出现传承关联标记、J层未出现；"O4"代表J层出现传承关联标记、Ⅰ层未出现。

考察语料显示，相邻分句句法成分相同共十种表现形式：主语相同、谓核相同、宾语相同、定语相同、状语相同、补语相同、宾主相应、宾定相应、核定相应和核宾相应。对应的次级状态归纳为二十三种："P1"第一、二分句句法成分主语相同；"P2"第一、二分句句法成分谓核相同；"P3"第一、二分句句法成分宾语相同；"P4"第一、二分句句法成分定语相同；"P5"第一、二分句句法成分状语相同；"P6"第一、二分句句法成分补语相同；"P7"第一、二分句句法成分宾主相应；"P8"第一、二分句句法成分宾定相应；"P9"第一、二分句句法成分核定相应；"P10"第一、二分句句法成分核宾相应；"P11"第二、三分句句法成分主语相同；"P12"第二、三分句句法成分谓核相同；"P13"第二、三分句句法成分宾语相同；"P14"第二、三分句句法成分定语相同；"P15"第二、三分句句法成分状语相同；"P16"第二、三分句句法成分补语相同；"P17"第二、三分句句法成分宾主相应；"P18"第二、三分句句法成分宾定相应；"P19"第二、三分句句法成分核定相应；"P20"第二、三分句句法成分核宾相应；"P21"第一、二分句相同句法成分有两种及以上；"P22"第二、三分句相同句法成分有两种及以上；"P23"其他情况。

  二重有标三分句中，相邻分句有时借助句法成分间的上下级关系关联起来，形成纵聚合关系（上下义关系和总分关系），指向分句的主语、谓核、宾语、状语、定语等句法成分。据此，次级状态划分为："Q1"第一、二分句句法成分主语具有纵聚合关系；"Q2"第一、二分句句法成分谓核具有纵聚合关系；"Q3"第一、二分句句法成分宾语具有纵聚合关系；"Q4"第一、二分句句法成分定语具有纵聚合关系；"Q5"第一、二分句句法成分状语具有纵聚合关系；"Q6"第一、二分句句法成分宾主具有纵聚合关系；"Q7"第二、三分句句法成分主语具有纵聚合关系；"Q8"第二、三分句句法成分谓核具有纵聚合关系；"Q9"第二、三分句句法成分宾语具有纵聚合关系；"Q10"第二、三分句句法成分定语具有纵聚合关系；"Q11"第二、三分句句法成分状语具有纵聚合关系；"Q12"第二、三分句句法成分宾主具有纵聚合关系；"Q13"其他情况。

二重有标三分句中，相邻分句有时借助句法成分间的同级关系关联起来，形成横聚合关系（同义关系、反义关系和类义关系），指向分句的主语、谓核、宾语、状语、定语、补语等句法成分。对应的次级状态具体有："R1"代表第一、二分句句法成分主语具有横聚合关系；"R2"代表第一、二分句句法成分谓核具有横聚合关系；"R3"代表第一、二分句句法成分宾语具有横聚合关系；"R4"代表第一、二分句句法成分定语具有横聚合关系；"R5"代表第一、二分句句法成分状语具有横聚合关系；"R6"代表第一、二分句句法成分补语具有横聚合关系；"R7"代表第一、二分句句法成分宾主具有横聚合关系；"R8"代表第二、三分句句法成分主语具有横聚合关系；"R9"代表第二、三分句句法成分谓核具有横聚合关系；"R10"代表第二、三分句句法成分宾语具有横聚合关系；"R11"代表第二、三分句句法成分定语具有横聚合关系；"R12"代表第二、三分句句法成分状语具有横聚合关系；"R13"代表第二、三分句句法成分补语具有横聚合关系；"R14"代表第一、二分句句法成分定主具有横聚合关系；"R15"代表其他情况；"R16"代表第一、二分句两种及以上句法成分具有横聚合关系；"R17"代表第二、三分句两种及以上句法成分具有横聚合关系。

　　除句法普遍知识外，语外世界知识同样保证复句的顺利理解。与世界知识紧密相关的心智模型和语义韵蕴含着相邻分句句法成分的同现关系。其中，心智模型作为结构化的知识和信念，包含脚本结构和框架结构两类，归纳为"同现关系之心智模型"的三种次级状态："S1"代表第一、二分句句法成分属同一心智模型；"S2"代表第二、三分句句法成分属同一心智模型；"S3"代表其他情况。相邻分句呈现的特殊语义氛围，则包含评价意义和语体意义两个视角。按照语义韵的相同、相似性，"同现关系之语义韵"的次级状态分为："T1"第一、二分句句法成分呈同一语义韵；"T2"第二、三分句句法成分呈同一语义韵；"T3"其他情况。

　　二重有标三分句句法成分表现形式多样，帮助建立意义上联系的同时，避免重复。"变换形式"有省略、照应和替代三种。对应的次级状态简化为："U1"代表第一、二分句句法成分存在变换关系；"U2"代表第二、三分句句法成分存在变换关系；"U3"代表其他情况。

话题覆盖范围常常延伸到后面的分句，其结构具有串联功能，故而话题的延续一定程度上指引二重有标三分句的嵌套倾向。不同"话题链模式"对应的次级状态有："V1"代表初始—中位—末尾分句话题链，且初始、中位分句静态话题相同；"V2"代表初始—中位—末尾分句话题链，且中位、末尾分句静态话题相同；"V3"代表初始—中位分句话题链；"V4"代表中位—末尾分句话题链；"V5"代表其他情况。

按照语气功能的不同，二重有标三分句分为单纯语气句和复合语气句两大类，共六十四种具体组合方式。"句类相同"的次级状态依据相邻分句语气类型的异同简化为："X1"代表第一、二分句句类相同；"X2"代表第二、三分句句类相同；"X3"代表其他情况。

按照结构模式的不同，二重有标三分句中分句句型有分句谓语部分为特殊结构、分句中出现特殊词或短语、其他三个子系列。据此，"句型平行"的次级状态依据相邻分句句法结构的相同或相近简化为："Y1"第一、二分句句型平行；"Y2"第二、三分句句型平行和"Y3"其他情况。"句型共现"次级状态的分类依据则是相邻分句构式的隐现及其语义指向，可简化为："Z1"第一、二分句句型共现；"Z2"第二、三分句句型共现和"Z3"其他情况。

综上所述，经标注以后的嵌套因素分析语料库中，句法关联模式为"1-2型"的有1766例，句法关联模式为"2-1型"的有1234例。

第二节　研究方法与技术路线

一　信息量模型

信息量模型是基于统计的分析模型，其核心思想为定量化分析各离散性指标对结果的影响。举例来说，对于嵌套影响因素"关联标记的音节"次级状态"A1"而言,首先统计该分级状态下全语料库有多少语料属于"A1",记为N_{A1};并将语料库中语料总数记为N;"A1"状态分级下"1-2型"句法关联模式语料数量记为N_{1A1};全语料库中"1-2型"句法关联模式的语料数量则为N_1。那么,"A1"这一次级状态对语料句法关联模式为"1-2型"形成的信息量值为:

$$I_{A1} = \log_2\left(\frac{N_{1A1}/N_1}{N_{A1}/N}\right) \qquad (式6.1)$$

需要注意的是,信息量模型主要运用于结果为"0"或"1"两种情况下的统计分析,且一般统计结果标签为"1",也就是说,结果只存在"0"或"1"两种情况。如果某一因素指标对"1"这一类结果的贡献越大,那么其对应的信息量值就越大;相应地,此指标对"0"这一类结果的贡献就越小。如上面提到的,如果I_{A1}的值越大,就表明"A1"这一嵌套因素对结果为"1-2型"句法关联模式的贡献越大;相应地,"A1"这一嵌套因素对"2-1型"句法关联模式的贡献就越小。

信息量模型不作为统计分析的最终结果,而是分析过程中量化评价的一种手段,在因素重要性排名中,以"0"或者"1"的结果标签作为基准进行统计分析,于最终的嵌套因素重要性分析结果并不产生影响。

二 K-means 聚类算法

K-means 聚类算法又称 K 均值聚类算法,属于机器学习算法中的无监督学习算法。所谓无监督学习就是不给定结果标签,仅就所给的输入因素进行样本聚类,聚类的类别结果就是预测或分析的结果标签。该算法依赖样本间的距离分析,一般采用欧式距离作为计算依据。该思路下,两个样本间距离越近,则相似性越大,越容易被划分为一类;反之,距离越远则相似性越小,越容易被划分为不同的两类。

举例来说,实验中如果对一群植物样本进行聚类分析,将植物样本分为若干类,但是预先并不掌握各个具体样本的类别结果,只掌握了诸如植物高度、叶宽、是否开花、花朵颜色、果实大小、成熟季节等数据。采用 K-means 聚类算法，将已掌握的所有信息全部作为输入，输出聚类的结果，就可将该结果作为植物样本分类的依据。显然，输入的每一个因素对于植物聚类结果的贡献或影响并非均等的，因而可以依赖 K-means 聚类算法开展输入因素重要性分析。

本章中 K-means 算法借助的是 SPSS 软件中的运算工具。先确定 K-means 聚类的类别为"2"，然后得到初始化的两个聚类中心，经过不断地迭代更新聚类中心，直到达到最大的迭代次数或者目标函数小于相应的阈值，进而得到最终结果。这里的聚类中心就是一个类中各样本的平均值。该算法的具体步骤如图 6.1 所示。

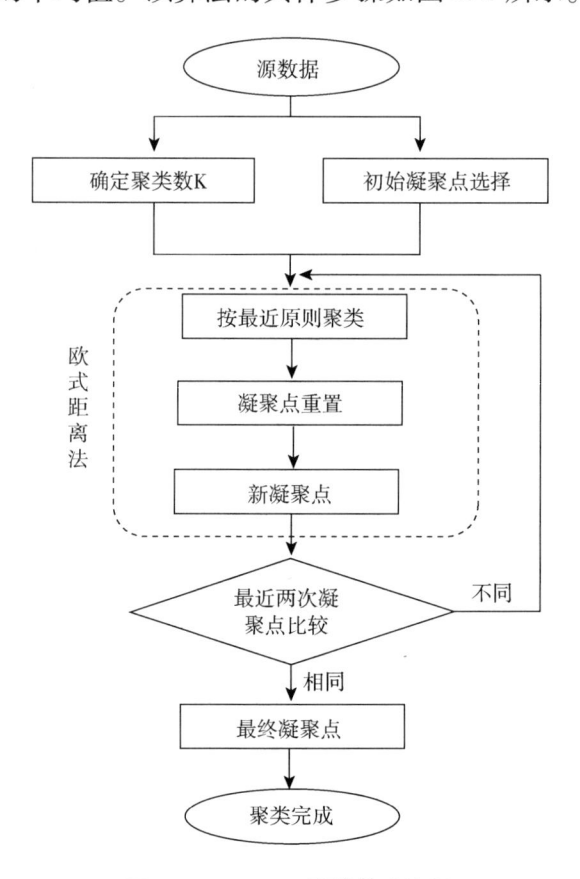

图 6.1 K-means 聚类算法流程

三 CART 算法

CART 全称为 Classification And Regression Tree，即分类回归树，该类算法属于有监督学习类的机器学习算法，既可以处理分类问题又可以处理回归问题。与以往决策树算法不同，CART 算法采用基尼系数来选择特征，基尼系数越小，则特征越好。该类算法的主要流程如图 6.2 所示。本章中的 CART 算法基于 Python 语言环境和 scikit-learn 库建立（scikit-learn 是一个适用于 Python 编程语言的机器学习库，拥有大量用于运算、分析和结果可视化的算法）。

举例来说，某实验掌握了某商场某一类商品调价的结果，主要为"提价、价格不变、降价"三种，而且另外获得了对应商品的生产批次、产地、运输时间、库存时间等其他数据。运用 CART 算法可以完成对这一类商品价格变动的规则建立。这种规则体系，最终能够可视化为一个树结构模型，并且该模型结果可以解读为当生产批次、产地、运输时间、库存时间等因素满足某种条件时，对应的该类商品可能面临"提价""价格不变"或"降价"。当然，每一个输入因素于商品调价结果的贡献或影响并非均等，因此可以依赖 CART 算法开展输入因素重要性分析。

四 技术路线与数据处理流程

综上所述，本章基于自建的嵌套因素分析语料库，首先借用信息量完成样本信息处理，在此基础上建立 K-means 聚类模型和 CART 模型用于嵌套因素重要性分析，并运用 scikit-learn 机器学习库中的因素重要性指数工具，分别对各嵌套因素的重要性开展排名分析。

对于 K-means 聚类模型而言，主要通过对比不抽取因素条件下的聚类结果与真实标注结果得到初始化准确率指标；在此基础上依次抽离从 A-Z 的因素指标，分别得到各指标抽离状态下的聚类结果及准确率值；进而基于初始化的准确率指标得到各因素指标抽离状

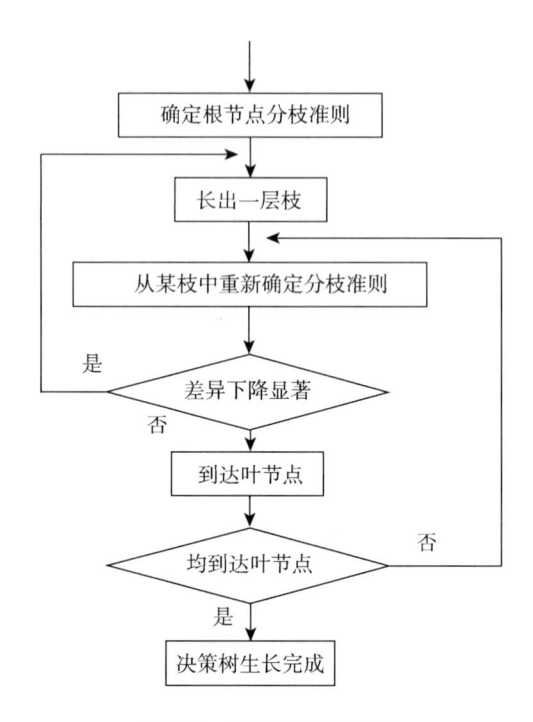

```
                    ┌──────────────────────┐
                    │  确定根节点分枝准则    │←─┐
                    └──────────┬───────────┘   │
                               ↓                │
                    ┌──────────────────────┐   │
                    │      长出一层枝       │   │
                    └──────────┬───────────┘   │
                               ↓                │
                    ┌──────────────────────┐   │
                    │ 从某枝中重新确定分枝准则│   │
                    └──────────┬───────────┘   │
                 是            ↓                │
                 ┌─────◇ 差异下降显著 ◇─────────┘
                 │            否
                 ↓
            ┌─────────┐
            │ 到达叶节点│
            └────┬────┘
                 ↓
           ◇ 均到达叶节点 ◇──否──→
                 │是
                 ↓
            ┌──────────┐
            │决策树生长完成│
            └──────────┘
```

图 6.2 决策树生长流程

态下准确率值的绝对变化率；最后依据准确率的绝对变化率大小，对相应的抽离因素指标进行重要性排名。

于 CART 模型而言，也是在不抽取因素的条件下、在参数寻优过程中得到测试集可以达到的最优准确率，并以此作为初始化的准确率指标。这里参数寻优的目的，在于确定 CART 参数 max_ depth 取何值时测试集可以得到最优准确率。接着，依次抽离因素指标后再进行参数寻优，分别得到各指标抽离状态下决策树模型可以达到的最优准确率值。进而，基于初始化准确率指标，得到各因素指标抽离状态下准确率值的绝对变化率。最后，依据准确率的绝对变化率大小，对相应的抽离因素指标进行重要性排名。

此外，本章还借助 scikit-learn 机器学习库中的 inspection. permutation. importance 工具进行嵌套因素的重要性排名。

得到三种方法下的嵌套因素重要性排名后，本研究分别给各嵌套因素赋予重要性得分，通过综合计分，得到最终的嵌套因素综合重要性排名。具体操作流程见图6.3。

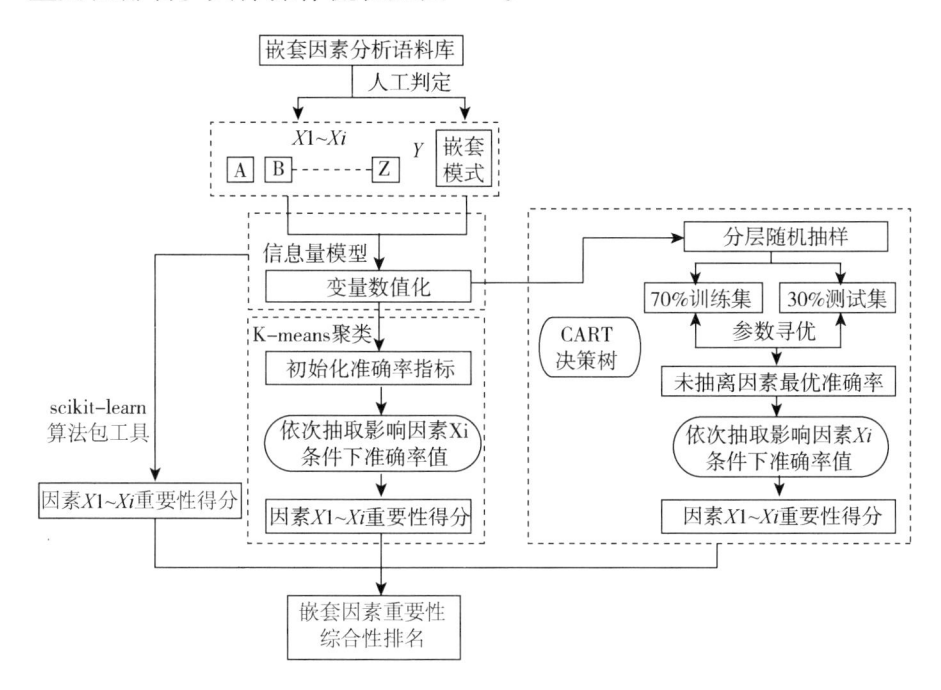

图6.3 嵌套因素重要性排名求解过程

第三节 处理过程及结果分析

一 变量数值化处理——信息量模型

基于上文的信息量模型计算方法，可以对嵌套因素分析语料库的指标因素进行从离散化指标向量化指标的处理。其中，"1-2型"结果标签记为"1"，"2-1型"结果标签记为"0"，以"1"为目标标签对嵌套因素分析语料库进行统计，可以得到各嵌套因素标签对应的信息量值。接着对其信息量值进行归一化处理，得到如表6.1—表6.9所示的句法关联模式与嵌套因素指标统计关系表。需注意的是，进行信息量值归一化处理时，因为存在负无穷状态，故而本书对组内最大值赋 0.990，最小值赋 0.010，其余各值采用线性插值。

表 6.1　　句法关联模式与嵌套因素指标统计关系表（A）

嵌套因素	状态分级	分级下"1"个数	分级总数	分级下"1"百分比	分级百分比	信息量	归一化
关联标记的音节	A1	104	173	5.89%	5.77%	0.03029	0.500
	A2	155	420	8.78%	14.00%	−0.67364	0.010
	A3	72	137	4.08%	4.57%	−0.16363	0.133
	A4	491	865	27.80%	28.83%	−0.05250	0.255
	A5	110	135	6.23%	4.50%	0.46902	0.990
	A6	280	365	15.86%	12.17%	0.38201	0.868
	A7	258	446	14.61%	14.87%	−0.02520	0.378
	A8	271	418	15.35%	13.93%	0.13927	0.745
	A9	25	41	1.42%	1.37%	0.05078	0.623

由表 6.1 可知，于"关联标记的音节"而言，如果指向结果为"1-2 型"句法关联模式，那么"A5"所代表的"I 层无双音节，J 层为对称双音节"对结果标签的影响和贡献最大，而"A2"所代表的"I 层为对称双音节，J 层无双音节"于结果标签的影响和贡献最小。即，"A5"状态下"1-2 型"结果标签是最容易出现的，"A2"状态下"1-2 型"结果标签是最难出现的。相反的，"A5"状态下"2-1 型"结果标签也是最难出现的，"A2"状态下"2-1 型"结果标签也是最容易出现的。

表 6.2　　句法关联模式与嵌套因素指标统计关系表（B）

嵌套因素	状态分级	分级下"1"个数	分级总数	分级下"1"百分比	分级百分比	信息量	归一化
关联标记所处分句的位次	B1	28	53	1.59%	1.77%	−0.15609	0.430
	B2	8	8	0.45%	0.27%	0.76448	0.990
	B3	0	14	0.00%	0.47%	−∞	0.010
	B4	6	6	0.34%	0.20%	0.76448	0.990
	B5	0	2	0.00%	0.07%	−∞	0.010

续表

嵌套因素	状态分级	分级下"1"个数	分级总数	分级下"1"百分比	分级百分比	信息量	归一化
关联标记所处分句的位次	B6	126	126	7.13%	4.20%	0.76448	0.990
	B7	25	28	1.42%	0.93%	0.60098	0.780
	B8	153	289	8.66%	9.63%	-0.15306	0.500
	B9	220	307	12.46%	10.23%	0.28374	0.640
	B10	0	200	0.00%	6.67%	-∞	0.010
	B11	0	97	0.00%	3.23%	-∞	0.010
	B12	0	15	0.00%	0.50%	-∞	0.010
	B13	3	197	0.17%	6.57%	-5.27261	0.080
	B14	285	285	16.14%	9.50%	0.76448	0.990
	B15	17	17	0.96%	0.57%	0.76448	0.990
	B16	14	14	0.79%	0.47%	0.76448	0.990
	B17	0	1	0.00%	0.03%	-∞	0.010
	B18	26	58	1.47%	1.93%	-0.39306	0.220
	B19	55	84	3.11%	2.80%	0.15352	0.570
	B20	0	17	0.00%	0.57%	-∞	0.010
	B21	141	142	7.98%	4.73%	0.75428	0.920
	B22	52	100	2.94%	3.33%	-0.17894	0.360
	B23	48	49	2.72%	1.63%	0.73473	0.850
	B24	158	304	8.95%	10.13%	-0.17967	0.290
	B25	135	135	7.64%	4.50%	0.76448	0.990
	B26	197	232	11.16%	7.73%	0.52855	0.710
	B27	51	201	2.89%	6.70%	-1.21415	0.150
	B28	18	18	1.02%	0.60%	0.76448	0.990
	B29	0	1	0.00%	0.03%	-∞	0.010

由表6.2可知，于"关联标记所处分句的位次"而言，如果指向结果为"1-2型"句法关联模式，那么"B2、B4、B6、B14、B15、B16、B25、B28"所指代的情况对于结果标签的影响和贡献是最大的；相应地，"B3、B5、B10、B11、B12、B17、B20、B29"所指代的情况对于结果标签的影响和贡献最小。即，"B2、B4、B6、

B14、B15、B16、B25、B28"状态下"1-2型"结果标签是最容易出现的,"B3、B5、B10、B11、B12、B17、B20、B29"状态下"1-2型"结果标签是最难出现的。相应地,"B2、B4、B6、B14、B15、B16、B25、B28"状态下"2-1型"结果标签最难出现,"B3、B5、B10、B11、B12、B17、B20、B29"状态下"2-1型"结果标签最容易出现。

由表6.3可知,于"关联标记与主语的相对位置"和"连用的关联标记相互位置"嵌套因素而言,如果指向结果为"1-2型"句法关联模式,那么"C4、D2"所指代的情况于结果标签的影响和贡献是最大的;相反,"C3、D1"所指代的情况于结果标签的影响和贡献最小。即,"C4、D2"状态下"1-2型"结果标签是最容易出现的,"C3、D1"状态下"1-2型"结果标签是最难出现的。相应地,"C4、D2"状态下"2-1型"结果标签也是最难出现,"C3、D1"状态下"2-1型"结果标签却最容易出现。

表6.3　　　句法关联模式与嵌套因素指标统计关系表（C/D）

嵌套因素	状态分级	分级下"1"个数	分级总数	分级下"1"百分比	分级百分比	信息量	归一化
关联标记与主语的相对位置	C1	109	196	6.17%	6.53%	-0.08205	0.337
	C2	111	189	6.29%	6.30%	-0.00335	0.500
	C3	45	84	2.55%	2.80%	-0.13599	0.010
	C4	242	379	13.70%	12.63%	0.11729	0.990
	C5	488	890	27.63%	29.67%	-0.10245	0.173
	C6	335	558	18.97%	18.60%	0.02837	0.663
	C7	436	704	24.69%	23.47%	0.07323	0.827
连用的关联标记相互位置	D1	1390	2474	78.71%	82.47%	-0.06728	0.010
	D2	41	56	2.32%	1.87%	0.31467	0.990
	D3	335	470	18.97%	15.67%	0.27598	0.500

由表6.4可知,于"关联标记的词性特征"这一嵌套要素而言,如果指向结果为"1-2型"句法关联模式,那么"E19、E20、

E26、E29、E34、E44、E46、E48"代表的情况于结果标签的影响和贡献最大;反之,"E15、E24"代表的情况于结果标签的影响和贡献最小。即,"E19、E20、E26、E29、E34、E44、E46、E48"状态下"1-2型"结果标签是最容易出现的,"E15、E24"状态下"1-2型"结果标签是最难出现的。

表6.4　　　　句法关联模式与嵌套因素指标统计关系表（E）

嵌套因素	状态分级	分级下"1"个数	分级总数	分级下"1"百分比	分级百分比	信息量	归一化
关联标记的词性特征	E1	41	80	2.32%	2.67%	-0.19990	0.354
	E2	174	310	9.85%	10.33%	-0.06870	0.434
	E3	22	29	1.25%	0.97%	0.36593	0.672
	E4	58	145	3.28%	4.83%	-0.55745	0.195
	E5	88	117	4.98%	3.90%	0.35354	0.646
	E6	26	36	1.47%	1.20%	0.29499	0.619
	E7	206	439	11.66%	14.63%	-0.32710	0.275
	E8	65	120	3.68%	4.00%	-0.12005	0.407
	E9	87	150	4.93%	5.00%	-0.02140	0.487
	E10	19	20	1.08%	0.67%	0.69048	0.884
	E11	47	58	2.66%	1.93%	0.46109	0.725
	E12	103	111	5.83%	3.70%	0.65656	0.831
	E13	17	20	0.96%	0.67%	0.53001	0.805
	E14	172	304	9.74%	10.13%	-0.05719	0.460
	E15	0	1	0.00%	0.03%	-∞	0.010
	E16	2	8	0.11%	0.27%	-1.23552	0.089
	E17	4	15	0.23%	0.50%	-1.14241	0.116
	E18	1	3	0.06%	0.10%	-0.82049	0.169
	E19	1	1	0.06%	0.03%	0.76448	0.990
	E20	1	1	0.06%	0.03%	0.76448	0.990
	E21	17	36	0.96%	1.20%	-0.31799	0.301
	E22	3	26	0.17%	0.87%	-2.35100	0.036
	E23	12	45	0.68%	1.50%	-1.14241	0.116
	E24	0	1	0.00%	0.03%	-∞	0.010

续表

嵌套因素	状态分级	分级下"1"个数	分级总数	分级下"1"百分比	分级百分比	信息量	归一化
关联标记的词性特征	E25	5	6	0.28%	0.20%	0.50144	0.778
	E26	4	4	0.23%	0.13%	0.76448	0.990
	E27	4	5	0.23%	0.17%	0.44255	0.699
	E28	39	58	2.21%	1.93%	0.19190	0.593
	E29	7	7	0.40%	0.23%	0.76448	0.990
	E30	9	11	0.51%	0.37%	0.47497	0.752
	E31	16	27	0.91%	0.90%	0.00959	0.513
	E32	5	6	0.28%	0.20%	0.50144	0.778
	E33	13	14	0.74%	0.47%	0.65756	0.858
	E34	7	7	0.40%	0.23%	0.76448	0.990
	E35	40	65	2.27%	2.17%	0.06404	0.540
	E36	7	11	0.40%	0.37%	0.11240	0.566
	E37	5	32	0.28%	1.07%	−1.91359	0.063
	E38	37	121	2.10%	4.03%	−0.94493	0.142
	E39	4	8	0.23%	0.27%	−0.23552	0.328
	E40	19	36	1.08%	1.20%	−0.15752	0.381
	E41	7	17	0.40%	0.57%	−0.51563	0.222
	E42	93	207	5.27%	6.90%	−0.38985	0.248
	E43	87	88	4.93%	2.93%	0.74799	0.937
	E44	16	16	0.91%	0.53%	0.76448	0.990
	E45	22	23	1.25%	0.77%	0.70035	0.911
	E46	2	2	0.11%	0.07%	0.76448	0.990
	E47	148	149	8.38%	4.97%	0.75476	0.963
	E48	4	4	0.23%	0.13%	0.76448	0.990

由表6.5可知，于"关联标记的已然性和未然性、关联标记的确定性和选择性、关联标记的特定性和自由性、关联标记的一致性和对立性、关联标记的概念语义距离"这五组嵌套因素而言，如果指向结果为"1-2型"句法关联模式，那么"F4、F7、G4、H4、K2、L1"所指代的情况于结果标签的影响和贡献是最大的；相应

地，"F2、G3、H2、K3、L3"所指代的情况于结果标签的影响和贡献最小。即，"F4、F7、G4、H4、K2、L1"状态下"1-2型"结果标签最容易出现，"2-1型"结果标签最难出现；而"F2、G3、H2、K3、L3"状态下"1-2型"结果标签最难出现，"2-1型"结果标签最容易出现。

表6.5　句法关联模式与嵌套因素指标统计关系表（F/G/H/K/L）

嵌套因素	状态分级	分级下"1"个数	分级总数	分级下"1"百分比	分级百分比	信息量	归一化
关联标记的已然性和未然性	F1	63	72	3.57%	2.40%	0.57183	0.745
	F2	0	7	0.00%	0.23%	$-\infty$	0.010
	F3	12	43	0.68%	1.43%	-1.07683	0.133
	F4	2	2	0.11%	0.07%	0.76448	0.990
	F5	46	54	2.60%	1.80%	0.53315	0.623
	F6	50	65	2.83%	2.17%	0.38597	0.378
	F7	2	2	0.11%	0.07%	0.76448	0.990
	F8	43	49	2.43%	1.63%	0.57603	0.868
	F9	17	21	0.96%	0.70%	0.45962	0.500
	F10	1531	2685	86.69%	89.50%	-0.04597	0.255
关联标记的确定性和选择性	G1	193	327	10.93%	10.90%	0.00379	0.337
	G2	12	69	0.68%	2.30%	-1.75908	0.663
	G3	0	4	0.00%	0.13%	$-\infty$	0.010
	G4	1561	2600	88.39%	86.67%	0.02844	0.990
关联标记的特定性和自由性	H1	21	30	1.19%	1.00%	0.24990	0.745
	H2	2	43	0.11%	1.43%	-3.66179	0.010
	H3	9	27	0.51%	0.90%	-0.82049	0.255
	H4	10	10	0.57%	0.33%	0.76448	0.990
	H5	1724	2890	97.62%	96.33%	0.01917	0.500
关联标记的一致性和对立性	K1	312	571	17.67%	19.03%	-0.10747	0.255
	K2	47	70	2.66%	2.33%	0.18978	0.990
	K3	139	292	7.87%	9.73%	-0.30641	0.010
	K4	338	507	19.14%	16.90%	0.17951	0.745
	K5	930	1560	52.66%	52.00%	0.01823	0.500

续表

嵌套因素	状态分级	分级下"1"个数	分级总数	分级下"1"百分比	分级百分比	信息量	归一化
关联标记的概念语义距离	L1	15	16	0.85%	0.53%	0.67137	0.990
	L2	490	746	27.75%	24.87%	0.15808	0.745
	L3	34	162	1.93%	5.40%	-1.48791	0.010
	L4	379	682	21.46%	22.73%	-0.08310	0.255
	L5	848	1394	48.02%	46.47%	0.04738	0.500

由表 6.6 可知，于"扩展的关联标记出现的句序、关联标记的数量、传承关联标记"这三个嵌套因素而言，如果指向结果为"1-2型"句法关联模式，那么"M2、M4、N7、O4"所代表情况于结果标签的影响和贡献是最大的；"M1、M3、N5、O3"所代表的情况于结果标签的影响和贡献最小。即，"M2、M4、N7、O4"状态下"1-2型"结果标签是最容易出现的，"2-1型"结果标签是最难出现的；"M1、M3、N5、O3"状态下"1-2型"结果标签是最难出现的，"2-1型"结果标签是最容易出现的。

表 6.6　句法关联模式与嵌套因素指标统计关系表（M/N/O）

嵌套因素	状态分级	分级下"1"个数	分级总数	分级下"1"百分比	分级百分比	信息量	归一化
扩展的关联标记出现的句序	M1	0	53	0.00%	1.77%	-∞	0.010
	M2	73	73	4.13%	2.43%	0.76448	0.990
	M3	0	2	0.00%	0.07%	-∞	0.010
	M4	16	16	0.91%	0.53%	0.76448	0.990
	M5	1677	2856	94.96%	95.20%	-0.00364	0.500
关联标记的数量	N1	256	436	14.50%	14.53%	-0.00371	0.337
	N2	233	325	13.19%	10.83%	0.28437	0.827
	N3	211	346	11.95%	11.53%	0.05095	0.663
	N4	303	636	17.16%	21.20%	-0.30523	0.173
	N5	354	762	20.05%	25.40%	-0.34156	0.010
	N6	128	213	7.25%	7.10%	0.02977	0.500
	N7	281	282	15.91%	9.40%	0.75935	0.990

续表

嵌套因素	状态分级	分级下"1"个数	分级总数	分级下"1"百分比	分级百分比	信息量	归一化
传承关联标记	O1	692	1132	39.18%	37.73%	0.05445	0.663
	O2	146	320	8.27%	10.67%	-0.36763	0.337
	O3	343	801	19.42%	26.70%	-0.45912	0.010
	O4	585	747	33.13%	24.90%	0.41181	0.990

由表6.7可知，于"相邻分句句法成分相同、相邻分句句法成分具有纵聚合关系、相邻分句句法成分具有横聚合关系"这三组嵌套因素而言，如果指向结果为"1-2型"句法关联模式，那么"P12、P13、P14、P15、P16、P17、P19、P20、Q8、Q10、Q11、R11、R12、R13、R14"所指代的情况于结果标签的影响和贡献最大；反之，"P3、P4、P5、P6、P8、P9、P10、Q2、Q4、Q5、R4、R7"所指代的情况于结果标签的影响和贡献最小。即，"P12、P13、P14、P15、P16、P17、P19、P20、Q8、Q10、Q11、R11、R12、R13、R14"状态下"1-2型"结果标签是最容易出现的，"P3、P4、P5、P6、P8、P9、P10、Q2、Q4、Q5、R4、R7"状态下"1-2型"结果标签最难出现。也就是说，"P12、P13、P14、P15、P16、P17、P19、P20、Q8、Q10、Q11、R11、R12、R13、R14"状态下"2-1型"结果标签是最难出现的，"P3、P4、P5、P6、P8、P9、P10、Q2、Q4、Q5、R4、R7"状态下"2-1型"结果标签也是最容易出现的。

表6.7　　句法关联模式与嵌套因素指标统计关系表（P/Q/R）

嵌套因素	状态分级	分级下"1"个数	分级总数	分级下"1"百分比	分级百分比	信息量	归一化
相邻分句句法成分相同	P1	12	168	0.68%	5.60%	-3.04288	0.378
	P2	1	14	0.06%	0.47%	-3.04288	0.378
	P3	0	2	0.00%	0.07%	-∞	0.010
	P4	0	12	0.00%	0.40%	-∞	0.010
	P5	0	6	0.00%	0.20%	-∞	0.010

续表

嵌套因素	状态分级	分级下"1"个数	分级总数	分级下"1"百分比	分级百分比	信息量	归一化
相邻分句句法成分相同	P6	0	1	0.00%	0.03%	$-\infty$	0.010
	P7	1	16	0.06%	0.53%	-3.23552	0.255
	P8	0	1	0.00%	0.03%	$-\infty$	0.010
	P9	0	1	0.00%	0.03%	$-\infty$	0.010
	P10	0	1	0.00%	0.03%	$-\infty$	0.010
	P11	195	215	11.04%	7.17%	0.62361	0.745
	P12	21	21	1.19%	0.70%	0.76448	0.990
	P13	6	6	0.34%	0.20%	0.76448	0.990
	P14	12	12	0.68%	0.40%	0.76448	0.990
	P15	9	9	0.51%	0.30%	0.76448	0.990
	P16	3	3	0.17%	0.10%	0.76448	0.990
	P17	32	32	1.81%	1.07%	0.76448	0.990
	P18	2	3	0.11%	0.10%	0.17951	0.623
	P19	1	1	0.06%	0.03%	0.76448	0.990
	P20	1	1	0.06%	0.03%	0.76448	0.990
	P21	7	147	0.40%	4.90%	-3.62784	0.133
	P22	114	119	6.46%	3.97%	0.70255	0.868
	P23	1349	2209	76.39%	73.63%	0.05297	0.500
相邻分句句法成分具有纵聚合关系	Q1	7	60	0.40%	2.00%	-2.33506	0.150
	Q2	0	7	0.00%	0.23%	$-\infty$	0.010
	Q3	3	25	0.17%	0.83%	-2.29442	0.290
	Q4	0	2	0.00%	0.07%	$-\infty$	0.010
	Q5	0	2	0.00%	0.07%	$-\infty$	0.010
	Q6	5	12	0.28%	0.40%	-0.49856	0.430
	Q7	37	39	2.10%	1.30%	0.68853	0.850
	Q8	5	5	0.28%	0.17%	0.76448	0.990
	Q9	32	36	1.81%	1.20%	0.59455	0.710
	Q10	1	1	0.06%	0.03%	0.76448	0.990
	Q11	4	4	0.23%	0.13%	0.76448	0.990
	Q12	16	18	0.91%	0.60%	0.59455	0.710
	Q13	1656	2789	93.77%	92.97%	0.01243	0.570

续表

嵌套因素	状态分级	分级下"1"个数	分级总数	分级下"1"百分比	分级百分比	信息量	归一化
相邻分句句法成分具有横聚合关系	R1	2	35	0.11%	1.17%	-3.36481	0.255
	R2	11	213	0.62%	7.10%	-3.51080	0.173
	R3	5	87	0.28%	2.90%	-3.35654	0.337
	R4	0	7	0.00%	0.23%	-∞	0.010
	R5	2	10	0.11%	0.33%	-1.55745	0.500
	R6	1	7	0.06%	0.23%	-2.04288	0.418
	R7	0	13	0.00%	0.43%	-∞	0.010
	R8	21	22	1.19%	0.73%	0.69736	0.663
	R9	269	273	15.23%	9.10%	0.74318	0.745
	R10	90	91	5.10%	3.03%	0.74854	0.827
	R11	12	12	0.68%	0.40%	0.76448	0.990
	R12	20	20	1.13%	0.67%	0.76448	0.990
	R13	6	6	0.34%	0.20%	0.76448	0.990
	R14	2	2	0.11%	0.07%	0.76448	0.990
	R15	1073	1651	60.76%	55.03%	0.14279	0.582
	R16	8	306	0.45%	10.20%	-4.49291	0.092
	R17	244	245	13.82%	8.17%	0.75858	0.908

由表6.8可知，对于"同现关系之心智模型""同现关系之语义韵""变换形式"这三大嵌套因素而言，如果指向结果为"1-2型"句法关联模式，那么"S2、T2、U2"对结果标签的影响和贡献最大；相反，"S1、T1、U1"对于结果标签的影响和贡献最小。即，"S2、T2、U2"状态下"1-2型"结果标签是最容易出现的，"2-1型"结果标签是最难出现的；"S1、T1、U1"状态下"1-2型"结果标签是最难出现的，但"2-1型"结果标签最容易出现。

表6.8　句法关联模式与嵌套因素指标统计关系表（S/T/U）

嵌套因素	状态分级	分级下"1"个数	分级总数	分级下"1"百分比	分级百分比	信息量	归一化
同现关系之心智模型	S1	4	861	0.23%	28.70%	-6.98539	0.010
	S2	1313	1320	74.35%	44.00%	0.75681	0.990
	S3	449	819	25.42%	27.30%	-0.10267	0.500
同现关系之语义韵	T1	1	190	0.06%	6.33%	-6.80538	0.010
	T2	345	353	19.54%	11.77%	0.73141	0.990
	T3	1420	2457	80.41%	81.90%	-0.02653	0.500
变换形式	U1	11	303	0.62%	10.10%	-4.01927	0.010
	U2	376	395	21.29%	13.17%	0.69336	0.990
	U3	1379	2302	78.09%	76.73%	0.02521	0.500

由表6.9可知，对于"话题链模式""句类相同""句型平行""句型共现"这四大嵌套要素来说，如果指向结果为"1-2型"句法关联模式，那么"V4、X2、Y2、Z2"指代的情况于结果标签的影响和贡献是最大的；相应地，"V3、X1、Y1、Z1"指代的情况于结果标签的影响和贡献最小。即，"V4、X2、Y2、Z2"状态下"1-2型"结果标签最容易出现，"2-1型"结果标签却最难出现；"V3、X1、Y1、Z1"状态下"1-2型"结果标签最难出现，"2-1型"结果标签却最容易出现。

表6.9　句法关联模式与嵌套因素指标统计关系表（V/X/Y/Z）

嵌套因素	状态分级	分级下"1"个数	分级总数	分级下"1"百分比	分级百分比	信息量	归一化
话题链模式	V1	24	154	1.36%	5.13%	-1.91735	0.255
	V2	246	255	13.93%	8.50%	0.71264	0.745
	V3	19	424	1.08%	14.13%	-3.71552	0.010
	V4	471	500	26.67%	16.67%	0.67828	0.990
	V5	1006	1667	56.96%	55.57%	0.03585	0.500
句类相同	X1	20	245	1.13%	8.17%	-2.85023	0.010
	X2	117	122	6.63%	4.07%	0.70410	0.990
	X3	1629	2633	92.24%	87.77%	0.07176	0.500

续表

嵌套因素	状态分级	分级下"1"个数	分级总数	分级下"1"百分比	分级百分比	信息量	归一化
句型平行	Y1	8	322	0.45%	10.73%	-4.56644	0.010
	Y2	267	271	15.12%	9.03%	0.74302	0.990
	Y3	1491	2407	84.43%	80.23%	0.07352	0.500
句型共现	Z1	3	13	0.17%	0.43%	-1.35100	0.010
	Z2	40	41	2.27%	1.37%	0.72885	0.990
	Z3	1723	2946	97.57%	98.20%	-0.00936	0.500

二 聚类分析——K-means 聚类

依据表 6.1—表 6.9，可对所有嵌套因素标签进行赋值，将每条语料各个嵌套因素的量化信息量值相加，就能得到各条语料的信息量累计值。基于此，借助 SPSS 软件中的 K-means 聚类工具开展聚类分析：将 3000 条语料聚类为两类，对比人工判定条件下的原始结果标签和聚类之后的结果标签，得到不抽取任何嵌套因素条件下的初始化准确率；随后，依次抽离各嵌套因素 X_1 至 X_i，对比原始结果标签和聚类之后的结果标签，以得到抽离嵌套因素 X_i 条件下的准确率值；进而比较其与初始化准确率值，以得到准确率值的绝对变化率。对于嵌套因素 X_i 而言，对应的准确率绝对变化率越高，说明其越重要，在重要性排名中也越靠前。此操作方法下各个嵌套因素的准确率绝对变化率和重要性排名列表如 6.10 所示。

表 6.10 基于信息量模型、K-means 聚类算法以及抽取指标的重要性排名

重要性排名	抽取指标	"1"为真	"1"总数	"1"准确率	"0"为真	"0"总数	"0"准确率	综合准确率	准确率变化幅度
	无	1557	1766	88.17%	1205	1234	97.65%	92.07%	0.00%
4	A	1623	1766	91.90%	1199	1234	97.16%	94.07%	2.17%
14	B	1558	1766	88.22%	1185	1234	96.03%	91.43%	0.69%
7	C	1609	1766	91.11%	1197	1234	97.00%	93.53%	1.59%
5	D	1609	1766	91.11%	1200	1234	97.24%	93.63%	1.70%
6	E	1612	1766	91.28%	1195	1234	96.84%	93.57%	1.63%

续表

重要性排名	抽取指标	"1"为真	"1"总数	"1"准确率	"0"为真	"0"总数	"0"准确率	综合准确率	准确率变化幅度
	无	1557	1766	88.17%	1205	1234	97.65%	92.07%	0.00%
15	F	1575	1766	89.18%	1203	1234	97.49%	92.60%	0.58%
23	G	1569	1766	88.84%	1193	1234	96.68%	92.07%	0.00%
22	H	1556	1766	88.11%	1205	1234	97.65%	92.03%	0.04%
18	K	1562	1766	88.45%	1207	1234	97.81%	92.30%	0.25%
12	L	1577	1766	89.30%	1208	1234	97.89%	92.83%	0.83%
18	M	1551	1766	87.83%	1204	1234	97.57%	91.83%	0.25%
2	N	1640	1766	92.87%	1194	1234	96.76%	94.47%	2.61%
3	O	1631	1766	92.36%	1196	1234	96.92%	94.23%	2.35%
17	P	1545	1766	87.49%	1204	1234	97.57%	91.63%	0.47%
20	Q	1555	1766	88.05%	1204	1234	97.57%	91.97%	0.11%
7	R	1515	1766	85.79%	1203	1234	97.49%	90.60%	1.59%
1	S	1428	1766	80.86%	1178	1234	95.46%	86.87%	5.65%
10	T	1525	1766	86.35%	1202	1234	97.41%	90.90%	1.27%
13	U	1539	1766	87.15%	1202	1234	97.41%	91.37%	0.76%
7	V	1514	1766	85.73%	1204	1234	97.57%	90.60%	1.59%
16	X	1545	1766	87.49%	1202	1234	97.41%	91.57%	0.54%
11	Y	1526	1766	86.41%	1208	1234	97.89%	91.13%	1.01%
21	Z	1555	1766	88.05%	1205	1234	97.65%	92.00%	0.07%

三 分类识别分析——CART 模型

基于上文介绍，亦可在 Python 语言环境中采用 CART 算法对嵌套因素分析语料库中指标因素进行处理，同样将"1-2 型"结果标签记为"1"，将"2-1 型"结果标签记为"0"。具体步骤有：第一步，依赖 SPSS 工具对 3000 条语料进行随机无放回的分层抽样，从 1234 条"0"语料中抽取 864 条、1766 条"1"语料中抽取 1236 条作为训练数据集，剩下语料均作为预测数据集，以模型在预测数据集的分类准确性为指导，寻找算法最优超参数用于建立模型。抽样结果如表 6.11 所示。

表 6.11　　　　　　　　SPSS 随机无放回分层抽样结果

结果标签	已采样数据量（条）		已采样数据百分比（%）	
	需要	实际	需要	实际
0	864	864	70.0	70.0
1	1236	1236	70.0	70.0

第二步，是样本信息归一化处理。CART 算法作为机器学习算法，对归一化后的数据更为敏感，因而本节依据表 6.1—表 6.9 形成的归一化信息量值，对全数据集赋值，开展分类识别分析。其中，CART 算法寻找的最优参数为 max_depth（即最大深度）。

第三步，不抽取任何嵌套因素的前提下，对 CART 进行参数寻优，得到对应的 max_depth（考虑到树形结构的复杂性，max_depth 寻优区间设置为 1-20，寻优步长设置为 1）和对应的预测集最优准确率指标（这里的最优准确率表示模型可以在测试集上达到的最优准确率，也作为初始化的准确率指标）。不抽取嵌套因素状态下的参数寻优结果如图 6.4 所示，在此最优参数下训练选定的训练集，就能获取树结构模型训练结果，基于 Python 中 graphviz 包将模型结构进行可视化处理，如图 6.5 所示。

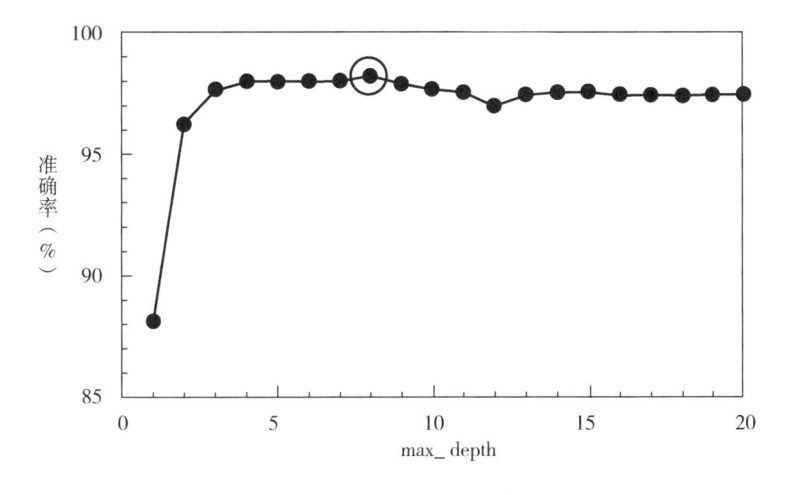

图 6.4　初始状态下 CART 模型参数寻优结果

图6.5 初始状态下CART模型可视化

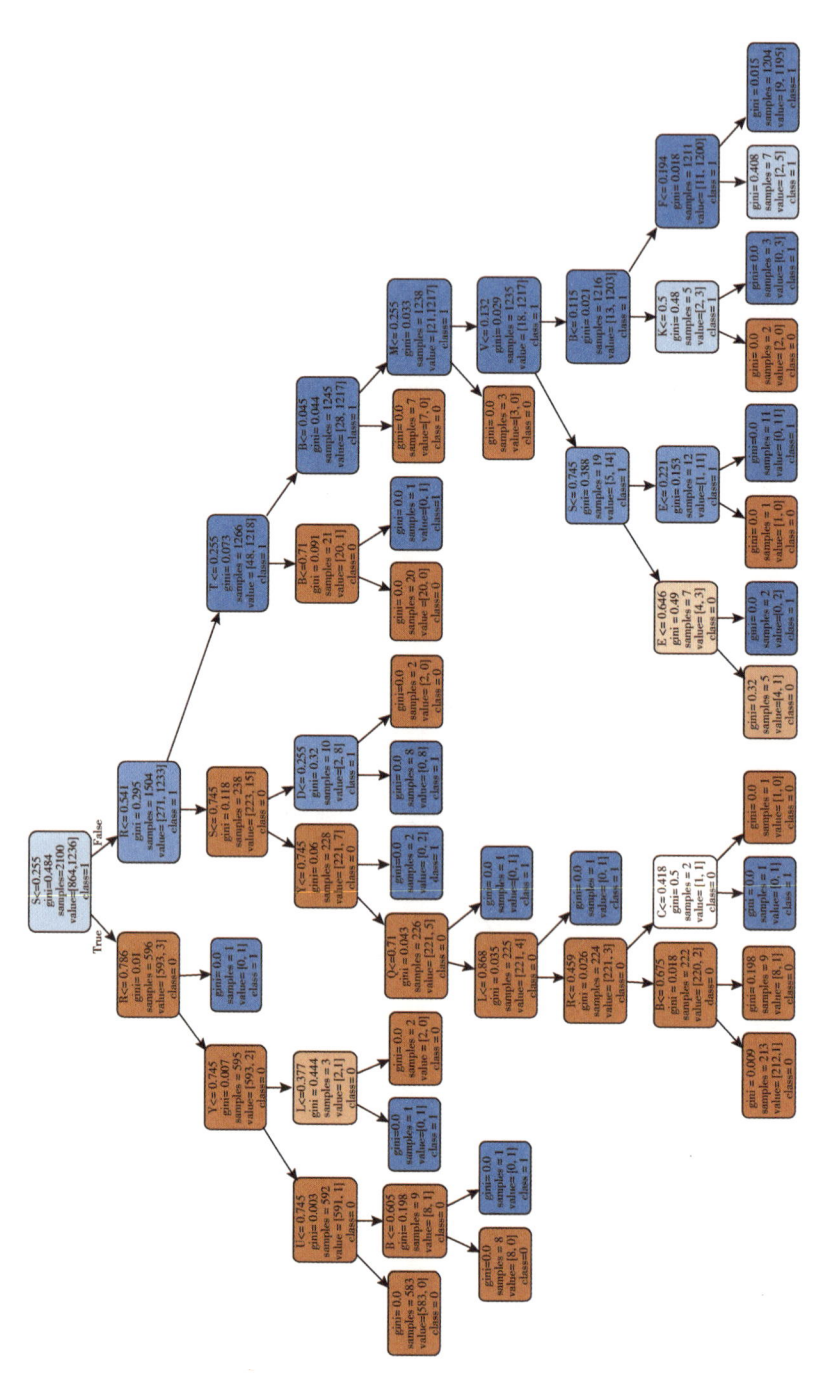

图 6.5 橙色部分显示分类为"2-1 型"的语料,蓝色部分显示分类为"1-2 型"的语料,白色部分表示两种类型语料数量各占一半。例如,第一个根节点 S = S < =0.255,如果指向 True,表示 S < =0.255 为真;否则,指向 False,就表示 S < =0.255 为假。

最后,还应依次抽离各嵌套因素 X_i,重复上述操作,得到抽取各嵌套因素条件下的相应 max_depth 和最优准确率指标,以获取嵌套因素 X_i 的重要性排名。具体各嵌套因素的准确率绝对变化率和其重要性排名见表 6.12。

表 6.12　基于归一化信息量值、CART 算法以及抽取指标的重要性排名

重要性排名	抽取指标	max_depth	测试集准确率	准确率变化幅度
	无	8	98.22%	0.00%
2	A	8	98.78%	0.57%
2	B	3	97.67%	0.57%
21	C	8	98.22%	0.00%
2	D	8	98.78%	0.57%
2	E	6	98.78%	0.57%
19	F	6	98.11%	0.11%
21	G	8	98.22%	0.00%
17	H	8	98.44%	0.23%
19	K	5	98.33%	0.11%
2	L	8	98.78%	0.57%
17	M	7	98.44%	0.23%
2	N	9	98.78%	0.57%
2	O	9	98.78%	0.57%
2	P	8	98.78%	0.57%
2	Q	9	98.78%	0.57%
2	R	9	98.78%	0.57%
1	S	9	96.56%	1.70%
14	T	3	97.89%	0.34%
12	U	8	98.67%	0.45%
12	V	6	98.67%	0.45%

续表

重要性排名	抽取指标	max_depth	测试集准确率	准确率变化幅度
	无	8	98.22%	0.00%
14	X	8	98.56%	0.34%
14	Y	4	98.56%	0.34%
21	Z	9	98.22%	0.00%

四 scikit-learn 因素重要性分析工具

本节基于 scikit-learn 库中的 inspection.permutation.importance 工具对嵌套因素直接进行重要性排名。该部分仅需对前文完成标注的标签化语料库进行直接操作，选用随机森林算法建立分类器，参数设置为 n_estimators = 10，max_features = 9，并调用重要性分析工具求解，具体的重要性指数和排名结果如表 6.13 所示。

表 6.13　基于 scikit-learn 库中 inspection.permutation.importance 工具的重要性排名

重要性排名	嵌套因素	重要性指数
9	A	0.002714
3	B	0.059714
13	C	0.001190
21	D	0.000190
8	E	0.003286
12	F	0.001238
10	G	0.001714
22	H	0
17	K	0.001095
13	L	0.001190
6	M	0.005429
18	N	0.001048
15	O	0.001143
20	P	0.000571
19	Q	0.000905
2	R	0.066714

续表

重要性排名	嵌套因素	重要性指数
1	S	0.281619
4	T	0.028143
11	U	0.001333
5	V	0.018048
15	X	0.001143
7	Y	0.003333
22	Z	0

五 综合重要性排名

前文介绍了三种方法下的二重有标三分句嵌套影响因素重要性分析，排名各有差异。为了得到更全面、更综合的结论，应对三种方法下的排序分别赋值、累加，获取综合重要性得分，进而得到嵌套影响因素的综合重要性排名，如图 6.6 所示。

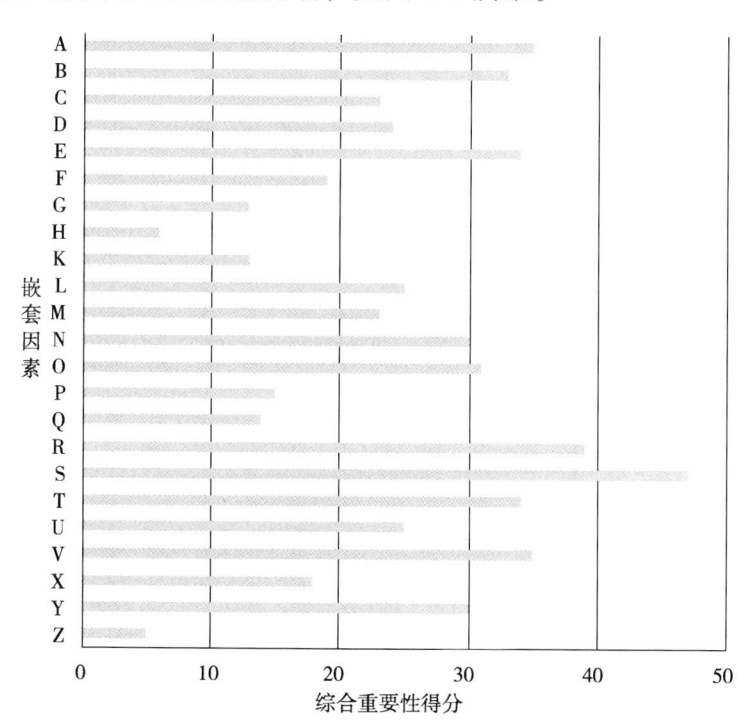

图 6.6 综合重要性得分示意图

对嵌套因素进行重要性排名得分赋值时，K-means 聚类模型结果中，各嵌套因素重要性排名较明确，排名第一的赋 20 分，最后一名的赋 1 分；而在 CART 模型、scikit-learn 工具结果中，各嵌套因素重要性排名并不明确，存在准确率绝对变化率或者重要性指数一致的情况。为避免赋值得分悬殊，本书采用排名一致的嵌套因素赋予一致重要性得分的方式，无论上个赋分层次中有多少嵌套因素，下个赋分层次中分值仍只增加或减少 1 分。具体的重要性得分赋分情况和最终的综合重要性排名情况见表 6.14。

表 6.14　各嵌套因素重要性得分赋分和综合重要性排名情况

嵌套因素	K-means 聚类模型		CART 决策树模型		scikit-learn 工具		综合排名	
	得分	排名	得分	排名	得分	排名	得分	排名
A	17	4	6	2	12	9	35	3
B	9	14	6	2	18	3	33	7
C	14	7	1	21	8	13	23	14
D	16	5	6	2	2	21	24	13
E	15	6	6	2	13	8	34	5
F	8	15	2	19	9	12	19	16
G	1	23	1	21	11	10	13	20
H	2	22	3	17	1	22	6	22
K	5	18	2	19	6	17	13	20
L	11	12	6	2	8	13	25	11
M	5	18	3	17	15	6	23	14
N	19	2	6	2	5	18	30	9
O	18	3	6	2	7	15	31	8
P	6	17	6	2	3	20	15	18
Q	4	20	6	2	4	19	14	19
R	14	7	6	2	19	2	39	2
S	20	1	7	1	20	1	47	1
T	13	10	4	14	17	4	34	5
U	10	13	3	12	10	11	25	11
V	14	7	5	12	16	5	35	3

续表

嵌套因素	K-means 聚类模型		CART 决策树模型		scikit-learn 工具		综合排名	
	得分	排名	得分	排名	得分	排名	得分	排名
X	7	16	4	14	7	15	18	17
Y	12	11	4	14	14	7	30	9
Z	3	21	1	21	1	22	5	23

第四节　本章小结

一　本章结论

本章在前文研究基础上，建立嵌套因素分析语料库的标注标准，标注完成后分别基于 K-means 聚类模型、CART 模型、scikit-learn 因素重要性分析工具等方式方法，分析语料库中各嵌套因素的重要性。主要得到如下结论：

第一，基于 K-means 聚类模型，得到嵌套因素的重要性由重要到非重要排名顺序为：S＞N＞O＞A＞D＞E＞（C、R、V）＞T＞Y＞L＞U＞B＞F＞X＞P＞（K、M）＞Q＞Z＞H＞G。

第二，基于 CART 模型，得到嵌套因素的重要性由重要到非重要排名顺序为：S＞（N、O、A、D、E、R、L、B、P、Q）＞（V、U）＞（T、Y、X）＞（M、H）＞（F、K）＞（C、Z、G）。

第三，基于嵌套因素分析语料库和 scikit-learn 因素重要性分析工具，得到嵌套因素的重要性由重要到非重要排名顺序为：S＞R＞B＞T＞V＞M＞Y＞E＞A＞G＞U＞F＞（L、C）＞（O、X）＞K＞N＞Q＞P＞D＞（H、Z）。

第四，基于 K-means 聚类模型、CART 模型以及 scikit-learn 因素重要性分析工具，得到嵌套因素的综合重要性由重要到非重要排名顺序为：S＞R＞（A、V）＞（E、T）＞B＞O＞（N、Y）＞（L、U）＞D＞（C、M）＞F＞X＞P＞Q＞（G、K）＞

H＞Z。即：同现关系之心智模型＞相邻分句句法成分具有横聚合关系＞（关联标记的音节、话题链模式）＞（关联标记的词性特征、同现关系之语义韵）＞关联标记所处分句的位次＞传承关联标记＞（关联标记的数量、句型平行）＞（关联标记的概念语义距离、变换形式）＞连用的关联标记相互位置＞（关联标记与主语的相对位置、扩展的关联标记出现的句序）＞关联标记的已然性和未然性＞句类相同＞相邻分句句法成分相同＞相邻分句句法成分具有纵聚合关系＞（关联标记的确定性和选择性、关联标记的一致性和对立性）＞关联标记的特定性和自由性＞句型共现。

二 本章讨论

本章针对嵌套因素对二重有标三分句句法关联模式的影响，采用三种不同的方法得到三个嵌套因素重要性排名，在此基础上通过重要性排名赋值打分方式，统计嵌套因素的综合重要性排名。当然，嵌套因素对于复句句法关联模式的影响还可能与以下要素相关：（1）语料库内语料选择的包容性；（2）人工判定的准确性；（3）分析方法的科学合理性；（4）所考虑的嵌套因素完备性等。

为表征不同方法下各嵌套因素的排名稳定性，本研究还将各排序名次两两作差求绝对值和，最终得到嵌套因素的重要性排名变化系数。具体结果见表6.15。

表6.15 各嵌套因素重要性变化系数及排名

	嵌套因素	重要性排名变化系数	稳定性排名
A	关联标记的音节	14	9
B	关联标记所处分句的位次	24	15
C	关联标记与主语的相对位置	28	19
D	连用的关联标记相互位置	38	23
E	关联标记的词性特征	12	8
F	关联标记的已然性和未然性	14	9

续表

	嵌套因素	重要性排名变化系数	稳定性排名
G	关联标记的确定性和选择性	26	17
H	关联标记的特定性和自由性	10	6
K	关联标记的一致性和对立性	4	3
L	关联标记的概念语义距离	22	14
M	扩展的关联标记出现的句序	24	15
N	关联标记的数量	32	20
O	传承关联标记	26	17
P	相邻分句句法成分相同	36	21
Q	相邻分句句法成分具有纵聚合关系	36	21
R	相邻分句句法成分具有横聚合关系	10	6
S	同现关系之心智模型	0	1
T	同现关系之语义韵	20	13
U	变换形式	4	3
V	话题链模式	14	9
X	句类相同	4	3
Y	句型平行	14	9
Z	句型共现	2	2

可以看到，三种方法下同现关系之心智模型的重要性排名未发生变化，表明该嵌套因素在各方法中稳定性最佳；而诸如连用的关联标记相互位置、相邻分句句法成分相同、相邻分句句法成分具有纵聚合关系，在三次重要性排名中稳定性较差。可见，后续工作中，要更加注重对此类嵌套因素人工标注准确性的检查，其排名重要性分析也应以人工分析为主，辅之以数理统计或机器学习等方法。

语言是一种复杂适应网络。某种程度上，因素重要性探索能够有效缓解二重有标三分句嵌套分析时规则间相互冲突的矛盾，保证各影响因素的系统性及有效性。研究初步证明，"同现关系之心智模型、相邻分句句法成分具有横聚合关系、关联标记的音节和话题链模式"最能影响句法关联模式。目前研究提及的定量分析方法是基于数据驱动的,其结论可能随着样本数量的变化发生波动。在未来的发展进程中,数量庞大且高质量的语料、高准确度的人工校核、稳定高效的机器学习算法以及合理的定量化分析流程都会给嵌套影响因素重要性研究带来更为可靠的结果。

第 七 章

基于集成机器学习算法的二重有标三分句识别研究

语言信息化研究领域中,单一算法普遍更适合特定研究样本,算法的适应性暨依据算法和样本训练得到的模型运用到其他样本集时,泛化能力无法得到保障,进而难以保证该算法被广泛应用的潜力。而集成算法恰恰可以综合多种算法优势,突破算法限制。现阶段有必要思考如何更准确、更全面地运用不同算法的分类优势,本章拟在三种集成算法基础上,尝试对二重有标三分句句法关联模式类别进行识别。

第一节 研究背景和思路介绍

习近平总书记在哲学社会科学工作座谈会上强调"运用互联网和大数据技术,加强哲学社会科学图书文献、网络、数据库等基础设施和信息化建设"(2016,在哲学社会科学工作座谈会上的讲话),指出人文社会科学研究的方式变革和理论创新的正确方向。国家《十四五规划和2035远景目标纲要》再次明确指出"把科技自立自强作为国家发展的战略支撑",强调重视"人工智能"

"类脑智能"等前沿科技。将计算机技术融入语言学基础学科,既符合国家提倡的"新文科"理念,推动传统语言研究现代化;同样促进人工智能的运用与发展,助益国家信息化事业。当前,语言智能呈现蓬勃发展态势,语言研究方式与教学方式都在发生改变。汉字、词语、语法、语音等层面的研究成果运用到信息检索、信息提取、词典编纂、机器翻译、普通话测试、对外汉语教学等领域,丰富了人们的语言生活,催生了一批批语言产业,驱动着经济社会发展。

复句信息工程的任务之一是深化计算机理解、整合、加工并生成复句的能力,实现复句研究由基础层面向应用层面的融合与转变。当前,嵌套复句的智能识别依然存在诸多待解决的问题,如语义识别准确率的提升遭遇瓶颈、不同样本集中算法稳定性不够、语言学规则效力被数据效力所遮蔽、无标分句句法语义消歧未完全实现等,寻找更高效的嵌套识别方法迫在眉睫。

本章遵循语言数据与语言规则"双轮驱动"原则,融合多种机器学习算法开展的嵌套因素重要性排序结果,依赖算法集成理念提出二重有标三分句高精度分类识别流程,以此优化嵌套复句的智能识解路径。

第二节　研究方法与技术路线

一　机器学习算法简介

(一) GaussianNB 算法

GaussianNB(Gaussian Naive Bayes),即高斯朴素贝叶斯算法,为朴素贝叶斯分类算法的变种,适用于处理具有连续特征的数据。在高斯朴素贝叶斯算法中,假设特征的概率分布服从高斯分布,即正态分布。因而,算法中使用高斯分布的概率密度函数来估计连续特征的概率。高斯朴素贝叶斯算法具有简单、快速、适用于连续特征等优点，但也存在特征独立性假设和高维数据集处理等方面缺点。实际应用中，高斯朴素贝叶斯算法被广泛应用于文本分类、垃圾邮件过滤、疾病诊断等场景。通过合理应用与改进，高斯朴素贝叶斯算法可以在实际问题中获得较好的分类效果。具体算法流程见图7.1。

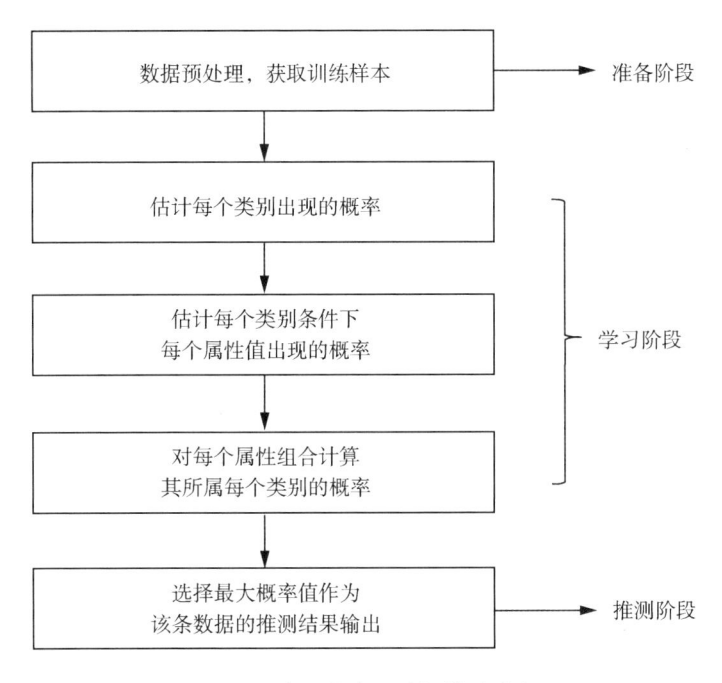

图7.1　高斯朴素贝叶斯算法流程

（二）KNC 算法

KNC 指的是 K-Neighbors Classifier，又称 K 近邻分类算法，是基于近邻分类的一种。所谓 K 近邻，即 K 个最近的邻居，说的是每个样本都可以用它最接近的 K 个邻近值来代表；而近邻算法就是对数据集合中每一个记录进行分类的方法。本章建立模型时需要确定的 KNC 算法超参数有：默认情况下 K-Neighbors 查询使用的邻居数 n_neighbors 就是 K 的值、构造的 kd 树和 ball 树的大小 leaf_size，这个值的设置会影响树构建速度与搜索速度，同样也影响存储树所需内存大小，故应根据问题性质选择最优大小。具体算法流程见图7.2。

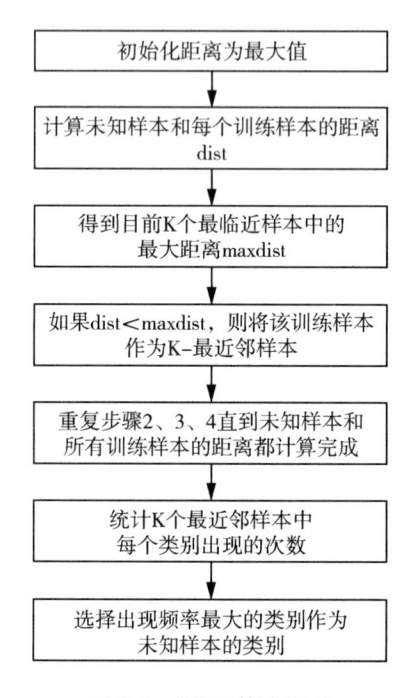

```
初始化距离为最大值
    ↓
计算未知样本和每个训练样本的距离
dist
    ↓
得到目前K个最临近样本中的
最大距离maxdist
    ↓
如果dist<maxdist，则将该训练样本
作为K-最近邻样本
    ↓
重复步骤2、3、4直到未知样本和
所有训练样本的距离都计算完成
    ↓
统计K个最近邻样本中
每个类别出现的次数
    ↓
选择出现频率最大的类别作为
未知样本的类别
```

图7.2　KNC算法流程

（三）SVC算法

SVC 指 Support Vector Classification，即支持向量分类算法。它源于支持向量机理论［万普尼克（Vapnik）等人于1995年提出］，被广泛应用于非线性问题的求解。在支持向量分类模型中，样本数据分为拟合样本和预测样本两种，将拟合样本映射到高维特征空间，可以在最优决策函数模型空间内获得最佳拟合效果，并利用验证样本对解析模型结果进行验证。线性核、多项式核、径向基核函数（RBF）和 sigmoid 函数是支持向量机算法中常用的四种核函数，如图7.3所示。其中，RBF 收敛域广，且被广泛应用，故而本章采用RBF 作为 SVC 模型的核函数。当然，SVC 算法构建模型时需要进行超参数内核系数 gamma 以及惩罚因子 C 的寻优。

核函数	适用问题	主要参数
线性核	可用于线性可分问题	C（正则化参数）
多项式核	处理一些非线性特征之间的关系	C（正则化参数） degree（多项式的度） coef0（核函数中的独立项）
径向基核	处理高度非线性数据	C（正则化参数） gamma（高斯分布参数）
Sigmoid核	类似于神经网络的激活函数	C（正则化参数） gamma（核函数中的参数） coef0（核函数中的独立项）

图 7.3　SVC 核函数简介

（四）PSO 算法

PSO 指的是 Particle Swarm Optimization，即粒子群优化算法。该算法是基于群体的随机搜索算法，具有易于实现、耗时较短、算法简洁、可调参数少等优点，适用于组合优化、数据挖掘、神经网络训练、模糊系统控制等领域的超参数寻优。相较于常见的网格搜索等参数寻优算法，PSO 不需要遍历所有可能的超参数组合，在运算成本上具有很大优势。本章使用 PSO 进行算法构建超参数寻优时，需要确定的 PSO 算法参数有：particle_num（int）表示粒子群的粒子数量，（int）表示整数型；particle_dim（int）表示粒子维度，对应待寻优参数的个数；iter_num（int）表示最大迭代次数；c1（float）表示局部学习因子，即粒子移动到该粒子历史最优位置（pbest）的加速项权重，（float）表示浮点型，可精确到小数点后 6 位；c2（float）表示全局学习因子，即粒子移动到所有粒子最优位置（gbest）的加速项权重；w（float）表示惯性因子，即粒子之前运动方向在本次方向上的惯性；max_value（float）表示参数的最大值；min_value（float）表示参数的最小值。具体算法流程见图 7.4。

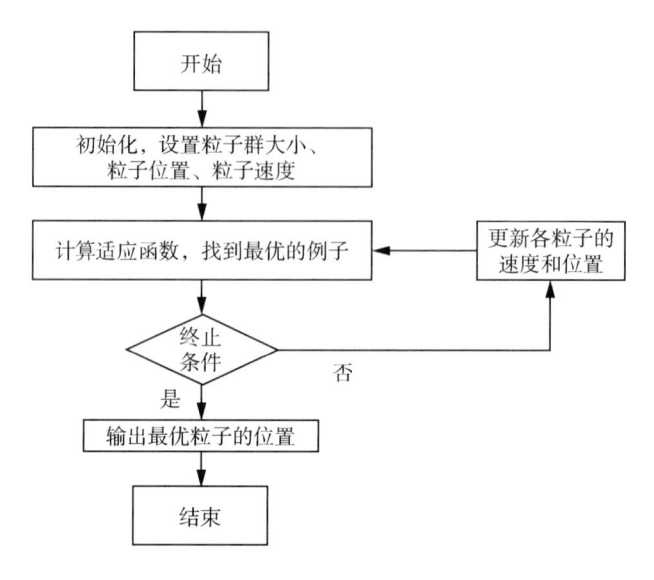

```
                    ┌──────┐
                    │ 开始 │
                    └──┬───┘
                       ↓
              ┌──────────────────┐
              │ 初始化,设置粒子群大小、│
              │ 粒子位置、粒子速度    │
              └────────┬─────────┘
                       ↓
              ┌──────────────────┐      ┌──────────────┐
              │ 计算适应函数,找到最优的例子│◄─────│ 更新各粒子的  │
              └────────┬─────────┘      │ 速度和位置    │
                       ↓                 └──────▲───────┘
                    ╱ 终止 ╲   否               │
                   ╱  条件  ╲─────────────────┘
                    ╲      ╱
                     ╲    ╱
                      ╲ 是
                       ↓
              ┌──────────────────┐
              │ 输出最优粒子的位置  │
              └────────┬─────────┘
                       ↓
                    ┌──────┐
                    │ 结束 │
                    └──────┘
```

图 7.4　PSO 算法流程

(五) LR 算法

LR（Logistic Regression），逻辑回归算法，属于机器学习中的监督学习方法，是广义上的线性回归分析模型，具体算法流程见图 7.5。与普通线性回归相比，逻辑回归模型的优势是，可以在离散情况下描述因变量与自变量间纠缠关系，其新的因变量是对数概率比值，这将导致因变量的取值范围从离散有限变为连续无限，从而最终确定样本正常发生概率 P。逻辑回归分类的基本思想是找到一个单调可微分的函数，将分类任务的真实标记 y 与线性回归模型的预测值联系起来，并把二分类任务的输出标记范围指定为 [0，1]。分类问题中通常使用单位阶跃函数 sigmoid，它可以转换实数 Z 为 "0" 或 "1" 值。

LR 算法的主要优势是计算代价不高、训练速度较快、容易理解实现，加之模型的可解释性较好，从特征权重即可看到不同特征对最后结果的影响，并且该算法对于数据中小噪声的鲁棒性很好，不会受到轻微的多重共线性特别影响。

分析步骤

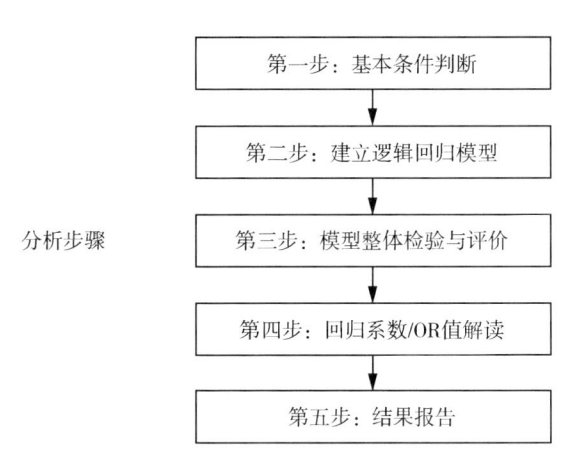

- 第一步：基本条件判断
- 第二步：建立逻辑回归模型
- 第三步：模型整体检验与评价
- 第四步：回归系数/OR值解读
- 第五步：结果报告

图 7.5　LR 算法流程

二　集成算法框架

（一）Bagging 与 Boosting 集成算法框架

Bagging（Bootstrap aggregating）意为引导聚集算法，又称装袋算法，是机器学习领域中的团体学习算法，最初由 Leo Breiman 于 1996 年提出。Bagging 算法利用训练数据中不同随机子集来训练每个基模型，然后进行每个基模型的权重相同的投票。目前较热门的随机森林（Random Forest）算法便是基于此框架建立而成，具体算法流程见图 7.6。

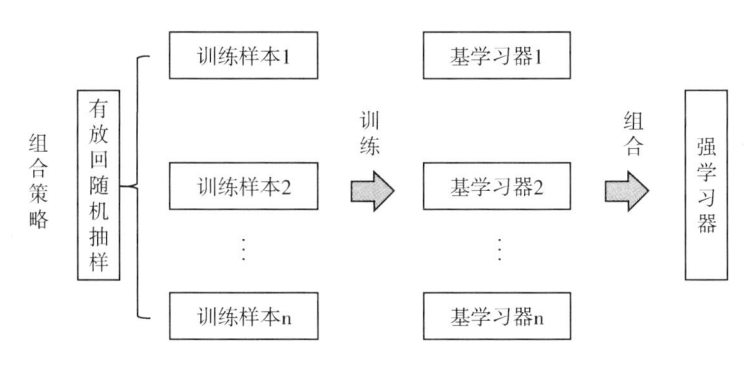

图 7.6　Bagging 算法流程——以随机森林为例

Boosting 意为提升算法，和 Baaging 一样属于框架算法，它借助迭代训练基模型，即根据上一个迭代的错误预测重新修改训练样本的权重。目前应用较多的梯度提升（Gradient Boosting）算法、自适应提升（Adaboost，Adaptive Boosting）算法就是基于此框架建立而成，具体算法流程见图 7.7。

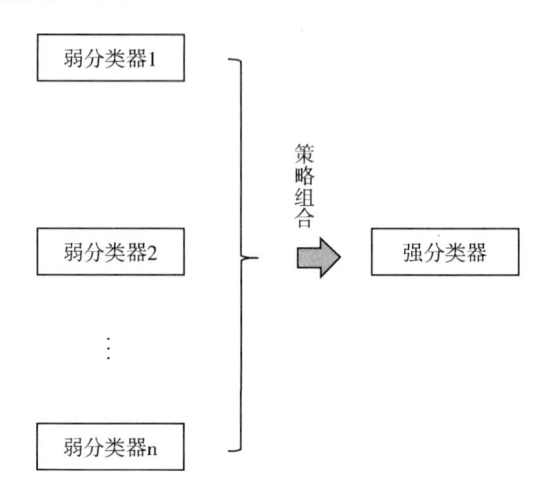

图 7.7 Boosting 算法流程——以 Adaboost 为例

Bagging 与 Boosting 在样本选择、权重、预测函数、计算模式等方面具有显著差异。

样本选择上，Bagging 集成算法的训练集在原始集中进行有放回选取，原始集中选出的各轮训练集间相互独立；而 Boosting 集成算法的每一轮训练集保持不变，仅是各个样例在分类器中权重发生变化，权值则根据上一轮的分类结果（即准确率等）进行调整。对于样例权重而言，Bagging 集成算法使用均匀取样，每个样例的权重均等；而 Boosting 集成算法根据错误率不断调整样例权值，错误率越大则权重越大。此外，两种集成理念的预测函数也不同：Bagging 集成算法中所有预测函数的权重相等；Boosting 集成算法中每个弱分类器都有相应权重，分类误差小的分类器则有更大权重。最后，两者的并行计算模式亦有差异。Bagging 集成算法中各个预测函数可以并行生成；而 Boosting 集成算法中各个预测函数只能顺序生成，后一个模型参数需要前一轮模型的结果。

(二) Stacking 集成算法框架

Stacking 意为堆叠算法，相较于 Bagging 与 Boosting，该集成框架更为复杂，最明显的差异在于：Bagging、Boosting 生成的基模型仅用到一种基础算法；而基于 Stacking 集成需用到多种基模型，依赖多种基础算法建成。

如图 7.8 所示，Stacking 首先将样本划分为训练集（Training dataset）和预测集（Predicting dataset）两类，再设置参数 k 将训练集进行 k 折划分（即将训练集划分为 k 个子训练集，此时测试集不变）。对于第 i 种基础算法而言，需要生成 k 个基模型，第 j 个基模型依赖的验证集（Validation dataset）则是之前划分的 k 个子训练集中的第 j 个，依赖的训练集则为 k 个子训练集中除第 j 个训练子集外的其余训练子集总和。

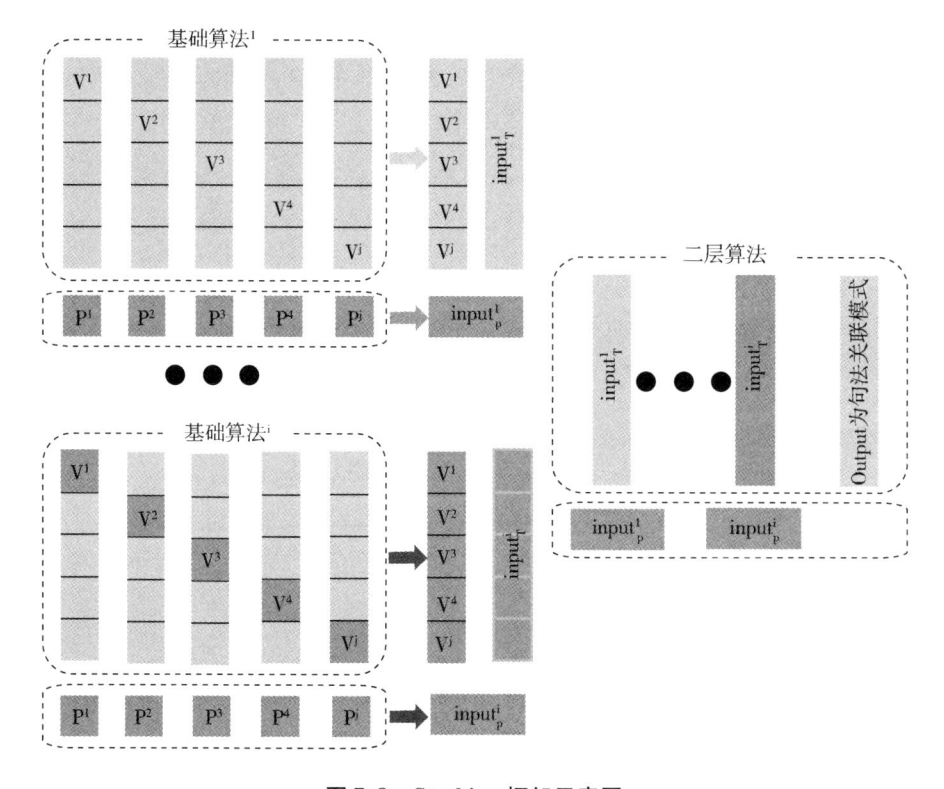

图 7.8　Stacking 框架示意图

如上图，基模型记作 Model^{ij}。Model^{ij} 对验证集的预测结果记为 V^j，对预测集的预测结果记为 P^j。对于第二层模型而言，V^j 集合组成了新训练集中的第 i 列输入因子 input_T^i，P^j 取平均值组成了第二层模型中新预测集的第 i 列输入因子 input_P^i，i 个基础算法就形成 i 列的新输入因子。通过图 7.8 可以清楚看到 Stacking 算法集成模式。

三　评价方法

（一）ROC 曲线

开展二重有标三分句句法关联模式分类识别建模研究，实质上就是分类问题。通常，基于各类机器学习算法建立的分类预测模型，在预测集上的准确率表征该算法在当前分类预测研究中的表现。准确率越高，算法的表现越好。但实际研究中，模型在测试集上的准确率并不能完整说明该预测模型的优劣，因为准确率不仅依赖于算法表现，还依赖样本的选择。为此，本章引入 ROC（接收者操作特征/receiver operating characteristic）曲线来评价预测模型表现。如图 7.9 所示。

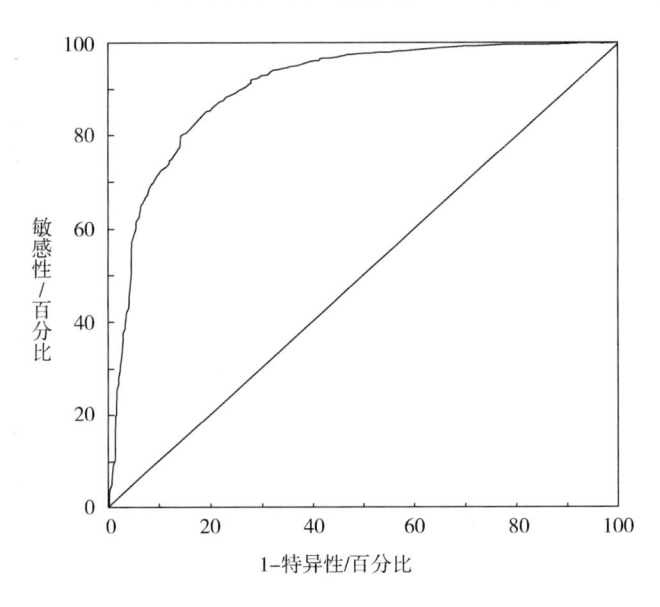

图 7.9　ROC 曲线示意图

ROC 曲线是一种常用且有效的分类精度评价法,其优点是不用对模拟结果选取固定阈值就能确定模型精度。通过作图法,将"不同阈值的正确模拟存在百分率(敏感性)"和"1 减去正确模拟不存在的百分率(特异性)"表示在图上,比较其曲线以下的面积(Area Under Curve,AUC)即可确定模型的模拟精度,总的来说,AUC 指数是评价分类建模精度的客观指标。

(二) 混淆矩阵

如图 7.10 所示,混淆矩阵(Confusion Matrix)工具用以评估分类模型的准确率,表现为一个 2 维表格,标明不同类别间的混淆情况。混淆矩阵由正确类别(True Class)和预测类别(Predicted Class)组成。混淆矩阵中每个元素表示一种混淆类型,如 True Positive(真正例)、False Positive(假正例)、True Negative(真负例)和 False Negative(假负例)。由混淆矩阵可以引出用于性能评价的指标,如计算精确度(Precision,P)、召回率(Recall,R)、综合评价指标(F-Measure,F)等。本章提到的正例(Positive)即句法关联模式为"1-2 型"的样本类别,负例(Positive)即句法关联模式为"2-1 型"的样本类别,其中精确度 P 为 TP/(TP+FP),召回率 R 为 TP/(TP+FN),综合评价指 F 为 (α^2+1) P*R/α^2(P+R),选取参数 α=1,即综合评价指标 F1 是 2*P*R/(P+R)。

		预测类别	
		0	1
正确类别	0	真负类(TN)	假正类(FP)
	1	假负类(FN)	真正类(TP)

图 7.10 混淆矩阵示意图

四 技术路线

进行数据处理和二重有标三分句句法关联模式分类识别的具体流程如图7.11所示。首先进行数据采集，获取样本，通过信息量模型对离散变量进行数值化处理，完成变量的归一化，具体流程和第六章第三节相一致。进而，通过SPSS软件对输入因子与输出变量进行相关性分析，完成第一轮因子筛选；并通过SPSS软件对剩余输入因子进行共线性评价分析，完成第二轮因子筛选；接着通过GaussianNB算法试算，完成第三轮因子筛选。在此基础上，依赖SPSS对样本进行分层随机抽样，运用PSO算法完成基础算法KNC、SVC和CART的超参数寻优，这里PSO算法在训练集进行交叉验证的折数与后续Stacking在训练集上设置的折数一致。最终，绘制ROC曲线，求取各模型分类识别器的AUC值，对分类识别的结果进行综合评价。

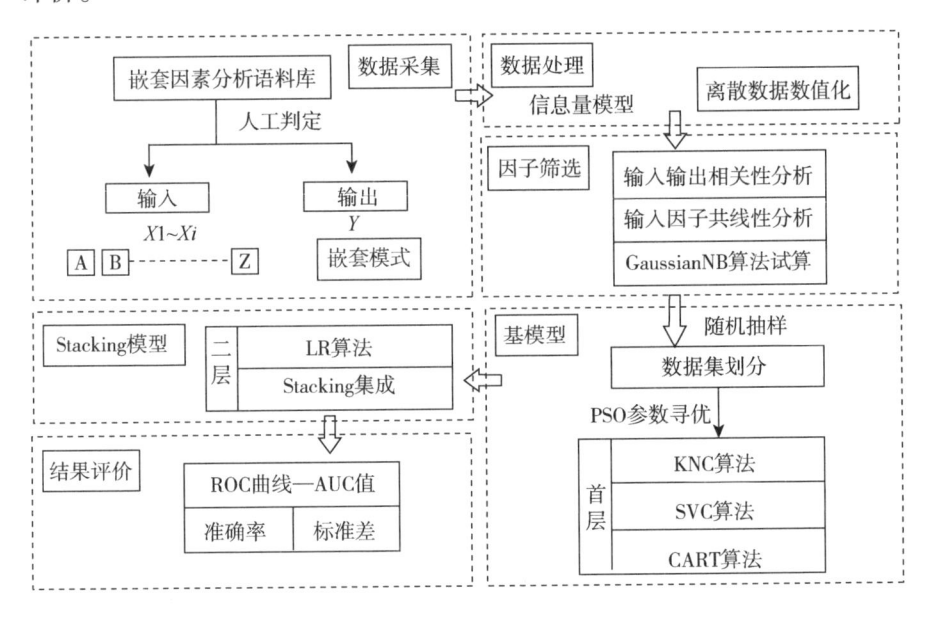

图 7.11 数据处理流程图

第三节 数据处理及结果分析

一 数据处理

(一) 样本介绍

本章基于前文建立的嵌套因素分析语料库开展研究。在数据预处理方面,同样沿用第六章第三节处理结果,利用信息量模型对各样本数据进行数值化处理与归一化处理,便于后续研究。数据集的划分亦沿用第六章处理结果,如表 6.11 所示,随机抽样得到的 2100 个样本作为训练集,剩下的 900 个样本作为预测集。

要特别指出的是,基于机器学习的研究工作中,研究者们习惯将样本输入与输出均处理在 0—1 之间,这与机器学习算法的敏感程度相关,经归一化处理的数据在各类机器学习算法中均能获得更好的研究结果。因此,本章也利用归一化处理的数值型数据来开展研究。

(二) 因子筛选

选择合适的输入因子是保证分类识别准确性的关键。课题根据前文的分析总结,对 23 个嵌套因素与句法关联模式间分别进行关联分析(SPSS 软件中完成,流程见图 7.12 所示),选取皮尔逊相关系数、肯德尔相关系数、斯皮尔曼相关系数进行综合对比考查。如表 7.1 所示,结果表明所有嵌套因素均与样本句法关联模式相关,本步骤无须筛选嵌套因素。

表 7.1　　　　　嵌套因素与句法关联模式关联系数

候选因素	描述	皮尔逊相关系数	肯德尔相关系数	斯皮尔曼相关系数
A	关联标记的音节	0.222**	0.195**	0.222**
B	关联标记所处分句的位次	0.693**	0.595**	0.694**
C	关联标记与主语的相对位置	0.070**	0.062**	0.069**
D	连用的关联标记相互位置	0.115**	0.117**	0.118**

续表

候选因素	描述	皮尔逊相关系数	肯德尔相关系数	斯皮尔曼相关系数
E	关联标记的词性特征	0.409**	0.326**	0.387**
F	关联标记的已然性和未然性	0.167**	0.178**	0.182**
G	关联标记的确定性和选择性	0.037*	0.054**	0.55**
H	关联标记的特定性和自由性	0.148**	0.133**	0.134**
K	关联标记的一致性和对立性	0.106**	0.097**	0.105**
L	关联标记的概念语义距离	0.167**	0.137**	0.147**
M	扩展的关联标记出现的句序	0.214**	0.212**	0.213**
N	关联标记的数量	0.287**	0.240**	0.272**
O	传承关联标记	0.267**	0.252**	0.273**
P	相邻分句句法成分相同	0.419**	0.431**	0.454**
Q	相邻分句句法成分具有纵聚合关系	0.214**	0.209**	0.212**
R	相邻分句句法成分具有横聚合关系	0.641**	0.585**	0.641**
S	同现关系之心智模型	0.839**	0.789**	0.835**
T	同现关系之语义韵	0.398**	0.389**	0.396**
U	变换形式	0.437**	0.424**	0.436**
V	话题链模式	0.567**	0.534**	0.575**
X	句类相同	0.330**	0.327**	0.332**
Y	句型平行	0.441**	0.431**	0.441**
Z	句型共现	0.104**	0.104**	0.104**

注：** 在0.01水平（双侧）上显著相关。

在此基础上，对候选的各嵌套因素进行共线性分析，筛掉共线性超过标准的候选因素，从而提升模型预测精度。一般认为，容差小于等于0.1时说明指标存在共线性问题，而方差膨胀因子（VIF）大于5时，对应的候选因素也要被筛去。共线性分析在SPSS软件中完成，相关分析结果体现在下表7.2中，这一步同样没有嵌套因素被剔除。

此外，从第六章研究不难看出，尽管所有嵌套因素对句法模式分类识别建模均有精度贡献，但是不重要的指标可能同时会产生噪音，从而降低句法模式分类识别建模的精度。如果评价指标的噪音引起的误差大于其精度增益，那么该指标应该被剔除。

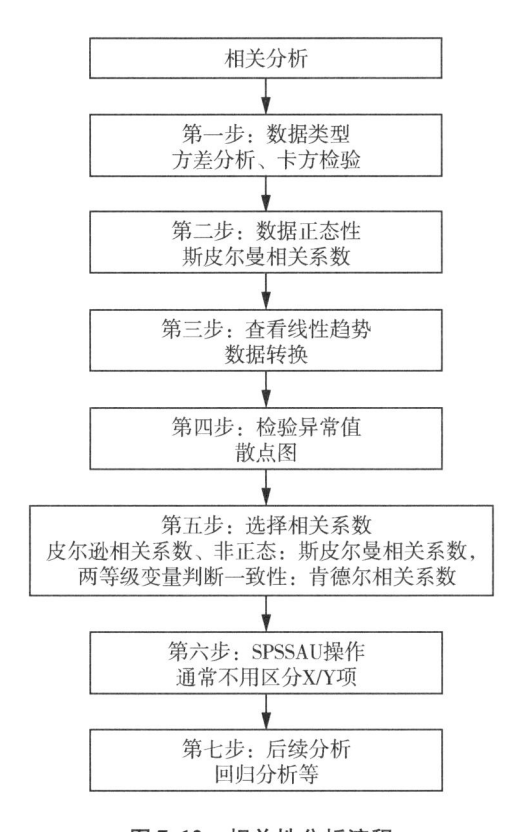

```
        相关分析
          ↓
第一步：数据类型
方差分析、卡方检验
          ↓
第二步：数据正态性
斯皮尔曼相关系数
          ↓
第三步：查看线性趋势
数据转换
          ↓
第四步：检验异常值
散点图
          ↓
第五步：选择相关系数
皮尔逊相关系数、非正态：斯皮尔曼相关系数，
两等级变量判断一致性：肯德尔相关系数
          ↓
第六步：SPSSAU操作
通常不用区分X/Y项
          ↓
第七步：后续分析
回归分析等
```

图 7.12　相关性分析流程

表 7.2　　　　　　　　　嵌套因素共线性检验结果

候选因素	描述	检验指标	
		容差	VIF
A	关联标记的音节	0.769	1.301
B	关联标记所处分句的位次	0.434	2.303
C	关联标记与主语的相对位置	0.946	1.057
D	连用的关联标记相互位置	0.754	1.326
E	关联标记的词性特征	0.420	2.383
F	关联标记的已然性和未然性	0.777	1.287
G	关联标记的确定性和选择性	0.714	1.400
H	关联标记的特定性和自由性	0.832	1.203
K	关联标记的一致性和对立性	0.775	1.291

续表

候选因素	描述	检验指标	
		容差	VIF
L	关联标记的概念语义距离	0.688	1.454
M	扩展的关联标记出现的句序	0.923	1.084
N	关联标记的数量	0.453	2.208
O	传承关联标记	0.761	1.315
P	相邻分句句法成分相同	0.492	2.033
Q	相邻分句句法成分具有纵聚合关系	0.954	1.049
R	相邻分句句法成分具有横聚合关系	0.554	1.805
S	同现关系之心智模型	0.501	1.995
T	同现关系之语义韵	0.858	1.166
U	变换形式	0.473	2.113
V	话题链模式	0.376	2.657
X	句类相同	0.873	1.145
Y	句型平行	0.655	1.527
Z	句型共现	0.979	1.021

表7.3　　剔除不重要指标因子的句法模式分类识别建模

模型编号	不重要嵌套因素剔除
1	0
2	Z
3	Z、H
4	Z、H、G
5	Z、H、K
6	Z、H、G、K
7	Z、H、G、K、Q
8	Z、H、G、K、Q、P
9	Z、H、G、K、Q、P、X

为选取最有效的评价指标体系，依据第六章表6.14形成的结论，按照表7.3列举的次序，本研究从最不重要的指标开始逐个剔除，并用GaussianNB算法建立模型，试算剔除不同嵌套因素组合时

各模型在预测集上的分类精度，这里的分类精度用 AUC 值和准确率表征。

如图 7.13 所示，于指标体系中剔除不重要指标因子时，句法关联模式分类识别建模的识别精度出现了变化。剔除 G 关联标记的确定性和选择性、H 关联标记的特定性和自由性和 Z 句型共现 3 个嵌套因素后，分类识别建模的预测集 AUC 值和准确率均有所提升。因此，为提升建模的精度并且减少建模的计算量，我们将这三个最不重要的指标从评价指标体系中移除。

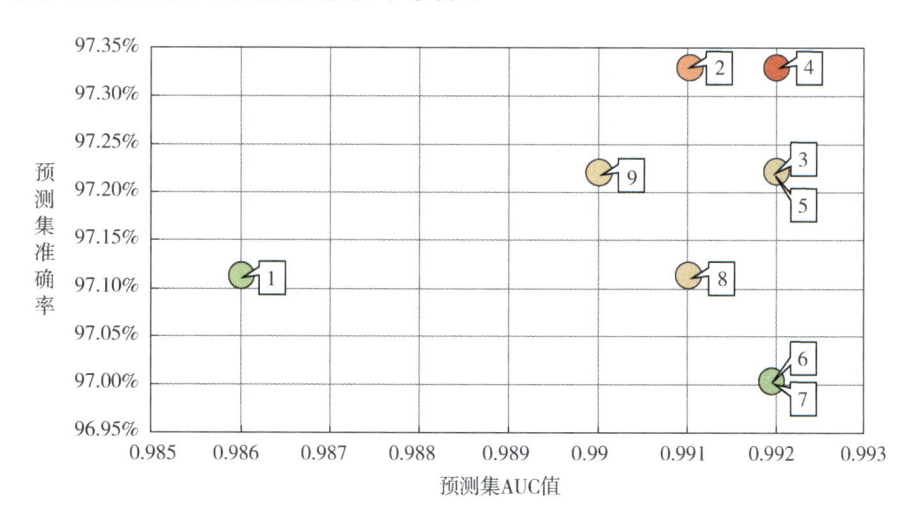

图 7.13　各模型试算精度

（三）模型建立——超参数寻优

本章使用 Python 语言编写代码，使用 scikit-learn 机器学习库中应用程序编程接口导入各机器学习算法，相关代码在 Anaconda 软件的 Spyder 平台中运行。

应用机器学习算法进行分类识别时，需要调整算法的超参数，以使分类识别模型获取最佳识别精度。研究中运用到的机器学习算法有 KNC、SVC、CART 和 LR。除 CART 算法采用网格搜索寻找最优超参数以及 LR 算法、GaussianNB 算法无须进行超参数寻优外，本章采用 PSO 算法对其余各单一算法进行超参数寻优，其中 PSO 算法的相关参数根据以往经验设置：粒子群的粒子数量为 100，局部学习因子（表示粒子移动到该粒子历史最优位置的加速项权重）为 2，全局学习因子（表示粒子移动到所有粒子最优位置的加速项权重）为 2，惯性因子（表示粒子之前运动方向在本次方向上的惯性）为 0.8。进行参数寻优时，PSO 算法只用到了训练集，即第六章经随机采样抽取的 2100 个样本，并采用 7 折交叉验证。

PSO 算法超参数寻优后，对用于本章研究的 KNC 算法、SVC 算法和 CART 算法的相关超参数进行确认，具体体现见表 7.4。本节超参数寻优结果也会运用到下文的集成模型构建中。

表 7.4　　　　基于各算法的句法模式分类识别建模表现

算法	超参数
KNC	n_neighbors = 9、leaf_size = 4
SVC	C = 1.486、gamma = 1.684
CART	max_depth = 8

二　结果分析

（一）单一算法模型

本节采用表 7.4 列举的算法超参数和表 6.11 确立的训练集、预测集进行二重有标三分句分类识别建模。KNC、SVC 和 CART 三种单一算法模型在预测集上的 ROC 曲线如图 7.14 所示，结果表明，就预测集 AUC 值判断来说，基于 KNC 算法建立的模型分类识别精度最高。表 7.5 基于各算法的句法关联模式分类识别结果亦如此。

表 7.5　　　　基于各算法的句法关联模式分类识别详情

算法	预测集 0 识别为 1	预测集 1 识别为 0
KNC	3	3
SVC	3	6
CART	6	4

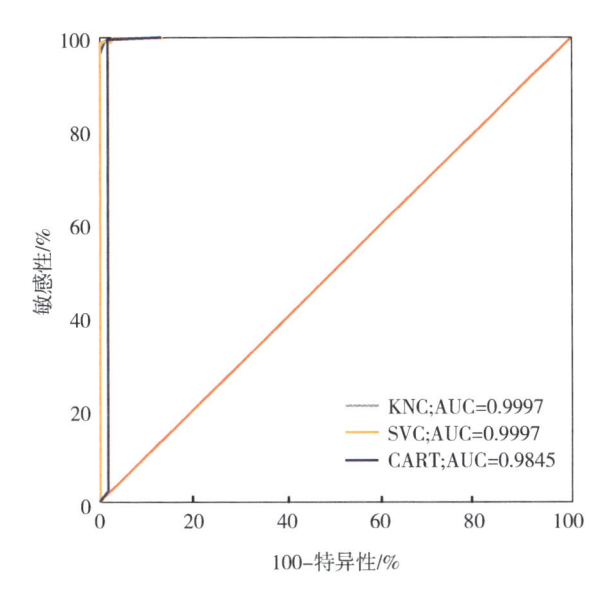

```
          100

           80

敏
感     60
性
/%
           40

           20                        —— KNC;AUC=0.9997
                                     —— SVC;AUC=0.9997
                                     —— CART;AUC=0.9845
            0
             0    20    40    60    80   100
                        100-特异性/%
```

图 7.14　各单一算法模型 ROC 曲线

通过本章第二节介绍的混淆矩阵，对各单一算法在预测集的精确度 P、召回率 R 和综合评价指标 F1 进行求解，建成如图 7.15 所示的三维视图，同样得到相同结论：基于 KNC 算法建立的模型整体分类表现最佳。

（二）集成算法模型

本节中 Bagging 集成算法框架基于 scikit-learn 机器学习库中的 Bagging Classifier 算法构成，根据表 7.5，选定 KNC 算法构建的模型为基模型，数量设置为 10。本节中 Boosting 集成算法框架则基于 scikit-learn 机器学习库中的 AdaBoost Classfier 算法构成，因 KNC 算法不支持样本权重，故根据表 7.5，选定 SVC 算法构建的模型为基模型，其数量设置为 10。另外，本节中 Stacking 集成算法框架基于 scikit-learn 机器学习库中的 Stacking Classifier 算法构成，用 KNC、SVC 和 CART 作为基础算法，LR 作为二层算法，于训练集上采用 7 折交叉，这与表 7.4 各算法超参数寻优时的交叉验证折数一致，确保了表 7.4 的超参数寻优结果运用到集成模型构建中。

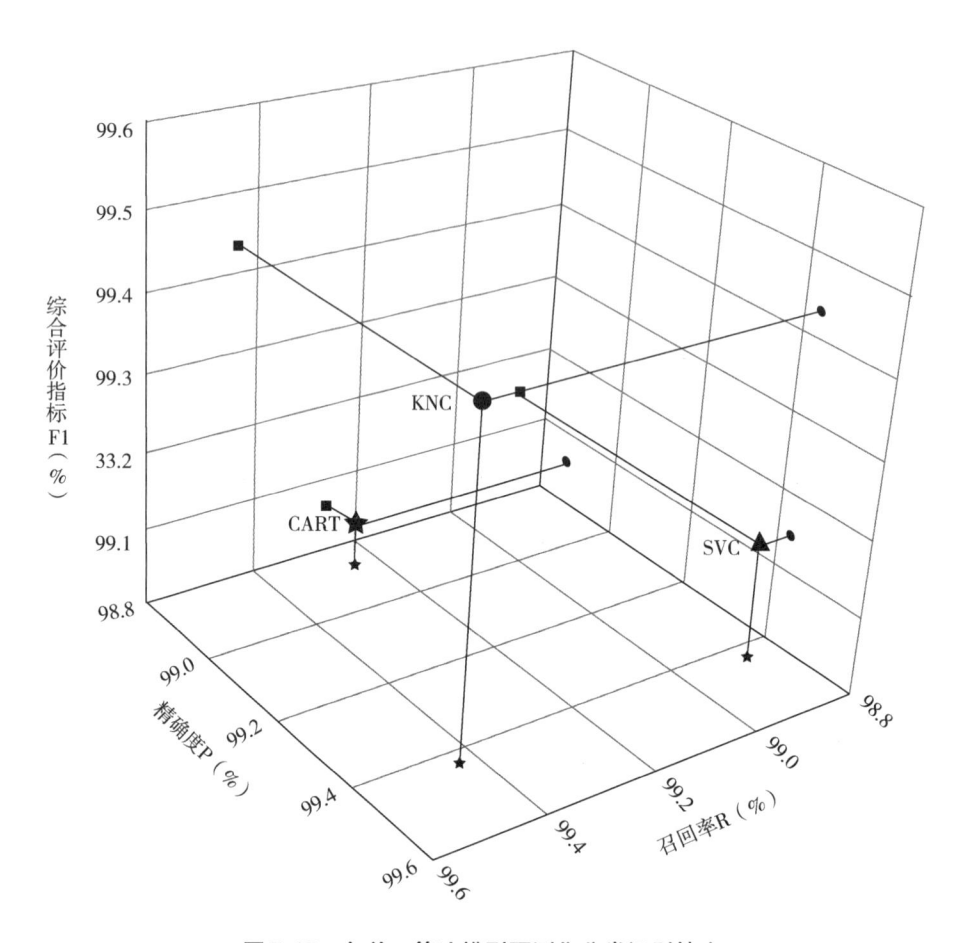

图 7.15　各单一算法模型预测集分类识别精度

如图 7.16 和表 7.6 所示，模型分类识别结果表明，Stacking 集成模型在预测集上的分类表现最优，Bagging 次之，而基于 Boosting 集成算法框架构建的分类模型表现较不理想。

表 7.6　　　　基于各集成算法的句法模式分类识别详情

算法	预测集 0 识别为 1	预测集 1 识别为 0
Bagging	3	4
Boosting	19	4
Stacking	2	2

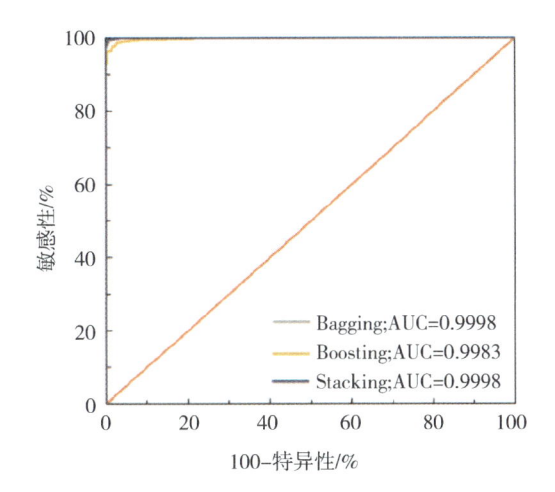

图 7.16　各集成算法模型 ROC 曲线

结合本章第二节介绍的混淆矩阵，进而对各单一算法在预测集的精确度 P、召回率 R 和综合评价指标 F1 进行求解，建成如图 7.17 所示的三维视图，亦得到相同结论。这充分说明 Stacking 集成算法框架的高适应性，其在建模过程中能够充分综合各基模型的分类优势，从而达到更佳的分类识别效果，这对二重有标三分句智能识解方法体系的建立具有重要的指导意义。

第四节　本章小结

本章研究建立在第六章分析、总结嵌套因素重要性的基础上，充分考虑各嵌套因素与句法关联模式间的关联性、各嵌套因素间的共线性以及各嵌套因素对句法关联模式分类识别建模精度的影响等，从基于单一算法的句法关联模式分类识别建模入手，建立基于算法集成理念的句法关联模式分类识别模型。主要得出以下结论：

（1）在剔除 Z 句型共现、G 关联标记的确定性和选择性、H 关联标记的特定性和自由性 3 个嵌套影响因素后，句法关联模式分类识别建模的精度最高；

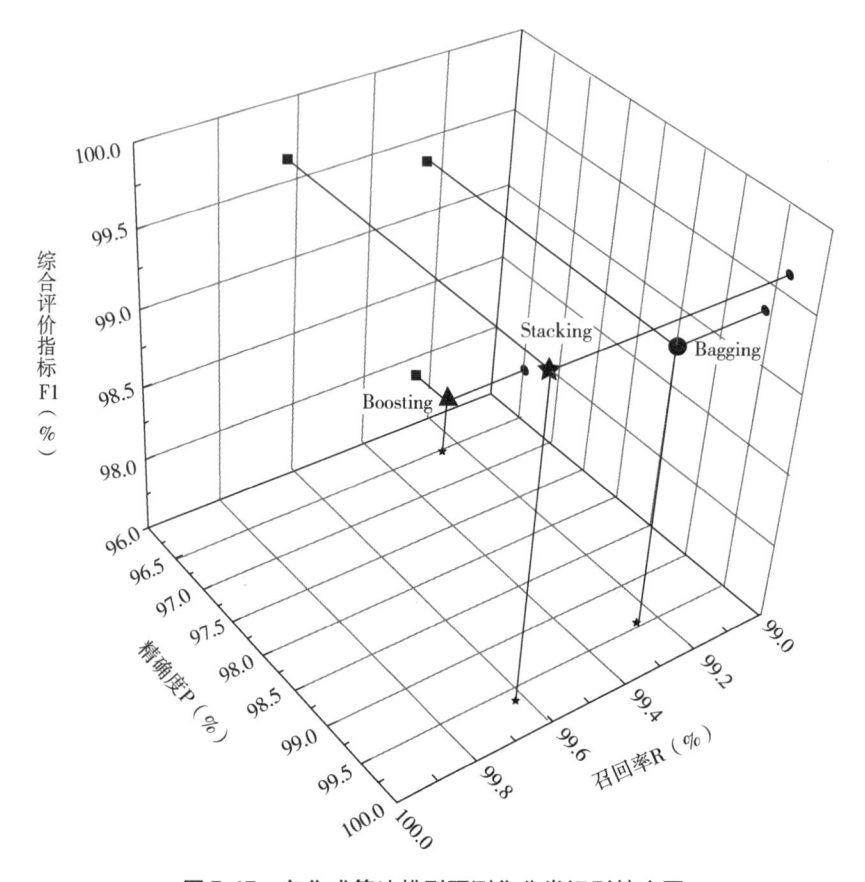

图 7.17　各集成算法模型预测集分类识别精度图

（2）对基于单一算法的句法关联模式分类识别建模而言，基于 KNC 算法构建的分类模型表现优于基于 SVC 算法构建的分类模型，而基于 SVC 算法构建的分类模型表现优于基于 CART 算法建立的分类模型；

（3）就句法关联模式的分类识别结果而言，本章提出的 Stacking 集成模型的识别结果比任意的单一模型或者其他的集成模型在预测集上表现更优。

总的来说，本章提出的集成方法结合了各单一算法的分类优势，在本研究建立的语料库中能够实现准确识别，并且，该方法建立的集成模型在后续的现代汉语研究中具有较大应用潜力。

第 八 章

二重有标三分句跨类关联标记知识库的建设

关联标记作为标明所连接成分结构语义关系的重要标记，对复句的理解、分析及层次关系的自动识别具有重要作用。如果不能正确地对它们进行标识，汉语复句信息处理系统的性能无疑受到影响。

在复句关联标记的自动标识中，对跨类关联标记的正确界定与标识却是难点之一。跨类关联词的存在给汉语复句信息处理带来了不少麻烦。如：

（1）党内的不正之风要端正过来，当然不是作几个决定能奏效的，而是要上上下下一齐动手。（《长江日报》1982年）

（2）而不少消费者称这不存在素质问题，你商家既然要吊顾客的胃口，顾客当然可以将计就计。（《人民日报》1996年）

例（1）"当然"与前分句在语义上存在转折违逆关系，例（2）"当然"和前分句在语义上存在因果推断关系。它们分别标明完全不同的语义关系。可见，跨类关联标记的正确标识，对词性标注、机器翻译、信息检索、自动文摘等诸多领域的研究都有积极的促进作用。

本章立足于前人研究，具体拟定了知识库编写的技术规范，对收集的二重有标三分句中跨类关联标记进行详尽描述，初步构建了复句跨类关联标记知识库，希望以此为复句自动分析提供有效的数据支持。

第一节 面向信息处理的跨类关联标记

学界已有一些与跨类关联标记相关的研究。邢福义（2001）总结出关系跨复句大类的 11 个关系标志构成的六种复句格式，它们是"一……就、万一……就/也、……于是……、……从而……、……就/又/才/也/还……、……而（那么）……"。姚双云（2006）对异类标记的搭配界定为"不同类别的标记（或配套标记）在文本中以一定的语法形式出现，形成具有某种句法限制关系，能够表达一定的句子逻辑意义的搭配结构，这种搭配是比较稳定的，而不是偶然发生的"①。他认为与同类搭配相比，复句格式为跨类搭配的出现率并不高；但观察绝对数量的话，跨类组合并不少，总的看，共十种常见的异类搭配模式。肖升（2010）借用"$X^2 > 9.448$"这一显著标准，筛选出 168 对异类搭配共 14 种搭配模式，总结其规律为语义重心在前时，复句的关系类别由前关联标记决定；反之，由后关联标记决定。许立群（2018）主张三分体系解决不了语义连续统及意合性问题，也无法完全概括复杂语义关系，这是因为"类别本身以及类别之间都不存在绝对的形式依据"②。这无疑肯定了跨类关联标记的存在。

关于跨类关联标记的界定，本研究认为，凡在不同复句中标示不同关系类别的关联标记都称为跨类关联标记③。这一定义内含跨类关联标记的三大特征：第一是稳定性，跨类关联标记与其他类关联

---

① 姚双云：《复句关系标记的搭配研究与相关解释》，博士学位论文，华中师范大学，2006 年，第 176 页。
② 许立群：《从"单复句"到"流水句"》，学林出版社 2018 年版，第 80 页。
③ 有学者将常规搭配视为默认值，剩下的则视作异类。但是正由于异类搭配有默认值，并不适用系统。为面向中文信息处理，本节用跨类搭配指称这种现象。

标记形成搭配时存在稳定的句法约束,搭配强度较显著。第二是非常规性,跨类关联标记联结而成的复句语义类别部分为非常规用法。第三是复杂性,跨类关联标记或有一个搭配对象,或单独使用,有时也会在双视点复句格式中参与构句。

对于搭配使用的跨类关联标记,本节引入 MI 值(Mutual Information Value)来计算复句中前后关联标记的搭配强度,以筛选这部分关联标记。MI 值(又称"互信息值")代表共现的两个变量中一个变量对另一个变量的影响程度,表现在复句格式中即为关联标记 A 在语料库中出现包含的关于关联标记 B 出现的概率信息。MI 值愈大,节点词对其词汇环境影响愈大,共现词由于节点词的出现进而减少不确定性。其计算公式为:

$$I(a, b) = Log_2 \frac{P(a, b)}{P(a) P(b)} \quad (式8.1)$$

$P(a)$ 代表 a 在语料库中各个位置的平均出现概率,$P(b)$ 代表 b 在语料库中各个位置的平均出现概率,$P(a, b)$ 代表搭配词 a 与节点词 b 的共现概率。它们的计算公式如下:

$$P(a) = \frac{f(a)}{W} \quad (式8.2)$$

$$P(b) = \frac{f(b)}{W} \quad (式8.3)$$

$$P(a, b) = \frac{f(a, b)}{W} \quad (式8.4)$$

其中,$f(a)$ 代表 a 在语料库中出现的频次,$f(b)$ 代表 b 在语料库中出现的频次,W 代表总词容,为 9359418 词次。参考姚双云(2006)调整的标准,将搭配距离 l 值设定为 18。表 8.1 列举几个 MI 值较为显著的搭配格式[①]:

[①] 为保证语言材料的多样性、完整性和便利性,此章节考察的语料加入了国家语委通用平衡标注语料库中的实例,语料规模扩大为 17153005 字,共计 453783 条语料。

表 8.1　　　　　　　　　搭配强度显著的复句句式示例

搭配格式	前关联标记出现次数	后关联标记出现次数	共现次数	搭配强度（MI 值）
之所以……是为了	340	290	19	10.81661488
要么……不然	133	71	3	11.53792034
一定是……否则	124	480	4	9.296900484
因为……否则	2481	480	42	8.366708198
除非……否则	63	480	18	12.44374187
不管……总之	465	181	15	10.70394519
不仅……同时	3289	3801	97	6.18230363
如果……也	2911	14891	311	6.069306016

　　上述搭配格式的语里关系分别是目的、假转、假转、假转、假转、让步、递进和假设关系，其中"之所以、要么、一定是、因为、除非、总之、同时、也"为跨类关联标记。

　　此外，二重有标三分句中出现率较高的跨类关联标记还有"便是"（表选择关系，常见句式"不是……便是"；表让步关系，用法类似于"就是"）、"倒"（表让步关系，如例句"东西倒好，就是价钱太贵，我们不要了。"；表递进关系，如例句"不仅不帮忙，倒增添诸多麻烦，你还是回去吧！"；表转折关系，如例句"屋子不大，布置得倒挺讲究，我很喜欢呢。"）、"要不"（表假转关系，用法类似于"不然、否则"；表选择关系，用法类似于"要么"）、"还是"（表让步关系，常见句式"虽然……还是"；表递进关系，常见句式"不仅……还是"；此外还表选择、并列、转折、因果、推断、假转等关系）、"是"（表让步关系，如例句"嘴上说是说过几次，可没有实际行动，我们不会再相信他了！"；还表因果、选择、并列等关系）、"并且"（表并列关系，常见句式"既……并且"；表递进，常见句式"不仅……并且"）、"所以"（表因果关系，常见句式"因为……所以"；表推断关系，如例句"产业既然丰富，而且有点小本领，所以他在啼儿底社会上也是一位顶呱呱的名流。"；还可表目的关系）等。

第二节 知识库建设整体思路

一 现实意义

复句跨类关联标记知识库的构建，对中文信息处理至少有以下五个方面较为直接的帮助：

其一是复句自动分析。构建复句跨类关联标记知识库，自然对复句自动分析有着最为直接的促进作用。日常语言生活中，复句的应用占有很大比例。近二十多年来，基于中文信息处理的汉语复句应用研究较受关注，汉语本体知识的建模能够为自动化处理提供重要的规则支持，复句语言知识库的构建是必不可少的基础工作。

其二是词性标注。对于某些跨类关联标记而言，不同的句法语义关系由其不同的词类承担。如关联标记"要"有"连词"和"能愿动词"两种词类，分别指向不同的语义关系，即"推断、假设、条件、选择"四种关系。又如关联标记"即"，同样有"连词"和"副词"两种词类，有"假设、条件、并列、连贯、选择、让步"六种语义关系。复句自动化分析时，根据所判定的具体语义关系类型，可以标注此关联标记的词类属性，准确率较高。

其三是句法分析。全面把握影响复句理解的诸多因素，对汉语句法分析也有着重要意义。汉语复句自动化分析过程中，成对使用的关联标记在搭配距离内可以依照跨类关联标记知识库被优先选择，并初步判定具体的语义关系类型。

其四是自然语言生成。跨类关联标记知识库的构建，能够为输出更加自然、生动、灵活的语言提供信息支持。

其五是机器翻译。如果知识库并未录入"于是"表因果语义关系，机器自动翻译很容易将"因人类之兴趣欲望不一，于是人类价值之标准也不一。"句中的"于是"错误地分析为连贯关系，进而得到错误的译文（"and then"）。这说明构建跨类关联标记知识库的重要性。

除了中文信息处理，复句跨类关联标记知识库的构建对词典编纂、汉语教学等均有一定帮助：在知识库构建过程中发现的新的语言现象、规则和规律，能够对词典中关联标记词条加以更新、补充或纠正，从而进一步促进汉语教学工作。

二 整体架构

简单来说，跨类关联标记知识库的构建过程经历了获取语料、对语料进行预处理（数据清洗、格式规范化、去除无意义的符号等），借助 Python 编程语言自动分析、归类跨类关联标记在二重有标三分复句中的使用情况，最后人工筛选校对，完善标注信息。

该知识库的具体架构如图 8.1 所示。

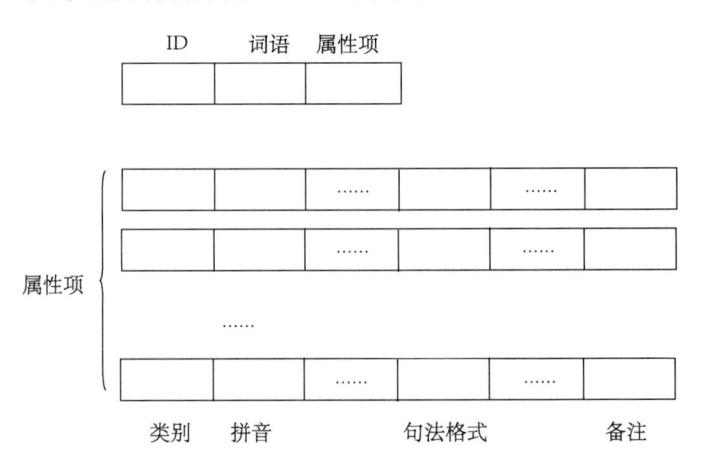

图 8.1 跨类关联标记知识库的基本架构

在跨类关联标记知识库中每一个关联标记对应了唯一一个 ID，用以对关联标记进行标识及索引，每个关联标记也都对应了一个属性项。属性项中包含了若干属性集，每个属性集对应该词语的一种类别，包括狭义类、拼音、词性、搭配对象、句法格式等诸多属性，每种类别的具体实例也囊括其中。具体情况如下：

一是拼音。知识库采用汉语拼音方案给汉字注音，分为"阴平、阳平、上声、去声、轻声"。

二是词性。知识库采用中科院计算所的汉语词性标记集来对关联标记进行标注。跨类关联标记的词性包括"连词、副词、短语词、动词、介词"五种。

三是狭义类。包括"并列式、连贯式、递进式、选择式、转折式、让步式、假转式、因果式、推断式、假设式、条件式、目的式"共十二种类别。

四是广义类。包括"并列类、转折类、因果类"三类。广义类和狭义类的划分依据复句三分系统。

五是是否单用。分为"是、否、均可"三类。"是"与"均可"的区别在于"是"表示常规情况下该关联标记是单用的,当然并不排除搭配使用,但出现频率极低;而"均可"表示单用或搭配使用都较为常见。两种定义的差别体现在使用频率上高低不同。

六是搭配对象。列举常见的搭配对象有哪些,词与词之间以"∨"标记隔开(即用"∨"表示逻辑关系"或")。

七是句法格式。词语在相应类别下常见的句法格式。

八是充足条件。判定一个关联标记是否属于相应类别的充足条件。这一部分是研究的重点和难点,充足条件的发现将大大提高有标复句层次构造及语义关系的自动识别度。

九是近义词。罗列了关联标记的近义词。多个近义词之间以"∨"标记隔开。

十是反义词。与近义词一项类似,知识库中以"∨"标记将多个反义词隔开。关联标记的近义词和反义词可以帮助理解关联标记的意义与用法,但并非所有的关联标记都可以列举出近义词或反义词。

十一是实例。例举了关联标记相应用法的实际语料。

十二是备注。对词语进行额外的补充说明。

知识库的构建主要利用了自建的跨类关联标记信息录入系统,并以数据库的形式对各项数据进行了存储,每个属性都分别以字段的形式存储其中,见图8.2。如果将数据以二维表的形式导出,则如表8.2所示。

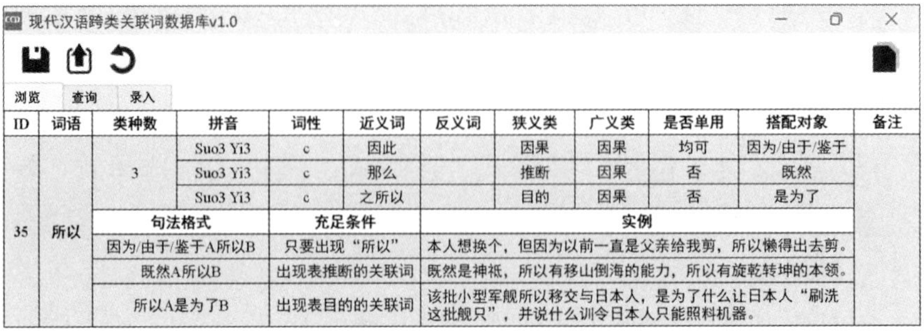

图 8.2 跨类关联标记知识库录入系统界面

表 8.2 知识库导出数据示例

词语	万一	
拼音	wànyī	
词性	连词	
种数	2	
狭义类	假设	让步
广义类	因果类	转折类
是否单用	均可	否
搭配对象	的话/如果/要是/就/也	即使/还/也
句法格式	万一（的话）/万一如果/万一要是/如果万一……就/也	即使万一……还/也
充足条件	只要出现"万一"，整个复句就有作为假设复句的明显标志，可以不出现结果标。	让步标必现
实例	但他们万一破了产，结局会比普通下岗工人更不如，对家庭会带来新的困难。	我没留下任何可资判明身份的物品，即使万一判明死者身份，也没有人知道她和自己的关系。

* 为便于阅读，上表中部分内容与知识库中实际的数据存储形式不同，如词性标记实际上存储为"c、d、v"等字母的形式，"是、否、均可"存储为整型数值，"/"实际上存储为"∨"等。

三 基本原则

知识库的建设过程严格遵循以下原则：

（一）详尽性原则

尽可能充分地从类别、词性、语义属性、句法属性、搭配等多个方面对每个跨类关联标记进行描写，目的是让该知识库适用于多种场景，为各类信息处理下游任务提供充分翔实的知识资源。比如，不少关联标记的"近义词、反义词"为空，从语言学角度来看，这与跨类关联标记本身的性质有关。但在某些应用场景中，特别是在应对一些语义分析任务（如语义相似度的计算、关联标记替换）时，这些条目依然有其意义。所以出于语言信息处理的目的，依然保留了这些字段。

（二）可扩展性原则

在尽可能充分、详尽地描写各项关联标记的同时，还考虑到该知识库的进一步扩展问题。一方面，每个词语的属性项及属性项下的各个属性集都是开放的集合，可以进一步扩展下去；另一方面，有些可以简省归并的属性依然分开进行描述。比如，当前建设过程中暂未发现任何关联标记在跨类时语音也发生变化，但为确保其可扩展性，以防在后续建设过程中发现特例，仍然将它们在词语每一个属性集中分别加以记录。

（三）通用性原则

知识库在数据存储结构上具备通用性，尽可能便于常见的编程语言及语言信息处理系统进行利用。实际上，信息录入系统本身便具备了导出功能，可以将数据导出为 json、txt 等多种不同的格式，供其他语言利用；并且还设置了开放接口 api，以便其他系统直接调用数据。

四 评价指标

此外还必须设立一定的评价指标，对所构建的知识库质量加以衡量。跨类关联标记知识库的构建不仅要求常用的关联标记及其所跨种类皆数收录其中，并且能够准确率较高地鉴别其所属语义关系。对于具体的评价指标，主要围绕两个方面进行设置：

一是跨类关联标记的覆盖率。复句跨类关联标记知识库的建设最为理想的目标是将所有跨类关联标记都收录到知识库中。然而，语言现象过于复杂，几乎无法确定跨类关联标记的准确数量。所以要评估知识库对跨类关联标记的覆盖率，只能采取一定的"妥协性"

方案。具体而言，可以将收词数与关联标记总数之比作为该指标的评价方式。收词数即知识库中收录的跨类关联标记数量，关联标记总数是指权威关联标记词典中收录的所有复句关联标记的总数（不论其是否为跨类关联标记），占比越高，则覆盖率越高。

二是语义关系的识别率。这部分是衡量知识库质量的关键指标，其核心在于衡量关联标记的各项属性（特别是"句法格式、充足条件"等）在提高语义关系识别系统准确率方面的效果。可以借助一定规模的复句标注语料库对其加以评估，将系统自动分析的结果与标注结果相比对，正确率越高，则知识库质量越好。当然，也可以在具体的下游任务（如"机器翻译"）中对识别效果加以观察。

第三节 知识库建设基本成果

一 跨类关联标记词性分布

根据目前考察的语料，跨类关联标记知识库中共收录120条关联标记，它们的词类统计结果为：词性为"动词"的共6条，词性为"连词"的共60条，词性为"副词"的共48条，词性为"介词"的共3条，词性为"短语词"的共10条。具体分布如表8.3所示。

表8.3 关联标记词性分布情况

词性	词条
动词	想来、是、看来、要、亏得、多亏
连词	那末、如、那、由于、除非、因为、要么、就是、可见、以至于、所以、以至、于是乎、因此、再则、再者、或、相反、并、或则、然而、即使、可是、别说、不过、可、但是、但、要不、那么、于是、从而、既、还是、只有、而、反之、即、要、则、或者、总之、既然、同时、并且、惟有、唯有、固、固然、便是、就、之所以、万一、如果、然后、假如、不是、只是、无奈、另外
副词	总、一旦、一面、一边、幸亏、终于、其实、必须、一、反倒、当然、更、反而、亦、都、却、倒、不、再、才、又、也、还、反、便、就、幸好、幸而、好在、即、只好、竟、竟然、非、毕竟、仍、一定、惟有、唯有、宁、宁愿、宁肯、宁可、居然、越、首先、先、随即

续表

词性	词条
介词	除了、因为、由于
短语词	那就、那么就、由此可见、一方面、由此看来、而是、或者说、那末就、说不定是、一定是

其中"就、要、惟有、唯有、即、因为、由于"在不同复句中标明的分句间逻辑语义关系相异、语法功能不统一,因而在不同词性中多次出现,属于"多种词类"。

二 跨类关联标记语义类别所属

对跨类关联标记所标示的语义类别进行统计,12 种语义关系的分布情况如图 8.3、图 8.4 所示:

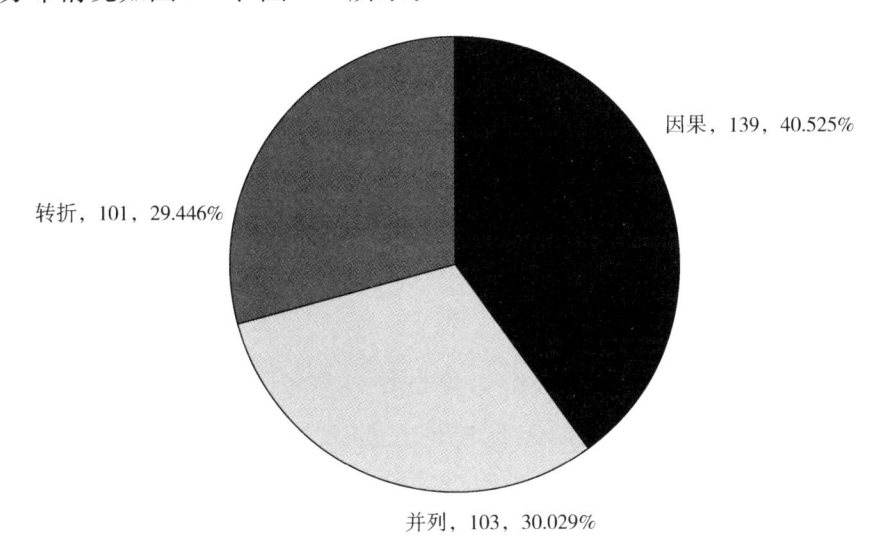

图 8.3 广义类分布情况

从跨类关联标记的语义类别分布看,在众多语义关系中,出现频次最高的是因果大类中表因果关系的关联标记,其次是转折大类中表转折关系的关联标记,而出现频次最低的则是因果大类中表目的关系的关联标记。

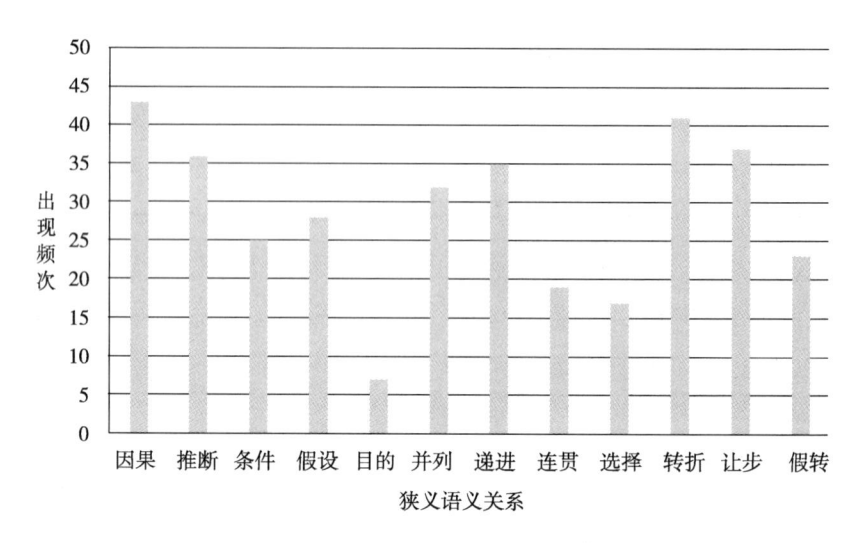

图 8.4 狭义类分布情况

三 句法语义标记功能差异

根据句法语义标记功能的区别，120 个跨类关联标记可以分为两类：

第一类是典型跨类关联标记。典型跨类关联标记指关联标记本身兼标几种语义关系，每种语义关系的判定须结合搭配对象、前后景信息等多种因素。

有时跨类关联标记的搭配对象是重要参考因素，语义类别由显赫关联标记所决定。以结果标连词"那么"为例，当搭配模式为"假设标+那么"时，复句表假设关系；当搭配模式为"条件标+那么"时，复句表条件关系；当搭配模式为"推断标+那么"时，复句表推断关系。再看"便、才、就"。作为时间特征很强的标记，它们最基本的语法功能是关联时间序列上具有一前一后关系的分句，标示分句间的连贯关系。与此同时，"便、才、就"可以与假设标、原因标、条件标、目的标等构成句法限制关系。句式"如果……便/才/就"标示假设关系，句式"因为……便/才/就"显示因果关系，句式"只要……便/才/就"表示条件关系，句式"为了……便/才/

就"则标明目的关系。就是说，不具备明显关系意义特征的"便、才、就"在与显赫关联标记长期搭配使用过程中，受显赫关联标记语义的渗透，最终语义发生变化，具有了多种意义。当然，这种意义从特定的句式中衍生出来，随着句式的改变，衍生意义也会消失。类似的关联标记还有连词"不是、则、于是"，副词"总、也、宁"，动词"是"，短语词"由此可见、而是"等。

有时前后分句间的逻辑语义关系是重要参考因素。以短语词"而是"为例，若标明并列之然否对照关系，与之照应的分句内必现表否定义的词或短语（如：并非、没有）；若标明递进关系，与之照应的分句内必现表递进关系的短语或构式（如：不单是、仅仅……不够）。类似的关联标记还有连词"如、从而"，副词"一、必须"，介词"除了"等。

第二类是非典型跨类关联标记。有些关联标记本身语义关系明确，其常规搭配对象是否出现并不影响复句语义识别，仅和个别且特定关联标记组合搭配时才属跨类。如原因标"由于、因为"等和假转标"否则"组配时，表假转关系；其余情况，原因标作为因果复句的明显标志，即使不出现"所以"，整个复句一律视作因果复句。类似的跨类关联标记还有选择标"要么、或"，推断标"想来、看来"，假设标"如果"、转折标"然而、却"以及并列标"同时"等。

非典型跨类关联标记并非跨类句式语义关系的"指示灯"，多为关联标记复用的产物——若说话人在表述时特别看重两种情况之间的某种语义关系，同时又想强调另一种语义关系，便会出现同一层次结构中两种逻辑关系兼备的复杂情况。这部分关联标记虽不决定复句语义关系，但仍有标示复句的作用，应视为跨类关联标记。当然，整个复句格式的语义类别由句中出现的显赫关联标记所决定。例如格式"只有首先……才、即使万一……也"，它们分别为条件复句和让步复句，连贯标"首先"和假设标"万一"在双视点复用句式中为跨类关联标记，表条件关系或让步关系。并列标"一边、一面"和连贯标"随即、然后"亦有此相同用法。

四 充足条件挖掘

挖掘判定复句类别的充足条件是知识库建设的一项重点工作。跨类关联标记在不同类别下往往具备一些独有特征。依据这些特征总结相应的判定规则（即具有排他性的充足条件），语言信息处理系统通过充足条件迅速判定该关联标记所属类别，由此显著提升复句自动分析系统的性能。充足条件在知识库中以形式化表达式的形式存储，如表 8.4 所示。

表 8.4　　跨类关联标记充足条件及其形式化表达式（例举）

词语	狭义类	搭配对象	充足条件	形式化表达式
如果	假设	的话∨那么∨就∨便	因标必现	$w \wedge M(w) \rightarrow T(w, 假设)$
	转折	但∨却	转折标必现	$w \wedge M(w) \rightarrow T(w, 转折)$
因为	假转	否则∨不然	假转标必现	$w \wedge M(w) \rightarrow T(w, 假转)$
	因果	所以∨因此∨于是	任意皆可	
总	假设	如果∨若∨如若	因标出现	$w \wedge M(w) \rightarrow T(w, 假设)$
	条件	只要∨但凡∨一旦	因标出现	$w \wedge M(w) \rightarrow T(w, 条件)$
	让步	再∨纵然∨纵使	让步标必现	$w \wedge M(w) \rightarrow T(w, 让步)$
那	假设	如果∨要是	因标出现	$w \wedge F(w, M(w)) \rightarrow T(w, 假设)$
	推断	既然	因标出现	$w \wedge F(w, M(w)) \rightarrow T(w, 推断)$

其中，"w"表示当前词语本身，符号"∧"表示逻辑关系"且"，M（参数）表示参数所对应的搭配对象，F（参数1，参数2）表示参数2必须先于参数1出现，T（参数1，参数2）表示参数1的语义类型为参数2。举例来说，给定一个包含关联标记"如果"的复句，要判断"如果"属于假设类还是转折类，就需要判断该句中"如果"是否与"的话、那么、就、便"同时出现。值得注意的是，一些词并不一定作为关联标记出现在字串中，此时充足条件也可提供一定信息辅助判定其是否为关联标记。再如，"那"在很多复句中并非为关联标记（"那只猫很漂亮，但不喜欢亲近人"或者"那把椅子坏了，不过可以修好"），但若有"如果、要是"先于"那"出

现，系统就可以为其打上疑为假设类关联标记的标签；若有"既然"先于"那"出现，则可以为其打上疑为推断类关联标记的标签；这样，系统在后续运算中，再借助其他的句法、语义知识对其进行证明或排除。

对于充足条件的形式化表示，本节结合已有情况制定了一些符号和函数（如表8.5所示），这一设定会在后续对知识库的扩展中再增添、修订和完善。

表8.5　　　　　　　　形式化标记及其含义（例举）

符号	含义	函数	含义
w	当前关联标记	M（w）	表 w 的任一搭配对象。w 为任一关联标记。
∧	二元运算符"且"	F（w_1, w_2）	表关联标记 w_2 在复句中先于关联标记 w_1 出现，且 w_2 与 w_1 不在同一分句中。
∨	二元运算符"或"	T（w, s）	表 w 语义类型是 s。w 为任一关联标记，s 为任一狭义类。
¬	一元运算符"非"	Ex（w_1, w_2）	表 w_1、w_2 不能同时出现。w_1、w_2 均为任一关联标记。

总的说来，复句关系类别的判定离不开充足条件。本节立足于表里值"小三角"理论，从语表形式、语里关系和语用特性三个方面来总结充足条件。语表形式上，跨类关联标记的搭配对象或某类词、短语、构式的出现，可提供重要形式信息，指向某类常规的语里关系。当跨类关联标记联结的前后分句的宾语或谓语核心部分词形相同时，复句倾向为并列类、因果类复句；当跨类关联标记联结的前后分句的谓语核心词互为反义关系时，复句倾向为转折类复句或并列之对照关系；当跨类关联标记联结的前后分句状语部分具有时间上的连续性时，复句倾向为连贯复句。有时，即便语表形式上并未显现搭配对象，但语里关系相似或具有相同语用价值的语言单位出现，同样可以标明复句关系。

五　其他成果介绍

随着语言的发展变化，新的现代汉语关联标记正在悄然形成。本书在时贤的研究基础上（李宗江，2011；姚小鹏，2011）加入了一些新关联标记,如"当然",跨"转折、并列、连贯、推断、因果、假设"六种语义关系。表连贯时,"当然"后通常紧跟"也",或者"当然"连接的分句成分因与前分句相同而承前省略。表解注时,为总分解注。表转折时,有"撤销预期的作用"①,通常前后分句相关联的成分相反相对,或者与转折关联标记"也"、含否定意味的动词"并非"复用。

研究还发现了较多词性相同、所跨语义类别相似、基本用法相近的关联标记,多角度考察它们间的细微差别,有助于推动复句自动化分析。例如,同样表因果关系的"以至(于)"和"以致",较之后者,前者还能表递进关系。

目前知识库规模仍然有限,还在进一步扩充之中。如何利用该知识库提升中文信息处理系统的性能,为中文信息处理研究提供有效的帮助,并增加语用角度的考察,在此过程中对知识库中词条进行检验与完善,将是我们下一步工作的重点。

第四节　本章小结

跨类关联标记在不同复句中标示不同的关系类别,一定程度上影响汉语复句信息处理系统的性能,因而,对其进行正确的界定与标识尤为重要。本章立足于前人研究,具体拟定了知识库编写的技术规范,对收集的二重有标三分句中跨类关联标记进行详尽描述,初步构建了复句跨类关联标记知识库,希望以此为复句自动分析提供有效的数据支持。主要结论如下:

第一,跨类关联标记具有三大特征,并非偶然发生的。特征一是稳定性,跨类关联标记与其他类关联标记形成搭配时存在稳定的

---

① 姚小鹏:《汉语副词连接功能研究》,博士学位论文,上海师范大学,2011年,第113页。

句法约束，搭配强度较显著。特征二是非常规性，跨类关联标记联结而成的复句语义类别部分为非常规用法。特征三是复杂性，跨类关联标记或有一个搭配对象，或单独使用，有时也会在双视点复句格式中参与构句。辨析跨类关联标记应综合考量其句法语义环境，对于搭配使用的跨类关联标记，可以引入 MI 值计算复句中前后关联标记的搭配强度，实现筛选。二重有标三分句中出现率较高的跨类关联标记归总如表 8.6。

第二，二重有标三分句跨类关联标记知识库的构建历经一系列流程。获取的语料首先进行数据清洗、格式规范化、去除无意义符号等预处理，经 Python 编程语言自动分析、归类后，由人工校对完善。具体架构上，我们充分考察了每个跨类关联标记的属性特征，从拼音、类别、词性、语义属性、句法属性、搭配等方面进行描写，严格遵循详尽性原则、可扩展性原则和通用性原则。并且，我们设立了两个评价指标——跨类关联标记的覆盖率和语义关系的识别率，用以衡量知识库的建设质量。

第三，二重有标三分句跨类关联标记知识库共收录 120 条跨类关联标记。从词性分布看，"动词" 6 条，"连词" 60 条，"副词" 48 条，"介词" 3 条，"短语词" 10 条，其中"就、要、惟有、唯有、即、因为、由于"在不同复句中标明分句间逻辑语义关系相异、语法功能不统一，属于"多种词类"。从语义类别所属看，因果类跨类关联标记数量最多，并列类跨类关联标记数量次之，转折类跨类关联标记数量最少；12 种具体语义关系中，出现频次最高的是因果关联标记，其次是转折关联标记，出现频次最低的是目的关联标记。从句法语义标记功能看，典型跨类关联标记与非典型跨类关联标记存在显著差异，前者兼标几种语义关系，每种语义关系的判定须结合搭配对象、前后景信息等多种因素；后者关联标记本身语义关系明确，仅和个别且特定的关联标记组合搭配时才属跨类。当然，我们重点挖掘了判定复句类别的具有排他性的充足条件（语言信息处理系统能够通过充足条件迅速判断该跨类关联标记所属类别），并且制定了一些符号与函数，通过形式化表达式储存它们，以图提升复句自动分析系统的性能。

表 8.6　二重有标三分句中出现率较高的跨类关联标记

跨类关联标记	广义类	狭义类	特点	例句
之所以	因果类	因果	多和"是因为"搭配使用	她之所以不肯上山来，让我空等了好几天，是因为对此事感到厌倦。（王小波《2015》）
		目的	发生行为A，目标是为了实现B	之所以强调循序渐进，就是说要一步步地发展，这主要是为了保持香港的稳定和繁荣。（《人民日报》1993年）
要么	转折类	假转	事物间选择中有逆转、逆转中有选择，假转句式接纳了选择句式的渗透	负责人当然有点头痛，因为管理这件事，要么就是做，不然就是讲。（网络语料）
	并列类	选择	多和"要么"搭配组合	老板下死命令了，要么五天内解决，要么就卷铺盖回家。（六六《双面胶》）
一定是	因果类	推断	表示说话人的主观推断	我想通了一个道理，既然造物主给我们肉体，一定是大有深意的。（微信公众号语料）
	转折类	假转	多和"否则"搭配组合	你太苦了，你一定是第一次穿尼龙丝袜，否则不会感受得这样细致。（《作家文摘》1993年）
因为	因果类	因果	只要出现原因标，整个复句就有明显标志，可以不出现结果标	本来是和燕西不常来往，燕西因为要找两个美少年陪伴着，所以特意把他两人请来。（张恨水《金粉世家》）
	转折类	假转	前一部分表达了原因事件，在此基础上，假转性事件不发生，又叫释因式假转句	因为他确实很努力，否则领导也不会器重他，这些我们心里都很明白。（微博语料）
除非	因果类	条件	多和"才、要"搭配组合	因为他是懦弱的，所以除非他的确无路可走了，他才会走向另一个极端。（微信公众号语料）
	转折类	假转	假转句式接受条件句式的渗透	但他并不愚蠢，除非连他都愿意放弃生命，否则我绝不愿意放弃生命。（朱学恒《魔戒：王者再临》）

续表

跨类关联标记	广义类	狭义类	特点	例句
总之	并列类	并列	分总解注标	也许他们是不知道，或许他们也根本不在意，总之古城里的生意非常好。（微信公众号语料）
	转折类	让步	倾向于从众多事实中得出某一个结论的场合	还有人说，不管它是人物传记也好，哲理小说也罢，总之现在又得看了。（王小波《2015》）
同时	并列类	并列	同"又、也、还"连用，表示进一步加以说明	"电子月饼"既表达了学生们的心意，同时也不至于让老师背上包袱，更值得倡导！（《福建日报》2008年）
	并列类	递进	语义程度上，比"不仅……而且"语义等级低，表递进的意味弱，更强调事件的时间性，即两个事件是同步进行的	这位老师讲得太好了，不但鼓励了学生，同时鼓励了我们成年人。（微信公众号语料）
也	并列类	并列	若前后分句都是肯定形式，分句主语倾向不同；若都是否定形式，分句主语可以不同也可以相同	我去找县农资公司，但他们既不会调试，也不给退货。（《人民日报》1987年）
		递进	"不但"类预递标必然出现	工博会首次吸引留学人员企业参展，不但为留学人员提供了展示的舞台，也相应提升了工博会的技术含量。（《文汇报》2000年）
	转折类	转折	经常和"但是、可是"等转折标双视点复用	党风、警风有了较明显好转，但也有些干警政策观念和法纪观念淡薄，因而发生了一些违反法纪的事情。（《长江日报》1982年）
		让步	"也"表示无论前边的事实如何，后果都相同	他晓得祥子是把好手，即使不拉他的车，他也还愿意祥子在厂子里。（老舍《骆驼祥子》）
	因果类	因果	前分句可以添加"因为"，后分句可以添加"所以"	铜虽然不能跟盐酸反应，但是因为它相对来说很容易氧化，所以也被视为"卑金属"。（中文维基资料）
		推断	"既然"类推断标必然出现	我知道有原因，既然他没主动告诉孩子家长，我也没吭声。（《人民日报》2014年）
		假设	假设标可以出现，也可以不出现	咱们收了东西，付了钱，他们也好张口了。（百度语料）

续表

跨类关联标记	广义类	狭义类	特点	例句
便是	转折类	让步	用在前分句，把假设当作事实承认下来，或者提出一个极端的现实情况；后分句用"也"表结果或结论不受影响	这一定是先代祖师转生，否则他便是从娘胎里练这两套武功，也绝不能达此境界。（金庸新《九阴九阳》）
	并列类	选择	用于后分句，前分句的选择标必然出现	如果一个人一生之中只能不停地暗恋，那么他不是长得太丑，便是个不正常的人。（张小娴《不如，你送我一场春雨》）
倒	转折类	让步	用于前分句，预示转折。先承认某一事实，后分句再说出与上文不一致的情况，常有"不过、可、就是"等转折标与之呼应	那刘义山倒还仁厚，不过他的两个儿子却没什么德行，不便与他们长久相处的。（青斗《仙子谱》）
		转折	多用于后面分句，直接表示转折	完全不能理解这种行为，不过倒习惯了，社会上这样的人特多。（微博语料）
	并列类	递进	预递标可以出现，也可以不出现	如此滥用，不仅不利于鼓励人们奋发向上，倒有可能挫伤先进工作者的积极性。（《人民日报》1995年）
要不	并列类	选择	对两种相似或相反情况的选择	说得急了，他要不就是冲我们眼睛一瞪，要不就是冲我们笑。（《青年文摘》2003年）
	转折类	假转	用法同"要不然"	幸亏发现得早，纠正得快，要不损失可就大了。（《人民日报》1976年）
还是	转折类	让步	让步标"即便、尽管"等一般出现	即便听不到，她还是很用功地读书，后来考进大学。（微信公众号语料）
		转折	弱转折关联标记，多和转折标单视点复用	入城做了官，却还是石头秉性，一度闹出好多笑话。（《人民日报》1998年）
		假转	和"吧、否则、要不"搭配组合使用	还是喝一点吧，大家难得见一面，不然就扫兴了。（微信公众号语料）
	并列类	并列	多和其他并列关联标记复用	大小姐，第一次我也落眼泪呢，第二第三次我也忍不住还是落眼泪，然而，心里是甜的！（茅盾《锻炼》）
		递进	预递标一般出现	这次来了一名猛将，还是运用火攻术，因而势如破竹所向披靡。（微信公众号语料）

第八章 二重有标三分句跨类关联标记知识库的建设

续表

跨类关联标记	广义类	狭义类	特点	例句
还是	并列类	选择	配位在前的疑问标一般出现	不管是一对一的比武，还是一对多，悉听尊便。（吉川英治《宫本武藏：剑与禅（上册）》）
	因果类	因果	弱因果关联标记，引领的正句多在前面	我还是倾向于用MSN聊，因为又快又不乱，又专心没别人打扰。（网络语料）
		推断	表客观实际的推断标一般出现	可是，你们既然要走，还是快走，恐怕城门要关。（茅盾《蚀》）
是	转折类	让步	有"虽然"的意思，常规与"但、可、却"等搭配	好是好，但是我姑娘在那里面，你有什么法子救她出来呢？（张恨水《啼笑因缘》）
	并列类	选择	配位在后的疑问标一般出现	在创造的时候，心中当然有个理想的形式，是要写一首抒情诗呢，还是一出戏剧？（老舍《文学概论讲义》）
		并列	然否对照标多搭配使用	我是祝贺你，不是讽刺你，但你始终不相信！（微博语料）
	因果类	因果	多和结果标"之所以"搭配组合	其实，早在她接近自己的时候，他便已经察觉了，之所以不动声色，是不想太在乎她的存在。（于澄心《掳掠男色》）
并且	并列类	并列	配位在前的平列标一般出现	读者和听众既能够随时通过互联网在线收听，并且可以将作品下载、制作成光盘或灌入随身播放设备，从而享受真正自由的阅读和娱乐。（《文汇报》2001年）
		递进	"不但"类预递标一般出现	它们不但不肯站起来，并且不肯讲话，因为它守旧。（鲁迅《革命时代的文学》）
所以	因果类	推断	"既然"类推断标必然出现	但我想想既然不能做手术，做脑电图也起不了治疗效果，所以后来没去做脑电图。（网络语料）
		目的	"所以"用在前分句的主语后面或谓语之前，表手段或措施	我们所以利用资产阶级议会，是为了推翻敌人的统治，建立人民的民主国家。（《人民日报》1963年）
		因果	只要出现"所以"，整个复句就有作为因果复句的明显标志，可以不出现原因标	这里的工资高了许多，又有夜班费，所以我的生活状况有所改善。（《作家文摘》1994年）

第九章
结　语

　　一直以来，语言学界不乏对复句结构层次和语义关系的探讨，前辈学者针对语言中的嵌套提出了不少颇为新颖的见解，挖掘出一些很有意思的现象，得到过诸多非常有价值的结论。本书在前辈时贤的基础上，在语言单位关联理论、小句中枢理论、复句三分理论以及认知语言学等相关理论的指导下，进一步深化对现代汉语二重有标三分句的认识，以求丰富二重有标三分句研究内容，促进对外汉语复句教学开展，推动汉语复句信息工程发展。应国家大力提倡机器学习及大数据挖掘与应用的时代要求，为全方位、多角度展现出现代汉语二重有标三分句的完整嵌套面貌，我们从嵌套情况描写、嵌套因素分析、嵌套因素排序、嵌套智能识别和跨类关联标记知识库构建五个层面展开：从关联标记类型、句法嵌套方式、句法关联模式等视角表征嵌套情况；从实际语篇出发，结合语言学、信息学、心理学、数学、哲学和计算机科学等知识分析嵌套因素；运用信息量模型、K-means 聚类算法、CART 算法等手段综合比较嵌套因素重要性；运用 Bagging、Boosting 和 Stacking 集成算法框架构建二重有标三分句句法关联模式分类识别模型；从跨类关联标记着手，挖掘复句类别判定的充足条件并建立相关知识库。

第一节 结论

围绕二重有标三分句嵌套影响因素为中心，依循语言数据与语言规则"双轮驱动"原则，遵循"形式和意义、描写和解释、动态和静态"三结合理念，采取"形式—意义—功能"的研究路径，综合理论事实结合法、定量定性结合法和多学科交融法的研究方法，我们对现代汉语二重有标三分句开展嵌套研究。

第一部分是二重有标三分句关联标记和嵌套情况描写，对应本书的第二章，细致解析了二重有标三分句内部关联标记的类型与成员、复句嵌套方式与关联模式以及判别干扰因素。

不同关联标记在句法配位、与主语的相对位置、与句法语义环境的关系、搭配照应情况、词性特征等方面各具特点，由此分出"前配位关联标记""后配位关联标记""兼可关联标记""前置定位关联标记""后置定位关联标记""非定位关联标记""显赫关联标记""非显赫关联标记""单用型关联标记""搭配型关联标记""配对、单用共存型关联标记""连词""副词""助词""介词""动词"和"超词形式"等具体类型，观察其语义类别则有三大类十二小类，分别是并列关联标记、连贯关联标记、递进关联标记、选择关联标记、因果关联标记、假设关联标记、条件关联标记、推断关联标记、目的关联标记、转折关联标记、让步关联标记和假转关联标记，本书合计收录了478个。

考察二重有标三分句的嵌套方式，亦要关注内部关联标记，我们从关联标记的关系类别、管辖方向、排列位序和配位方式各角度进行观察，发现其嵌套方式多样，大体有同类嵌套、异类嵌套、前辖嵌套、后辖嵌套、顺置式嵌套、逆置式嵌套、扩展式嵌套、连用式嵌套、省略式嵌套和复用式嵌套几种。可以说，关联标记形成的语表序列与句法、语义关联紧密，语表序列相同的二重有标三分句式通常意味着相同的句法关联和相同的语义关联。充分观察自建的现代汉语二重有标三分句平衡语料库（收录12168条句子，包含口头语体和书面语体两板块），可知二重有标三分句的关联标记组配模式十分有限，仅三种句法关联模式，即"充盈态1-2型""充盈态2-1型"和"非充盈型"，具体有四十三种不同表现。当然，筛选二重有标三分句的过程中总会面对诸多干扰因素，既有关联标记认定和分句判别方面的问题，也有复句层次扩展和篇章关联标记识别层面的影响，本书从关联标记因素、分句因素和复句因素等角度对这些干扰因素进行进一步总结，并给出相应的处理策略。

  第二部分是二重有标三分句嵌套影响因素分析，对应本书的第三章、第四章和第五章，详细揭示了关联标记嵌套力、分句句法成分、分句类型、话题链对于二重有标三分句句法层次和语义关系的影响。

  关联标记标明分句间的逻辑语义关系，其管辖范围宽狭会形成相异的辖域级阶。一般情况下，关联标记辖域越宽，嵌套力越强，越有可能嵌套其他关联标记，其引领的小句关联体是低层结构的可能性更大，与配对关联标记（可隐可现）构成高层结构的可能性也更大；反之，有的关联标记辖域较窄，只能被其他关联标记嵌套。本书对二重有标三分句关联标记嵌套力的讨论主要从音节、位置、词性特征、语义特征、数量和传承性六个方面进行，得出以下结论：双音节关联标记的嵌套用法更为灵活；关联标记所处分句为初始分句或中位分句且管控范围为两个分句时，嵌套力最强；主语先于关联标记出现时，高预期性和低加工难度增加了其被嵌套的几率；连用式二重有标三分句中句法位置靠前的关联标记普遍比句法位置在后的关联标记嵌套力强；词类为连词的关联标记比词类为副词、动词、介词、助词、超词形式的关联标记关联强度大，嵌套力也更强；具有已然性语义特征、特定性语义特征、对立性语义特征或者概念语义距离较远的关联标记嵌套力更强，而具有确定性语义特征的关联标记与具有选择性语义特征的关联标记不能相互嵌套；关联标记省略的数量及其层次归属与关联标记的嵌套力一般呈现负相关；传承性关联标记的嵌套能力总体上弱于语义相同的新关联标记。

分句句法成分是二重有标三分句的直接构成部分，大致有主语、谓核、宾语、定语、状语和补语六种。依据"小句联结律"和"语义靠近原则"，相邻分句句法成分在语义上关系密切，那么语表形式上关联度也高，它们构成小句关联体的可能性随之增加。二重有标三分句中，句法成分间的语义关联大体有相同（包含主语相同、谓核相同、宾语相同、定语相同、状语相同、补语相同、宾主相应、宾定相应、核定相应和核宾相应）、相关（包括纵聚合关系和横聚合关系）和同现（包括心智模型和语义韵）三种表现。有时，二重有标三分句句法成分的表现形式发生了改变，呈现为省略（主语省略、定语省略、宾语省略、状语省略等）、照应（人称照应、指示照应）或者替换（完全替换、不完全替换）三种手段，本质上增强了前后分句间的关联，帮助理解嵌套复句。

分句作为复句中最小的具有表述性和独立性的语法单位，其语气功能（即句类）和结构模式（即句型）会影响整个复句的组合方式。二重有标三分句从语气功能上分为单纯语气句和复合语气句，共 64 种具体搭配，其中出现频率较高的 15 种里 11 种相邻分句句类相同。依循"和谐取向"理论，句类相同语气一致则组成的小句关联体更整体、更稳定，内部成员间更和谐、冲突更少，可以说和谐平等的语气促使它们优先规约为小句关联体。各分句的结构模式同样是重要语法组合手段，二重有标三分句中相邻分句句型平行（表现为相邻分句句法结构相同或相近、语义表达相关、字数相似甚至词性平仄相对），或者相邻分句句型共现（表现为某类构式经常在某种语义类别下出现，句中不出现关联标记亦有标示语义的功能），会很大程度上强化紧邻分句间的关联，增大了优先构成小句关联体的可能性。

话题链联结分句，使其成为更大的结构单位，是二重有标三分句有效组织的重要方式。将二重有标三分句放置于动态的、真实的语篇中，从话题链维度审视嵌套复句的塑造，同样不容忽视。基于语篇、句子两个层面，根据话题语义延续所跨越的不同单位，我们对二重有标三分句话题链模式开展了详尽分析。语篇层面，依据入篇后与前后句的互动关系，整理出二重有标三分句话题链模式有串联式、接续式、相关式、终止式和孤立式五种类型。句子层面，由于各分句相对话题的预期不同，开启不同的注意力视窗会形成不同模式的话题链，具体包括初始—中位—末尾分句话题链、初始—中位分句话题链、中位—末尾分句话题链和一类特殊情况，即双名词结构话题链。当然，话题链的线性序列性与等级层次性会影响分句间的语义亲密度，通过建构二重有标三分句话题链结构树模型，我们发现话题链内的分句倾向于优先组配为小句关联体；倘若动态话题与静态话题不同，那么静态话题一致的分句大多优先聚合。

总之，无论是自下而上的形式衔接，还是自上而下的话题连贯，均对二重有标三分句的连接、嵌套产生一定程度的影响。

第三部分是二重有标三分句嵌套影响因素排序，对应本书的第六章，客观探讨了二十三种嵌套因素的规则效用重要性问题。

语言是一种复杂适应网络，"整体大于部分之和"，表现在二重有标三分句中，其句法层次与语义关系并非由单一要素所决定，各个要素之间既是连带关系也有竞争关系。我们邀请了 26 名语言学专业研究生运用第二部分归纳概括的五类影响因素（关联标记嵌套力、分句句法成分、分句句类、分句句型和话题链）判定二重有标三分句嵌套，测试结果呈现个体差异。可见各嵌套因素的影响概率与影响程度并不均等。只有选择并提取契合语言事实的嵌套因素，才有助于后期嵌套识解模型健壮性的提升，嵌套影响因素的排序正是关键步骤。

我们从自建的现代汉语平衡语料库中随机抽取了 3000 条语料，构筑了嵌套因素分析语料库的标注体系，通过嵌套因素的形式化表达，建成嵌套复句识解通用知识体系。在此基础上，引入了信息量模型、K-means 聚类算法和 CART 算法等技术方法，对嵌套因素进行重要性分析。并进一步综合三种分析方法的结果，运用赋值打分的方式，得到嵌套因素的综合重要性排名，二十三种嵌套因素由重要到非重要为：同现关系之心智模型＞相邻分句句法成分具有横聚合关系＞（关联标记的音节、话题链模式）＞（关联标记的词性特征、同现关系之语义韵）＞关联标记所处分句的位次＞传承关联标记＞（关联标记的数量、句型平行）＞（关联标记的概念语义距离、变换形式）＞连用的关联标记相互位置＞（关联标记与主语的相对位置、扩展的关联标记出现的句序）＞关联标记的已然性和未然性＞句类相同＞相邻分句句法成分相同＞相邻分句句法成分具有纵聚合关系＞（关联标记的确定性和选择性、关联标记的一致性和对立性）＞关联标记的特定性和自由性＞句型共现。

第四部分是二重有标三分句嵌套智能识别，对应本书的第七章，初步建成了基于算法集成理念的句法关联模式分类识别模型。

正文第三部分探讨了各嵌套影响因素的重要性排名及其稳定性系数，为检验研究结论，真正实现 AI 技术赋能汉语复句研究，有必要进一步提出汉语复句分类预测流程，构建有效的二重有标三分句嵌套智能识解模型。

我们先后进行了基于单一算法的句法关联模式分类识别建模和基于集成算法的句法关联模式分类识别建模。单一算法模型中，从预测集 AUC 值来看，基于 KNC 算法建立的模型相较于 SVC 算法、CART 算法建立的模型，分类识别精度最高。集成算法模型中，基于 scikit-learn 机器学习库中的 Bagging Classifier 算法构成的 Bagging 集成算法框架，和基于 scikit-learn 机器学习库中的 AdaBoost Classfier 算法构成的 Boosting 集成算法框架，在预测集上的分类表现均不如基于 scikit-learn 机器学习库中的 Stacking Classifier 算法构成的 Stacking 集成算法框架。Stacking 集成模型在建模过程中充分综合了各基模型的分类优势（KNC、SVC 和 CART 为基础算法，LR 为二层算法），比任意的单一模型或者其他的集成模型在预测集上表现更优。

第五部分是二重有标三分句跨类关联标记知识库建设，对应本书的第八章，系统收集了标示不同语义关系、影响信息处理系统性能的跨类关联标记。

我们立足于前人研究，结合真实的、大量的二重有标三分句语料，给定了跨类关联标记的具体特征（即稳定性、非常规性和复杂性），并引入"MI值"帮助筛选。知识库的构建主要利用了自建的信息录入系统，以数据库的形式对各项数据进行存储，每个跨类关联标记对应了唯一一个ID和一个属性项，属性项中包含了若干属性集，每个属性集对应该跨类关联标记的一种类别，包括拼音、词性、狭义类、广义类、单复用、搭配对象、句法格式、充足条件、近义词、反义词、具体实例等诸多属性，每个属性分别以字段的形式存储于知识库中。

经过充分考察，我们共计收录了120条跨类关联标记。从词性分布看，有6条"动词"、60条"连词"、48条"副词"、3条"介词"和10条"短语词"；从语义类别所属看，因果大类跨类关联标记数量最多，出现频次最高的也是因果关联标记；从句法语义标记功能看，典型跨类关联标记相较于非典型跨类关联标，更难辨识，挖掘判定复句类别的充足条件是知识库建设的重中之重；此外，还发现了若干新跨类关联标记，以及较多词性相同、所跨语义类别相似、基本用法相近的关联标记，如"当然""以致""以至"等。

第二节 余论

汉语复句本体研究中，嵌套问题虽有考察，但因为这个问题难度较大，深入的专门研究还不是很多，学界对复句嵌套规律的归纳和认识还未完善、统一。在应用层面，汉语有标复句的计算机理解及生成，是当前中文信息处理领域比较关注的问题，尚处于不断积累阶段。立足于此，本书以二重有标三分句为考察对象，对其嵌套影响因素进行深入细致分析，并进一步地面向复句应用研究，尝试将本体研究成果转化到复句信息处理领域，因而具有一定的探索性、开放性和灵活性。限于时间、精力和学识有限，本书对嵌套复句相关问题的理论思考与应用提升尚为不足，有待于后续研究中不断改进、完善。

首先，研究对象有待于拓展。

本书聚焦于有两个结构层次、三个分句、内含关联标记的现代汉语复句，作为多重复句的最基本形式，更复杂的多重复句都可以视为此类复句的扩展，某种意义上，分析二重有标三分句对于多重复句研究具有基础性作用。事实上，语言是由人驱动的复杂适应系统，复句系统的运作机理是许多因素共同作用的结果，针对二重有标三分句的嵌套规律不一定适用于二重有标四分句、三重有标复句、四重有标复句等，分句数量和分句层次的不同必然带来不同的结论。

为保证客观性和真实性，我们先后邀请了6名专家教师根据语感和规则表述法核验二重有标三分句各句法关联模式相互区别的典型形式特征，招募了26名语言学专业研究生运用二十三种嵌套影响因素判定嵌套复句，并基于个体反馈差异对相关内容进行修正、细化或者深化。遗憾的是，未能全面考察老年人、儿童、二语学习者和普通成年人的嵌套加工机制，未能细致分析认知资源受制的群体是否采取另一些动态手段，因而二重有标三分句嵌套影响因素的梳理与排序可能会随着主体对象的变化而有所出入。

其次，研究内容仍需要充实。

研究二重有标三分句嵌套既应立足于复句本身，更要关注上下文环境，尽可能在动态的、真实的语篇环境中回溯分句层面的激活、选择过程，充分挖掘其嵌套特征，关注不同语法范畴和语法手段的地位与作用，进而探寻嵌套影响因素及其动因。本书第五章增补了语篇影响因素——话题链，囿于学识和精力，对语篇特征与复句嵌套间的选择制约关系考察不足，需要在日后不断加以充实、完善。并且，有限的语料规模会影响结果的全面性、完整性和代表性，人工标注语料的处理方式会带有一定的争议性、模糊性和主观色彩，费时低效且依赖认知经验。后续研究中我们会更加注重语料处理的精细化、科学化和智能化。

此外，复句内部分类问题上，学界大抵有四种观点：直分法、二分法、三分法和四分法。本书回避了这一争议，采用邢福义先生的汉语复句三分系统作为分类标准（即因果类、并列类和转折类），专注于二重有标三分句整体嵌套分析，这种研究范式略显粗糙。二十三种嵌套影响因素是否对每种语义类型均有同等影响力，嵌套影响因素重要性排名在不同类别的复句中排序是否相同，都有待于后续按类展开、全面验证。

最后，研究方法还可以更新。

随着现代语言学的发展，学界逐渐达成共识，人类的语言现象应该通过类似自然科学的一般方法进行研究，用科学的方法（演绎与归纳、定性与定量、描写与解释、假设与检验、仿真与建模等）和跨学科的方式（语言学同系统科学、计算机科学、仿真学、心理学等相结合）研究语言的结构模式和演化规则，会得到采用传统语言研究方法难以发现的规律。在此框架下，本书尝试将复句嵌套分析与信息学的熵理论、心理学的心智模型及工作记忆、统计学的信息量模型、哲学的矛盾关系属性、计算机科学的数据挖掘技术及 Python 编程等相结合，注重跨学科知识的交融运用，是对传统嵌套复句识别方法的一次突破。

当然，理论不断发展、算法不停升级，嵌套研究的方法范式还可以进一步优化。比如，近年来汉语复句句法、语义加工的神经认知机制与个体差异得到了关注，我们后续可以通过一系列神经心理学实验，探索汉语嵌套复句的理解、生成机制，比较不同主体在不同阶段的加工区别，构建嵌套复句认知加工模型，进而揭示嵌套复句加工过程的神经心理现实性。再如，在海量语料和强大算力的基础上，我们后续可以利用深度学习算法，借助神经网络模型，如深度神经网络、循环神经网络、卷积神经网络、长短期记忆神经网络等，融合多特征规则，拓宽二重有标三分句嵌套研究的深度与广度，为嵌套因素排序和句法关联模式识解带来更为可靠的结果。

总之，本书通过对现代汉语二重有标三分句的测量、观察、排序、建模与解释，寻求嵌套现象背后的数理规律，揭示嵌套格局形成的内外动因，探索嵌套因素的重要性与自适应机制，构建嵌套复句的智能识解模型，希望以此拓宽现代汉语嵌套复句的研究网络，提供特别的研究范式。

参考文献

一 中文著作

北京大学中文系1955、1957级语言学班：《现代汉语虚词例释》，商务印书馆1982年版。

陈昌来：《介词与介引功能》，安徽教育出版社2002年版。

陈中干：《现代汉语复句研究》，语文出版社1995年版。

程琪龙：《概念框架和认知》，上海外语教育出版社2006年版。

戴木金、黄江海：《关联词语词典》，四川辞书出版社1988年版。

丁声树、吕叔湘、李荣等：《现代汉语语法讲话》，商务印书馆1961年版。

董秀芳：《汉语的词库与词法》，北京大学出版社2004年版。

冯胜利：《汉语的韵律、词法与句法》，北京大学出版社1997年版。

冯胜利：《汉语韵律句法学》，上海教育出版社2000年版。

冯晓虎：《隐喻——思维的基础，篇章的框架》，对外经济贸易大学出版社2004年版。

高更生、王红旗：《汉语教学语法研究》，语文出版社1996年版。

高名凯：《汉语语法论》，商务印书馆1986年版。

《关联词语》编写组：《关联词语》，上海教育出版社1981年版。

郭锐：《现代汉语词类研究（修订本）》，商务印书馆2018年版。

郭圣林：《现代汉语句式的语篇考察》，世界图书出版公司北京公司2011年版。

郭志良：《现代汉语转折词语研究》，北京语言文化大学出版社1999

年版。

胡裕树:《现代汉语》,上海教育出版社1962年版。

黄伯荣、廖序东:《现代汉语(增订六版)》,高等教育出版社2017年版。

黄成稳:《复句》,人民教育出版社1990年版。

黄希庭:《简明心理学辞典》,安徽人民出版社2004年版。

金立鑫:《语言研究方法导论》,上海外语教育出版社2007年版。

金兆梓:《国文法之研究》,中华书局1922年版。

匡鹏飞:《时间词语在复句中的配对共现研究》,华中师范大学出版社2008年版。

黎锦熙:《新著国语文法》,商务印书馆1924年版。

黎锦熙、刘世儒:《汉语语法教材(第三编)——复式句和篇章结构》,商务印书馆1962年版。

李晋霞:《相似复句关系词语对比研究》,中国社会科学出版社2015年版。

李志华、张海涛、孙雅、耿振民:《非数值属性数据异常检测算法》,江西人民出版社2015年版。

李宗江、王慧兰:《汉语新虚词》,上海教育出版社2011年版。

廖序东、黄伯荣:《现代汉语(增订三版)》,高等教育出版社2002年版。

林裕文:《偏正复句》,上海教育出版社1984年版。

刘蔼萍:《现代汉语》,重庆大学出版社2016年版。

刘欣:《面向计算的词汇语义关系与语篇隐性连贯研究》,首都经济贸易大学出版社2020年版。

刘云:《汉语虚词知识库的建设》,华中师范大学出版社2009年版。

刘云、肖辛格:《中文信息处理发展简史》,科学出版社2019年版。

刘振铎:《现代汉语复句》,天津人民出版社1986年版。

陆丙甫:《核心推导语法》,上海教育出版社2015年版。

吕叔湘:《现代汉语八百词》,商务印书馆1980年版。

吕叔湘、朱德熙:《语法修辞讲话》,中国青年出版社1952年版。

罗晓英：《现代汉语假设性虚拟范畴研究》，暨南大学出版社2014年版。

马建忠：《马氏文通》，商务印书馆1983年版。

马显彬：《汉语词法学》，暨南大学出版社2015年版。

马真：《简明实用汉语语法》，北京大学出版社1981年版。

齐沪扬：《对外汉语教学语法》，复旦大学出版社2005年版。

齐沪扬：《现代汉语》，商务印书馆2007年版。

邱雪玫：《汉语话说结构句法学》，世界图书出版公司北京公司2013年版。

屈承熹：《汉语功能篇章语法》，商务印书馆2018年版。

全国外语院系《语法与修辞》编写组：《语法与修辞》，广西人民出版社1981年版。

邵洪亮：《汉语句法语义标记词羡余研究》，中国社会科学出版社2015年版。

邵敬敏：《现代汉语通论》，上海教育出版社2001年版。

邵敬敏：《现代汉语通论精编》，上海教育出版社2012年版。

邵敬敏、任芝锳、李家树：《汉语语法专题研究》，广西师范大学出版社2003年版。

沈家煊：《不对称和标记论》，江西教育出版社1999年版。

沈开木：《句段分析（超句体的探索）》，语文出版社1987年版。

沈阳、郭锐：《现代汉语》，高等教育出版社2014年版。

宋文辉：《主语和话题》，学林出版社2018年版。

孙珊珊、段嫚娟、许余龙：《英汉篇章回指对比研究——理论阐释与实证分析》，上海三联书店2021年版。

王建国：《论话题的延续：基于话题链的汉英篇章研究》，上海交通大学出版社2013年版。

王力：《汉语史稿》，中华书局2004年版。

王力：《汉语语法史》，商务印书馆1989年版。

王力：《中国现代语法》，商务印书馆1985年版。

王天佑著，魏建、杨存昌总主编：《现代汉语复句关联标记历时研究》，中国社会科学出版社 2019 年版。

王维贤、张学成、卢曼云、程怀友：《现代汉语复句新解》，华东师范大学出版社 1994 年版。

王缃：《复句·句群·篇章》，陕西人民出版社 1985 年版。

王寅：《认知语法概论》，上海外语教育出版社 2006 年版。

王自强：《现代汉语虚词词典》，上海辞书出版社 1998 年版。

吴葆棠：《一种有表失义倾向的"把"字句》，载中国社会科学院语言研究所现代汉语研究室《句型和动词》，语文出版社 1987 年版。

吴碧宇：《语言学史》，黄河水利出版社 2019 年版。

吴福祥、王云路：《汉语语义演变研究》，商务印书馆 2015 年版。

吴为善：《构式语法与汉语构式》，学林出版社 2016 年版。

吴振国：《汉语模糊语义研究》，华中师范大学出版社 2003 年版。

向光忠：《文字学刍议》，商务印书馆 2012 年版。

邢福义：《复句与关系词语》，黑龙江人民出版社 1985 年版。

邢福义：《汉语复句研究》，商务印书馆 2001 年版。

邢福义：《汉语语法学（修订版）》，商务印书馆 2016 年版。

邢福义：《邢福义文集（第 6 卷）》，华中师范大学出版社 2019 年版。

邢福义：《语法问题探讨集》，湖北教育出版社 1986 年版。

邢福义、汪国胜：《现代汉语》，华中师范大学出版社 2003 年版。

邢福义、吴振国：《语言学概论》，华中师范大学出版社 2002 年版。

熊学亮：《英汉前指现象对比》，复旦大学出版社 1999 年版。

徐烈炯、刘丹青：《话题的结构与功能》，上海教育出版社 2018 年版。

徐通锵：《语言论——语义型语言的结构原理和研究方法》，东北师范大学出版社 1997 年版。

徐阳春：《现代汉语复句句式研究》，中国社会科学出版社 2002 年版。

许立群：《从"单复句"到"流水句"》，学林出版社 2018 年版。

杨伯峻：《文言语法》，大众出版社 1955 年版。

杨伯峻、何乐士：《古汉语语法及其发展》，语文出版社 2001 年版。

杨贵雪、翟富生：《现代汉语教程》，国防工业出版社 2009 年版。

姚双云：《关联标记的语体差异性研究》，世界图书出版有限公司北京分公司 2017 年版。

姚双云：《自然口语中的关联标记研究》，中国社会科学出版社 2012 年版。

姚小鹏：《汉语副词连接功能研究》，博士学位论文，上海师范大学，2011 年。

张斌：《现代汉语虚词词典》，商务印书馆 2001 年版。

张斌：《新编现代汉语》，复旦大学出版社 2008 年版。

张德禄、刘汝山：《语篇连贯与衔接理论的发展及应用》，上海外语教育出版社 2003 年版。

张静：《基于心智模型进阶的物理建模教学研究》，广西教育出版社 2020 年版。

张敏：《认知语言学与汉语名词短语》，中国社会科学出版社 1998 年版。

张敏：《自然句法理论与汉语语法象似性研究》，载沈阳、冯胜利《当代语言学理论和汉语研究》，商务印书馆 2008 年版。

张志公：《现代汉语（中）》，人民教育出版社 1982 年版。

章宜华：《语义学与词典释义》，上海辞书出版社 2002 年版。

赵娜：《仿拟修辞的应用研究》，武汉大学出版社 2017 年版。

钟兆华：《近代汉语虚词研究》，中国社会科学出版社 2011 年版。

周刚：《连词与相关问题》，安徽教育出版社 2002 年版。

朱斌：《汉语复句句序和焦点研究》，世界图书出版广东有限公司 2013 年版。

朱斌、伍依兰：《现代汉语小句类型联结研究》，华中师范大学出版社 2009 年版。

朱德熙：《语法讲义》，商务印书馆 1982 年版。

庄文中：《句群》，人民教育出版社 1990 年版。

宗成庆：《统计自然语言处理（第 2 版）》，清华大学出版社 2013 年版。

二 中文译著

曹逢甫、王静译:《汉语的句子与子句结构》,北京语言大学出版社 2005 年版。

曹逢甫、谢天蔚译:《主题在汉语中的功能研究———迈向语段分析的第一步》,语文出版社 1995 年版。

屈承熹、潘文国等译:《汉语篇章语法》,北京语言大学出版社 2006 年版。

卫真道、徐赳赳译:《篇章语言学》,中国社会科学出版社 2002 年版。

赵元任、吕叔湘译:《汉语口语语法》,商务印书馆 1979 年版。

三 中文论文

曹秀玲:《V 前受事结构的功能及其表现形式》,《语言教学与研究》1997 年第 2 期。

陈衡、刘海涛:《语言复杂网络研究——现状与前瞻》,《中国外语》2023 年第 4 期。

陈悦、陈超美、刘则渊、胡志刚、王贤文:《CiteSpace 知识图谱的方法论功能》,《科学学研究》2015 年第 2 期。

储小静:《基于机器学习的复句关联标记嵌套力研究——以现代汉语二重有标三分句为例》,《华中学术》2023 年第 2 期。

储小静、肖辛格:《复句跨类关联词知识库的构建》,第二十届汉语词汇语义学国际研讨会论文集,2019 年。

储泽祥、陶伏平:《汉语因果复句的关联标记模式与"联系项居中原则"》,《中国语文》2008 年第 5 期。

戴浩一、黄河:《时间顺序和汉语的语序》,《国外语言学》1988 年第 1 期。

戴庆厦、范丽君:《藏缅语因果复句关联标记研究——兼与汉语比较》,《中央民族大学学报》(哲学社会科学版)2010 年第 2 期。

邓云华、郭春芳:《英汉因果复句逻辑语义的优先序列》,《外语教学》2016 年第 6 期。

丁俊苗：《论关联词语的关联强度与层级体系》，《现代语文》（语言研究版）2016 年第 7 期。

丁力：《复句三分系统分类的心理依据》，《汉语学报》2006 年第 3 期。

董乐红、耿国华、高原：《Boosting 算法综述》，《计算机应用与软件》2006 年第 8 期。

樊中元：《事件语义关系与连贯复句标记"然后"的位序》，《汉语学报》2020 年第 4 期。

范丽君：《藏缅语转折复句关联标记的类型学特征——兼与汉语比较》，《民族语文》2020 年第 2 期。

范晓、胡裕树：《有关语法研究三个平面的几个问题》，《中国语文》1992 年第 4 期。

方梅：《由背景化触发的两种句法结构——主语零形反指和描写性关系从句》，《中国语文》2008 年第 4 期。

高维君、姚天顺、黎邦洋、陈伟光、邹嘉彦：《机器学习在汉语关联词语识别中的应用》，《中文信息学报》2000 年第 3 期。

耿淑婷：《假设复句包孕关系研究》，硕士学位论文，华中师范大学，2016 年。

顾荣：《大数据处理技术与系统研究》，博士学位论文，南京大学，2016 年。

郭继懋：《"因为所以"句和"既然那么"句的差异》，《汉语学习》2008 年第 3 期。

郭锐：《概念空间和语义地图：语言变异和演变的限制和路径》，《对外汉语研究》2012 年第 1 期。

郭昭穆：《复句分类初探》，《西南师范大学学报》（人文社会科学版）1980 年第 4 期。

郭中：《现代汉语复句关联标记模式的类别研究》，博士学位论文，华中师范大学，2013 年。

郭中：《因果复句关联标记模式与语序的蕴涵关系》，《语言研究》

2015 年第 1 期。

何元建：《零代词、指称链和翻译》，《外语与翻译》2005 年第 1 期。

胡承佼：《因果关系的意外性与意外因果句》，《汉语学报》2019 年第 3 期。

胡金柱、陈江曼、杨进才、舒江波、雷利利：《基于规则的连用关系标记的自动标识研究》，《计算机科学》2012 年第 7 期。

胡金柱、舒江波、胡泉、杨进才、谢芳、李源：《汉语复句关系词自动识别中规则的约束条件研究》，《语言文字应用》2015 年第 1 期。

胡金柱、舒江波、罗进军：《汉语复句中分句的语义关联特征》，《语言文字应用》2010b 年第 4 期。

胡金柱、王琳、肖明、罗旋、姚双云、罗进军：《汉语复句本体模型初探》，《华中师范大学学报》（自然科学版）2005 年第 4 期。

胡金柱、吴锋文、李琼、舒江波：《汉语复句关系词库的建设及其利用》，《语言科学》2010a 年第 2 期。

胡裕树、范晓：《试论语法研究的三个平面》，《新疆师范大学学报》（哲学社会科学版）1985 年第 2 期。

黄国文、徐珺：《语篇分析与话语分析》，《外语与外语教学》2006 年第 10 期。

黄曾阳：《HNC 理论概要》，《中文信息学报》1997 年第 4 期。

黄忠廉：《汉译语篇组构衔接隐显问题——以关联词为例》，《外国语文研究》2021 年第 5 期。

霍四通：《语体研究和自然语言处理》，《修辞学习》2000 年第 Z1 期。

贾旭楠、魏庭新、曲维光、顾彦慧、周俊生：《基于神经网络的复句判定及其关系识别研究》，《计算机工程》2021 年第 11 期。

景士俊：《转折句问题三则》，《语文学刊》1992a 年第 1 期。

景士俊：《"因果"与表达》，《语文学刊》1992b 年第 3 期。

李晋霞：《从篇章角度看复句与句群的差异》，《汉语学报》2020 年第 1 期。

李晋霞：《反事实"如果"句》，《语文研究》2010 年第 1 期。

李晋霞:《论"由于"与"因为"的差异》,《世界汉语教学》2011年第4期。

李晋霞:《试论"副词性小句是话题"》,《语文研究》2022年第4期。

李晋霞、刘云:《"由于"与"既然"的主观性差异》,《中国语文》2004年第2期。

李晋霞、刘云:《从"如果"与"如果说"的差异看"说"的传信义》,《语言科学》2003a年第3期。

李晋霞、刘云:《复句类型的演变》,《汉语学习》2007年第2期。

李晋霞、刘云:《汉语偏正复句的优势语序与其语义制约》,《汉字汉语研究》2019年第3期。

李晋霞、刘云:《论推理语境"如果说"中"说"的隐现》,《中国语文》2009年第4期。

李晋霞、刘云:《面向计算机的二重复句层次划分研究》,载清华大学智能技术与系统国家重点实验室《语言计算与基于内容的文本处理全国第七届计算语言学联合学术会议论文集》,清华大学出版社2003b年版。

李晋霞、王忠玲:《论"因为""所以"单用时的选择倾向与使用差异》,《语言研究》2013年第1期。

李联森:《略说多重复句及其分析》,《广西师范学院学报》(哲学社会科学版)1983年第4期。

李妙:《基于深度学习的汉语复句层次结构分析方法的应用研究》,硕士学位论文,华中师范大学,2019年。

李琼:《汉语复句书读前后语言片段的非分句识别》,博士学位论文,华中师范大学,2008年。

李思旭:《试论双音化在语法化中双重作用的句法位置》,《世界汉语教学》2011年第2期。

李文浩:《"爱V不V"的构式分析》,《现代外语》2009年第3期。

李晓琪:《现代汉语复句中关联词的位置》,《语言教学与研究》1991年第2期。

李宇明:《语言技术与语言生态》,《外语教学》2020年第6期。

李源、刁胜权、胡金柱、翟宏森、杨梦川、黄文灿:《基于语义与规则的有标复句层次体系研究》,《计算机工程与科学》2017年第12期。

李源、刘凤娇、刘剑锋、翟宏森、杨梦川:《基于标记隐现规则的复句层次关系识别——三句式二重有标复句层次关系识别》,《计算机与数字工程》2018年第4期。

李宗江:《说"想来""看来""说来"的虚化和主观化》,《汉语史学报》2007年第1期。

李佐文、梁国杰:《论语篇连贯的可计算性》,《外语研究》2018年第2期。

廖秋忠:《篇章与语用和句法研究》,《语言教学与研究》1991年第4期。

刘畅:《表因果关系的关联词语研究》,硕士学位论文,东北师范大学,2011年。

刘春光:《认知视角下的现代汉语语序研究》,博士学位论文,上海师范大学,2014年。

刘丹青:《方所题元的若干类型学参项》,《中国语文研究》2001年第1期。

刘福铸:《谈包含因果和转折关系二重复句的分析》,《福建师大福清分校学报》1999年第4期。

刘建平:《汉语偏正复句偏句关联词位置探究》,硕士学位论文,上海外国语大学,2006年。

刘剑锋:《基于搭配关系的有标复句层次关系分析》,硕士学位论文,华中师范大学,2015年。

刘峤、李杨、段宏、刘瑶、秦志光:《知识图谱构建技术综述》,《计算机研究与发展》2016年第3期。

刘利、郭燕妮:《标记的控制优化与转折复句的演变》,《北京师范大学学报》(社会科学版)2017年第2期。

刘云：《复句关系词语离析度考察》，《语言教学与研究》2008 年第 6 期。

刘云、储小静：《基于篇章语法的说明语篇前景复句考察》，《汉语学报》2021 年第 2 期。

刘云、俞士汶、朱学锋、段慧明：《现代汉语虚词知识库的建设》，《语言文字应用》2005 年第 1 期。

卢东标：《基于决策树的数据挖掘算法研究与应用》，硕士学位论文，武汉理工大学，2008 年。

鲁松、白硕、李素建、刘群：《汉语多重关系复句的关系层次分析》，《软件学报》2001 年第 7 期。

陆丙甫：《从宾语标记的分布看语言类型学的功能分析》，《当代语言学》2001 年第 4 期。

陆丙甫：《从语义、语用看语法形式的实质》，《中国语文》1998 年第 5 期。

陆丙甫：《语序优势的认知解释（上）：论可别度对语序的普遍影响》，《当代语言学》2005 年第 1 期。

陆丙甫：《作为一条语言共性的"距离—标记对应律"》，《中国语文》2004 年第 1 期。

陆丙甫、金立鑫：《关于多重复句的层次问题》，《汉语学习》1988 年第 5 期。

陆俭明：《关于词的兼类问题》，《中国语文》1994 年第 1 期。

陆俭明：《汉语研究的未来走向》，《汉语学报》2021 年第 1 期。

陆俭明：《周遍性主语句及其他》，《中国语文》1986 年第 3 期。

吕敬参：《也谈"虽然……但是……因此……"式复句的分析》，《河南大学学报》（哲学社会科学版）1988 年第 5 期。

吕叔湘：《关于汉语词类的一些原则性问题》，《中国语文》1954 年第 9 期。

栾丽华、吉根林：《决策树分类技术研究》，《计算机工程》2004 年第 9 期。

罗进军:《"假设—求解"有标复句定型化的简省与紧缩》,《汉语学报》2019年第3期。

罗进军:《基于句法识别的有标复句层次关系研究》,《汉语学报》2009年第1期。

罗进军:《有标假设复句研究》,博士学位论文,华中师范大学,2007年。

罗耀华、齐春红:《副词性非主谓句的成句规约——语气副词"的确"的个案考察》,《汉语学习》2007年第2期。

马清华:《并列连词的语法化轨迹及其普遍性》,《民族语文》2003a年第1期。

马清华:《关联成分的语法化方式》,《中央民族大学学报》(哲学社会科学版)2003b年第3期。

孟庆甫:《再谈"虽然……,但是……,所以……"这类复句的层次划分》,《中学语文教学》1998年第6期。

莫超:《关联词语的定位与主语的关系》,《兰州大学学报》(社会科学版)1997年第1期。

彭小球:《湖南益阳方言有标复句研究》,博士学位论文,华中师范大学,2012年。

彭宣维:《语篇主题链系统》,《外语研究》2005年第4期。

彭宣维:《主题发展与衔接》,《重庆大学学报》(社会科学版)1999年第3期。

祁艳红:《现代汉语有标条件复句研究》,博士学位论文,东北师范大学,2013年。

屈承熹:《汉语篇章句及其灵活性——从话题链说起》,《当代修辞学》2018年第2期。

阮蓓、朱斌、袁陈杰:《"因为A,反而B"异合句式》,《汉语学习》2023年第1期。

沈家煊:《"糅合"和"截搭"》,《世界汉语教学》2006年第4期。

沈家煊:《复句三域"行、知、言"》,《中国语文》2003年第3期。

沈家煊:《句法的象似性问题》,《外语教学与研究》1993 年第 1 期。

沈开木:《句法的层次性、递归性及其在多重复句分析中的利用》,《汉语学习》1982 年第 5 期。

石安石:《怎样确定多重复句的层次》,《语文研究》1983 年第 2 期。

石定栩:《汉语主题句的特性》,《现代外语》1998 年第 2 期。

石毓智:《汉语的主语与话题之辨》,《语言研究》2001 年第 2 期。

石毓智:《汉语发展史上的双音化趋势和动补结构的诞生——语音变化对语法发展的影响》,《语言研究》2002 年第 1 期。

舒江波:《面向中文信息处理的复句关系词自动标识研究》,博士学位论文,华中师范大学,2011 年。

束定芳、汤本庆:《隐喻研究中的若干问题与研究课题》,《外语研究》2002 年第 2 期。

宋京生:《汉、英连词在句中的位置比较》,《华东船舶工业学院学报》(社会科学版) 2003 年第 2 期。

宋林森:《基于搭配强度的复句关系词自动标识方法研究》,硕士学位论文,华中师范大学,2014 年。

宋作艳:《汉英因果复句顺序的话语分析与比较》,《汉语学报》2008 年第 4 期。

穗志方、赵军、俞士汶:《统计句法分析建模中基于信息论的特征类型分析》,《计算机学报》2001 年第 2 期。

孙坤:《汉语话题链范畴、结构与篇章功能》,《语言教学与研究》2015 年第 5 期。

孙正聿:《从理论思维看当代中国哲学研究》,《哲学研究》2020 年第 1 期。

唐亮、段建国、许洪波、梁玲:《基于信息论的文本分类模型》,《计算机工程与设计》2008 年第 24 期。

万光荣:《现代汉语二合复句中分句语气异类组配研究》,博士学位论文,华中师范大学,2012 年。

汪国胜、刘秀明:《关于多重复句的分析》,《华中科技大学学报》(社会科学版）2004 年第 6 期。

汪梦翔：《因果关系关联词套用现象分析》，硕士学位论文，华中师范大学，2009 年。

王春辉：《汉语条件句标记及其语序类型》，《语言科学》2010 年第 3 期。

王德寿：《从话题和主语的区别看主谓谓语句的范围》，《安徽农业大学学报》（社科版）1998 年第 2 期。

王海华、王同顺：《CAUSE 语义韵的对比研究》，《现代外语》2005 年第 3 期。

王静：《论语篇性质与话题的关系》，《世界汉语教学》2000 年第 4 期。

王静：《语篇与话题链关系初探》，《世界汉语教学》2006 年第 2 期。

王千、王成、冯振元、叶金凤：《K-means 聚类算法研究综述》，《电子设计工程》2012 年第 7 期。

王寅：《论语言符号象似性》，《外语与外语教学（大连外国语学院学报）》1999 年第 5 期。

卫乃兴：《语义韵研究的一般方法》，《外语教学与研究（外国语文双月刊）》2002 年第 4 期。

吴春枝：《现代汉语"即使 p，也 q"复句套用现象分析》，硕士学位论文，南京师范大学，2018 年。

吴锋文：《"搭配标 + 搭配标"四句式复句的句法层构与语义关联》，《华中学术》2021 年第 1 期。

吴锋文：《关系标记对汉语复句层构关联的制约规则挖掘》，《华中学术》2019 年第 2 期。

吴锋文：《汉语"三标四句式"充盈态复句的句法语义关系判定》，《华中学术》2020 年第 1 期。

吴锋文：《汉语复句信息处理研究二十年》，《中文信息学报》2015 年第 1 期。

吴锋文：《基于关系标记的汉语复句分类研究》，《汉语学报》2011

年第 3 期。

吴锋文：《基于模式识别的四句式复句句法语义关系判定》，《汉语学报》2017a 年第 3 期。

吴锋文：《面向汉语信息处理的"二标四句式"复句法语义判定》，《华中学术》2017b 年第 3 期。

吴锋文：《面向信息处理的"一标三句式"复句层次关系判定》，《北方论丛》2012a 年第 1 期。

吴锋文：《面向信息处理的"二标三句式"复句层次关系判定》，《信阳师范学院学报》（哲学社会科学版）2012b 年第 1 期。

吴锋文：《面向中文信息处理的三句式有标复句层次关系自动识别研究》，博士学位论文，华中师范大学，2010 年。

吴锋文、胡金柱、姚双云、肖升、舒江波：《基于语料库的"虽然 p，但是 q，所以 r"句式层次分析》，《宁夏大学学报》（人文社会科学版）2009 年第 5 期。

吴为善：《双音化、语法化和韵律词的再分析》，《汉语学习》2003 年第 2 期。

吴伟妙：《怎样分析"虽然……，但是……，所以……"这类复句》，《中学语文教学》1997 年第 12 期。

吴云芳、石静、万富强、吕学强：《汉语并列复句的自动识别方法》，《北京大学学报》（自然科学版）2013 年第 1 期。

肖国政：《关于多重复句的划分》，《语文教学与研究》1983 年第 9 期。

肖任飞：《现代汉语因果复句优先序列研究》，博士学位论文，华中师范大学，2009 年。

肖升：《面向中文信息处理的受限有标复句联结机制分析》，博士学位论文，华中师范大学，2010 年。

肖辛格、储小静、刘云：《ChatGPT 对我国语言战略的冲击与应对》，《天津师范大学学报》（社会科学版）2023 年第 5 期。

肖宇坤：《基于决策树的非充盈态有标复句层次结构的构造方法研究》，硕士学位论文，华中师范大学，2018 年。

谢晓明：《假设类复句关系词语连用情况考察》，《汉语学报》2010年第2期。

邢福义：《汉语复句格式对复句语义关系的反制约》，《中国语文》1991年第1期。

邢福义：《汉语小句中枢语法系统论略》，《华中师范大学学报》（人文社会科学版）1998年第1期。

邢福义：《说"句管控"》，《方言》2001年第2期。

邢福义：《谈谈多重复句的分析》，《语文教学与研究》1979年第1期。

邢福义：《现代汉语复句问题之研究》，《黄冈师专学报》1994年第2期。

邢福义：《小句中枢说》，《中国语文》1995年第6期。

邢福义、姚双云：《连词"为此"论说》，《世界汉语教学》2007年第2期。

徐烈炯：《汉语是话语概念结构化语言吗?》，《中国语文》2002年第5期。

徐式婧：《汉语条件句关联标记的发展与句法结构发展间的互动关系》，《语言教学与研究》2021年第1期。

徐通锵：《语义句法刍议——语言的结构基础和语法研究的方法论初探》，《语言教学与研究》1991年第3期。

许国璋：《语言符号的任意性问题——语言哲学探索之一》，《外语教学与研究》1988年第3期。

许余龙：《英汉指称词语表达的可及性》，《外语教学与研究》2000年第5期。

严辰松：《语言临摹性概说》，《国外语言学》1997年第3期。

杨彬：《"话题链"的重新定义》，《当代修辞学》2016年第1期。

杨进才、曹元、胡泉：《基于DPCNN模型与语句特征融合的汉语因果类复句关系自动识别》，《中文信息学报》2022年第9期。

杨进才、曹元、胡泉、沈显君：《基于Transformer模型与关系词特征的汉语因果类复句关系自动识别》，《计算机科学》2021年第S1期。

杨进才、胡巧玲、胡泉：《基于规则的有标复句关系的自动识别》，《计算机科学》2021 年第 S2 期。

杨进才、杨璐璐、汪燕燕、沈显君：《基于神经网络的关系词非充盈态复句层次的自动识别》，《计算机科学》2019 年第 11A 期。

杨维、李歧强：《粒子群优化算法综述》，《中国工程科学》2004 年第 5 期。

杨小龙、吴义诚：《论话题结构生成的线性机制》，《外国语》2015 年第 1 期。

杨忆、李建国、葛方振：《基于 Scikit-Learn 的垃圾短信过滤方法实证研究》，《淮北师范大学学报》（自然科学版）2016 年第 4 期。

杨永发、莫超：《语法重新分析与关联词的构成》，《西北师大学报》（社会科学版）2007 年第 2 期。

姚双云：《复句关系标记的搭配研究与相关解释》，博士学位论文，华中师范大学，2006 年。

姚双云：《假设标记的三个敏感位置及其语义约束》，《暨南大学华文学院学报》2008 年第 4 期。

姚亚平：《多重复句的分析模型——兼淡语法分析的作用与目的》，《汉语学习》1990 年第 3 期。

尹蔚：《多维视域下的有标选择复句研究》，博士学位论文，华中师范大学，2008 年。

尹蔚、罗进军：《基于小句关联理论的有标选择复句层次关系自动识别》，《湖南工业大学学报》（社会科学版）2016 年第 6 期。

俞士汶、朱雪峰、刘云：《现代汉语广义虚词知识库的建设》，《汉语语言与计算学报》2003 年第 1 期。

袁方、周志勇、宋鑫：《初始聚类中心优化的 k-means 算法》，《计算机工程》2007 年第 3 期。

袁毓林：《话题化及相关的语法过程》，《中国语文》1996 年第 4 期。

苑林飞、李源、胡泉、孙凯丽、肖创业：《基于 CNN 并融合注意力机制的充盈态三分句关系识别方法》，《计算机与数字工程》2021 年第 12 期。

查洁：《现代汉语说明性因果复句与转折复句互套研究》，硕士学位论文，华中师范大学，2010 年。

曾常年：《现代汉语因果句群研究》，博士学位论文，华中师范大学，2003 年。

张伯江：《以语法解释为目的的语体研究》，《当代修辞学》2012 年第 6 期。

张伯江、方梅：《汉语口语的主位结构》，《北京大学学报》（哲学社会科学版）1994 年第 2 期。

张凤：《标记理论的再评价》，《解放军外国语学院学报》1999 年第 6 期。

张静：《"既然"式推断复句研究》，博士学位论文，华中师范大学，2015 年。

张丽：《关联词语"就算"与"如果"套用的句法语义分析》，《遵义师范学院学报》2016 年第 5 期。

张敏：《"语义地图模型"：原理、操作及在汉语多功能语法形式研究中的运用》，《语言学论丛》2010 年第 42 辑。

张仕仁：《汉语复句的结构分析》，《中文信息学报》1994 年第 4 期。

张文贤、邱立坤：《基于语料库的关联词搭配研究》，《世界汉语教学》2007 年第 4 期。

张谊生：《"就是"的篇章衔接功能及其语法化历程》，《世界汉语教学》2002 年第 3 期。

张谊生：《副词的连用类别和共现顺序》，《烟台大学学报》（哲学社会科学版）1996 年第 2 期。

张谊生、赵彧：《转折与因果在复句中的层次关系辨析》，《对外汉语研究》2016 年第 1 期。

赵鹏：《汉语篇章话题链结构树模型构建研究》，《外语研究》2022 年第 5 期。

郑浩、李源、沈威、陈佳杰：《结合注意力机制与图卷积网络的汉语复句关系识别》，《中文信息学报》2022 年第 11 期。

郑学文、邹世霞：《试谈多重复句的具体分析》，《汉语学习》1986 年第 6 期。

钟书能、李英垣：《论话题与主语的认知通达机制》，《华南理工大学学报》（社会科学版）2013 年第 2 期。

周刚：《关联成分在单句中的功能再探》，《汉语学习》2000 年第 6 期。

周建成、吴铤、王荣波、常若愚：《基于 LIBSVM 的"就是"句句间关系判别方法》，《计算机应用》2015 年第 7 期。

周强、周骁聪：《基于话题链的汉语语篇连贯性描述体系》，《中文信息学报》2014 年第 5 期。

周统权、顾秀林、周思若：《关联词"虽然"的位置变化对转折复句加工的影响》，《天津外国语大学学报》2020 年第 5 期。

周文翠、袁春风：《并列复句的自动识别初探》，《计算机应用研究》2008 年第 3 期。

周云：《现代汉语容认性让步复句套层研究》，硕士学位论文，华中师范大学，2010 年。

朱晓农：《复句重分类——意义形式化的初次尝试》，《汉语学习》1989 年第 6 期。

祝克懿：《并列复句和承接复句中的语法关联手段》，《贵州师范大学学报》（社会科学版）1988 年第 4 期。

四 英文著作

Adele Eva Goldberg, *Constructions at Work: The Nature of Generalization in Language*, Oxford: Oxford University Press, 2006.

Angelika Linke, Markus Nussbaumer and Paul R. Portmann, *Studienbuch Linguistik*, Tübingen: Max Niemeyer Verlag, 1996.

Arie Verhagen, *Constructions of Intersubjectivity: Discourse, Syntax, and Cognition*, Oxford: Oxford University Press, 2005.

Chao Yuen Ren, *A Grammar of Spoken Chinese*, Berkeley: University of California Press, 1968.

Charles Francis Hockett, *A Course in Modern Linguistics*, New York: MacMillan Publishing Company, 1958.

Charles J. Fillmore and Paul Kay, *Construction Grammar Coursebook: Chapters 1 thru 11*, Berkeley: University of California, 1993.

Charles N. Li and Sandra A. Thompson, *Mandarin Chinese: A Functional Reference Grammar*, Berkeley: University of California Press, 1981.

Charles William Morris, *Foundations of the Theory of Signs*, Chicago: The University of Chicago Press, 1938.

Charles William Morris, *Signs, Language and Behavior*, New York: Prentice-Hall, 1946.

Douglas Biber, *Dimensions of Register Variation: A Cross-Liguistic Comparison*, Cambridge: Cambridge University Press, 1995.

Dwight L. Bolinger, *Meaning and form*, London: Longman, 1977.

George Lakoff and Mark Johnson, *Metaphors we live by*, Chicago: The University of Chicago press, 1980.

Hadumod Bussmann, *Lexikon der Sprachwissenschaft*, Stuttgart: Alfred Kröner Verlag, 1990.

Huang Yan, *The Syntax and Pragmatics of Anaphora: A Study with Special Reference to Chinese*, Cambridge: Cambridge University Press, 1994.

Joan L. Bybee, *Morphology: A Study of the Relation Between Meaning and Form*, Amsterdam: John Benjamins Publishing Company, 1985.

John Russell Taylor, *Cognitive Grammar*, Oxford: Oxford University Press, 2002.

John Sinclair, *Corpus, Concordance, Collocation*, Oxford: Oxford University Press, 1991.

Kenneth James Williams Craik, *The Nature of Explanation*, Cambridge: Cambridge University Press, 1943.

Kurt Koffka, *Principles of Gestalt Psychology*, New York: Harcourt, Brace and Company, 1935.

Leo Breiman, Jerome Friedman, Richard olshen and Charles Stone, *CART: Classification and Regression Trees*, London: Chapman and Hall, 1984.

Leonard Talmy, *Toward a Cognitive Semantics (Volume I): Concept Structuring Systems*, Cambridge: Massachusetts Institute of Technology Press, 2000.

Li Wendan, *Topic Chains in Chinese: A Discourse Analysis and Applications in Language Teaching*, München: Lincom Europa, 2005.

Michael Alexander Kirkwood Halliday and Ruqaiya Hasan, *Cohesion in English*, London: Longman, 1976.

Michael Alexander Kirkwood Halliday, *An Introduction to Functional Grammar*, London: Edward Arnold, 1985.

Mira Ariel, *Accessing Noun-phrase Antecedent*, London: Routledge, 1990.

Otto Behaghel, *Deutsche Syntax: Eine geschichtliche Darstellung*, Band 4: *Wortstellung-Periodenbau*, Heidelberg: Carl Winters Universitäts-buchhandlung, 1932.

Paul J. Hopper and Elizabeth Closs Traugott, *Grammaticalization*, Cambridge: Cambridge University Press, 1993.

Penelope Brown and Stephen C. Levinson, *Politeness: Some Universals in Language Usage*, Cambridge: Cambridge University Press, 1987.

Philip N. Johnson-Laird, *Mental models: Towards a cognitive science of language, inference and consciousness*, Cambridge: Cambridge University Press, 1983.

Randolph Quirk, Sidney Greenbaum, Geoffrey Leech and Jan Svartvik, *A Comprehensive Grammar of the English Language*, London: Longman, 1985.

Robert Malcolm Ward Dixon, *The Dyirbal Language of North Queensland*, Cambridge: Cambridge University Press, 1972.

Ronald W. Langacker, *Foundations of Cognitive Grammar*, Vol. I: Theo-

retical Prerequisites, Stanford: Stanford University Press, 1987.

Talmy Givón, *Syntax: An Introduction*, Vol. 2, Amsterdam: John Benjamins Publishing Company, 2001.

Talmy Givón, *Topic Continuity in Discourse: A Quantitative Cross-Language Study*, Amsterdam: John Benjamins Publishing Company, 1983.

Tsao Feng-fu, *A Functional Study of Topic in Chinese: The First Step Towards Discourse Analysis*, Taipei: Student Book Co., 1979.

Wallace Chafe, *Meaning and the Structure of Language*, Chicago: The University of Chicago Press, 1970.

William Croft and D. Alan Cruse, *Cognitive Linguistics*, Cambridge: Cambridge University Press, 2004.

五 英文论文

Bill Louw, "Irony in the Text or Insincerity in the Writer? The Diagnostic Potential of Semantic Prosodies", in Mona Baker, Gill Francis and Elena Tognini-Bonelli, eds., *Text and Technology: In Honour of John Sinclair*, Amsterdam: John Benjamins Publishing Company, 1993.

Biq Yung-O., "Chinese Causal Sequencing and Yinwei in Conversation and Press Reportage", paper delivered to The Proceedings of the 21st Annual Meeting of the Berkeley Linguistics Society, sponsored by Berkeley Linguistics Society, 1995.

Charles N. Li and Sandra A. Thompson, "Subject and Topic: A New Typology of Language", in Charles N. Li, ed., *Subject and topic*, New York: Academic Press, 1976.

Claude Elwood Shannon, "A Mathematical Theory of Communication", *The Bell System Technical Journal*, No. 3, 1948.

Corinna Cortes and Vladimir Naumovich Vapnik, "Support-Vector Networks", *Machine Learning*, No. 3, 1995.

Dan I. Slobin, "The child as linguistic icon-maker", in John Haiman, ed. *Iconicity in Syntax*, Amsterdam: John Benjamins Publishing Company, 1985.

David Cox, "The Regression Analysis of Binary Sequences", *Journal of the Royal Statistical Society*, Series B: Methodological, No. 2, 1958.

David H. Wolpert, "Stacked generalization", *Neural Networks*, No. 2, 1992.

Georg Cantor, "Über unendliche, lineare Punktmannichfaltigkeiten", *Mathematische Annalen*, No. 4, 1883.

George Armitage Miller, "The magical number seven, plus or minus two: Some limits on our capacity for processing information", *Psychological Review*, No. 2, 1956.

Helen Spencer-Oatey, "Rapport management: a framework for analysis", in Helen Spencer-Oatey, ed., *Culturally Speaking: Managing Rapport through Talk across Cultures*, London: Continuum, 2000.

James H-Y. Tai, "Temporal Sequence and Chinese Word Order", in John Haiman, ed. *Iconicity in Syntax*, Amsterdam: John Benjamins Publishing Company, 1985.

Joan Cutting, "Spoken discourse", in Ken Hyland and Brian Paltridge, eds, *Continuum Companion to Discourse Analysis*, London: Continuum, 2011.

John Haiman, "Iconic and Economic Motivation", *Language*, No. 4, 1983.

John Haiman, "The Iconicity of Grammar: Isomorphism and Motivation", *Language*, No. 3, 1980.

John Jonides and Derek Evan Nee, "Brain mechanisms of proactive interference in working memory", *Neuroscience*, No. 1, 2006.

John Ogilvie and Douglas Creelman, "Maximum-likelihood estimation of receiver operating characteristic curve parameters", *Journal of Mathematical Psychology*, No. 3, 1968.

John Townsend, "Erratum to: Theoretical analysis of an alphabetic confusion matrix", *Perception & Psychophysics*, No. 1, 1971.

Joseph Harold Greenberg, "Some Universals of Grammar with Particular Reference to the Order of Meaningful Elements", in Joseph Harold Greenberg, ed. *Universals of Language*, Cambridge: Massachusetts Institute of Technology Press, 1963.

Leo Breiman, "Bagging Predictors", *Machine learning*, No. 2, 1996.

Li Degao, Wang Shaai, Zhang Fan, Zhu Li, Wang Tao and Wang Xiaolu, "DHH Students' Comprehension of Irony in Self-paced Reading", *Journal of Deaf Studies and Deaf Education*, No. 3, 2019.

Liu Jian and Alain Peyraube, "History of some coordinative conjunctions in Chinese", *Journal of Chinese Linguistics*, No. 2, 1994.

Nelson Cowan, "The magical number 4 in short-term memory: A reconsideration of mental storage capacity", *Behavioral and Brain Sciences*, No. 1, 2001.

Roman Jakobson, "Quest for the Essence of Language", *Diogenes*, No. 51, 1965.

Shi Dingxu, The Nature of Topic Comment Constructions and Topic Chains, Ph. D. dissertation, University of Southern California, 1992.

Stella Vosniadou and William F. Brewer, "Mental models of the earth: A study of conceptual change in childhood", *Cognitive Psychology*, No. 4, 1992.

Talmy Givón, "Isomorphism in the Grammatical Code: Cognitive and Biological Considerations", *Studies in Language*, No. 1, 1991.

Thomas M Cover and Peter E Hart, "Nearest neighbor pattern classification", *IEEE Transactions on Information Theory*, No. 1, 1967.

Tsao Feng-fu, "Recent Investigation of Speech Acts and Teaching of Conversation to Speakers of Other Languages", *Studies in English Literature and Linguistics*, No. 2, 1977.

Wang Yu-Fang, "The information structure of adverbial clauses in Chinese discourse", *Taiwan Journal of Linguistics*, No. 1, 2006.

Xiang Ming and Kuperberg Gina, "Reversing Expectations during Discourse Comprehension", *Language, Cognition and Neuroscience*, No. 6, 2015.

Xu Xiaodong, Chen Qingrong, Panther Klaus-Uwe and Wu Yicheng, "Influence of Concessive and Causal Conjunctions on Pragmatic Processing: Online Measures from Eye Movements and Self-paced Reading", *Discourse Processes*, No. 4, 2018.

Xu Xiaodong, Jiang Xiaoming and Zhou Xiaolin, "When a Causal Assumption Is Not Satisfied by Reality: Differential Brain Responses to Concessive and Causal Relations during Sentence Comprehension", *Language, Cognition and Neuroscience*, No. 6, 2015.

Yurena Morera, José A León, Inmaculada Escudero and Manuel De Vega, "Do causal and concessive connectives guide emotional expectancies in comprehension? A double-task paradigm using emotional icons", *Discourse Processes*, No. 8, 2017.

Yurena Morera, Manuel De Vega and Juan Camacho, "Differences in continuity of force dynamics and emotional valence in sentences with causal and adversative connectives", *Cognitive Linguistics*, No. 3, 2010.

Zellig Sabbettai Harris, "Discourse Analysis", *Language*, No. 1, 1952.

索 引

B

变换形式 219

C

CART 算法 273,288,289,291,315,316,320,342,346,347

常用关联标记 43,168

充足条件 33,101,327,328,330,334,335,337,342,348

传承关联标记 165,168-173,175,267,282,283,296,297,312,314,347

词性特征 41,128,146,147,173,264,278-280,296,312,313,343,344,347

E

二重有标三分句 1,3,4,24,26-30,32,33,35,37,38,40,43,58-60,62,65,67,71,76,82,85-87,91,97,99,104,105,117-120,122,123,125,127-130,134,138,141,143,146,150,156,157,159,161,162,164,165,172-176,178-185,187,189-195,197,199,200,202,204,206,207,209,212-214,218,219,221-225,227,228,230-232,234,235,237-240,242,244-249,251-263,267-270,293,296,297,299,300,308,310,316,319,321,324,336-338,342-351

F

分句构件 179,237

分句句类 227,230,231,239,270,345,346

G

GaussianNB 算法 300,310,314,

315

干扰因素 99，121，127，129，343，344

关联标记类型 1，32，35，43，127，342

关联标记嵌套力 130，147，149，151，152，154，173－176，265，344，346

关联标记数量 38，43，79，164，330，337，348

关联标记位置 10，13，77，138，141

关联标记音节 132，149，262

关联标记组配模式 65，86，87，91，97－99，128，160，161，344

H

横聚合关系 197，200，206，211，238，269，283，285，296，297，312，314，345，347

后者后优先原则 142，144－146，159，174，264

话题链结构树模型 244，252－260，346

话题链模式 247，253，258－260，270，286，296，297，312，314，346，347

J

集成算法 33，299，305－307，317－320，342，347

句法成分相同 189，238，267，283，284，296，297，312，314，347

句法关联模式 1，21，32，33，85，87，91，97－99，129，160，218，227，231，270，271，275－283，285，286，296，297，299，308－311，315，316，319，320，342，344，347，349，351

句型共现 235，239，270，286，287，296，297，312，314，315，319，345，347

句型平行 232，233，235，239，270，286，287，296，297，312，314，345，347

句子层面 249，258，259，346

K

K-means 聚类算法 33，271，272，287，342，346

KNC 算法 301，302，316，317，320

跨类关联标记知识库 33，321，322，325，326，328－330，336，337，342，347

L

LR 算法 304，305

逻辑语义关系 1，7，9，14，23，

38，42，66，69，86，87，113，126－128，155，191，218，331，333，337，344

M

MI 值　323，324，337，348

P

PSO 算法　303，304，310，315，316

平衡语料库　86，107，129，261，344，346

Q

前者后优先原则　142，143，146，159，174，196，264

嵌套方式　1，58，60，127，128，196，342，343

嵌套因素分析语料库　261，262，270，273，275，288，295，311，346

嵌套因素重要性分析　261，271，273

R

ROC 曲线　308－310，316，317，319

S

scikit-learn 因素重要性分析工具　292，295

Stacking 框架　307

SVC 算法　302，316，320，347

T

同义优先组原则　157，159，163，175，267

X

心智模型　207，208，211，238，269，285，286，296，297，312，314，345，347，350

信息量模型　33，270，271，275，287，310，311，342，346，350

Y

语篇层面　3，247，249，255，259，346

语义特征　9，12，18，19，22，25，27，149－154，157，173，175，180，197，200，201，265－267，344

语义韵　11，207，213－215，217，238，269，285，286，296，297，312，314，345，347

Z

纵聚合关系　197，200，211，238，268，283，284，296，297，312，314，345，347

后　　记

　　为什么是汉语复句？
　　望向南市河的粼粼波光，思忖良久……
　　2013年秋，我考入华中师范大学文学院攻读语言学及应用语言学硕士学位，师从刘云教授。受桂子山学术传统熏陶，开始关注汉语复句研究。硕士期间拜读了许多经典文献，从中汲取丰富营养，进而完成硕士学习阶段的关于"并列复句格式'一面……一面'"的研究。2017年，经过一年备考，我又回到母校，跟从刘老师继续攻读博士学位。尤记得，博一纠结学位论文选题时，刘老师说邢福义先生以汉语复句为学术根据地，十数年专注于此，希望师门将其传承下去。或许是受到了鼓舞，或许是心底生发出使命感，或许是身为华师学子的骄傲，那天起，我更加坚定选择汉语复句！
　　"抬头是山，路在脚下。"限定研究范围、选择研究内容、探索研究方法的过程离不开海量文献梳理工作，期间我学习了诸多知识理论，观察到一些语言现象，获得了相关研究启示，然而苦于不成体系，难以连线成面。刘老师再次给我指明方向："复句+计算机"，我国正快步走向数智时代，语言学研究范式势必发生转向。是的，传统复句研究注重语言现象描写基础上的理论解释，兼及百科知识、情感、心理认知等语言外部知识，但要探索复句本质，仅停留在语言学本身远远不够，唯有走"语言学+"学科交叉融合之路才能跟上发展形势，这也是未来语言学发展的重要方向之一。在刘老师的悉心指导下，我明确了选题——二重有标三分句嵌套研究，既注重本体层面的分析，又有计算机层面的应用，兼顾语表形式、语里意义和语用价值"小三角"的同时，适量考察普通话、方言和古代（近代）汉语"大三角"的不同，是语言学和信息学、心理学、统计学、哲学、逻辑学、计算机学、数学等学科交叉下的嵌套复句本质规律的一次尝试性探索。拨开云雾，一切豁然开朗。我开始大量搜集二重有标三分句语料，建库处理、观察特征、寻找规律、思索解释；努力学习 Python 编程语言，了解常用的机器学习算法；积极报名语言学研习班，参加相关领域的学术会议，向专家们取经请教。渐渐有所收获，初进门槛，完成博士学位论文撰写。

2022 年，基于博士学位论文，我有幸申请到 2022 年度国家社会科学基金后期资助暨优秀博士论文出版项目"现代汉语二重有标三分句嵌套研究"，这是对我学术求索之路的莫大鼓励和肯定。本书作为结项成果，是在博士学位论文的基础上修改扩展而成，从构思撰写到定稿出版，得到过太多人的帮助、支持和厚爱，内心无限感念感激，在此谨致谢忱！

"经师易遇，人师难遭。"我要特别感谢恩师刘云教授。硕博七年，恩师耐心培养，鼓励我发现学术兴趣，指引我跟进学科前沿，引领我克服研究困难，送我各类学习资料和学习用品，并能敏锐察觉我的心理压力与负担，及时开导、疏通，安抚我坚定走下去。恩师始终以博大胸怀和宽容之心包容我的冒失、焦虑，即使已经毕业离开母校，还时常收到恩师的关心与叮嘱，提醒我"注意身体"，安慰我"没事，慢慢来"，督促我"更上一层楼"。本书定稿过程中，恩师即便事务缠身，仍旧耗费大量时间、精力对内容至格式全方位把关，细致谨慎审阅，多次打磨修回，并拨冗为拙著赐长序。我是幸运的，跟随恩师十余载，获得的每一点进步无不凝聚着恩师的谆谆教诲和殷殷期望，所得熏陶必定受益终生，特此对恩师表示深切谢意和庄重敬意！相信在恩师灯塔之光的引航下，我会坚定求索信念，筑牢科研初心，锤炼治学本领，坚守为人之道，在三尺讲台上谱写教育热忱，在一方书桌前探索科研奥义，在生活丛林中寻找幸福秘境。

"桃李不言，下自成蹊。"非常感恩母校的前辈老师们。感谢本科阶段的张云峰教授和魏锦虹教授引我进入语言学大门，每周的《现代汉语》《语言学概论》课程总是最值得期待，两位老师站位高远、治学严谨、教导有方、妙语连珠，带我领略语言的奥秘与生命力，令我懂得语言学不等于语文，它是科学，是多视角、多层次、全方位的观察分析。感谢硕博阶段的吴振国教授、储泽祥教授、李向农教授、姚双云教授、汪国胜教授、匡鹏飞教授、余一骄教授、罗耀华教授、谢晓明教授、朱斌教授、曹海东教授、王洪涌教授、张邱林教授、罗进军教授、刘彬教授、饶琪教授、张磊教授、沈威教授、崔四行教授、陆方喆教授、陈蓓教授和肖俊敏教授，在论文写作、答辩及书稿修改过程中，承蒙师长的点拨与斧正，推动我一次次打破定势，一层层打开思维，一遍遍推翻构想，一步步渐入佳境。他们学识渊博、思维敏捷、谦和宽厚、风趣幽默，多年深耕汉语句法、语义、语用问题，具备跨类型对比视野，注重跨学科研究方法。每一课的系统学习都极大拓展了我的研究思路，每一次的深入交流都更加坚定了我的学术热爱。片纸有尽，感恩之情无穷……

"得遇良师，何其有幸"。由衷感谢相关领域的专家学者们。感谢中国社会科学院大学郭龙生教授、唐正大研究员，华中科技大学程邦雄教授、陈禹教授，南京师范大学张辉教授、曲维光教授，中国人民大学陈前瑞教授，东南大学周统权教授，香港科技大学张敏教授，澳门科技大学张洪明教授，深圳大学刘丹青教授，首都师范大学洪波教授、王春辉教授，同济大学沈骑教授，陕西师范大学杜敏教授，武汉大学赫琳教授，复旦大学郑咏滟教授，常熟理工学院王健教授、四川外国语大学吴锋文教授和中南财经政法大学牛长伟教授，讲座、会议、学习班中有幸得到前辈们的建议与启发，我才能进一步理解新中国语言文字规范的重要性，明晰句法分析心理实验转向的可能性，明确语言研究与相关学科互动联通的必要性，进而尝试归总中外理论，运用多学科交融法考察传统复句，推动汉语复句的信息处理。感谢前辈大家给予的激励和关怀，本书终能顺利推进完成！

"愿岁并谢，与友长兮。"我还得到师门兄弟姐妹和学友的爱护与陪伴。图书馆的打卡、博雅广场的散步、桂香园的美食、牡丹亭的花香、国三楼下的猫窝、佑铭操场的飞驰，校园每个角落都留下我们彷徨迷茫又互助进步的身影。尤其是肖辛格师弟，教我使用Python编程语言预处理研究对象，帮助我节省了大量时间。在此一并致以衷心感谢：柴湘露、何潇、田颖、周韫奇、肖辛格、杨佳璐、彭杨莉、谢金娇、任旭岚、涂慧琴、屈伶莹、白林倩、王爱华、彭彬、崔闪闪、阮氏桂香、刘宜静、刘灏、张婉璐、余紫微、郭海瑞、高静怡、向紫钰、刘思、王瑕莉、任一娇、李震、刘晨阳，逆风相伴，守望同行，受益至深，何其荣幸。祝你们万事顺遂，愿我们永远少年。

"知遇之恩，铭记于心。"我必须感谢常州大学的领导和同事。感谢葛彦东处长、葛金华院长、焦洁庆书记、潘道广处长、彭伟处长、申锋处长、陈启迪处长、王丹院长、黄杭西院长、董文康院长、陈林俊院长、尹延安院长、陈鸿院长、嵇炜书记、颜黎光书记、付用现老师、边利丰老师、李承辉老师、陈荣香老师、吕杨老师、胡静书老师、方寅老师、刘超老师、徐多毅老师、王茜老师、周凌枫老师、刘磊老师、王风丽老师、邱伶艳老师、张登峰老师、薛欣欣老师、何霞老师、裔一老师、王静雅老师、王海峰老师、唐留芳老师、贺与诤老师、王春晓老师、朱潇老师、蒋莉莎老师、赵雅婷老师、汤滨老师、余韵老师、蔡芙蓉老师、张燕红老师和吕俊红老师等，在我韧带断裂不能行动时，提供了无私的帮助和温暖的关心；在我申报失败迷茫退缩时，给出了坚实的鼓励和中肯的建议。有幸拥有大家的爱护与包容，我才能在自由、宽松的氛围中快速完成学生到教师的身份转变，学到许多工作经验和生活技能，认识到更多行业专家与学业偶像。排名无有先后，感激尽在心头。

"春晖寸草，难以回报。"我更要感谢我的家人。感谢我的爸爸、妈妈，多年求学，爸爸、妈妈自始至终、无微不至、不计回报地关心我、理解我、支持我、帮助我，是我最温暖的港湾和最坚强的依靠！感谢我的战友蒋宏伟博士，我们一起经历新冠疫情，一起废寝忘食挑灯码字，一起从武汉来到常州，一起经历挫折意外，一起内省改变迎接新生……感谢支撑、鼓励我的外婆、伯伯、姑姑、舅舅、哥哥、姐姐和已经遨游仙境的爷爷、奶奶、外公，岁月悠长，点滴珍藏，你们是最柔软最美好的那抹暖色。祈愿长长久久，期盼朝朝暮暮。

"道阻且长，学贵有恒。"最后，感谢中国社会科学出版社的领导和编辑的辛勤付出，特别是责编张玥女士为本书的出版费心费力，提出许多宝贵意见，在此致以诚挚谢意。本书部分章节曾发表在《华中学术》《天津师范大学学报》《湖北师范大学学报》等刊物上，并在第二十届汉语词汇语义学国际研讨会、第二届桂子山青年语言学圆桌论坛等会议上宣读，得到了刊物编辑和评审专家的指点斧正，承蒙抬爱，感激不尽。

行文至此，暂且落笔，是对二十余载寒窗的差强人意的交代……
心之所向，无问西东，聚焦嵌套复句的系统性探索还在继续……
智识有限，求教大方，企盼能为现代汉语语法研究尽献绵力……

储小静
2024 年夏于青果巷